음빙실자유서

飲冰室

음빙실자유서

량치차오 梁啓超 지음
강중기·양일모 외 옮김

自由書

중국 근대사상의 별 량치차오梁啓超,
망명지 일본에서 동서 사상의 가교를 놓다

푸른역사

일러두기

1. 이 책은 1936년 중화서국中華書局에서 간행한 《음빙실합집飲冰室合集 6》 가운데 〈전집 2專集之二〉 1~123쪽에 실려 있는 《자유서自由書》(77편)를 저본으로 하고, 다음 판본들을 참조해 오탈자를 바로잡아 번역했다(번역 본문에서 이 출처의 표기는 '《자유서》, 《음빙실합집 6·전집 2》, ○쪽'으로 한다).

   《음빙실자유서飮冰室自由書》(52편, 상하이: 광지서국廣智書局, 1903)

   《담총談叢》(59편, 《음빙실문집류편飮冰室文集類編》 제2책(649~756쪽), 도쿄: 제국인쇄주식회사帝國印刷株式會社, 1904)

   《음빙실자유서》(66편, 경성京城: 탑인사塔印社, 1908)

   《자유서》(65편, 경성: 탑인사, 1908)

   * 번역문에서 저본은 '중화서국본'으로 표기하고, 참조 판본은 위에 나열한 순서에 따라 각각 '광지서국본', '제국본', '탑인사본', 그리고 '언해본'으로 표기했다.

2. 번역 본문에서 저자의 원주는 '( )'로, 독자 이해를 돕기 위해 삽입한 옮긴이의 설명은 '[ ]'로 표기했다. 그 밖의 모든 각주는 옮긴이의 주석이다.

3. 외국의 인명과 지명은 국립국어원 외래어표기법에 따랐다. 단, 1840년 이전에 활동한 중국인 은 한국식 한자 발음으로 표기했다.

4. 번역 본문은 한글 전용을 원칙으로 하되, 필요한 경우 원어를 병기했다. 옮긴이의 주석에서는 필요에 따라 한자로만 표기한 부분도 있다.

• 이 책은 2007년 정부(교육과학기술부)의 재원으로 한국연구재단의 지원을 받아 간행되었다(KRF-2007-361-AM0001).
• 이 책은 한림대학교 한림과학원 개념소통번역시리즈의 하나이다. 한림과학원은 본 시리즈를 통해 개념소통 관련 주요 저서를 번역 소개한다.

옮긴이의 말

량치차오梁啓超의 《음빙실자유서飮冰室自由書》(이하 《자유서》)는 근대 동아시아 지식인들의 필독서였다고 해도 과언이 아니다. 한국에서도 널리 읽혔고 큰 영향을 미쳤다. 후대의 연구자들도 근대 동아시아 사상이나 량치차오 개인 연구에서 거의 빠짐없이 언급하지만('해제' 참조), 1907년의 최초 번역 이후로 《자유서》의 번역이 나오지 않았다.

2010년 12월 한림대학교 한림과학원에서는 인문한국 사업('동아시아 기본 개념의 상호 소통')의 한 과제로 《자유서》 번역을 시작했다. 당시 한림과학원 부원장이던 양일모 교수(현 서울대학교 자유전공학부)가 제안했고, HK 연구부의 강중기 교수가 사업 계획을 구체화하고 팀장이 되어 공동 연구팀을 이끌었다. 원래 계획에서는 2011년 한 해 동안 강독을 마치고 바로 출간할 예정이었다. 그리고 한국에 소개된 량치차오의 글을 모아 번역하고 자료집을 따로 내려고 했다.

막상 강독에 들어서니 계획은 소박한 기대였음이 바로 드러났다. 《자유서》가 그렇게 자주 인용되었는데도 불구하고, 번역되지 않은 이유를 절감할 수 있었다. 《자유서》에 실린 글들은 량치차오가 일본에 망명해 있으면서 일본에 쏟아져 들어오는 서양 관련 정보를 탐욕스러울 정도로 소화하고 거기에 자신의 의견을 덧붙인 것이 많았다. 외국 인명과 지명 같은 단순한 정보도 확인하기 어려운 것이 적지 않았고, 량치차오가 서양의 원 저작을 자기 방식대로 이해하고 소개하다 보니, 어디서부터가 원전이고 어디서부터가 량치차오의 서술인지를 파악하기도 쉽지 않았다. 게다가 백화문과 고전 한문이 뒤섞인 문체, 중국 고전에 대한 임의적인 활용도 번역의 어려움을 가중시켰다. 망명지 일본에서 아마 량치차오는 한적漢籍을 일일이 찾아보기 힘들었을 터였고, 자신의 기억에 주로 의지해 일필휘지로 써 내려가다 보니 한문 고전 인용에서도 약간의 출입은 불가피했다. 따라서 후대의 역자들이 이를 일일이 확인하고 문맥이나 원사료를 복원하는 일 또한 불가피하지 않을 수 없었다. 옮긴이들은 이 같은 대목들을 최대한 복원하고 보충하려 했으나, 역량이 부족하여 끝내 확인하지 못한 부분도 여러 곳임을 고백한다.

아무튼 강독에서는 때로 한 문장을 두고 한 시간 넘게 씨름하는 일이 다반사였다. 이렇게 진행하다 보니 기한으로 정한 1년은 금세 지나가버렸다. 팀장이던 강중기 교수는 격주로 열리던 강독을 이듬해부터는 매주 진행하는 강행군 체제로 바꾸어 번역에 박차를 가했다. 그렇게 총 2년을 넘긴 시점이 되자 《자유서》의 77편 가운데 66편의 작업을 마쳤다.

그러나 아쉽게도 강독은 여러 사정으로 중단되었고, 남아 있는 11편은 팀장인 강 교수와 일부 분담자가 초벌 번역하고 강 교수가 수정, 보완하여 완성했다. 전체 번역을 끝마친 시점이 얼추 2013년 후반이었다. 그 사이 강 교수는 한림과학원을 떠나게 되었지만, 번역의 최종 윤문과 보완 작업을 끝까지 책임져주었다. 그리고 이제 강중기, 노관범 교수의 논문 2편을 해제를 대신하여 덧붙여 출간하게 되었다. 총 6년에 걸친 장정이었다. 팀

구성과 강독 진행, 그리고 보완과 해제 작업까지 일관되게 책임져준 강 교수의 노고가 아니었다면 이 작업은 빛을 볼 수 없었다. 그의 열정과 공로에 감사드린다.

강독을 진행하는 중에 부산에서 간행하는 문학계간지 《오늘의 문예비평》에 5회에 걸쳐 《자유서》 번역 일부를 연재한 일도 부기하지 않을 수 없다. 경성대학교 중국대학의 이종민 교수가, 우리가 《자유서》를 강독하고 있다는 말을 듣고 요청해와서 이루어진 일이었다.

복잡하기 짝이 없었다는 쓰디쓴 기억 한편에, 《자유서》는 동서양의 인물과 문헌 및 사상을 넘나드는 글들로 채워져 있었으므로, 강독팀을 구성했던 한림과학원 연구부 교수들과 한림대학교 인문대학 및 기타 다양한 전공자가 모여 함께 읽기에 아주 적합했었다는 생각도 새삼 떠오른다. 강독에 참여한 분들을 소개하여 그분들의 노고를 기억하고 즐거운 한때를 떠올려본다. 중간에 들고나는 변화는 있었지만 번역에는 다음의 열세 분이 참여했다(가나다순, 소속은 윤독 당시).

강중기(한림과학원 HK연구교수, 중국철학)

노관범(한림과학원 HK교수, 한국사)

박근갑(한림대학교 사학과 교수, 독일사)

서광덕(한림과학원 HK연구교수, 중국문학)

서병철(한림과학원 HK연구보조원, 중국철학)

송인재(한림과학원 HK연구교수, 중국철학)

양일모(한림대학교 철학과 교수, 중국철학)

이경구(한림과학원 HK교수, 한국사)

이병기(한림대학교 국문학과 교수, 국어학)

이예안(한림과학원 HK연구교수, 일본사상사)

이행훈(한림과학원 HK교수, 한국철학)

최재영(한림대학교 사학과 교수, 중국사)

허　수(한림과학원 HK교수, 한국사)

　사실 강독 과정에는 어려움도 많았지만, 새롭게 알게 되는 사실들과 서로 다른 견해를 토론하는 재미가 넘쳐나 어려움을 잊게 만들었다. 한문을 업으로 삼는 전공자가 상대적으로 많았고 그들이 강독을 주도했음은 사실이지만 서양사, 일본근대사, 한국근대사 등 '한문 옆 동네' 분들의 전문 지식과 날카로운 지적은 정확한 해석에 적잖은 도움이 되었다. 가끔 엉뚱한 상상과 해석이 나왔고, 날선 논박과 설전도 심심찮았다. 량치차오가 동서고금을 넘나들며 호방하게 '비빔밥' 저술을 만들어놓았듯, 우리도 어느새 그에 빙의라도 된 것처럼 다양한 전공이 빚어내는 상승효과를 만끽하며 보다 나은 결과를 도출할 수 있었다.

　2년 동안의 강독과 4년 동안의 수정, 보완 작업을 끝까지 지원해주신 한림과학원의 김용구 원장님께 감사드린다. 한없이 늘어지는 후학들의 게으름을 노대가老大家 앞에 드러내게 되었지만, 그래도 이만큼의 열매를 수확했음을 알려드리게 되어 조금 위안이 된다. 더불어 끝까지 교정을 봐주신 양일모 선생님, 논문을 쓴 강중기·노관범 선생님, 흔쾌히 연보를 작성해 준 서울대학교의 이혜경 선생님, 강독 실무와 초고 정리에 애쓴 서병철 연구원, 그리고 출간 실무를 책임진 이예안 선생님과 음으로 양으로 힘을 보태주신 모든 분께 감사드린다. 푸른역사의 박혜숙 사장님과 출판사 가족들에게도 고마움을 전한다.

마지막으로 이 번역서가 동아시아 근대 사상을 연구하는 데 미력하나마 도움이 되기를 희망하고, 더 좋은 후속 작업을 기약하며 글을 마친다.

2017년 1월
옮긴이들을 대표하여
이경구 삼가 씀

차례

음빙실자유서

飮冰室自由書

서언

敍言

　일본에 온 이래, 이곳 사람들과 서로 교유하면서 시를 읊고 책을 읽다가 때로 느낀 바를 한두 벗에게 토로하기도 했는데, 시간이 지나면 번번이 잊어버렸다. 무애생无涯生[1]은 "왜 모아서 기록해두지 않는가"라고 했다. 내가 생각하기에는 자질구레하고 하찮은 것들이어서 기록해보았자 세상에 도움이 되지 않지만 내 학식의 진퇴와 기력의 성쇠를 징험할 수는 있겠다고 여겼다. 그래서 날마다 몇 조목을 기록해두기로 나 자신에게 과제를 부과했다. 느끼는 바가 있을 때마다 수시로 붓을 들었는데, 체제도 없고 순서도 없으며, 혹은 논의를 전개하고 혹은 강학하고 혹은 일을 기록하고 혹은 책을 베꼈으며, 문어체를 사용하기도 하고 구어체를 사용하기도 하면서 마음 가는 대로 기록했다. 장자가 "제가 아침에 왕으로부터 사신 임무를 부여받고 저녁에 얼음을 먹는데도 오히려 저는 속이 탑니다"[2]라고 했는데, 그것을 내 서재 이름으로 삼았다. 서양 학자 밀[3]은 "인간사회의 진화에서

1 　본명은 어우쥐자歐榘甲(1870~1911)로 캉유웨이康有爲(1858~1927)의 제자다. 무술변법戊戌變法 전에는 《지신보知新報》와 《시무보時務報》의 주필을 담당하며 변법을 고취하고, 무술변법 실패 후 일본에서 량치차오梁啓超(1873~1929)를 도와 《청의보淸議報》를 편집했다. 이후 해외에서 보황保皇 활동을 하다가 귀국하여 광산을 개발하기도 했다.

2 　원문은 "我朝受命而夕飮冰, 我其內熱歟"로, 《장자莊子》〈인간세人間世〉에 나온다. 《장자》 원문은 "今吾朝受命而夕飮冰, 我其內熱與"이다. 량치차오의 '음빙실飮冰室'이라는 호는 여기서 따온 것이다.

는 사상의 자유와 언론의 자유와 출판의 자유보다 더 중요한 것은 없다. 이 3대 자유가 모두 나에게 갖춰져 있다"라고 했는데, 이것을 나의 책 이름으로 삼는다.

기해년(1899) 7월 1일

량치차오 씀[4]

---

3 밀John Stuart Mill(1806~1873)은 영국의 철학자이자 경제학자로, 벤담Jeremy Bentham(1748~1832) 의 양적 공리주의와 구분되는 질적 공리주의 사상을 발전시켰으며, 자유주의와 사회민주주의 정치사상의 발전에 크게 기여했다. 저서에 《자유론》, 《공리주의》, 《논리학 체계》, 《정치경제학 원리》, 《여성의 예속》 등이 있다.

4 《청의보淸議報》 제25책(광서光緖 25년 7월 21일), 15쪽. 량치차오는 1898년 무술변법이 실패하자 일본으로 망명하여 14년간 일본에 머물면서 요코하마橫濱에서 《청의보》를 창간(1898년 12월 23일)하여 군주 입헌과 청나라 광서제光緖帝를 구하자는 주장을 펼친 한편, 《신민총보新民叢報》(1902)와 《신소설》을 간행하여 입헌운동을 추진했다.

성공과 실패 [1]
成敗

무릇 세상의 큰일을 맡은 사람은 먼저 성공과 실패라는 견해를 타파하지 않으면 안 된다. 그러나 이 견해를 타파하는 것은 결코 쉬운 일이 아니다. 세상일에는 성공이란 것도 없고 실패라는 것도 없음을 알아야 한다. 이 이치를 깊이 통찰하고 독실하게 믿으면 [진실에] 가까울 것이다.

왜 성공이라는 것이 없다고 말하는가? 이 세상 진화의 이치는 한이 없어서, 한 등급 나아가면 또 한 등급이 있고 한 단계 나아가면 또 한 단계가 있다. 오늘날 이른바 문명의 위대한 업적이라는 것도 미래의 어느 날에 보면 야만으로 간주되어 한 푼의 가치도 없다고 조롱받을지도 모른다. 그렇다면 성공이란 것은 과연 어디에 있겠는가? 설사 나의 일이 한 국가에서 성공한다 하더라도 전 세계에 해야 할 일은 또 무한하니, 이루지 못한 일이 많을 것이다. 설사 나의 일이 한때 성공한다 하더라도 장래 세계에 해야 할 일은 또 무한하니, 이루지 못한 일이 많을 것이다. 더욱이 한때 한국가의 차원에서 논하더라도, 아름답고 완전하여 전혀 결함이 없는 것을 구하려 한다면 끝내 구할 수 없다. 결함이 있다는 것은 곧 성공하지 못한 바가 있는 것이다. 대개 세계의 진화는 무한하고 사업도 그 때문에 무한한데, 인간의 생명·환경·총명·재능에는 한계가 있다. 한계가 있는 것으로써 무한한 데 들어가려는 자가 성공했다고 말하려 한다면, 결코 그럴 수 없을 것이다.

왜 이른바 실패가 없다고 말하는가? 세상의 이치는 인과율에서 벗어나지 않는다. 원인을 만들지 않으면 결단코 결과가 있을 수 없고, 이미 원인을 만들었다면 결과가 없을 수 없으며, 그 결과의 느리고 빠름과 멀고 가까움은 내적 역량과 외적 환경에 따라 갖가지 차이가 있다. 식견이 얕은 자들은 우연히 그 결과를 보지 못하고서 실패라고 하는데, 이는 여기서 실패한 것이 저기서 성공하기도 하고 지금 실패한 것이 나중에 성공하기도 하며 내가 실패한 것이 다른 사람에게서 성공하기도 한다는 사실을 모르기 때문이다. 한 푼의 노력을 다하면 반드시 한 푼의 유익함이 있으므로, 오로지 날로 부지런히 힘쓸 따름이다. 다만 원인 만들기를 일삼으면 언젠가 결과를 거두는 것은 반드시 헤아릴 수 없이 많을 것이다. 만약 눈앞의 것에 연연하여 실패했다고 말하면서 다시 일을 벌이지 않는다면, 결국 성공하는 날이 없을 것이다. 그러므로 일을 벌이는 사람은 실패하지 않는 곳에 서는 사람이요, 일을 하지 않는 사람은 완전히 실패하는 곳에 서는 사람이다. 진실로 이 두 이치를 이해하여 이른바 성공이라는 것이 없음을 안다면 희구하는 마음이 없고, 이른바 실패라는 것이 없음을 안다면 두려워하는 마음이 없을 것이다. 희구하는 마음이 없고 두려워하는 마음이 없어진 연후에 나의 직분상 마땅히 해야 할 일을 다 하고 나의 양지良知[1]가 저절로 그만둘 수 없는 일을 행하며 스스로 분발하여 세계에 들어가 담대하게 홀로 나아가는 것이 대장부의 뜻이요, 대장부의 행위다!

일본 메이지 유신에서 가장 큰 공을 세운 자는 사이고[2]인가, 기도[3]인가,

---

1 《맹자孟子》〈진심 상盡心上〉에 나오는 말로, "생각하지 않아도 아는(所不慮而知者)" 선천적인 도덕적 능력을 가리킨다.

2 사이고 다카모리西鄕隆盛(1828~1877)는 막부시대 말기에서 메이지 시대에 활동한 무사(사쓰마 번薩摩藩의 번사藩士), 군인, 정치가다. 사쓰마 번의 맹우盟友 오쿠보 도시미치大久保利通, 조슈 번長州藩의 기도 다카요시木戶孝允와 더불어 '유신삼걸維新三傑'이라 불리며, '유신십걸維新十傑'의 한 사람이기도 하다.

아니면 오쿠보[4]인가? 그렇기도 하고 아니기도 하다. 이토[5]인가, 오쿠마[6]인가, 이노우에[7]인가, 고토[8]인가, 아니면 이타가키[9]인가? 그렇기도 하고 아니기도 하다. 이들은 모두 성공을 성공으로 여기는 사람들이다. 패배를 성공으로 여기는 사람은 요시다 쇼인[10]이 바로 그런 사람이다. 요시다 등의

3 기도 다카요시木戶孝允(1833~1877)는 막부시대 말기에서 메이지 시대 초기에 활약한 무사, 정치가다. 막부시대 말기에 '가쓰라 고고로桂小五郎'로 이름을 날렸으며, 존왕양이파尊王攘夷派의 중심인물이다. 유신 후 여러 관직을 지냈고, '유신삼걸'의 일인이자 '유신십걸'의 한 사람으로 꼽힌다.

4 오쿠보 도시미치(1830~1878)는 막부시대 말기에서 메이지 시대에 활동한 무사(사쓰마 번사), 정치가다. 메이지 유신의 원훈元勳으로, '유신삼걸'의 일인이자 '유신십걸' 중 한 사람으로 꼽힌다.

5 이토 히로부미伊藤博文(1841~1909)는 막부시대 말기에서 메이지 시대에 활동한 무사(조슈 번사)이자 정치가다. 효고현 지사兵庫縣知事, 공부경工部卿, 내무경內務卿, 궁내경宮內卿, 내각총리대신內閣總理大臣, 궁내대신宮內大臣, 추밀원 의장樞密院議長, 귀족원 의장貴族院議長 및 초대 한국통감을 지냈고, 작위는 공작이다.

6 오쿠마 시게노부大隈重信(1838~1922)는 막부시대 말기에서 메이지 시대에 활동한 무사(사가 번사佐賀藩士), 정치가, 교육자다. 참의겸대장경參議兼大藏卿, 외무대신外務大臣, 농상무대신農商務大臣, 내각총리대신內閣總理大臣을 지냈으며 와세다 대학을 건립하고 초대 총장을 지냈다. 작위는 후작이다.

7 이노우에 가오루井上馨(1836~1915)는 막부시대 말기에서 메이지 시대에 활동한 무사(조슈 번사), 정치가, 실업가다. 태정관제太政官制 시대에 외무경外務卿을 지내고, 구로다黑田 내각에서 농상무대신을 지냈으며, 2차 이토 내각에서 내무대신을 지내는 등 수차 요직을 맡았다. 작위는 후작이다.

8 고토 쇼지로後藤象二郎(1838~1897)는 막부시대 말기에서 메이지 시대에 활동한 무사(도사 번사土佐藩士)이자 정치가다. 메이지 유신 이후 이타가키 다이스케의 자유당에 참여했으며, 구로다 내각에서 1차 마쓰카타松方 내각에 이르기까지 체신대신을 지내고, 2차 이토 내각에서는 농상무대신을 지내는 등 당파를 초월한 정치가로 활약했다. 작위는 백작이다.

9 이타가키 다이스케板垣退助(1837~1919)는 막부시대 말기에서 메이지 시대에 활동한 무사(도사 번사)이자 정치가다. 호는 무형無形이고, 작위는 백작이다. 자유민권운동의 주도자로서 일반 서민의 압도적 지지를 받았다. 쇼와昭和 시대에 육군대신을 지냈다.

10 요시다 쇼인吉田松陰(1830~1859)은 막부시대 말기에 활동한 무사(조슈 번사), 사상가, 교육자, 군사학 연구자이자 지역 연구자로서 메이지 유신의 정신적 지도자이자 이론가로 알려져 있다.

여러 선배가 그 원인을 조성하고, 메이지 시대의 여러 공로자가 그 결과를 거두었다. 원인이 없으면 결과도 없으므로 요시다 등의 공적을 마땅히 최고로 쳐야 한다. 요시다가 평생 하고자 했던 일들을 살펴보면 성공한 것이 하나도 없다. 처음에는 서양 함선을 타고 해외로 가서 배우려 했으나 성공하지 못했고, 또 지사들을 규합하여 교토에 들어가 왕을 보위하려 했으나 이루지 못했으며, 또 동지들을 파견하여 조슈 번이 도쿄로 올라가는 것을 막으려 했으나 성공하지 못했다.[11] 사사건건 권력자의 탄압을 받고, 마침내 재판을 받고 처형되었는데, 당시 나이 불과 서른이었으니, 그 실패가 극심하다고 할 수 있겠다. 그러나 요시다 사후에 전국의 지사들이 바람과 파도처럼 궐기하여 마침내 막부를 무너뜨리고 유신을 이루었다. 여기서 조슈 번 문하의 번사藩士들의 힘이 가장 컸는데, 모두 요시다의 제자들이었다. 지금 실패했지만 나중에 성공하고 자신은 실패했지만 다른 사람에게서 성공한다고 내가 말한 것은 바로 이것을 가리킨다. 장부가 스스로 천하의 일을 맡는 것은 천하를 위함일 뿐 자신을 위한 것이 아니다. 그러나 천하에 유익한 것이 어찌 반드시 자신에게서 이루어져야만 하겠는가? 반드시 자신이 이루려 한다면, 이는 자신을 위한 것이지 천하를 위한 것이 아니다.

요시다 쇼인은 말했다. "오늘날 정의로운 사람이라 불리면서 신망이 두터운 사람들이 모두 그러하니, 이는 가장 낮은 계책이다. 어찌 경쾌하고 신속하게 국면을 타파한 연후에 서서히 도모하여 유리한 지점을 차지하고 기반을 닦는 것만 하겠는가?" 또 말했다. "선비가 도에 뜻을 두지 않으면 그만이지만, 진실로 도에 뜻을 두고서 환난을 겁내고 처벌을 두려워해서

---

11 1859년 조슈 번의 번주가 참근교대(에도를 정기적으로 방문하는 일)를 위해 에도로 올라가는 길목에서 번주의 가마를 정지시켜, 에도가 아니라 교토로 가게 하려는 계획을 세웠으나 미수에 그친 일을 말한다.

할 말을 다 하지 못하고 시속에 영합하여 장래에 과오를 남긴다면, 이것이 어찌 군자와 학자가 할 짓이겠는가?" 또 말했다. "오늘날 일을 벌일 기회가 아침저녁으로 변하여, 뜻이 있는 선비라 할지라도 그 사이에서 기뻐하고 화내는 것이 수시로 변하니, 어찌 일을 벌일 수 있겠는가?" 또 말했다. "오늘날 천하의 일은 눈이 있는 사람이면 모두 보고 안다. 우리 임무가 막중하므로, 마땅히 뜻을 크게 세워야지 구구한 데서 스스로 만족하면 안 된다." 또 말했다. "삶과 죽음, 헤어짐과 만남, 인간사가 빠르고 순식간이지만, 빼앗지 못하는 것이 뜻이요 소멸하지 않는 것이 업적이라, 천지간에 의지할 만한 것은 오직 이것뿐이다. 죽고 사는 것이 원래 눈 깜빡할 사이요, 화와 복이 바로 손바닥 뒤집는 것과 같다. 아, 대장부가 중시하는 바는 저기에 있고 여기에 있지 않다." 또 말했다. "오늘날 세속에는 다음과 같은 견해가 있다. 즉, 때가 아직 이르지 않았으므로 경거망동하면 반드시 실패하니, 어찌 세속에 따라 부침하면서 다른 사람이 괴이쩍어하거나 화내지 않게 하다가 때를 만나 일거에 일어나 공명을 취함만 하겠는가? 현재 이른바 뜻있는 선비들이 모두 이 견해를 갖고 있다. 이 견해를 갖고 있는 자들은 어찌 지금 황제의 커다란 근심을 생각지 못하는가? 커다란 근심이 저와 같은데도 오히려 이와 같은 견해를 갖고 있으니, 뜻있는 선비가 아니다." 이상 각 조목을 나는 허리띠에 적어두고 싶으며, 나의 동지들도 허리띠에 적어두기를 바란다.

요시다의 문집을 읽은 연후에 일본에 오늘날과 같은 유신이 있는 것이 우연이 아님을 알았다. 노자는 "세상 사람들에 앞서지 않는다"[12]라고 말했다. 대개 세상 사람들에 앞서는 자는 실패하지 않은 자가 없었다. 그러나 세상 사람들이 모두 실패를 두려워하고 앞장서기를 꺼린다면 세상은 마침

---

12 원문은 "不爲天下先"으로, 《노자老子》 67장에서 유래한다. 《노자》 원문은 "不敢爲天下先"이다.

내 썩어 문드러져 수습할 수 없게 될 것이다. 요시다와 같은 부류는 세상 사람들에 앞서서 스스로 패배를 취한 사람이다. 세상일은 왕왕 수백 년 동안 꿈에도 생각지 못했던 일이 홀연히 한 사람이 주창하고 몇 사람이 호응하여 몇 년 지나지 않아 세상에 널리 퍼지기도 한다. 진실로 이처럼 주창하는 한 사람이 없었다면, 아마도 묻히고 잠복되어 다시 수십 년, 수백 년이 지나도 나타나지 않아 돌이 바다에 가라앉고 구름이 허공에 흩어지는 듯했을 것이다. 그런 뒤에야 노자의 학설이 세상에 해독을 끼치는 것이 한이 없다고 탄식할 것이다.[13]

---

13 《청의보》 제25책(광서 25년 7월 21일), 15~17쪽. 《신민총보》 제40·41호(광서 29년 9월 14일), 155~156쪽에 같은 제목으로 게재된 글은 이 글의 속편 격이다.

비스마르크와 글래드스턴

俾士麥與格蘭斯頓

유럽 근세의 위대한 정치가 가운데 독일의 비스마르크[1]와 영국의 글래드스턴[2]만 한 인물이 없다. 비스마르크는 처음부터 끝까지 오직 하나의 주의로 독일을 다스렸다. 그 주의는 무엇이었는가? 그것은 곧 독일의 여러 나라를 통일하는 것이었다. 비스마르크는 처음에 이 주의로써 빌헬름 황제의 신임을 얻었고, 이어서 이 주의로써 전제정치를 단행하고 군비를 확충했으며, 마침내 이 주의로써 오스트리아를 꺾고 프랑스를 무너뜨렸다. 온갖 어려움을 물리치고 이를 행하면서 필생의 정략을 조금이라도 바꾼 적이 없었다. 글래드스턴은 그와 반대로 하나의 주의를 고집하지 않았으며, 하나의 정견政見을 고수하지도 않았다. 그러므로 처음에는 수구주의를 주장하다가 나중에는 자유주의로 돌아섰으며, 장년기에는 국교 보호에 온 힘을 다하다가 노년에 들어서는 아일랜드 교회를 풀어주었고, 처음에는 강력하게 아일랜드를 진압하다가 마침내 그 자치를 주창했으니, 대개 이런 일들은 모두 앞뒤가 크게 어긋난다. 그러나 그렇게 자주 바뀌는 까닭은

---

1 오토 에두아르트 레오폴트 폰 비스마르크Otto Eduard Leopold von Bismarck(1815~1898)는 독일 제국의 초대 총리로서, '철혈정책'으로 독일을 통일하고 보호관세정책으로 자본주의를 발전 시켰으며 여러 동맹과 협상 관계를 체결하여 유럽의 평화 유지에 기여했다.

2 윌리엄 이워트 글래드스턴William Ewart Gladstone(1809~1898)은 영국 자유당 당수로서 1868년 이후 네 차례 수상을 지냈다. 제국주의가 절정에 치닫던 19세기에 아일랜드 자치법을 추진하고, 의무교육을 실시하였으며, 비밀투표로 선거법을 개정하는 등 자유주의적 정책을 시행했다.

일신의 공명을 위하거나 한때의 부당한 이익을 얻는[3] 데 있었다기보다 지극한 정성에서 비롯하여 어쩔 수 없이 바꾸어야 한다고 보았기 때문이다. 세계란 늘 변하며, 한 나라의 형세와 외국과의 관계 역시 달마다 다르고 해마다 바뀐다. 지혜와 견식이 날로 늘어난 덕택에 20, 30년 전에 지켰던 정견이 뒷날 적용될 수 없다는 점을 깨닫고는 바꾸고자 생각했던 것이니, 어찌 명성에 손상이 되겠는가? 글래드스턴 같은 인물이라야 참된 유신이며, 참된 보수주의라 이를 만하다. 비스마르크는 자신의 주의를 굳게 지켰으나, 강퍅하게 제멋대로 이용하는 사람이 그것을 함부로 구실로 삼을 수는 없다. 또한 글래드스턴이 자신의 주의를 자주 바꾸었지만, 이리저리 기회를 엿보는 자가 그것을 본받을 수는 없다. 그들은 오로지 지극한 정성을 다했기 때문이다.

세상의 큰일을 맡은 사람은 반드시 자신감을 지녀야 한다. 매번 일을 처리할 때마다 투철하고 자신감이 넘쳐, 굳건하게 전진하는 용기로 나아가고, 아무리 꺾어도 굽히지 않는 인내력으로 지탱한다. 수많은 험한 산과 봉우리가 한꺼번에 무너지고 갈라져도 아무렇지 않게 여기며, 성난 파도와 거친 물결이 곧바로 밀어닥쳐 울부짖어도 얼굴색을 바꾸지 않는다. 맹호가 발톱과 어금니를 드러내고 날뛰어도 꼼짝하지 않으며, 머리 위에서 벼락이 쳐도 놀라지 않는다. 한 시대의 속된 의론이 시끄럽게 서로 다투고, 평생의 정당이 분분하게 모이고 흩어져도, 자신의 주장을 여전히 견지한다. 이러한 인물이 바로 글래드스턴과 비스마르크다. 글래드스턴이 아일랜드의 자치를 주창했을 때, 소속 정당은 쪼개지고 믿을 만한 사람은 다

---

3 원문은 "궤우詭遇"로 《맹자》〈등문공 하滕文公下〉에 나오는 말이다. "내가 그를 위해서 법도대로 말을 몰아주자 종일토록 새를 한 마리도 잡지 못했는데, 바르지 않은 방법으로 새를 만나게 해주었더니 아침나절에 열 마리를 잡았습니다(吾爲之範我馳驅, 終日不獲一, 爲之詭遇, 一朝而獲十)."

떠났으며 어제의 측근이 오늘 원수가 되었어도, 그는 조금도 변함이 없었다. 드디어 그는 소리 높이 읊었다. "그대를 버리자니 눈물이 하염없이 흐르고, 오랜 친구가 나와 절연하니 흐르는 눈물 하염없구나. 오호라, 끊임없는 이 한이여, 이 한을 어찌할 것인가? 국가의 대계여, 나는 끝까지 자신을 믿고 무너지지 않을 것이다." 비스마르크는 독일의 통일을 꾀하느라 더러 독단적인 정책을 펴거나 압제의 수단을 사용하여 몇 차례 의회를 해산하고도 돌이켜보지 않았으며, 몇 번이나 몸소 여론의 지탄 대상이 되더라도 두려워하지 않았다. 그는 이렇게 말한 적이 있다. "내 몸을 푸줏간에 던지고 내 머리를 국민에게 바치더라도, 내가 세상 모든 사람에게 감사할 바는 이것이 전부다. 그렇지만 나의 소신은 끝내 바뀌지 않을 것이며 내가 꾀한 바도 결국 실패하지 않을 것이다." 오호라, 이것이 어떠한 기개며, 또 어떠한 담력인가. 그 예사롭지 않은 자질을 백성들이 두려워했으니, 무거운 짐을 감당할 힘이 없었다면 한 토막의 공적도 지킬 수 없었을 것이다.[4]

---

4 《청의보》제25책(광서 25년 7월 21일), 15쪽.

자유 조국의 선조
自由祖國之祖

북아메리카에 한 겨레의 사람들이 살고 있다. 약 270년 전에 그 겨레의 선조 101명이 영국의 학정을 겪고서는 서로 의지하여 조국을 떠나고자 했다. 그들은 마침내 북아메리카로 달아나 쑥과 명아주가 우거진 땅에서 바람으로 머리를 빗고 빗물로 목욕했는데, 그렇게 천신만고 끝에 자립의 단서가 차츰 싹텄던 것이다.

그들이 처음 도착한 곳을 플리머스Plymouth라고 하는데, 그 유적이 지금도 남아 있다. 그 뒤에도 뜻있는 사람들이 끊임없이 옮겨왔다. 진秦나라를 피하여 도원桃源을 찾아 나선 사람들이 모여들듯 도처에서 그리하여, 100년 가까이 지나자 호구가 차츰 번성하고 재정이 점점 늘어나 1775년에 이르러서는 13개 주의 땅에 가득 찼다. 마침내 영국의 속박에서 벗어나고자 의로운 전쟁을 일으켜서, 8년 고전 끝에 다행히도 승리했다. 드디어 지구상의 큰 독립국이 되었으니, 오늘날의 미국이 곧 이 나라다.

돌이켜보건대, 저 101명의 선조가 1620년 12월 22일 찬바람에 흐린 눈발 맞으며 배에서 내려 뭍에 올라 부르튼 발로 태평양 언덕 바위 위에 섰을 때, 가슴속의 한없는 번민을 억누르고 몸은 무한히 자유자재로 움직일 수 있게 되었으며, 마음에는 무한한 광명이 훤히 빛났던 것이다. 본래 아무것도 가지지 못한 사람이 한 조각 독립정신으로 마침내 오늘날의 신세계를 배태하고 낳아서 길렀다. 세상일이란 본래 천백 년 이전에 종자를 뿌렸다가 천백 년 뒤에 그 결과를 얻는 것이다. 오늘날 누군가 워싱턴에게 머리 숙여 절하려는 사람이 있을 것이다. 나는 그를 저 101인 앞에 데리고 가서 엎드려 절하도록 하겠다.[1]

---

1 《청의보》 제26책(광서 5년 8월 1일), 3쪽.

세계 제일의 보수주의자

地球第一守舊黨

세계에서 제일가는 보수주의자는 메테르니히[1]인데, 오스트리아의 재상으로 1809년부터 1848년까지 약 40년간 유럽의 주도권을 장악했다. 처음에는 오스트리아의 외교관이 되었는데, 1821년 이탈리아에게 이긴 뒤에는 수상을 겸했다. 유럽의 모든 국면이 겉으로는 화평하고 무사하여 위로는 안일을 도모하고 아래로는 향락을 추구하는 시기에 편승하여, 하찮은 지혜와 술수를 부려 전 유럽의 패권을 자신의 손아귀에 거머쥐었다. 이미 단순하고 독단적인 제도로 다양한 문화를 가진 오스트리아를 조종하게 되고서도 부족하다고 여겨, 다시 게르만과 이탈리아의 내정을 간섭했고 프러시아를 속국으로 삼고자 했다. 그는 전적으로 우민정책을 종지로 삼았고, 일처리는 전적으로 모호한 태도를 취하는 것을 장기로 삼았다. 문장을 연설할 때는 뜻을 불분명하게 하여 천박하고 고루한 지식을 감추려 했다. 인민에게는 정치 참여의 권리를 허용하지 않았는데, 인민

---

1 클레멘스 벤첼 로타르 폰 메테르니히Klemens Wenzel Lothar von Metternich(1773~1859)는 오스트리아의 외교관으로 시작하여 외무장관에 이르렀고, 뒤에 총리와 국무회의 의장을 지내면서 유럽 전체에 막강한 영향력을 발휘했다. 대외적으로 유럽 각국의 이권을 조정하여 기존의 세력 균형을 유지하려 했고, 대내적으로는 중산계급의 결핍, 인구의 대다수를 차지하는 농민, 매우 복잡한 민족 구성 등 당시 오스트리아가 처한 상황으로 인해 민족주의, 민주주의 정치사상이 오스트리아로 유입되는 것을 매우 두려워하여 신문과 서적의 검열 등 억압정책을 구사했다.

은 그저 조세를 납부하여 왕과 귀족을 받들어야 할 뿐이며 그 밖에 다른 권리는 없다고 여겼다. 유럽에서 오스트리아의 위엄을 높이기 위해, 오직 외교 관련 사무에만 집중하여 예민하고 능숙하게 처리하려 했을 뿐이며, 도처에 경찰과 간첩을 두어 임기응변하는 정책을 시행했다.

모든 정신을 여기에 쏟아서 전적으로 쇄국주의를 견지했으며, 다른 국가의 지식, 기예, 기계가 오스트리아 국내로 유입되는 것을 금지했는데, 마치 마소를 키우는 자가 짐승의 역병을 방제하는 것과 같았다. 그래서 먼저 오스트리아 인민의 자제가 다른 국가의 대학에 유학하는 것을 금지하고, 다시 국내의 크고 작은 학교가 외국인을 교사로 초빙하는 것과 10세가 넘은 외국인 자제의 입학을 금지했다. 또한 국내 민간에서 세운 학교는 처우가 매우 엄격했는데, 그 설립은 겨우 6년으로 제한했고 경찰관의 심사를 거치지 않으면 학과를 허가하지 않았다. 그 가운데서도 정치학과 근세 역사 같은 것은 가장 기피했다. 그러므로 당시 독일의 여러 나라에서는 철학, 역사, 과학, 정치의 여러 학문이 크게 성행했는데도 오스트리아에서는 전혀 알려지지 않았으므로, 학교에서 오직 동방의 언어, 문자, 시가 등의 학문만 가르쳤다. 또한 사람의 정신을 유약하게 만들고 불평을 잠재우는 음악을 가르쳤다. 가르친 학문은 그저 융통성 없는 기계적인 것에 불과했는데, 털끝만큼도 그것이 왜 그러한지에 대해 말하지 않은 이유는 사람들이 궁리하여 지혜가 생겨나는 것을 두려워해서다.

인민을 대함에는 연약한 자는 억압하고, 분노하고 성내는 자는 농락했으며, 혹은 신분이 높은 사람을 처벌하여 그 불평의 분위기를 잠재웠다. 민심이 용솟음치는 것을 여러 차례 목격하고서는 간사한 지식으로 사태를 파악하여 거짓 헌법을 만들어내고는 인민의 권리를 허가한다고 했지만 실제로는 민권을 억압했다. 게다가 당시 러시아, 프러시아, 오스트리아의 세 제국은 신성동맹을 맺고 전제정치를 각국에서 대대적으로 시행하고자 했는데, 메테르니히가 이 상황을 이용해서 각국의 군주들에게 아첨하여 귀신같은 계책을 두루 시행했다. 독일의 남부 지역이 여러 차례 독립을 시도했지만 병력으로 탄압했고, 이탈리아 역시 여러 차례 독립을 시도했으나 병력으로 탄압했으므로, 단지 오스트리아에만 죄인인 것이 아니다. 19세기 상반기 유럽 각국에 위로는 암흑을 드리우고 아래로는 불안하도록 한 것은, 모두 메테르니히 한 사람이 그렇게 한 것이다. 1848년이 되자 유럽 각국에는 혁명의 기운이 이미 정점에 이르렀다. 파도처럼 밀려오는 혁명의 물결 가운데 오스트리아만이 외로운 나무처럼 서 있을 수는 없었으니, 3월 13일 인민 수만 명이 의사당 앞에 모여서 제도의 개혁을 요구했다. 인민들의 분노가 마치 타오르는 불과 같아서 격앙된 의분의 소리가 나라 안에 팽배하여 마침내 더 이상 억압할 수 없게 되었다. 인민의 공의에 따라 메테르니히를 영국으로 추방하자, 그제야 오스트리아 사람들은 비로소 하늘의 태양을 다시 보게 되었고, 전 유럽의 대마왕은 축출되었다.

음빙자는 다음과 같이 말한다. 메테르니히는 외국의 학문을 금지했는데, 내가 생각하기로는 형식상의 학문을 금지한 것이 아니라 정신상의 학문을 금지한 것이다. 정신상의 학문은 무엇인가? 민권과 자유다. 인민이 일단 민권과 자유의 이치를 알게 되면, 조종하여 복종하게 하고 구차하게 꾸미는 술수는 더 이상 소용없게 된다. 그러므로 사력을 다하여 그 예봉을 꺾지 않을 수 없었던 것이다. 당시 유럽의 민지民智가 이미 크게 열려 자치와 독립을 원하는 목소리가 전 유럽에 팽배했는데, 메테르니히가 음모와 간계를 내어 미봉책으로 대처하여 가리고 억압할 수 있었던 것이 거의 40년에 이르렀으니, 어찌 재능 있는 자라고 하지 않겠는가! 그렇지만 민권과 자유는 천하의 공리公理다. 세계가 자연스럽게 진보하여 그 자격을 쌓아 오늘에 이르렀으므로 이미 가득 차서 가슴에 맺혀 있는데, 가득 차기를 계속하면 반드시 분출한다. 비유하자면 엄동설한이 지나간 뒤에 봄바람이 한번 불면, 굽은 싹이 나오고 곧은 싹이 나와서[2] 갖가지 푸르름이 모두 피어나는 것과 같은데, 어찌 막을 수 있겠는가? 어찌 막을 수 있겠는가? 비유하자면 급류는 막으면 막을수록 더욱 맹렬하게 흐르는 것과 같다. 나는 메테르니히가 자신의 재주로 유럽에서 40년간 맹주 자리를 차지하면서 온갖 계략을 사용하여 사람들을 두려워하게 했지만, 오히려 몸이 상하고 명예는 더럽혀져 천하 만세에 손가락질 받으며 비웃음을 당하고 멸시당하며 욕을 먹게 되었다는 것이 매우 슬프다. 아, 이러한 생각을 그칠 수가 없다! 그런데 세상에는 재능이 메테르니히에 미치지 못함에도 불구하고, 그 우민과 독단과 애매모호의 술수를 배워서, 한순간에 윗사람의 총애를 확고히 하고 명예를 좇으려 하는 사람이 있으니, 나는 그가 결국 어떻게 될지 더욱 모르겠다.

공자가 말하기를, "자주색이 붉은색의 자리를 빼앗고 정나라 음악이 아악을 어지럽히는 것을 미워한다"[3]라고 했는데, 저 난피의 장즈둥[4]을 가리

---

2 원문은 "句者畢出, 萌者盡達"로 《예기禮記》〈월령月令〉에 나오는데, 정현鄭玄은 《예기정의禮記正義》에서 이 구절에 대해 다음과 같은 주석을 달았다. "'구句'는 굽어서 나오는 것이고, 뾰족하게 곧게 나오는 것을 '맹萌'이라고 한다(句屈生者. 芒而直曰萌)."

3 원문은 "惡紫之奪朱也, 惡鄭聲之亂雅樂也"로, 《논어論語》〈양화陽貨〉에 나오는 말이다. 위魏나라 하안何晏의 《논어주소論語注疏》에 다음과 같은 주석이 있다. "붉은색은 바른 색이고, 자주색은 간색 가운데 좋은 것이다. 그 기호를 사특하게 하여 정색의 자리를 빼앗는 것을 미워한 것이다. 정나라 음악은 음란한 음악 가운데 슬픈 것이어서, 그것이 아악을 어지럽히는 것을 미워한 것이다(朱, 正色. 紫, 間色之好者. 惡其邪好而奪正色. 鄭聲, 淫聲之哀者. 惡其亂雅樂)."

4 장즈둥張之洞(1837~1909)은 허베이 성河北省 난피南皮 사람으로 양무운동을 이끈 대표적 인물 가운데 하나다. 자는 효달孝達이고 호는 향도香濤, 향암香岩, 일공壹公, 무경거사無競居士이며 만년에는 자호를 포빙抱冰이라 했다. 서태후의 신임을 받아 산시(1882)·양광(1884)·후광(1889) 총독, 내각총리(1907) 등을 지냈다. 무기 제조를 위해 중국 최초의 제철소를 설립하고(1894년 완성) 한커우漢口와 베이징北京을 연결하는 철도를 건설하는(1906년 완성) 등 근대화 사업을 추진했다. 청일전쟁 패배 이후 중국 근대화를 이끌 신진 관료의 필요성을 절감하여 《권학편勸學篇》(1898)을 발표했다.

킴인가? 저 장즈둥이 어찌 중국이 어떤 상황인지 알겠는가? 어찌 서양이 어떠한지 알겠는가? 어찌 서양인이 무엇을 배우는지 알겠는가? 경솔하게 여러 사람에게 말하기를, "나는 서양의 학술을 안다"라 하고, 세상 사람들 또한 경솔하게 떠받들어 "서양의 학술을 아는 사람이다"라고 한다. 대체로 중국에는 서양의 학술을 아는 사람이 한 명도 없지만 나는 오히려 희망을 갖고 있다. 어째서인가? 서양 학술을 일단 알게 되면, 진보하여 나감이 끝이 없기 때문이다. 지금 중국에 장즈둥처럼 서양 학문을 안다고 하는 자가 천만 명이 넘으니, 중국이 망하는 것은 참으로 구제할 수 없을 것이다. 장즈둥은 《권학편》을 지어서 작년에 세상에 내놓았는데, 조정의 힘을 이용해서 소개했으므로 빠른 속도로 온 중국에 전해졌다.[5] 그 평판의 드높음은 몽테스키외의 《법의 정신》[6], 루소의 《민약론》[7], 존 스튜어트 밀의 《자유론》[8]이 처음 세상에 출간되었을 때보다도 아마 더한 듯하다. 아, 이 횡설

---

5 장즈둥의 조카사위인 황사오치黃紹箕(1854~1908)가 1898년 한림원 시독학사侍讀學士의 신분으로 장즈둥의 《권학편》을 황제에게 헌상했다. 황제가 "논의가 공평하고 통달하여 배우는 사람의 마음가짐에 매우 유익하다"고 평가하고 각 성에 유포시킬 것을 명했으므로 단기간에 중국 전역으로 퍼져나갔다. 1900년에는 미국인 선교사 우드브리지Samuel I. Woodbridge에 의해 영역되어 'China's Only Hope'라는 이름으로 뉴욕에서 출간되기도 했다.

6 1748년 출간 뒤에 2년이 지나지 않아 22쇄가 발간될 정도로 각광받았다. 중국에는 1864년 《만국공법》에서 "몽테스키외의 책 이름은 '율례정의律例精義'인데, 각국의 자유와 공법을 논했다"라고 하여 처음 소개되었다. 이후 옌푸嚴復가 1904년부터 1909년에 걸쳐 번역하여 '법의法意'라는 이름으로 상하이 상무인서관商務印書館에서 출판했다.

7 1762년 네덜란드에서 출간되었다. 일본에서는 나카에 조민中江兆民(필명 나카에 도쿠스케中江篤介)이 1882년 '민약역해民約譯解'라는 이름으로 풀어 번역한 책을 황쭌셴黃遵憲이 읽은 뒤 량치차오에게 소개했다. 1898년 상하이 동문서국同文書局에서 나카에 도쿠스케가 한역漢譯한 《민약역해》 제1권을 '민약통의民約通義'라는 이름으로 출간했다. 1900년부터 일본 유학생 양팅둥楊廷棟이 번역하여 《역서휘편譯書彙編》에 연재했고, 1902년 '노색민약론路素民約論'이라는 이름으로 상하이 문명서국文明書局에서 단행본으로 출간했다.

8 1859년 영국에서 출간되었다. 옌푸가 1899년 번역에 착수하여 1903년 상하이 상무인서관에서 '군기권계론群己權界論'이라는 이름으로 출간했다. 같은 해에 마쥔우馬君武도 번역하여 '자

수설하는 사람을 어찌 논할 만하겠는가! 30년이 지나지 않아 재가 되고 티끌이 되며 들판의 길들여지지 않은 말이 될 것이니, 그 재와 티끌이 우연히 바람을 타고 공중으로 피어오르면, 냄새를 맡은 사람은 코를 막고 지나갈 것이다. 그렇지만 그것은 지금부터 2, 3년 동안은 엄연히 금과옥조처럼 받들어져서 사서육경과 함께 앞다투어 읽힐 것이다. 천하의 일은 무릇 원인이 조성되면 반드시 결과가 맺어지는 법이다. 이제 장즈둥이 다시금 이와 같은 그릇된 원인을 만들어내어 그 잘못된 견해가 어리석은 자들의 머릿속에 점차 스며들었으니, 나중에 그 결과를 치유하려면 참으로 많은 공력을 들이지 않을 수 없을 것이다.

훌륭하도다! 난하이南海의 허치[9]와 산수이三水의 후리위안[10] 두 사람이 《권학편》을 말끔하게 반박한 것은, 우임금이 솥을 주물하여 신령스러운 형상을 그려 넣은 것과 같고[11] 온교가 무소뿔을 태워서 갖가지 기이한 사

유원리自由原理'(일본주식회사日本株式會社 수영사秀英舍; 상하이 개명서국開明書局 발행)라는 이름으로 출간했다.

9 허치何啓(1859~1914)는 광동 성廣東省 난하이 사람으로, 자는 적지迪之이고 호는 옥생沃生이다. 홍콩에서 태어나 홍콩 중앙서원中央書院을 졸업한 뒤 영국에 유학하여 의학과 법학을 공부했다. 홍콩으로 돌아와서 처음에는 의사로 활동했고 이후 변호사 업무에 종사했다. 유학 시절에 학습한 서양의 정치이론을 바탕으로 후리위안胡禮垣과 함께 '신정新政'을 고취하는 여러 편의 글을 발표하여, 개혁세력에게 이론과 실행 방침을 제공했다. 교육 사업에도 종사해 아려씨의원雅麗氏醫院(Alice는 부인의 이름) 부속으로 서의서원西醫書院을 설립했는데, 쑨원孫文이 1회 졸업생 중 한 명이다.

10 후리위안胡禮垣(1847~1916)은 광동 성 산수이 사람으로, 자는 영무榮懋이고 호는 익남翼南이며 만년에는 소요유객逍遙遊客이라는 호를 사용했다. 홍콩 항대서원港大書院에서 공부하고 그곳에서 잠시 교사 생활을 했으며, 이후 언론과 상업 활동에 종사하고 화상의 이권을 위해 활동하기도 했다. 허치와 공동으로 〈증론서후曾論書後〉, 〈신정논의新政論議〉, 〈신정시기新政始基〉, 〈신정안행新政女行〉, 〈권학편서후勸學篇書後〉, 〈신정변통新政變通〉 등의 글을 발표했으며, 평생토록 허치와 교유했다.

11 주나라 때 우禹가 군사를 거느리고 당시 주나라와 국경 분쟁 중이던 회이淮夷와 동이東夷를 정벌하고서 그 무공을 기리기 위해 솥을 만들었다는 고사가 전해진다.

물이 모여 있는 것을 살펴본 것과 같도다.[12] 〈권학편서후勸學篇書後〉[13]는 중국 문명에 지장을 초래하는 바를 배척한 공이 우임금에 뒤지지 않는다. 장즈둥은 그 글을 읽고서는 나쁜 말로 정사를 어지럽힌다고 했다. 그렇다면 나는 장즈둥이 자기 막부의 이학理學, 경학, 기절氣節, 문장에 뛰어난 사람들을 모아서 다시 《권학편서후후勸學篇書後後》를 저술토록 했으면 하는데, 그렇게 하면 그릇된 학설을 배척하고 바른 학문을 돕는 공이 더욱 많지 않겠는가! 그렇지만 나는 장즈둥이 화낼 수는 있겠지만 [반박하는] 말을 할 수는 없으리라는 것을 알고 있다.[14]

---

12 온교溫嶠의 서각犀角으로 숨겨진 기이한 사물을 꿰뚫어볼 수 있었다고 한다. 중화서국본, 광지서국본, 언해본 모두 '연온서然溫犀'로 표기되어 있지만, 고사에 근거해 '연온서燃溫犀'로 풀이했다.

13 《권학편》은 출간된 뒤 유신파의 맹렬한 비난에 직면했는데, 허치와 후리위안이 지은 〈권학편서후〉가 대표적이다. 그들은 서문에서 《권학편》에 대해 "두 편(《권학편》의 내·외편)을 짓고 장즈둥 스스로 말하기를, '시세를 살피고 본말을 한데 모아서 중국의 지식인에게 고한다'라고 했다. 그 의도는 충분히 아름다워 진실로 금일의 관료들 가운데 탁월한 자라고 할 수 있다. 다만 안타깝게도 뜻은 바르지만 논의가 그릇되었으므로, 시대에 무익할 뿐 아니라 세상에 크게 누가 된다"고 평했다(張之洞·何啓·胡禮垣, 《勸學篇·勸學篇書後》, 武漢: 湖北人民出版社, 2003, 221~222쪽).

14 《청의보》 제26책(광서 25년 8월 1일), 3~5쪽.

문명과 야만의 세 등급
文野三界之別

서양 학자들은 세계 인류를 세 등급으로 분류한다. 첫째는 야만인이고, 둘째는 반개화인이며, 셋째는 문명인이다. 이것을 《춘추春秋》의 의미대로 하면 거란세據亂世, 승평세升平世, 태평세太平世다. 모두 단계가 있고 순서대로 올라간다. 이것은 진화의 공리公理이고 세계 인민이 공통으로 인정하는 것이다. 거기에는 다른 것으로 대체할 수 없는 확실한 궤도와 사실이 있으므로, 이에 순서대로 다음과 같이 간략하게 열거한다.

첫째, 일정한 주거가 없고 일정한 주식이 없다. 편리함을 좇아 무리를 이루지만 이익이 소진되면 곧바로 흩어진다. 사냥하고 물고기를 잡아 옷과 음식을 충당하지만 기계를 사용할 줄은 모른다. 문자가 있지만 학문은 모른다. 늘 자연재해를 두려워하고 천운을 바라면서 우연한 화복을 앉아서 기다린다. 타인의 은덕과 위세에 의존하고 자신은 주체성을 갖지 못한다. 이런 사람을 야만인이라고 한다.

둘째, 농업이 크게 개발되어 옷과 음식이 제법 구비되고 나라와 도시를 건설하여, 겉모습으로 보면 스스로 하나의 나라를 이룬 것 같지만, 그 안을 들여다보면 실제로는 완비되지 않은 것이 아주 많다. 학문이 성하지만, 현실적 학문(實學)에 힘쓰는 자는 적다. 교제할 때는 의심하는 마음이 아주 깊지만, 사물의 이치를 논할 때는 의심을 통해 진정으로 올바른 것을 추구하지 못한다. 모방하는 세밀한 기술은 정교하지만, 창조 능력은 심히 부족하다. 낡은 것을 다듬을 줄은 알지만, 낡은 것을 바꿀 줄은 모른다. 교제할 때 규칙이 있지만, 그 규칙이란 것은 죄다 습관에서 이루어진 것이다. 이런 사람을 반개화인이라고 부른다.

셋째, 세상의 모든 사물을 규칙 속에 망라하고 자신을 그 속에 넣어 주조한다. 기풍을 수시로 바꾸어서, 낡은 습속에 젖어드는 데 빠지지 않는다. 자신의 몸을 스스로 다스릴 줄 알아서 타인의 은덕과 위세에 의존하지 않는다. 스스로 덕행을 다듬고 스스로 지혜를 넓혀, 옛것에 갇히지 않고 지금의 것으로 스스로를 한정시키지도 않는다. 작은 성과에 안주하지 않고 항상 미래에 크게 성취할 것을 도모한다. 전진은 있으나 퇴보는 없다. 상승은 있으나 하강은 없다. 학문은 공허한 소리를 숭상하지 않고 새로운 방법을 개발하는 것을 숭상한다. 공업과 상업은 날로 확충을 꾀하여 모든 사람을 행복하게 한다. 이런 사람을 문명인이라고 부른다.

세계적으로 문명과 야만의 등급을 논할 때는 대체로 이를 기준으로 할 수 있다. 우리 국민이 우리 중국은 이 셋 중에 어느 등급에 속하는지 돌이켜본다면 깜짝 놀라 분발할 것이다.

나라의 안정과 혼란은 늘 그 나라의 문명과 야만의 정도에 비례한다. 문명과 야만의 구분은 늘 나라 사람 전체로 판단하지, 한두 사람의 힘으로 빼앗거나 빌릴 수 없다. 그래서 서양 학자는 다음과 같이 말한다. "국가의 정사는 온도계에 비유된다. 민간의 기풍은 공기에 비유된다. 공기의 습도와 온도에 따라 온도계의 눈금이 오르내리며 조금도 빌려올 수 없다. 따라서 민지·민력民力·민덕民德이 부진하면, 뛰어나고 어진 군주와 재상이 한때 좋은 정사를 베풀어도 시간이 지나면 완전히 없어진다. 마치 끓는 물에 온도계를 담그면 빠르게 상승할지라도, 물이 차가워지면 온도계 내의 온도는 그에 따라 공기의 온도와 같은 정도까지 내려가는 것과 같다. 이는 아주 간단한 원리지만 고정불변의 원리다. 따라서 나라를 잘 다스리는 자

는 먼저 그 국민을 진화시켜야 한다.” 몽테스키외(프랑스인으로 《법의 정신
(萬法精理)》을 지어서 군주·민주·군민공주君民共主라는 세 가지 정치체제의 득실
을 논했다)와 루소(프랑스인으로 《민약론》이라는 책을 지어 국가는 국민들 사이
의 계약으로 이루어짐을 논했다)가 없었다면, 프랑스에서 혁명이 성공할 수
없었을 것이다. 애덤 스미스 등[1][영국인으로 경제학(資生學)의 비조다]이 없었
다면 영국은 비례세 제도를 시행할 수 없었을 것이다. 따라서 영웅의 능력
은 시대를 만드는 데 있을 뿐이라고 하는 것이다.[2]

1 《국부론》의 애덤 스미스Adam Smith(1723~1790)를 비조로 하여 《인구론》의 토머스 맬서스Thomas
  Robert Malthus(1766~1834), 《지대론地代論》의 데이비드 리카도David Ricardo(1772~1823)를 대표
  적인 인물로 하여 존 스튜어트 밀에 이르러 완성된 고전경제학파를 가리킨다.
2 《청의보》 제27책(광서 25년 8월 11일), 1~2쪽.

영웅과 시세

英雄與時勢

어떤 이는 영웅이 시세를 만든다고 말하고, 어떤 이는 시세가 영웅을 만든다고 말한다. 이 두 주장 모두 명언이다. 전자를 주장하는 이들은 다음과 같이 말한다. "영웅이란 세상의 조물주이므로, 세상의 큰 사업은 모두 영웅의 마음속에서 온축되어 나타나는 것이다. 세계 역사가 곧 영웅의 전기라고 해도 거의 무방하다. 루터[1]가 있어서 개신교가 있었고, 콜럼버스가 있어서 신대륙이 있었으며, 워싱턴[2]이 있어서 미국의 독립이 있었고, 비스마르크가 있어서 독일 연방이 있었다." 후자를 주장하는 이들은 다음과 같이 말한다. "영웅이란 때를 타는 것이지 때를 만드는 것이 아니다. 사람들이 차츰차츰 쌓고 두루 온축시킨 것을 끝까지 당겨서 이때 쏘는 것이다. 스스로 영웅을 잉태하여 길러서 그 빈자리를 채우는 것이다. 영웅이 사회에 이익을 미치지만, 그가 사회로부터 받은 이익을 되돌려주는 것일 뿐이

---

1 마르틴 루터Martin Luther(1483~1546)는 독일의 종교개혁자이자 신학자다. 면죄부 판매에 반대하여 '95개조 논제'를 발표해서 교황과 맞섰으며, 이것이 종교개혁의 발단이 되었다. 《신약성서》를 독일어로 번역하여 독일어 통일에 공헌했으며, 새로운 교회 형성에 힘써 '루터파 교회'를 형성했다.

2 조지 워싱턴George Washington(1732~1799)은 미국의 초대 대통령으로 '건국의 아버지'라 불린다. 독립혁명군 총사령관으로서 독립전쟁을 승리로 이끌었고, 헌법제정회의에서 새로운 연방 헌법을 제정하고 중앙정부 권한을 강화했으며, 대통령이 되어서는 국내 여러 세력을 단합시키고 헌법을 실제 정치에 반영했으며 여러 나라와 국교를 조정하는 일 등에 주력하여 신생 미국의 기반을 굳게 다진 것으로 평가된다.

다. 루터가 16세기(서양 사람들은 예수 기년 100년을 1세기로 삼는다)가 아니라 10세기에 태어났다면 종교개혁을 성공시킬 수 없었으며, 또 16세기에는 루터가 없었더라도 반드시 다른 사람이 나타나서 그것을 개혁했을 것이다. 다른 사례 역시 그러하다. 코페르니쿠스가 없었더라도 지동설은 결국 후세에 반드시 통용되었을 것이고, 콜럼버스가 없었더라도 아메리카 신대륙은 결국 반드시 나타났을 것이다."

나는 두 주장 모두 옳다고 본다. 영웅은 본디 시세를 만들 수 있고, 시세 또한 영웅을 만들 수 있다. 영웅과 시세, 이 둘은 형체와 그림자가 서로 따르는 것처럼 잠시라도 떨어진 적이 없다. 영웅이 있으면 반드시 시세가 있고, 시세가 있으면 반드시 영웅이 있다. 오호라, 오늘날 중국의 액운이 극에 달하고 지구의 살기殺氣도 극히 심해졌다. 맹자가 말하지 않았던가. "햇수로 따지면 지났지만, 시세로 본다면 가능하다."[3] 지금은 바로 온 세상이 고개를 들고 발을 구르며 소리 내어 영웅을 갈망하는 때다. 두세 명의 호걸이 때마침 등장하여 세상을 정돈하고 시대를 구할 것이다. 우리 동지들, 우리 젊은이들이 스스로를 하찮게 여겨서야 되겠는가.

이탈리아에서는 로마가 망한 지 오래되자 교황이 함부로 행동하고 오스트리아가 간섭하여 곧 멸망할 정도로 위태로울 때 비로소 카보우르[4]가 있었다. 프로이센에서는 게르만 연방이 분열하고 쇠약하여 프랑스 사람에게

---

3 《맹자》〈공손추 하公孫丑下〉에 나오는 말이다. "由周而來, 七百有餘世矣. 以其數則過矣, 以其時 考之則可矣." 맹자는 500년 주기로 치란의 순환을 주장하는데, 700년이 지났으므로 난세를 넘어 치세가 올 순환 주기가 지났기 때문에, 시대로 보면 성군이 나타나 치세가 도래하기를 기대해볼 만하다는 말이다.

4 카밀로 벤소 카보우르Camillo Benbso Cavour(1810~1861)는 이탈리아의 정치가로서, 사르데냐 왕국 의원을 거쳐 우익당의 당수, 농무상, 재무상 등을 지냈다. 1861년 가리발디를 원조하고, 그해 비토리오 에마누엘레를 즉위시켜 이탈리아 왕국의 건설을 완성했다. 주세페 가리발디, 주세페 마치니와 함께 이탈리아 통일의 3걸로 불린다. 《자유서》에는 카보우르를 제갈공명과 비교해서 논하는 글이 있다(〈가포아여제갈공명加布兒與諸葛孔明〉, 《청의보》 제30책, 8~9쪽).

통제당하여 주권을 완전히 상실했을 때 비로소 비스마르크가 있었다. 아메리카에서는 영국의 억압을 받고 국민들이 생존을 도모하지 못할 때 비로소 워싱턴이 있었다. 그러므로 사람은 영웅의 부재를 특히 근심한다. 진실로 영웅이라면 시세의 어려움과 위험이 무슨 상관이 있겠는가? 사나운 천둥이 치고 거센 바람이 불면 뭇 새들이 날개를 접고 두려워하지만, 교룡蛟龍[5]은 이를 틈타 날아올라 보이지 않게 된다. 거센 파도가 일면 피라미는 갈 곳을 잃고 놀라지만, 고래[6]는 그것을 타고 천 리를 간다. 따라서 영웅의 능력은 시세를 이용하는 것에서 시작하여 시세를 만드는 것으로 끝난다. 영웅과 시세는 서로 원인이 되고 서로 결과가 된다. 끊임없이 원인을 만들면 그 결과도 끊임이 없다.[7]

---

5 뱀과 유사한 몸통에 비늘이 있고 사지가 달려 있으며 머리에 흰 혹이 있는 전설상의 용이다. 교룡이 비구름을 얻어 하늘로 오르는 것을 '교룡득운우蛟龍得雲雨'라고 하며, 영웅호걸이 대업을 이룰 기회를 잡는 것을 가리킨다(《삼국지三國志》 권54 《오서吳書·주유전周瑜傳》 참조).

6 원문은 "경곤鯨鯤"으로, 바다의 고래를 가리키는 듯하다. 《장자》〈소요유逍遙遊〉에 따르면 곤鯤은 큰 물고기인데 대붕으로 변하여 구만리 창공을 난다고 하므로, 이에 곤을 고래로 보고 있는 것이다.

7 《청의보》 제27책(광서 25년 8월 11일), 2~3쪽.

근인과 원인에 관하여

近因遠因之說

    세상일이란 대소를 막론하고 반드시 그 유래가 있으니, 중국의 학자들은 이를 '소이연지고所以然之故[1]'라고 일컫는다. 간단히 말하면 '원인'이다. 일을 논하는 자가 그 원인을 찾아낸 뒤에 판단을 내리면 판단이 잘못되지 않을 것이요, 일을 처리하는 자가 그 원인에 초점을 맞춘 뒤에 방법을 시행하면 방법이 효과가 있을 것이다. 주자가 "소이연지고를 찾을 수 있어야 비로소 최고의 학문이요, 최고의 사업이다"라고 한 것은 바로 이것을 말한다.

    그렇지만 원인은 또 근인近因과 원인遠因 두 가지로 나뉜다. 근인은 보기 쉽고 원인은 알기 어렵다. 한 가지 예를 들어 설명해보자. 술꾼이 말에서 떨어져 허리를 다쳐 마침내 반신불수의 병을 얻었다면 어떤 방법으로 치료해야 할 것인가? 평범한 의사는 말에서 떨어진 것이 병의 원인이므로 타박상 약을 허리 주변에 발라야 한다고 말할 것이다. 이러한 치료법은 결코 병을 낫게 할 수 없으니, 왜 그런가? 말에서 떨어진 것은 근인에 지나지 않기 때문이다. 실은 다년간 지나친 음주로 척추가 이미 노쇠했는데 바야흐로 쌓인 병이 드러나려고 할 때 마침 말에서 떨어져 온몸을 흔들어놓

---

1 성리학에서 사용하는 개념으로, 사물이나 사태가 그러한 까닭이라는 의미다. 세상을 설명하는 원리적인 측면을 가리키며, 그러한 원리에 따른 당위적인 규칙을 의미하는 '소당연지칙所當然之則'과 짝을 이루어 사용된다.

앉기 때문에 결국 저리고 마비되었을 뿐이다. 훌륭한 의사라면 반드시 먼저 술을 삼가도록 하고 발병 원인을 진단하여 척추를 회복시킬 것이다. 이렇게 하면 치료가 쉽다. 나라를 치료하는 것 또한 어찌 그렇지 않겠는가? 오늘날 입으로 경제[2]를 말하는 자는 걸핏하면 중국의 걱정은 가난하고 힘이 없고 관리가 충직하지 못하고 난민이 전국에 깔려 있고 외국이 침략해오는 데 있다고 말한다. 이를 해결하는 방법으로는 군대 훈련, 의용군 조직, 군비 확보, 상업 장려를 말한다. 좀 더 유식한 자는 옛날 방식을 바꾸고 민권을 일으키자고 말한다. 그들의 지론을 누가 틀렸다고 할 것인가? 내가 보기에 그들의 견해는 고하와 대소의 차이가 있지만 요컨대 모두 근인을 해결하는 방법이지 원인을 해결하는 방법이 아니다. 원인을 고치지 않고 근인을 고치고자 한다면, 결코 해결할 수 없다.

또 하나의 주장이 있다. 근인은 언제나 번다하고 복잡하여 사람들이 일의 갈피를 잡기 어렵지만, 원인은 그렇지 않아서 일단 그것을 찾아내기만 하면 만고불변의 진리로서 이에 의거하여 일을 처리하는 방향을 정할 수 있다는 것이다. 근인은 어떤 하나의 일에 반드시 하나가 있지만, 원인은 언제나 여러 요인이 합해져 하나의 원인이 되기 때문이다. 그러므로 하나씩 추론해서 점점 멀리 추론해 나아가면 그 원인의 수가 점점 감소한다. 원인에 근거하여 방법을 정하면, 마치 그물에 벼리가 있는 것처럼 조리가 있고 어지럽지 않다.[3] 다시 하나의 예를 들어 설명해보자. 물이 끓는 것은 장작불로 인해 일어난다. 사람의 호흡은 공기로 인해 생겨난다. 이것은 근

2 본디 '경세제민經世濟民'의 약어로, 여기서는 일반적으로 국가 경영을 가리키는 의미로 사용되었다. 일찍이 장즈둥은 《권학편》에서 국가 경영의 주요한 분야로 '중학경제中學經濟'와 '서학경제西學經濟'를 제시했다. 진관타오·류칭펑, 양일모 외 옮김, 《관념사란 무엇인가 2》, 푸른역사, 2010, 331쪽 참조.

3 원문은 "若網在綱, 有條而不紊"으로, 《서경書經》〈반경 상盤庚上〉에 나온다.

인이다. 다시 더 깊이 들어가 탐구해보면, 장작이 타는 것은 장작에 들어 있는 탄소가 공중의 산소와 화합하여 열을 발생시키기 때문이다. 사람이 호흡하는 까닭은 공중의 산소를 폐로 끌어들여 혈중에 남아 있는 탄소와 서로 화합이 일어나면서 숨을 내쉬고 들이마시기 때문이다. 그렇다면 장작과 공기는 근인이다. 원인은 다 같이 산소다. 물이 끓는 것과 사람이 호흡하는 것은 외형이 완전히 다르지만 그 원인은 이와 같이 서로 같다. 그 까닭을 알게 되면, 끓는 것을 멈추고 숨을 멈추게 하거나 혹은 더 끓이거나 공기를 잘 통하도록 하는 것은 모두 같은 이치의 방법으로 처리할 수 있다. 하나를 통하면 만사가 해결된다는 것이다. 이러한 도리는 우원迂遠해 보이지만 그 방법은 실제로 매우 간단하다. 그렇다면 원인을 찾는 것이 일을 논하는 비결이요, 일을 처리하는 첩경이다. 원인을 해결하는 것은 무엇인가? 시세를 조성하는 것일 뿐이다.[4]

---

4 《청의보》 제27책(광서 25년 8월 11일), 3~4쪽.

초야에서 올린 직언

草茅危言

지난번 《아동시보亞東時報》를 읽다가 〈초야에서 올린 직언〉이란 글을 보았는데, 일본인 후카야마 도라타로가 편찬한 것이었다.[1] 글은 모두 〈민권民權〉, 〈공치共治〉, 〈군권君權〉 세 편으로 이루어져 있는데, 모두가 서양 대학자의 정체론政體論에 연원했다. 중국이 당면한 병폐에 적합한 처방이기에 그 전문을 아래에 기록한다.

민권편民權篇

하늘이 백성을 낳을 때 하늘은 사람에게 능력을 주어 광대하고 풍요롭게 삶을 영위하게 했으니, 그래서 민권이 있는 것이다. 민권이란 군주가 신하에게서 빼앗을 수 없고, 부모가 자식에게서 빼앗을 수 없고, 형이 아우에게서 빼앗을 수 없고, 남편이 아내에게서 빼앗을 수 없는 것이다. 비유컨대 물고기에게서 물을 빼앗을 수 없고, 짐승에게서 산소를 빼앗을 수 없고, 초목에게서 토양을 빼앗을 수 없는 것과 같다. 한 사람이 민권을 잘 보존하여 잃지 않으면 하늘의 도리를 온전히 하는 것이요, 한 나라가 민권

---

1 《아동시보》는 상하이의 일본인 단체 을미동지회乙未同志會가 1898년 6월 상하이에서 창간한 월간지다. 처음에는 후카야마 도라타로深山虎太郞가 편집을 담당하다가, 제6호(1899년 2월)부터는 중국인 탕차이창唐才常이 편집을 맡았다. 〈초모위언草茅危言〉은 1898년 8월에 발간된 《아동시보》 제3호에 실렸다.

을 소중하게 여겨 침범하지 않으면 하늘의 도리를 따르는 것이다. 한 사람이 민권을 보존하지 못하면 하늘을 버림이요, 한 나라가 질시하고 침범하면 하늘을 배반함이다. 온전히 하고 따르는 자는 복을 받고, 배반하고 버리는 이는 재앙을 부른다. 왜 그런가?

백성과 민권은 함께 생겨났으니, 그 기원은 정부 설립 이전부터 있었다. 저 헌법이라 일컫고 율령이라 부르는 것들은 다만 민권을 유지하고 실추하지 않게 할 따름이니, 헌법과 율령이 생겨난 뒤에 민권이 있는 것이 아니다. 국인國人이 모두 정부를 만들자 한 연후에 정부를 세우고, 국인이 모두 정부를 없애자 한 뒤에 정부를 없앤다. 국인이 모두 헌법과 율령을 시행하자 한 연후에 헌법과 율령을 시행하고, 국인이 모두 헌법과 율령을 없애자 한 뒤에 헌법과 율령을 없앤다. 국가 대사의 시행과 득실을 온 나라 사람이 함께 상의하여 행하니, 민권은 대단하도다. 그러나 사람들의 마음이 같지 않고 이해가 서로 얽혀서 하나로 할 수 없고 또 각자가 생업에 종사하여 직접 정치에 참여할 수 없음은 예나 지금이나 늘 난제다. 이에 어진 이를 세워 임금으로 삼고 재상으로 삼아 권력을 빌려주어 천하를 다스리게 했으니, 임금과 재상의 권력은 진실로 만민에게 빌린 것이요 스스로 그 권력이 있었던 것은 아니다.

유종원은 "위에 있는 관리는 백성의 일꾼이지 백성을 부리는 자가 아니다"[2]라고 했고, 서양의 속담에 '관리는 천하의 공복公僕이다'라고 했다. 만약 백성의 일꾼이 백성을 부린다면 이는 노복이 주인을 부리는 꼴이라, 인륜에 어긋남이 이보다 큰 것이 없다. 내가 중국 옛 성현의 창업과 교훈을 보니 모두 서양 민권의 종지宗旨와 들어맞았다. 공리公理는 동서양을 가리

---

2 원문은 "吏於上者, 民之役而非以役民而已"로, 유종원柳宗元(773~819)의 〈송설존의서送薛存義序〉에 나온다. 유종원은 중국 당나라의 문인이며 정치가이자 학자로, 한유韓愈(768~824) 등과 함께 고문부흥운동에 종사했다.

지 않고 대도大道는 고금이 따로 없으니, 무릇 혈기가 흐르는 자는 그 생각이 이르는 바가 같기 때문이리라. 요와 순이 천하를 다스리다가 현자에게 왕위를 양보한 일이 아메리카 합중국에서 대통령을 뽑는 제도와 어찌 다르겠으며, 탕왕과 무왕이 하늘과 민심에 부응하여 필부를 벌하고[3] 왕조를 교체한 것이 서양 열국의 백성들이 자기 정부를 압박하여 정치를 바꾼 일과 어찌 다르겠는가? 공자는 애공에게 "백성이 풍족하면 임금은 부족함을 걱정할 필요가 없다"[4]라 했고, 맹자는 "군주는 가볍고 백성이 귀중하다"[5]라고 했다. 민권의 뜻을 이보다 더 명백히 밝힌 것이 있는가? 생각건대 공자와 맹자의 시대는 삼대三代와 멀지 않아 요순의 도리가 전적典籍에 실려 있었을 터이니, 성현으로 하여금 당시에 뜻을 펴게 했다면 아마도 그 성취를 헤아리기 힘들었을 것이다.

애석하다, 후세 사람들이 성현의 본뜻에 어두워서 그것을 확충하고 밝혀 태평성대를 이룰 수 없어서 대도가 어두워지고 기강이 무너지는 데 이르렀다. 진·한 이래 퇴락함이 오늘에 이르러 풍기風氣가 열리지 않고 기강이 엄숙하지 않고 나라의 근본이 튼튼하지 않고 왕실이 맑지 않고 백성의 살림살이가 두텁지 않고 선비들의 기상이 진작되지 않게 되었다. 이는 위로는 하늘을 등지는 정부와 하늘을 거스르는 군주가 있고 아래로는 하늘을 버리는 사람과 하늘에 불경한 백성이 있기 때문이다. 이제 진·한 이래 쌓인 폐단을 말끔히 쓸어버리고 자강自强하고 유신하는 정치를 행하고자

---

3 원문은 "방벌독부放伐獨夫"로, 여기서 '獨夫'는 은殷의 탕왕湯王과 주周의 무왕武王이 각각 몰아낸 하夏의 걸桀과 은殷의 주紂를 말하는데, 이미 왕의 자격을 상실하여 더 이상 왕이 아니고 한 사내에 불과하다는 의미다. '放伐'의 출전은 《맹자》〈양혜왕 하梁惠王下〉, '獨夫'의 출전은 《서경》〈태서泰誓〉이다.
4 원문은 "百姓足, 君孰與不足"으로, 《논어》〈안연顔淵〉에 나온다.
5 원문은 "君爲輕, 民爲貴"로, 《맹자》〈진심 하盡心下〉에서는 "民爲貴, 社稷次之, 君爲輕"이라고 했다.

한다면, 반드시 민권을 회복하는 일부터 시작해야 한다.

공치편共治篇

동서고금에 치란治亂의 순환과 성쇠의 변화는 100년을 넘기지 않는데 지금 구미 여러 나라가 날로 부강 융성하고 국운이 상승하여 언제 끝날지 모르겠으니, 그 까닭은 무엇인가? 백성을 다스리지 않고 백성과 함께 다스리기 때문이다. '백성을 다스린다'는 것은 무슨 말인가? 전제專制와 독재의 정치이다. 현명한 군주가 위에 있다면 나라가 부유하고 강성할 터이고 우매한 군주가 위에 있다면 나라가 빈한하고 병약해진다. 이른바 "좋은 군주가 있을 때 좋은 정치가 행해지고, 그 사람이 없어지면 좋은 정치가 쇠퇴한다"[6]라는 것이다. 흥망성쇠의 계기가 한 사람에게 달려 있는데, 예부터 현명한 군주는 적고 어리석은 군주가 많았으니, 이것이 동양의 여러 나라가 항상 떨치지 못했던 이유다. '백성과 함께 다스린다'는 것은 무슨 말인가? 논의를 공적으로 하여 다스리고 생각을 모아 정치하는 것이다. 나라에서 어진 사람을 뽑아 정치를 위임하기 때문에 유왕[7]과 여왕[8] 같은 군주가 있어도 폭정을 행하지 못하고 관숙과 채숙[9] 같은 신하가 있어도 간사한 짓을 행하지 못한다. 흥망성쇠는 일국의 인심과 상응하니, 이것이 서양 여러 나라가 요즈음 크게 번성하는 까닭이다.

6　원문은 "其人存則其政擧, 其人亡則其政息."으로, 《중용中庸》에 나온다.

7　유왕幽王은 주周나라 12대 왕으로, 향락과 주색에 빠져 정사를 돌보지 않다가 서쪽 이민족인 견융犬戎의 침입을 받아 여산驪山 기슭에서 살해되었다. 그의 아들 평왕平王이 수도를 낙양洛陽으로 옮기면서 서주西周 시대가 종말을 고한다.

8　여왕厲王은 주나라 10대 왕으로, 국인의 폭동으로 왕위에서 쫓겨나 주나라의 쇠락을 초래했다.

9　관숙管叔과 채숙蔡叔은 주나라 문왕文王의 두 아들이다. 무왕武王이 죽고 성왕成王이 즉위했으나, 성왕은 아직 나이가 어려 주공周公이 섭정이 되었다. 이에 관숙, 채숙, 곽숙霍叔이 불만을 품고 반란을 일으키자(삼감三監의 난亂), 주공은 소공召公 등의 도움을 받아 반란을 진압했다. 관숙은 처형되고, 채숙은 유배지에서 죽었다.

사람의 마음은 강함을 좋아하고 약함을 싫어하며, 안정을 좋아하고 혼란을 싫어한다. 그런데 동양 여러 나라가 끝내 어지러움과 빈약함을 면하지 못한 까닭은 옛것만을 숭상하고 현재를 소홀이 여기는 폐단이 마음에 깊이 박혀 뽑아내지 못하기 때문이다. 중국의 유학자들은 입만 열면 직과 설[10]의 충성을 본받아 군주를 요·순으로 만들겠다고 한다. 아아, 주나라와 한나라 이래 치도治道를 말하는 자들이 요·순·우·탕의 정치로 돌아가겠다고 누군들 말하지 않았는가마는, 요순 삼대의 훌륭한 정치는 끝내 실현될 수 없었다. 이는 단지 민심이 날로 가벼워지고 풍기風氣가 날로 부박해졌기 때문만은 아니다. 저 성인을 따른다는 이들이 성인의 외형만을 따르고 본지를 소홀히 여겨서이니, 삼대의 기치를 내걸기에 급급할수록 삼대의 다스림은 더욱 멀어졌다.

　내가 일찍이 역사서를 읽어보니 한나라 이래 역대 왕조의 제왕이 수백 명에 이르는데, 그중 총명하고 뛰어나 천하의 진정한 군주가 될 만한 사람은 백에 겨우 한둘뿐이었다. 평범한 군주가 백에 대여섯이요, 용렬한 군주가 대다수였다. 때문에 100년 가운데 잘 다스려진 때가 10년이 채 안 되었다. 천재와 인화가 꼬리를 물고 일어나 백성들이 고통을 받아 참혹하게 죽고 종묘사직도 그에 따라 망하기를 왕조마다 답습하여 반복했다. 천하의 선비들이 전철前轍에서 교훈을 얻지 못하고 이전二典[11]에 빠져서 삼대를 노래 부르며 성인이 나타나기만 고대하고 있으니, 그 우매함은 어찌 황하가 맑아지기를 기다리는 것에 비하겠는가? 이러한 때 한 사람이 나타나 3000년의 묵은 폐단을 능히 씻어버리고 전제하고 독재하는 정치를 변혁시키고 다수가 생각하고 함께 논의하는 정치를 만든다면, 중국의 천하는 다스릴 것도 없을 것이다.

10　직稷과 설契은 요순시대의 어진 신하들(賢臣)이다.
11　《서경》의 〈요전堯典〉과 〈순전舜典〉을 말한다.

군권편君權篇

어떤 이가 나에게 힐난하며 말했다. "그대의 민권설은 자못 좋으나 군권과는 서로 용납되지 않는 듯하니, 어찌할 것인가?" 내가 답했다. "군주는 백성에게 의지함을 소중히 여기고 백성은 군주에게 의지함을 소중히 여겨, 상하가 덕을 한결같이 나누고 군신君臣이 하나가 되어 서로 침범하지 말아야 하니, 이것이 함께 다스리는 일의 요체다." 지금 세계 여러 나라 가운데 영국만큼 민권을 소중히 여기는 나라는 없는데, 나라 안의 모든 백성이 영국 여왕을 부모처럼 숭앙하여 군신 사이에 조그만 혐의도 없다. 지난해 영국 정부가 여왕 즉위 50주년을 기념하는 행사를 거행할 때 온 나라가 환호하며 왕이 만수무강하고 신성해지기를 기원하니, 충애하는 정성이 민심에 흠뻑 젖어 민권이 왕권을 침범하는 사례를 도무지 보지 못했다. 세계 여러 나라 가운데 군권을 숭앙하기로는 터키만 한 나라가 없는데, 백성에게 키질하듯 세금을 털어가고 재갈을 물려버리듯 비방하는 입을 막아버리니, 국민이 임금 보기를 원수처럼 알고 반란이 자주 일어나자 상하가 흩어져버렸다. 저들은 군권이 존엄을 유지하는 도구인 줄만 알고 민심을 점점 흩어지게 만든다는 것을 알지 못했다. 이제 영국과 터키를 비교하면 왕실이 존경받거나 천대받는 차이가 얼마나 다른지 알 수 있다.

자고로 일국의 군주로서 온갖 정무를 친히 관장하고 군권을 타인에게 넘기지 않아 명실상부하게 천자가 된 이는 국가를 창업하고 제대로 계승한 이들뿐이었다. 평범한 자질을 지닌 군주 이하는 모두 정권을 신하에게 넘기니, 이에 군권이란 명분은 있어도 군권의 실질이 없었다. 하물며 용렬한 군주임에랴. 군권이 재상에게 넘어가지 않으면 외척에게 넘어가고, 외척에게 넘어가지 않으면 환관에게 넘어가고, 환관에게 넘어가지 않으면 지방 군벌에게 넘어가니, 군주는 오로지 팔짱만 끼고 허명만 유지할 따름이었다. 이윤伊尹과 주공周公 같은 재상, 곽광[12]과 두무[13] 같은 외척, 장승업[14]과 장영[15] 같은 환관, 곽자의[16]와 전홍정[17] 같은 지방 군벌도 정권을 마음대로 한다는 혐의가 있었는데, 만약 왕망王莽·조조曹操·동탁董卓·사마의司馬懿 같은 재상, 가충[18]과 무삼사[19] 같은 외척, 구사량[20]과 위충현[21] 같은 환관, 이사도[22]와 주전충[23] 같은 지방 군벌이 있다면 그 화란은

---

12 곽광霍光(?~BC 68)은 전한前漢의 정치가로, 무제武帝의 사후에 소제昭帝를 보필하여 정사를 관장했다.

13 두무竇武는 후한後漢의 대신으로, 장녀가 환제桓帝의 황후다. 청렴하고 악행을 싫어하여, 진번陳蕃과 모의하여 환관을 주살하려 했다가 조절曹節 등에게 해를 입었다.

14 장승업張承業(?~923)은 당나라 말기 오대五代 연간의 환관으로, 진왕晉王 이극용李克用에게 중용되었다가 이극용이 죽자 이극용의 어린 아들 이존욱李存勖을 보좌했다.

15 장영張永(1465~1529)은 명나라의 환관으로, 무종武宗 초년에 어용감태감御用監太監이 되었다. 당시 유명한 환관 무리인 '팔호八虎' 가운데 한 사람이다.

16 곽자의郭子儀(697~781)는 당나라의 무장武將으로, 안녹산安祿山의 난이 일어나자 중원의 반란군을 토벌하고 위구르의 원군을 얻어 장안과 낙양을 수복했다. 혁혁한 무공으로 상부尙父의 칭호를 받고 분양왕汾陽王에 봉해졌다.

17 전홍정田弘正(746~821)은 당나라의 무장으로, 헌종憲宗 때 위박절도사魏博節度使가 되고 나중에 성덕절도사成德節度使를 역임했다.

18 가충賈充(217~282)은 진晉나라 무제 때의 권신으로, 사마염司馬炎이 위魏나라의 제위를 물려받자 거기장군 상서복야가 되어 두예杜預 등과 함께 《진율령晉律令》을 편찬했다. 오吳나라를 토벌할 때 총사령관이 되었고, 오나라가 멸망하여 천하가 통일된 뒤 죽었다.

19 무삼사武三思(?~707)는 당나라의 권신으로, 측천무후의 이복 오빠 무원경武元慶의 아들이다. 무후가 주나라를 세우자 양왕으로 책봉되어 요직을 역임하고 재상이 되었다. 안락 공주 등과 함께 황태자 이중준을 제거하려다가 태자의 거병으로 참형되었다.

20 구사량仇士良(781~843)은 당나라 문종文宗 때 정권을 장악했던 환관이다. 무종이 즉위하자 환락에 빠지게 하여 독서하고 신료를 접견할 겨를이 없게 함으로써 환관이 정권을 농단하는 국면을 공고하게 했다.

21 위충현魏忠賢(?~1627)은 명나라 말기의 환관으로, 희종熹宗의 총애를 받아 비밀경찰인 동창東廠의 수장이 되어 동림파東林派 관료를 탄압하며 정사를 농단했다.

22 이사도李師道(?~819)는 고구려 유민으로, 평로절도사 검교상서 좌복야를 역임하는 등 당나라 헌종憲宗 때 크게 활약했다. 819년 운주절도사로 있을 때 반란을 일으켜 나당 연합군에게 패퇴한 뒤 포로가 되어 죽었다.

23 주전충朱全忠(852~912)은 중국 오대 후량後粱의 건국자다. 당나라 말기 '황소의 난'의 잔당을 평정한 공으로 화북 제일의 실력자가 되어 양나라를 세우고 당나라를 멸망시켜, 이후 50년에

장차 이루 말할 수 없을 것이다. 때문에 말세의 천자 가운데는 기둥을 둘러싸고 달리는 자[24]가 있었고, 독약을 마시거나 목매는 자가 있었으며, 산새가 되길 바라거나 영원히 왕가에 태어나지 않길 비는 자도 있었으니, 만승천자의 존귀함으로 필부가 되길 바라도 될 수가 없었다.

영국의 학자 밀은 "독재국가에는 애국하는 사람이 없다. 오직 한 사람이 있는데, 그 군주다"라고 했다. 독재하고 전제하는 군주는 천하를 자기 집안으로 여겨[25] 당연히 자기 나라를 아끼고, 아끼기 때문에 당연히 나라 안의 현명한 이를 뽑아 정사를 맡긴다. 그런데 지금 좌우의 신하만을 신임하고 총신만을 편애하여 그 종묘사직마저 잃어버림은 어째서인가? 명민해도 보지 못하는 곳이 있고 총명해도 듣지 못하는 바가 있기 때문이다. 옛날 당나라 덕종[26]이 이필[27]에게 말하길, "사람들이 모두 노기[28]가 간사하다고 하는데, 짐은 노기가 간사한 줄을 모르겠노라"고 했다. 덕종은 용렬한 자질이 아닌데도 이러한 말을 했으니, 군주가 사람을 알아보는 지혜를 갖기란 참으로 어렵다. 만약 군주가 좌우 신하가 아니라 나라 전체에서 듣

걸친 오대십국五代十國 분쟁의 물꼬를 텄다.

24 전국시대의 유명한 자객인 형가荊軻(?~BC 227)가 진시황始皇帝을 암살하려던 시도에서 비롯된 이야기이다. 당시 진나라의 법에서는 임금이 머무는 전상殿上에서 누구도 무기를 휴대할 수 없었기에, 진시황은 형가를 피해 기둥들 사이를 오가며 달아날 수밖에 없었다. 형가는 연燕나라 태자 단丹의 식객으로 진시황을 죽이려다 실패하고 죽임을 당했다.

25 원문은 "以天下爲家"로, 《예기》〈예운禮運〉의 "今大道旣隱, 天下爲家, 各親其親, 各子其子"라는 구절에서 유래한다.

26 덕종德宗(742~805)은 대종代宗의 장남으로 779년부터 805년까지 재위했다.

27 이필李泌(722~789)은 당나라의 대신으로, 현종玄宗의 총애를 받다가 양국충楊國忠의 미움을 받아 물러나 은거했다. 안녹산의 난으로 숙종肅宗이 즉위하자 참모군사가 되었으나 모함을 받아 옥에 갇혔다. 대종이 즉위하자 한림학사가 되었다가 다시 권신의 배척을 받아 외직으로 나갔다.

28 노기盧杞(?~785)는 당나라의 대신으로, 덕종 연간에 어사대부를 거쳐 문하시랑 겸 중서문하평장사가 되어 누차에 걸쳐 현자를 질시하고 무함했으며 가렴주구로 천하의 원성을 샀다.

고 소수가 아니라 다수에서 사람을 뽑으며 재상, 외척, 환관, 군벌이 아니라 백성과 권력을 나누고 백성과 함께 천하를 다스린다면, 어찌 잘 다스리지 못할까 걱정하겠는가? 대저 다수를 따름은 군주의 덕목이다. 비록 전제하고 독재하는 군주라도 처음에 다수의 마음을 얻지 못하면 대업을 이룰 수가 없는데, 하물며 발분하고 자강自強하여 구미와 더불어 경쟁할 마음이 있는 군주라면 어찌 군권이 위축될까 염려하겠는가?[29]

---

29 《청의보》 제27책(광서 25년 8월 11일), 4~6쪽.

양심 어록

養心語錄

삶에는 걱정과 근심이 함께 온다. 진실로 그렇지 않다면 예부터 성현이나 철학자가 세상에 나오지 못했을 것이다. 온갖 번뇌는 모두 내가 마음을 닦는 데 도움되며, 온갖 위험은 모두 내가 담력을 기르는 데 도움되니, 도처가 모두 나의 학교다. 내가 정녕 취학할 곳이 없음을 근심하나 시시로 이런 하늘과 땅이 지은 학당으로 채울 수 있으니, 또한 다행스럽지 않은가. 번뇌와 위험에 직면했을 때 이같이 생각한다면, 모두 막힘없이 얻을 수 있을 것이다. 무릇 일을 도모함에 반드시 저항이 있다. 일이 작으면 저항 역시 작고, 일이 더 크면 저항 역시 더 크다. 방해하는 힘은 자연적으로 생기는 것이지 사람에 의해 생기는 것이 아니다. 그러므로 우리는 저항이 닥치는 것을 살펴 막을 뿐이며 저항이 닥치는 것을 두렵다고 회피할 수는 없다. 비유하자면 강과 하천이 천 리를 흘러 바다로 갈 때 굽이굽이 치닫는 것과 같다. 모래와 암석을 만나면 그것을 끼고 흐르며 산과 언덕을 만나면 돌거나 넘어서 흐르되 반드시 바다에 이르는 것을 궁극으로 삼는다. 일을 도모할 때 저항을 만나면 반드시 이와 같이 하고 정성이 감응할 정도에 이르면 금강석도 깰 수 있다. 어찌 저항이 여기에 있을 수 있겠는가? 진실로 두려워하고 피한다면 종국에는 어떠한 일도 도모하여 해낼 수 없을 것이다. 어째서인가? 진실로 천하에 저항이 없는 일은 없기 때문이다.[1]

---

1 《청의보》제27책(광서 25년 8월 11일), 6쪽.

이상과 기력

理想與氣力

프로이센 수상 슈타인[1]은 "철학적 이상이 없는 자는 영웅이 되기에 부족하고, 기필코 감행하는 기력이 없는 자 역시 영웅이 되기에 부족하다"라고 했다. 일본 와타나베 구니다케[2]가 이 말을 조술祖述하고 그 뜻을 새겨 말하기를 "이상은 있는데 기력이 없어서 다른 사람들 뒤에 서서 세상을 냉소하거나, 기력은 있는데 이상이 없어서 다른 사람을 배척하여 정계에 맹목적으로 나가는 것이 요즘 사람들의 폐단이다"라고 했다. 음빙실이 말한다. "이상과 기력을 겸비하면 영웅이다. 이상은 있는데 기력이 없으면, 단지 학자가 될 수 있을 뿐이다. 기력은 있는데 이상이 없으면, 단지 모험가가 될 수 있을 뿐이다." 우리 4억 중국인 중에 이상이 있는 자가 몇 명이나 되고 기력이 있는 자가 몇 명이나 되며, 이상과 기력을 겸비한 자는 몇 명이나 되는가? 아! 나라는 반드시 세계에서 더불어 존립하는 법인데, 생각이 이에 이르매 한탄스럽구나.[3]

---

1 하인리히 프리드리히 슈타인Heinrich Friedrich Karl vom und zum Stein(1757~1831)은 프로이센 총리와 러시아 황제 알렉산드르 1세의 개인 고문을 지냈다. 나폴레옹 전쟁 당시 프로이센의 광범위한 개혁을 추진했고, 나폴레옹에 맞선 마지막 유럽동맹 결성에 영향력을 행사했다.
2 와타나베 구니타케渡邊國武(1846~1919)는 일본의 관료, 정치인이다. 원래 성은 고이케小池였으며, 2차 이토 내각의 대장대신·체신대신, 4차 이토 내각의 대장대신을 지냈다.
3 《청의보》제28책(광서 25년 8월 21일), 5쪽.

자조론
自助論[1]

일본인 나카무라 마사나오[2]는 메이지 유신 시대의 대학자다. 일찍이 영국의 새뮤얼 스마일스[3]의 저서를 번역하여 '서국입지편西國立志編'[4]이라 이름했는데 '자조론自助論'이라고도 했다. 국민의 의기를 진작하고 일본 청년들이 자립자중의 의기를 갖게 했으니, 그 공로가 요시다와 사이고[5] 아래에 있지 않다. 원서는 13편이고 7개의 서문이 있다. 이제 각 편의 서문을 뽑아 기록했으니, 일부지만 전체를 엿볼 수 있어서 독자를 분발시키기에 충분할 것이다. 그 총론은 다음과 같다.

---

1 이 글은 《청의보》 제28책(광서 25년 8월 21일), 5~7쪽에 '자조론自助論'이라는 제목 아래 나카무라 마사나오中村正直의 《서국입지편西國立志編》의 "기수편지서왈其首篇之序曰" 이하 서문만 게재되었고, 각 편 서문은 《청의보》 제29책(광서 25년 8월 31일), 5~8쪽에 '자조론서自助論序'라는 제목으로 실려 있다. 나중에 단행본으로 묶인 《자유서》(《음빙실합집 6·전집 2》, 16~22쪽)에는 제2편을 제외한 제1·4·5·8·9·11편의 서序가 수록되어 있다.

2 나카무라 마사나오(1832~1891)는 무사이자 계몽사상가로, 동경여자사범학교 교장과 동경제국대학 교수를 지냈다. 도진샤同人社의 창립자이고, 흥아회興亞會의 회원이다. 후쿠자와 유키치福澤諭吉, 모리 아리노리森有禮, 니시 아마네西周 등과 함께 메이로쿠샤明六社를 결성했다.

3 새뮤얼 스마일스Samuel Smiles(1812~1904)는 대학을 졸업하고 수년간 외과의사로 지낸 후 《리즈 타임스The Leeds Times》를 편집하고 사회활동가로 활약했다. 그의 대표작 《자조론》은 여러 나라 말로 번역되어 세계적으로 큰 영향을 끼쳤다.

4 1870년 간행되었으며, '자조론'이라는 제목으로는 1888년 출간되었다.

5 요시다 쇼인(21쪽 각주 10 참조)과 사이고 다카모리(20쪽 각주 2 참조).

국가의 자주권은 인민의 자주권에서 비롯하고, 인민의 자주권은 인민의 자주적 의지와 실행에서 비롯한다. 대개 20, 30가구의 인민이 모이면 촌이라 하고, 몇 개의 촌락이 모이면 현이라 하며, 몇 개의 현이 모이면 군이라 하고, 몇 개의 군이 합쳐지면 국가라 한다. 따라서 어떤 촌락의 풍속이 순실하다면 그 촌락 인민의 언행이 순실하기 때문이고, 어떤 현에서 물화를 대량 생산한다면 그 현 인민이 농사에 힘쓰고 제작에 근면했기 때문이고, 어떤 군의 문예가 융성하다면 그 군 인민이 배우기를 즐겨하고 재예를 닦았기 때문이며, 어떤 국가가 복되고 번창하다면 그 국가 인민의 의지와 실행이 단정하고 선량하여 하늘의 마음(天心)에 부합할 수 있었기 때문이다. 총칭하면 국가이고 나누어 말하면 인민일 뿐, 다른 것이 아니다.

지도를 들여다보라. 자주국이 몇이며, 반(半)자주국이 몇이며, 종속국이 몇인가? 예컨대 인도는 예전에 자주국이었지만 지금은 완전히 영국에 통치되고, 베트남은 예전에 자주국이었지만 지금은 절반이 프랑스에 종속되었고, 남태평양의 여러 국가는 이제 구미 국가에 예속되지 않은 곳이 없다. 사람들은 구미 국가에 영명한 군주와 어진 신하가 있어서 세력과 위엄을 멀리 떨칠 수 있었다고 말하지만, 이는 그 인민이 근면하고 인내하며 자주적인 의지와 실행이 있고 폭군과 탐관오리의 압제를 받으려 하지 않아서 나라의 상황이 나날이 향상되는 것이 기약하지 않아도 저절로 그렇게 되었음은 모르고 하는 말이다.

이뿐이랴. 구미 국가의 군주가 크게 지략을 발휘하면 국가가 크게 어지럽고 작게 지략을 발휘하면 국가가 작게 어지러웠음이 사서(史書)에 실려 있어 낱낱이 징험할 수 있다. 요즘 구미 국가의 군주는 자기 뜻대로 하나의 명령도 할 수 없고 자기 명령으로 한 사람도 가둘 수 없으며, 세율은 인민이 정하는 대로 하고 군사와 국가의 대사는 인민의 승인 없이는 거행할 수 없다. 비유하자면 구미 국가의 군주는 수레꾼이고 인민은 탑승객이다. 어떤 곳을 향해 나아가고 어느 길로 갈지는 탑승자의 의지이고, 수레꾼은 다만 그 의지를 따라 수레 모는 기술을 펼칠 뿐이다. 그러므로 군주의 권력은 사유가 아니고 국가 전체 인민의 권력을 일신에 모아놓았을 뿐이다. 그렇다! 따라서 군주의 명령은 국가 인민이 하려는 것이고, 군주의 금령은 국인이 하지 않으려는 것이다. 군주와 인민이 한 몸이 되고 상하가 신뢰하며 정부와 민간이 함께하고 기관과 개인이 분리되지 않으니, 국가의 번성이 어찌 여기서 비롯되지 않겠는가?

나는 어릴 적에 청나라와 영국이 교전하여 영국이 누차 대승을 거두었는데 그 나라 여왕이 빅토리아라는 말을 듣고는 놀라서 "그처럼 작은 섬에서 여자 호걸을 배출했는데 이처럼 당당한 청나라에는 오히려 한 명의 남아가 없구나"라고 말했다. 뒤에 《청국도지淸國圖志》[6]를 읽었는데 영국의 풍속은 탐욕스럽고 사나우며 사치와 술을 좋아하지만 기예만큼은 정교하다고 하기에, 당시에는 그렇게 믿었다. 지난해 영국의 수도에 2년 동안 체류하면서 직접 그 정치와 풍속을 살펴보고서야 그렇지 않음을 알게 되었다. 지금 여왕은 보통의 늙은 여인에 불과하여 사탕을 물고 손주의 재롱이나 즐길 뿐이고, 백성의 의회가 권한이 가장 크고 제후의 의회가 그다음이다.[7] 그들 중에 뽑혀서 인민을 위해 관직을 맡은 자는 반드시 학식이 밝고 품행이 단정하며 경천애인의 마음을 지니고 극기와 신독[8]의 공부를 하고 세상일을 겪고 오래도록 곤경을 경험해본 사람이었으며, 권모와 아첨하는

---

6 청나라 때 위원魏源(1794~1856)이 지은 세계지리서 《해국도지海國圖志》를 가리킨다. 1847년 60권으로 간행된 것을 보완하여 1852년 100권으로 출간되었다.

7 영국 의회의 양원제도는 귀족들로 구성된 귀족원House of Lords(상원)과 주 및 도시에서 선출된 대표들로 구성된 서민원House of Commons(하원)으로, 1340년에 시작되었다.

8 '신독愼獨'은 '혼자 있을 때 삼간다'는 의미로, 《대학大學》("所謂誠其意者 毋自欺也. 如惡惡臭 如好好色, 此之謂自謙. 故君子必愼其獨也. 小人閒居爲不善, 無所不至")과 《중용》("莫見乎隱 幕顯乎微 故君子 愼其獨也")에 나온다.

무리들, 신을 업신여기고 양심을 속이는 자들, 주색과 재물에 빠진 자들, 공을 다투고 생계에 목매는 자들은 관여할 수 없었다.

풍속은 덕의를 숭상하고 인자함을 좇으며, 법률을 준수했다. 빈곤하고 병든 자들을 잘 구제하여 나라 안에 훌륭한 법규를 두었는데, 상세하지만 번잡하지 않았다. 일례를 들면 빈곤한 집의 자녀가 다니는 학원은 전부 3만여 곳에 학도가 200만 명이었고, 주간에 일하는 사람이 다니는 학원은 야학원이라고 명명했는데 2000여 곳에 학도가 8만 명이었다. 이것들은 모두 인민이 공동으로 기부하여 설립한 것으로 관청은 관여하지 않는다. 모든 일에 관부가 하는 것은 10분의 1이고 인민이 10분의 9를 차지한다. 더욱이 관청이란 것도 인민의 편리를 위해 지은 공간일 뿐, 권세를 탐하고 형벌을 농단하는 일이 없었다. 그렇지만 나라가 넓고 인민이 많은데 어찌 간사하고 불법한 무리가 하나도 없겠는가? 그러나 그 대체를 살펴보면 정교政敎와 풍속이 서양에서 가장 아름답다고 할 수 있을 것이다. 위 씨魏氏의 책에서 탐욕과 포악, 사치와 유흥만을 말한 것은 대개 동양에 머문 구미 각국의 무뢰한들만을 보고 개괄한 것이니, 얼마나 틀렸겠는가?

내가 근래에 구미 각국의 고금 준걸의 전기를 읽었는데, 그들 모두가 자주자립의 의지를 지니고 고난과 고통을 겪어서 하늘을 공경하고 인간을 사랑하는 진실한 뜻에 기초하여 세상을 구제하고 인민을 이롭게 하는 대업을 이룰 수 있었음을 보았다. 더욱이 글과 가르침을 번성시켜서 사해에 이름을 떨칠 수 있었던 것은 진실로 그 나라 인민의 근면함과 인내력에서 나온 것이지 군주가 할 수 있는 게 아니었음을 보았다. 좋은 말에 수레를 매면 채찍질하지 않고 고삐를 조이지 않아도 스스로 잘 달리는데, 모는 이가 망령되이 끌고 당기며 채찍질을 많이 하면 그 말이 버티고 거슬러 제대로 몰 수 없다고 예전에 들었다. 아, 세상에 어떤 나라가 좋지 않고 어떤 인민이 선량하지 않겠는가! 모는 이가 공을 탐내고 일을 부풀려 본성을 이루어주지 못하고 천성을 보존해주지 못하는 지경에 이르게 되는 것이 대부분이다.

제1편 서문: 국가와 국민의 자조

내가 이 책을 번역할 때, 지나가던 사람이 이렇게 물은 적이 있었다. "그대는 어째서 병서兵書를 번역하지 않는가?"

나는 이렇게 대답했다.

"당신은 군대가 강하면 국가가 이를 바탕으로 편안히 다스려진다 생각하는가? 또 구미 각국의 강력함이 군대에서 비롯된다고 보는가? 전혀 그렇지 않다. 구미 각국의 강력함은 인민이 천도天道를 독실하게 믿고 자주권을 지니며, 정치가 관대하고 법이 공정하기 때문이다. 나폴레옹은 덕행의 힘이 신체의 힘보다 열 배 크다고 했고, 스마일스는 국가의 강약은 인민의 품행과 관련되고 진실함과 선량함이 행실의 근본이라고 했다. 대개 국가란 인민이 서로 모인 것을 말한다. 그러므로 사람마다 행실이 바르면 풍속이 아름답고, 풍속이 아름다우면 온 나라가 화합하여 일체를 이룰 터이니, 그 강함을 어찌 말로 다할 수 있겠는가? 만약 국인의 행실이 바르지 않고 풍속이 아름답지 않은데도 한갓 군대의 일만 말하는 데 급급하면, 강하기만 하여 싸우고 죽이기를 좋아하는 자가 적지 않을 것이니, 어찌 국가가 편안히 다스려지기를 바랄 수 있겠는가?

더욱이 천리天理로 말하면, 강해지려는 생각은 바름에 크게 어긋나는 일이다. 왜 그런가? 강함이란 약함의 대칭이다. 하늘이 인민을 낳은 것은 사람마다 똑같이 안락을 누리고 도덕을 닦으며 지식을 숭상하고 힘써 일하게 하고자 한 것이지, 어찌 피차간에 강약과 우열을 두려워했겠는가? 그러므로 지구상 모든 국가가 학문·문예로써 서로 교제하고 이용후생의 도로써 서로의 이익을 보태어 서로 편안하고 함께 복지를 누려야 한다. 이렇게 하면 어찌 강약을 비교하고 우열을 경쟁하겠는가? 대개 천명을 외경畏敬할 줄 아는 사람은 진실한 마음으로 선량한 일을 한다. 한 사람이 이렇게 하고 한 집이 이렇게 하고 한 나라가 이렇게 하고 세상이 이렇게 하면, 겨울날에 따뜻한 바람이 불어 사해가 즐거워하고 자애로운 구름과 온화한 기운으로 천지사방에 상서로움이 나타나게 할 것이다. 이와 같이 한다면 어찌 군대와 총포를 쓸 일이 있겠는가?

옛말에 있지 않던가. '군대는 흉기이고 전쟁은 위험한 일이다.'[9] '어진 사람은 적이 없다.'[10] '전쟁을 잘하는 자는 큰 형벌을 받을 것이다.'[11] 한 사람의 목숨은 온 지구보다 귀중하고, 필부의 선행은 국가, 세계와 관련된다. 토지를 탐내어 귀중한 인명을 처참한 화에 허우적거리게 한다면, 이는 하늘의 뜻과 조화로운 은혜를 거스르는 것이니, 그 죄는 면할 수가 없다. 구미 각국이 근래 형벌을 크게 줄였는데, 유독 전쟁을 완전히 종식시키지 못하니, 어찌 교화가 미흡해서가 아니겠는가? 아니면 우주가 아직 태평한 운세에 이르지 못해서인가? 아! 천지 사방에 예교가 왕성하고 군대가 사라지는 때가 있을 터인데, 당신과 내가 보지 못하는 것이 한스러울 뿐이다."

과객이 수긍하고 물러갔다. 글을 완성하여 권두에 둔다.

제4편 서문: 마음 씀의 근면함과 작업의 지속

진정한 학자는 천한 일을 부끄러워하지 않으니, 부끄러워하는 자는 진정한 학자가 아니다. 진정한 문인은 세속의 일을 꺼리지 않으니, 꺼리는 자는 진정한 문인이 아니다. 옛적에 조기[12]는 북해[13] 시장바닥에서 떡을 팔

---

9 "兵者凶器, 戰者危事, 故聖王重行之也"(유숙劉肅, 〈극간極諫〉, 《대당신어大唐新語》).
10 원문은 "仁者無敵"으로, 《맹자》〈양혜왕 상梁惠王上〉에 나온다.
11 원문은 "善戰者服上刑"으로, 《맹자》〈이루 상離婁上〉에 나온다.
12 조기趙岐(?~201)는 동한東漢의 경학가經學家로, 《맹자장구孟子章句》와 《맹자주孟子註》 등을 지었

앉고 심인사[14]는 발을 짜면서 책을 읽느라 손과 입을 멈추지 않았지만, 세상 사람들이 후세에 이르도록 천히 여기지 않았을 뿐만 아니라 도리어 대단하게 여겼다. 정호[15]는 진남판관鎭南判官의 첨서僉書를 맡아 재무 관리와 자잘한 사무에 마음을 다하여 수차례 중요한 송사를 바로잡았고, 소식[16]은 봉상부鳳翔府에서 첨서를 역임했는데 판관이 그가 문인이라 하여 공무를 맡기지 않았지만 소식은 자기 직책에 마음을 다하니 노회한 아전들이 두려워하며 복종했다. 두 사람의 현명함을 여기서 볼 수 있다. 지금 독서하는 자는 천한 일로 생계를 도모하기를 부끄러워하고 또 세속의 잡무를 꺼리다가, 부득이하게 신을 짜고 그림을 파는 데 이르거나 혹은 작은 것에 굴복하게 되면 완전히 책을 덮고 보지 않으며 나는 여가가 없다고 말한다. 아! 사람은 뜻이 없는 것을 염려할 뿐이다. 만약 뜻이 있다면 독서할 겨를이 없음을 걱정하지 않는다.

소식이 봉상에 있을 때 얼마나 바빴을지 생각해보라. 그러나 이때 지은 시 〈봉상팔관鳳翔八觀〉 같은 것은 정제되고 잘 다듬어진 것이 또 얼마나 여유작작한가? 학문의 결실은 순서를 따라 점진하고 오래도록 멈추지 않는 것을 귀중히 여긴다. 그러므로 하루에 많은 시간을 필요로 하지 않는다.

다. 조기의 주석을 '고주古註'라 하며, '신주新註'라 불리는 주희朱熹의 《맹자집주孟子集註》와 더불어 《맹자》 주석에서 쌍벽을 이룬다.

13 현재의 산동 성산東省 서우광 현壽光縣 동남부 지역을 가리킨다.

14 심인사沈麟士(419~503)는 남조南朝 제齊나라의 교육가로, 오강산吳羌山에 은거하면서 학생 수백 명을 가르쳤다. 어려서 집안이 가난하여 발을 짜서 생계를 유지했으므로 사람들이 '직렴선생織簾先生'이라고 불렀다. 《주역周易·양계兩系》, 《장자·내편훈內篇訓》, 《노자요략老子要略》 등을 저술하고 《역경易經》, 《예기》, 《춘추》, 《서경》, 《논어》 등을 주석했다.

15 정호程顥(1031~1085)는 중국 북송의 유학자로 호는 명도明道다. 동생 정이程頤(1033~1107)와 더불어 이정二程으로 불린다. 《정성서定性書》, 《식인편識仁篇》 등을 지었다.

16 소식蘇軾(1037~1101)은 북송시대의 문학가로, 송대 제일의 시인으로 꼽히며 당송팔대가의 한 사람이다. 자는 자첨子瞻이고 호는 동파東坡다. 소순蘇洵의 아들이며 소철蘇轍의 형이다.

일찍이 한 관원이 어떤 선생에게 말하기를, "나는 직무에 바빠서 독서할 여가가 적은 것이 걱정"이라고 하니, 대답하기를 "당신의 독서는 주마간산 같아서 비록 매일 하루 종일 독서하여 10년이 되어도 결실이 없을 것"이라고 했다. 그 사람이 불끈하자 선생이 말하기를, "당신이 매일 긴요한 책 두세 쪽을 읽더라도 깊이 생각하고 명심한다면 10년 후에는 반드시 박식함이 무리를 넘어설 것"이라고 했다. 훌륭한 말씀일진저. 이 편에 실은 새뮤얼 드루[17]와 월터 스콧[18] 같은 경우, 전자는 저명한 신학자지만 구두 만드는 일을 했고, 후자는 위대한 문호지만 평생 서기 일을 그만두지 않았다. 모두 후세 사람들의 입지와 실행을 크게 독려하는 것이니, 독자들이 반복해서 숙고하기를 바란다.

제5편 서문: 기회와 기술을 닦는 일

세상일은 수없이 많다. 그러나 성패와 득실의 계기를 살펴보면 한결같이 모두 참과 거짓(誠僞) 두 글자에서 결정될 뿐이다. 국정을 행하는 데는 공사公私의 구별이 있고, 인품을 살피는 데는 선악의 구별이 있으며, 학술을 밝히는 데는 정사正邪의 구별이 있고, 공예를 드러내는 데는 교졸巧拙의 구별이 있다. 지금 커다란 나무가 창천을 넘보고 풍우와 싸우며 푸른 거죽 검푸르게 천년 세월에도 오히려 새로우나, 그 시원을 소급하면 한 낟알의 종자가 땅속에 뿌리 내린 것일 뿐이다. 큰물은 논밭과 들판에 물 대고 전

---

17 새뮤얼 드루Samuel Drew(1765~1833)는 영국의 감리교 신학자다. 영국 콘월Cornwall 출신으로, 인간의 영혼과 신의 본성과 예수의 신성함에 관한 저술로 '콘월의 형이상학자'라는 별명을 얻었다.
18 월터 스콧Walter Scott(1771~1832)은 영국의 문학가, 역사가다. 3대 서사시 〈마지막 음유 시인의 노래The Lay of the Last Minstrel〉, 〈마미온Marmion〉, 〈호수의 여인The Lady of the Lake〉으로 유명하다. 《웨이벌리Waverley》, 《가이 매너링Guy Mannering》 등 그의 역사소설은 당시 유럽에서 널리 읽혔다.

함을 띄우며 온갖 구비에도 끊이지 않고서 오랜 세월에도 쉼 없이 흐르지만, 그 근원을 찾아보면 한 길 샘이 티끌마냥 솟아났을 뿐이다. 이로써 종자가 나무의 참이고 샘이 냇물의 참임을 알 수 있다. 참됨이 있어야만 대성할 수 있다. 사물도 그렇거늘 하물며 사람이랴.

사람이 진실로 한 조각의 참을 가슴속에 품으면 매우 미미해서 보기 어렵지만, 실제로는 모든 일의 근원이 되어 기예를 닦고 학식을 쌓으며 인민을 다스리고 신명神明과 교제할 수 있게 한다. 이편에서 말하는 '힘써 인내함', '기회를 잘 탐', '작은 일에도 소홀하지 않음', '우연한 깨달음' 같은 것들은 수없이 많지만, 모두 사람이 자기 일을 성취하는 근원이다. 그러나 그 근본을 미루어보면 한 조각의 참됨이 여러 방면으로 발휘된 것에 불과하다. 그러므로 독서하고 학문하는 자와 기술을 배우는 자는 마땅히 스스로에게 "과연 성심에서 나왔는가?" 물어야 한다. 진실로 성심에서 나왔다면 '힘써 인내함', '기회를 잘 탐', '작은 일에도 소홀하지 않음', '우연한 깨달음' 등은 굳이 그러려고 하지 않아도 그렇게 된다. 여곤[19]은 "재주는 참됨에서 나오니, 재주가 참됨에서 나온 것이 아니면 재주라고 할 수 없다. 참되다면 저절로 재주가 있을 터이니, 이제 사람들은 재주 없음을 걱정하지 말고 다만 한 조각 참이라는 글자를 얻었는가를 따져야 한다"라고 했다. 이 말은 세상의 재주꾼들에게 따끔한 교훈이 될 만하다.

제8편 서문: 강직하고 굳셈

어떤 이가 "서양이 강직한 사람을 많이 배출하는 것은 기후가 차서 체구가 견실하고 토지가 척박해서 근면하지 않으면 먹고살지 못하기 때문이다"라고 했다. 나는 "여기에 받아들일 게 있지만 근본은 이처럼 구구한 데

---

19 여곤呂坤(1536~1618)은 명나라 말기의 유학자로, 호는 신오新吾이며, 저서에 《신음어呻吟語》가 있다.

있지 않다"고 말했다. "왜 그런가?" 묻기에, "서양인이 강직하게 행동하는 데는 강직한 자질이 있기 때문이다"라고 답했다. 또 "무엇을 강직한 자질이라고 하는가" 묻기에 이렇게 대답했다. "'자애'와 '신의'다. 사비에르[20]와 윌리엄스[21]의 일을 보지 못했는가? 그 도리를 확신하고 타인을 자기처럼 아끼며 고통을 피하지 않고 생사를 무릅썼다. 핸웨이[22]와 샤프[23]의 일을 보지 못했는가? 아이의 목숨을 여럿 구하고 흑인 노예들의 고통을 영원히 벗어나도록 했으며 수많은 역경에도 좌절하지 않고 반드시 그 뜻을 이룬 뒤에야 멈췄다. 무릇 이런 사람들의 장기와 골육, 모발과 손발톱은 모두 자애와 신의에서 나와 그리 된 것이다. 그러므로 이런 몸을 진실로 보존한다면 이런 마음도 잃지 않을 것이니, 강직하지 않으려 해도 어찌 강직하지 않을 수 있겠는가? 이로써 강직한 자의 심지心志의 힘과 자애와 신의가 그 근본 자질에 가득함을 알 수 있을 것이다." 어떤 이가 "세상에 본래 강인하고 강력한 자가 있으니, 이들 또한 강직한 사람이라고 불러야 하지 않는가?"라고 했다. 이에 나는 이렇게 대답했다. "아니다. 이사[24]와 여혜경[25] 같은 자들을 어찌 강인하고 힘 있는 자로 볼 수 없겠는가만, 그들의 행동

---

20 프란시스코 사비에르Francisco Xavier(1506~1552)는 예수회Jesuit를 창설한 스페인계 선교사로, 일본에 최초로 그리스도교를 전하고 예수회의 동인도 관구장管區長과 교황특사로 동양 일대의 선교 책임을 맡아 '동양의 사도'로 불린다.

21 존 윌리엄스John Williams(1796~1839)는 영국 선교사로, 폴리네시아 지역에서 선교하다가 순교했다.

22 조너스 핸웨이Jonas Hanway(1712~1786)는 영국의 여행가이자 박애주의자로, 세계 각국을 여행한 여행기로 유명하다.

23 그랜빌 샤프Granville Sharp(1735~1813)는 영국의 학자이자 박애주의자로, 노예제 폐지를 주장하여 노예는 영국에 발을 내딛는 순간 자유의 몸이 된다는 판결을 이끌어냈다.

24 이사李斯(BC 280~208)는 전국 시기 진나라의 정치가이자, 한비자韓非子와 함께 순자荀子에게서 수학한 법가 사상가이다. 진시황을 도와 법법을 추진하고 통일 제국의 건립에 기여했다.

25 여혜경呂惠卿(1032~1111)은 북송의 정치가이자 개혁가로, 신종神宗 때 왕안석王安石과 함께 변법을 주도했다.

은 자애와 신의의 마음에 근거한 것이 아니라 사사로운 기호와 욕망에서 나왔기 때문에 폐해가 극에 달하여 몸도 상하고 나라도 망친 것이다. 공자가 '신장申棖은 욕심이 많으니, 어찌 강직할 수 있겠는가?'[26]라고 말하지 않았던가."

제9편 서문: 직무에 힘쓰는 사람

혹자는 나에게 "서양 각국의 사정이 대개 이 책에 다 들어 있다"라고 했다.

나는 말했다.

"아니다. 이것은 한 개인의 책에 불과하다. 만약 이 책이 그 대강을 다한 것이라고 여긴다면 큰 오류이며, 더욱이 내가 그것을 번역한 의도와도 거리가 멀다. 무릇 세상의 이치는 날마다 나와서 끝이 없다. 옛사람이 옳다고 여긴 것을 지금 사람은 잘못이라고 하는 경우가 있으니, 지금 사람이 옳다고 여기는 것을 후세 사람이 잘못이라 하지 않을 줄 어찌 알겠는가? 옛사람이 말하지 않은 것을 지금 사람이 말하는 경우가 있으니, 지금 사람이 말하지 않은 것을 후세 사람이 말하지 않을 줄 어찌 알겠는가? 세상 모두가 그렇지 않다고 여겼는데 한 사람만 홀로 그렇게 여겨서 당시에 온갖 수모를 겪다가 후세에는 태산북두 같은 명성을 얻은 갈릴레오 같은 사람도 있다. 세상이 함께 논한다고 어찌 반드시 옳고 한 사람만이 이견을 보인다고 어찌 반드시 오류이겠는가? 세상에 아직 말해진 적이 없는 것을 한 사람만이 홀로 말하여 당시에 죄인 취급을 받았지만 후세에는 성인으로 존경받는 소크라테스 같은 사람도 있다.

세상에 통용되는 설이 어찌 반드시 옳고 일개인이 창시한 이론이 어찌

---

26 원문은 "棖也慾, 焉得剛"으로, 《논어》 〈공야장公冶長〉에 나온다.

반드시 그르겠는가? 이런 까닭에 온 세상의 수많은 의견과 지식을 나열해도 오히려 세상의 이치를 다할 수 없는 것이다. 더욱이 이 조그마한 책으로 어찌 그 만분의 일이라도 엿볼 수 있겠는가? 내가 이 책을 번역하는 이유는 사람들이 서양 서적을 읽는 습관을 갖고 마음을 겸허히 하여 새로운 견해와 다른 이론을 수용하며 뭇 사람의 지식을 모으는 데 힘써서 망령되이 혼자 단정 짓지 않게 하려는 것이다. 그렇지 않고 이 불철저한 번역서를 읽고서 그 대강을 다했다고 여긴다면, 어찌 내가 의도한 바이겠는가?"

혹자가 또 "이 책에서 말한 것이 공자의 가르침에 부합하니 취할 만하다"고 했다.

나는 말했다.

"그렇다면 그대는 공자가 말하지 않은 것은 대체로 취하기에 부족하다는 것인가? 이는 공자의 의도와 어긋나는 것이다. '선생님은 네 가지를 근절했으니, 자의대로 하지 않고 집착하지 않으며 고집 부리지 않고 자기만을 내세우지 않았다'[27]고 하지 않았던가. 또 '알고자 하는 마음이 발동하면 끼니도 잊고 즐거워서 걱정도 잊으며 늙는 줄도 모른다'[28]고 하지 않았던가. 공자가 오늘날 태어난다면 새로운 견해와 다른 이론을 받아들이는 데 과연 어떠했겠는가? 만약 공자의 글을 읽고 거기에 매몰되어 변화를 모르고, 그런 방식으로 세상의 이치로 보다가 한마디 말도 합치하지 않는 데 놀라 괴이하게 여긴다면, 이는 공자가 배우기를 좋아하여 미치지 못할까 염려하던 뜻과는 정반대인 것이다. 무릇 학문은 뭇 이견을 모아 사색의 재료로 삼으며 과거의 낡은 견해를 씻어내고 새로운 견해를 얻고자 하는 것을 귀하게 여기는 것이다. 책을 모으는 일에 비유하면 만약 그대가 모은 만 권의 책이 모두 똑같은 책이라면 어찌 많음이 귀하겠는가? 성찬을 먹

---

27 원문은 "子絶四, 毋意毋必毋固毋我"로, 《논어》 〈자한子罕〉에 나온다.
28 원문은 "發憤忘食, 樂以忘憂, 不知老之將至"로, 《논어》 〈술이述而〉에 나온다.

는 일에 비유하면 고량진미와 산해진미가 모두 다르게 골고루 갖춰져야 입이 즐거운데, 그렇지 않고 큰 상에[29] 오직 한 가지 음식만 차려놓아서 모두 똑같다면 어찌 싫증나지 않겠는가?

붉은색 안경을 쓰고 사물을 보면 삼라만상이 붉지 않은 게 없고, 푸른색을 쓰면 천지가 한결같이 푸르고, 황색을 쓰면 우주가 모두 누렇게 보인다. 만약 자기 한 사람의 선입견으로 타인의 의론을 들으면서 [자신의 의견과] 같다고 말한다면 그것은 역시 참이 아니다. 순임금은 세상 사람들의 말을 듣기 좋아하여 시종을 물리쳤으며, 공자는 노담老聃에게 예에 관해 묻고 장홍萇弘에게 음악에 관해 물었다. 옛사람들이 배우기를 좋아하여 부지런하고 게으르지 않으며 겸허히 타인을 받아들인 것이 이와 같았다. 어찌 후세 사람들이 선입견에 빠져 같고 다름을 좋아하고 망령되이 시비하는 것과 같겠는가? 그대가 이 책을 만 권 가운데 일부로 받아들이면 좋지만, 이것으로 자족한다면 잘못이고, 이 정도로써 스스로 옳다고 하면 큰 잘못이며, 혹은 이것으로 타인의 주장을 재단한다면 더욱 큰 잘못이다. 세상 사물의 이치는 크기가 거대한 바다와 같으니 어찌 적은 분량[30]으로 개괄할 수 있겠는가?"

제11편 서문: 자기 수양의 쉽고 어려움

나는 이 편을 읽고 비로소 서양 각국이 흥한 까닭을 알았다. 서양 각국의 인민은 신을 섬기고 하늘을 공경하며 이용후생하는 것에 그 일이 한둘이 아니지만 모두 한뜻으로 전심하여 생사를 무릅쓰니 나라가 어찌 흥하

---

29 원문의 "식전방장食前方丈"은 《맹자》 〈진심 하〉에 나온다. 사방 10자 크기의 상에 온갖 진기한 음식이 가득하다는 뜻이다.

30 원문의 "승두升斗"는 양의 단위로, 10홉(合)이 1되(升)이고 10되가 1말(斗)이다. 여기서는 매우 적은 분량을 뜻한다.

지 않겠는가? 혹자는 "나라의 흥망성쇠는 기수氣數와 서로 표리가 되어 인력으로 어쩔 수 없다"고 한다. 그렇지 않다. 성인이 태괘泰卦의 단사를 풀어 말하기를, '군자의 도가 커진다'[31]고 했다. 그러나 태의 괘 모양은 음양이 반반이니, 어찌 군자의 도만 홀로 커가겠는가? 무릇 태의 때는 기수와 음양이 서로 양보하지 않는다. 그러나 군자는 자기의 직분에 자강불식하여 하루하루 나아가니, 기수는 재론할 것이 못 된다. 그러므로 '천지의 도를 재단하고 천지의 마땅함을 도와 백성을 다스린다'[32]고 한 것이니, 어느 누가 나라의 흥성이 인력으로 할 수 있는 게 아니라고 하겠는가? 그렇지만 스스로 한뜻으로 전심하고 생사를 무릅쓰는 자가 아니라면, 어찌 자신의 직분을 다할 수 있겠는가? 간괘艮卦의 상구上九를 성인이 풀어서 '간에 두터우니 길하다'[33]고 했으니, 서양 각국이 흥성한 까닭 또한 이것에 불과할 따름이다.

---

31 "內陽而外陰, 內健而外順, 內君子而外小人, 君子道長, 小人道消也"(《주역周易》〈태괘泰卦〉).

32 "天地交泰, 后以財成天地之道, 輔相天地之宜, 以左右民"(《주역》〈태괘〉).

33 "敦艮, 吉"(《주역》〈간괘艮卦〉). 여기서 상구上九는 태괘의 여섯 효 가운데 맨 위에 있는 양효陽爻를 가리킨다.

위인 넬슨의 일화
偉人訥耳遜軼事

사람이 명예심이 없으면 그만이지만, 명예심이 있으면 온갖 어려운 일이 앞길에 놓여 진로를 막더라도 용기를 북돋워 결국 그것을 이겨낸다. 영국의 위인 넬슨[1]은 온 세상이 다 아는 사람이다. 그는 어릴 때 형과 함께 같은 학교에 다녔다. 겨울방학이 끝나 학교로 돌아갈 때 형과 같이 마차를 타고 가던 중 눈보라가 크게 일어 뼈까지 사무친 추위로 견딜 수가 없었다. 형은 넬슨과 상의하여 함께 귀가하고 아버지를 뵈었다. 아버지가 말하기를, "학교로 돌아갈지 여부는 너희 자유에 맡긴다. 그렇지만 어떤 일을 해내려고 마음먹었으면 반드시 그것을 이룬 연후에 그치는 것이야말로 대장부의 행동이고 영예로운 일이다. 도중에 그만두는 것은 면목이 없게 되는 일이다. 너희가 둘을 비교해보고 어떻게 할지 선택해라"고 했다. 넬슨이 이 말을 듣고 즉시 형에게 학교로 돌아가자고 촉구하자 형이 난색을 보였다. 넬슨은 큰 소리로 "형은 영예라는 이 한마디를 잊었어?"라 말했고 마침내 둘은 함께 갔다. 아! 넬슨은 그 후 혁혁한 위업을 쌓고 세상에 풍운을 떨쳤으니, 모름지기 기량과 담력이 크게 뛰어나기도 했지만 어찌 이 명예심으로 넓히고 발양한 것이 아니겠는가?

음빙자는 말한다. "넬슨은 어떤 사람인가? 그는 해상에서 35년을 지내

---

1   허레이쇼 넬슨Horatio Nelson(1758~1805)은 영국의 해군 제독으로, 트라팔가 해전에서 프랑스·스페인 연합 함대를 격파하여 영국 역사상 가장 위대한 해군 영웅으로 꼽힌다.

며 중간에 124번의 크고 작은 전투를 겪으면서 뚜렷하게 세계 역사의 위대한 인물이 되었다. 18세기 말에 천둥번개처럼 위세등등하고 호랑이와 표범처럼 용맹한 나폴레옹이 유럽 전역을 말발굽으로 유린하자 각국의 왕과 신하들이 슬슬 기며 감히 쳐다보지도 못할 때, 귀신같은 지략과 굳센 담력, 신속한 수완을 가진 넬슨이 영국 함대를 이끌고 바다에서 결사전을 거듭하여 마침내 프랑스와 그 동맹국의 해군을 무찔러 다시 일어나지 못하게 했다. 이에 지중해의 해상권이 드디어 모두 영국의 손에 돌아가, 지금 유럽의 도처에서 그 이름을 모르는 자가 없다. 아, 영예롭도다. 사람들이 그 영예는 알지만, 험난함을 무릅쓰고 패배하고 꺾이더라도 굴하지 않고 구사일생하여 얻은 것임을 어찌 알겠는가? 온갖 하천이 쉬지 않고 흘러 바다에 도달할 때 곧게 가기도 하고 굽이치며 가기도 하며 땅 위로 흐르기도 하고 땅속으로 흐르기도 한다. 산과 능선의 장애를 만나면 돌아가며 모래와 돌에 부딪치면 끌고 나아간다. 요컨대 반드시 힘차게 달려 바다에 도달해서야 멈추니, 일을 맡은 자가 본받을 만하다."[2]

2 《청의보》제28책(광서 25년 9월 1일), 8~9쪽.

자유를 방기하는 죄

放棄自由之罪

서양 학자가 말했다. "세상에서 가장 큰 죄악은 타인의 자유를 침범하는 것이지만, 자기의 자유를 방기하는 것도 죄가 또한 같다." 두 경우를 비교해보면, 나는 자신의 자유를 방기하는 것이 가장 큰 죄가 되며 타인의 자유를 침범하는 것은 그다음이라고 여긴다. 왜 그렇게 말하는가? 만일 세상에 자유를 방기하는 사람이 없으면, 반드시 타인의 자유를 침범하는 사람도 없어질 것이다. 이쪽에서 침범하는 것은 곧 저쪽에서 방기한 것이니, 별개로 있는 것이 아니다. 물경천택物競天擇과 우승열패優勝劣敗[이 두 단어는 사회학(群學)에서 통용되는 말로, 옌푸[1]는 '물경천택 적자생존'이라 번역했고, 일본에서는 '생존경쟁 우승열패'로 번역했다. 이제 양자를 합쳐 병용하여 용어로 삼고자 한다]는 진화론의 법칙이다. 사람들이 각자 힘써 생존을 추구하면 이기기를 힘써 추구할 것이며, 이기기를 힘써 추구하면 뛰어난 사람이 되고자 애쓸 것이다. 뛰어난 사람이 되고자 애쓰면 자기 자유권을 확충하여 만족할 줄 모르며, 만족할 줄 모르면 반드시 타인의 자유를 침범하게

---

1 옌푸嚴復(1854~1921)는 청나라 말기의 사상가로, 영국에 유학하여 유럽의 사상학술을 익히고 돌아와 존 스튜어트 밀의 《논리학A System of Logic(穆勒名學)》, 《자유론On Liberty(群己權界論)》, 몽테스키외의 《법의 정신De l'esprit des lois(法意)》, 애덤 스미스의 《국부론The Wealth of Nations(原富)》, 토머스 헉슬리의 《진화와 윤리Evolution and Ethics(天演論)》 등을 번역하고 시론時論을 발표하여 청말 개혁운동에 많은 영향을 미쳤다.

된다. 자유를 논하는 자는 반드시 말하기를 "사람마다 자유가 있지만, 타인의 자유를 경계로 삼는다"고 하니, 무릇 자유에 어찌 경계가 있는가? 비유컨대 여기 두 사람이 있어 각자 이기기를 힘써 추구하고 뛰어난 자가 되기에 힘써 자기의 자유권을 확충하여 만족할 줄 모르면, 힘의 방향이 각자 바깥을 향해 뻗어나갈 것이고, 그치지 않으면 두 선이 서로 만난다. 이에 두 힘이 서로 굽히지 않으면 여기서 경계가 생긴다. 그러므로 자유의 경계가 생기는 것은 사람마다 자유가 있다는 사실로부터 비롯된다. 만약 두 사람의 힘에서 하나가 약하면 강한 자가 뻗어내는 힘의 선이 반드시 약자의 경계를 침입하니, 이는 필연적으로 발생하는 형세이며 피할 수 있는 일이 아니다. 만일 그것을 죄로 여긴다면, 우주 속의 생물은 모두가 생존을 다투는데 자기 힘의 능한 바를 확충하여 생존을 다투는 것을 죄라고 부를 수 있겠는가? 무릇 누가 너에게 열등한 곳에 안주하고 패배를 감수하며 힘의 선을 신장하여 너의 경계를 넓히려 하지 말고 나머지 영역에 머물러서 타인이 침범해오는 것을 기다리라고 했는가? 그러므로 "자유를 방기하는 자가 없으면 반드시 타인의 자유를 침범하는 자가 없다"라고 한다. 죄의 커다란 근원은 스스로 방기하는 것에서 나오며, 침범은 형세에 따라 이익을 취하다 보니[2] 어쩔 수 없이 행한 것이다. 《춘추》의 범례대로 말하면 죄의 으뜸이라고 할 수 있다.[3]

---

2 원문은 "인세리도因勢利導"로, 형세에 맞추어가며 이익을 이끌어낸다는 뜻이다. 《사기史記》
   〈손자오기열전孫子吳起列傳〉에서 유래한다.
3 《청의보》 제30책(광서 25년 9월 11일), 5쪽.

국권과 민권

國權與民權

　　요즘 세상에서 가장 중요한 논의는 국민이 아니겠는가? 민간의 일을 주장하는 자가 몹시 화를 내면서 말한다. "역대의 포악한 군주가 속박을 강화하고 고혈을 빨아 우리 인민의 자유권을 침범하니, 이것을 용인한다면 무엇을 용인하지 못하겠는가?" 국가의 일을 주장하는 자는 몹시 화를 내면서 말한다. "저 유럽의 포악한 나라가 기회를 노리고 병합·잠식하여 우리나라의 자유권을 침범하니, 이것을 용인한다면 무엇을 용인하지 못하겠는가?" 음빙자는 말한다. "그렇지 않다. 만약 우리 인민이 자신의 자유권을 방기하지 않으면, 포악한 군주(民賊[1])가 어찌 침범할 것인가? 만약 우리나라가 그 자유권을 방기하지 않으면, 포악한 나라가 어찌 침범할 것인가? 다른 사람들이 능히 우리를 침범하는 것으로써 우리 국민이 스스로 방기하는 죄가 있음을 알겠거늘, 스스로를 탓하지 않고 남을 탓하는구나. 옛날에 프랑스 국민이 스스로 그들의 자유를 방기하자 국왕이 침범하고 귀족이 침범하고 종교인이 침범하니, 18세기 말에는 암담하고 참혹함이 태양을 가릴 지경이었다. 프랑스 사람들이 일단 스스로 그 죄를 깨닫고 후회하여 대혁명을 일으키니, 프랑스 국민의 자유권이 완전무결하게 되어 오늘날에 이른다. 누가 그것을 다시 침범할 수 있을 것인가? 옛날에 일본

1　인민의 도적이라는 의미로, 인민에게 잔혹하게 대하는 포악한 통치자를 가리킨다. "今之所謂良臣, 古之所謂民賊也"(《맹자》〈고자 하告子下〉).

이 스스로 그 자유권을 방기하자 백인종이 외교에서 침범하고 이권을 침탈하고 말과 표정에서도 일일이 침범했으니, 게이오慶應(1865~1868) · 메이지明治(1868~1912) 연간에는 세상에서 몹시 두려워했다. 사람들이 일단 스스로 그 죄를 깨닫고 후회하여 유신혁명을 일으키니, 일본의 자유권이 완전무결하게 되어 오늘날에 이른다. 누가 그것을 다시 침범할 수 있을 것인가? 그러므로 국민에게 권리가 없고 나라에 권리가 없는 것은 그 죄가 모두 그 나라와 인민이 방기하는 데 있을 따름이다. 포악한 군주가 무슨 잘못이 있으며, 포악한 나라가 무슨 잘못이 있겠는가? 지금 포악한 군주를 원망하고 포악한 나라에게 화내는 자는, 어찌 일단 스스로 깨닫고 후회하여 자신의 고유한 권리를 확충해서 타인에게 침략할 틈을 주지 않도록 하지 않는가? 그렇게 하지 않으면, 날마다 화를 내는 자가 될 것이다."[2]

---

2 《청의보》제30책(광서 25년 9월 11일), 6쪽.

파괴주의

破壞主義

일본 메이지 시대 초기에 정부가 갓 바뀌어 국론이 분분했는데 이토 히로부미, 오쿠마 시게노부, 이노우에 가오루 등이 함께 파괴주의를 핵심으로 삼았다. '돌비주의突飛主義'라고도 했는데, 수천 년 동안의 낡은 것들을 타파하는 데 힘써 급격한 수단을 사용했다. 당시 이들은 도쿄의 쓰키지築地에 거주하여, 한때 사람들이 쓰키지를 양산박이라 불렀다. 나는 이렇게 생각한다. 참으로 파괴주의는 그만둘 수 없다. 비유컨대, 기와와 자갈로 된 땅에 집을 지으려면 장인에게 명하여 먼저 기초 공사를 해야 한다. 또 비유컨대, 체한 사람에게 약을 먹이려 할 때는 약을 복용하기 전에 먼저 속을 비워내야 한다. 큰 칼과 너른 도끼가 없으면 공수반과 수[1]가 제 능력을 발휘할 수 없고, 대황[2]과 망초[3]를 복용하지 않으면 인삼과 복령[4]이 죽음

---

1 고대의 유명한 장인匠人인 공수반公輸班과 수倕를 가리킨다. 수는 요순시대의 장인으로 활과 농기구 등을 잘 만들었다. 공수반은 춘추 말 전국 초에 활동한 노나라의 장인으로, 수많은 토목건축 공사에 참여했다. 묵자와 아홉 차례에 걸쳐 공성과 수성을 반복했다는 설로 유명하며, 중국 공장工匠의 아버지로 불린다(《묵자墨子》〈공수公輸〉 참조).

2 대황大黃은 여러해살이풀인 장엽대황掌葉大黃과 당고특대황唐古特大黃의 뿌리로 만든 약재로, 한방에서 기원전부터 소염성의 하제下劑로 썼다.

3 망초芒硝는 박초朴硝를 두 번 달여서 만든 약재로, 변비에 사용한다. 마아초馬牙硝라고도 한다.

4 복령茯苓은 구멍장이버섯과의 버섯으로, 공 모양 또는 타원형의 덩어리로 땅속에서 소나무 따위의 뿌리에 기생한다. 껍질은 검은 갈색으로 주름이 많고 속은 엷은 붉은색으로 무르며, 마르면 딱딱해져서 흰색을 나타낸다. 이뇨 효과가 있어 한방에서 수종水腫, 임질, 설사 따위

을 재촉할 수 있다. 근대 각국이 흥성한 것을 두루 살펴보면, 반드시 먼저 파괴의 시대가 있었다. 이 일정한 단계는 피할 수 없는 것이다. 애착을 가지고 아끼는 바가 있으면, 결국 성공할 수 없다.

파괴주의가 왜 고귀한가? 대저 인간의 감정은 옛것을 아끼기 마련이다. 그런데 이 옛것을 아끼는 성질은 실로 진보를 막는 큰 근원이다. 진보의 동력이 발동했을 때는 이 성질이 진보를 막을 수 없다. 비록 조금이라도 [이러한 관계를] 참조하면, 조화를 이루어 혼란한 데 이르지 않게 하고, 또한 다소 도움이 되지 않은 적이 없다. 진보의 동력이 발동하지 않았을 때는 이 성질이란 것이 그 근원과 메커니즘을 막아서 수십 년, 수백 년이 지나도 한 걸음도 나아갈 수 없게 할 수 있다. 두려워하고 한탄할 만한 것이 이 정도다. 쾌도로 어지러운 실타래를 자르고 한 주먹으로 황학을 분쇄하여[5] 수많은 옛것에 집착하는 무리들로 하여금 눈을 휘둥그레 뜨고 입을 다물게 해서 일단 그 근원을 타파해버리면, 애착을 갖고자 해도 그럴 수 없다. 그런 연후에 진보의 길로 나아가 천하만국과 더불어 대극장에서 활약하게 하면, 아마 바람직한 결과를 얻을 수 있을 것이다.

유럽 근세에 국가를 개조하는 데 탁월한 이들이 세상에 수십 명이 넘었다. 내가 보기에 오늘날의 중국에 가장 적합한 것은 오로지 루소 선생의 《민약론》이다. 이 방법은 앞 세기와 금세기 상반기에 유럽 전체에 시행해서 효과를 거두었고, 메이지 6, 7년에서 15, 16년 사이에 일본에서 시행하여 효과를 거두었다. 오늘날 선생은 유럽과 일본에서 이미 공을 이루고 육

에 약재로 쓰인다.

5 원문은 "快刀斷亂麻, 一拳碎黃鶴"으로, 한번에 핵심을 격파한다는 뜻이다. 량치차오는 《신민총보》 제15호(1902)에 수록된 〈악리주의태두변심지학설樂利主義泰斗邊沁之學說〉에서도 이 말을 사용했다.

신은 세상을 떠났다. [루소의] 정령이 소멸하지 않아서, 우리의 도[6]가 동방에 왔도다. 큰 깃발이 휘날리고 큰 북이 울리며, 큰 파도가 흉흉하고 큰 바람이 휘몰아친다. 흙을 말아 올리고 파도를 옆에 낀 듯이, 모래가 날리고 돌이 구르듯이, 섬광처럼 섞이고 말 떼처럼 달려서 동방에 왔도다. 아, 《민약론》이 동방에 왔도다. 동방 대륙은 문명의 어머니요, 신령의 거처다. 금세기에 지구 모든 나라가 각기 자주적이고 사람마다 독립적인데, 이 중국 땅만 그렇지 않은 나라로 남아 있구나. 이 땅이 하나로 통하면,[7] 이것이 곧 대동大同이다. 아, 《민약론》이여, 동방으로 왔도다. 대동, 대동이여, 이는 너 《민약론》의 공이로다.[8]

---

6 루소의 《사회계약론》에 담겨 있는 사상을 우호적으로 표현한 말이다.
7 중국도 다른 나라처럼 자주국가가 되고 중국 인민도 독립적 개인이 되는 것을 가리킨다.
8 《청의보》제30책(광서 25년 9월 11일), 6쪽.

자신력
自信力

천하를 맡은 사람은 자신력을 가져야 한다. 마땅히 행해야 할 일은 단연코 행해야지, 망설이면서 앞뒤를 재는 것은 졸장부의 행태다.

일본 메이지 초기에 이토 히로부미와 오쿠마 시게노부 두 사람이 도카이도東海道에 철로를 개설하고자 했다. 이노우에 가오루와 시부사와 에이치[1]가 시기상조라고 여겨 말렸으나 듣지 않았다. 이토와 오쿠마는 서양 채권을 빌려서 개설하자고 태정궁에 건의했다. 조정의 논의가 분분했지만 옳지 않다고 여겼다. 혹자는 방법을 묻고 혹자는 공사비용을 물었다. 이토와 오쿠마는 서로 멀거니 바라보기만 할 뿐 답변할 수 없었다. 그래서 "상세한 기안은 내일 제시하겠다"고 말했다. 물러나 마에지마 히소카[2]를 방문하여 규정과 예산표의 작성을 부탁했다. 마에지마 또한 철로에 관한 일을 전혀 몰랐다. 그렇지만 두 사람이 간청하여 마지않았으므로, 마에지마가 대략을 계산하고 초안을 잡아서 '요코하마–교토 철로 억측서橫濱京都鐵路臆測書'라고 이름을 붙였다. 이튿날 두 사람이 그것을 가지고 가서 조정에 제

---

1 시부사와 에이치澁澤榮一(1840~1931)는 막부시대 말기와 다시쇼 초기에 활약한 무사, 관료, 실업가다. 제1국립은행과 동경증권취급소 등 다양한 기업을 설립하고 경영하여, 일본 자본주의의 아버지라 불린다. 작위는 자작이다.

2 마에지마 히소카前島密(1835~1919)는 관료, 정치가로 일본 근대 우편제도의 창시자 가운데 한 사람이다. '우편', '절수切手', '엽서' 등의 용어를 초기에 사용했다.

시하여 마침내 논의가 결정되었다.

당시 정부의 재정이 매우 빈약하여 이런 새로운 사업을 경영할 자본이 없었고, 공채라는 방법도 몰랐다. 일찍이 성은 넬슨이고 이름은 리라는 영국인이 홍콩에서 상하이를 거쳐 일본에 왔다. 당시 도쿄에는 서양식 호텔이 없어서 영국 대사관에 묵었는데, 영국 대사의 소개로 이토와 오쿠마를 방문해서 이렇게 말했다. "그대들이 철로를 건설하려 하는데 자금이 없다고 들었습니다. 만약 참으로 정부의 명령이 있다면 제가 힘을 써보겠습니다."

두 사람은 리가 어떤 사람인지 모르고, 필시 영국 역사상 저명한 해군 제독인 넬슨, 즉 앞 편에서 논한 사람의 일족일 것이라고 여겼다. 또한 그가 영국 대사관에 머물며 영국 대사의 소개로 온 것을 보고 틀림없이 귀족이며, 지금 이 사람이 자금을 우리에게 빌려주겠다고 하니, 이는 참으로 하늘이 주는 것이라고 생각했다. 이에 이자는 9푼으로 하여 100만 파운드를 빌리고 요코하마의 해관세를 담보로 했다.

이토와 오쿠마는 당시 서양 채권이 어떤 것인지 모르고, 틀림없이 넬슨 리 개인의 자본을 빌려주는 것이라고 여겼다. 그 후 런던의 《타임스》[3]가 왔는데, 문득 일본의 공채를 구입할 사람을 모집한다는 광고를 보았다. 두 사람은 대경실색하여 어쩔 줄 몰랐다. 왜냐하면 애초에 자금을 빌리는 일은 아무도 모르게 비밀로 한다고 여겼는데, 이제 신문지상에 실린 것을 보고 정부의 수구파가 보면 나라를 팔아먹었다고 비난할까 두려워했기 때문이다. 이에 마에지마 히소카와 우에노 가게노리[4] 두 사람을 영국에 급히

---

3 영국 일간지 《타임스The Times》는 중국어로 직역하면 '시보時報'인데, '태오사보泰晤士報'는 아무 관련이 없는 '태오사하泰晤士河'(River Thames)에서 유래한 오역으로, 지금은 사용되지 않는다. 때로 '윤돈시보倫敦時報'(The London Times)라 불리기도 한다.
4 우에노 가게노리上野景範(1845~1888)는 메이지 시기의 외교관이다. 주미, 주영, 주오스트리아

파견하여 채권을 회수하고 없던 일로 하라고 했다.

두 사람은 런던에 도착하여 공채가 이미 다 흩어져버렸으며 넬슨 리라는 사람은 사실 위인 허레이쇼 넬슨과는 아무런 관련이 없고 일개 중간 매매상일 뿐임을 알게 되었다. 두 사람은 크게 놀랐으나 채권을 회수할 방법이 없어, 이에 자금을 마련하여 이미 흩어진 채권을 매입하자고 논의했다. 그 사실이 일단 시장에 전파되자 일본 공채는 갑자기 100파운드당 2, 3파운드가 올랐다. 할 수 없이 채무를 안고 돌아와 마침내 요코하마—교토 철로를 완성했다.

나는 이렇게 생각한다.

이토와 오쿠마는 철로를 개설하는 방법을 모르고 소요되는 경비를 모르며 공채의 성질을 모르고 파는 사람의 속셈을 몰랐으니, 얼마나 고루한가? 모르면서도 주창하여 건설하려 애쓰고 자금을 빌리려고 애썼으니, 얼마나 단순하고 경솔한가? 그렇지만 하나하나 다 안 연후에 하려고 했다면, 요코하마—교토 철로는 아마 건설될 수 없었을 것이다. 저 기사技師 안고岸賈는 이러한 일들에 대해 잘 알았다. 그러나 철로건설 사업이 저들이 아니라 이토와 오쿠마의 손에 의해 완성된 것은 무엇 때문인가? 자신력이 있었기 때문이다. 만약 이 일을 꼭 해야 할 일이라고 믿는다면, 하는 것이다. 고루하고 경솔하면 참으로 일을 망칠 수 있다. 그러나 일들을 해나가다 보면, 실패하는 것은 열에 아홉이요 이루는 것은 열에 하나나 될 것이다. 일을 해나가지 않는다면, 저 열에 하나 성공하는 것도 없을 것이다. 그러므로 누가 실패하고 누가 성공한 것인가?

나는 두 사람의 일을 기록하여 일본에서 두 사람과 같이 혁혁한 공을 세운 사람이 본래 이처럼 고루하고 경솔했다는 사실을 사람들로 하여금 알

전권공사를 역임하고, 원로원 의원을 지냈다. 1873년 내각에 조선과 수호조약 체결 문제를 건의하여 정한론征韓論의 단서를 열었다.

게 하고자 한다. 참으로 자신력을 가질 수 있다면, 세상일을 해내가는 데 무슨 문제가 있겠는가? [스스로 돌이켜보아 옳다고 생각되면] 아무리 많은 사람이 반대해도 나는 나의 길을 가겠다[5],[6].

---

5 원문은 "雖千萬人, 吾往矣"로, 《맹자》〈공손추 상公孫丑上〉에 나온다. "昔者曾子謂子襄曰, '子好勇乎? 吾嘗聞大勇於夫子矣. 自反而不縮, 雖褐寬博, 吾不惴焉. 自反而縮, 雖千萬人, 吾往矣'."
6 《청의보》제30책(광서 25년 9월 11일), 7쪽.

잘 변신한 호걸

善變之豪傑

요시다 쇼인은 처음에는 '공무합체론公武合體論'을 주장했다(공은 왕실이고, 무는 무사 가문, 즉 다이쇼군大將軍이다. 이는 당시 일본에서 널리 통용되는 말이었다). 그는 나중에는 오로지 '존왕토막尊王討幕'만을 주장했다(막부는 다이쇼다). 요시다 쇼인은 좌고우면하지 않고 오로지 국가의 독립에 온 마음을 기울였다. 평화를 해치지 않고 독립을 보전할 수 있었다면, 설마 평화를 해쳐서 독립을 보전하려 했겠는가! 이윽고 그 부패가 이미 극에 달했음을 깊이 헤아리고 그만두려 해도 그만둘 수 없어 결연히 그 굴레를 타파하고 그 기반을 허물어 다시 만들었다. 방법은 변했으나, 애국하는 마음은 변한 적이 없었다.

카보우르[1](이탈리아의 위인이다. 근래에 번역한 《태서신사람요》[2]에서는 자푸얼嘉富洱이라고 불렀다)는 처음에는 비밀당에 가입하여 혁명을 주창해서 감옥에 갇혔다. 나중에 사르데냐 왕국의 비토리오 에마누엘레 2세[3]의 재상

---

1 41쪽 각주 4 참조.

2 《태서신사람요泰西新史攬要》는 로버트 매켄지Robert Mackenzie의 저술로, 중국에서는 티모시 리처드Timothy Richard(李提摩太)·차이얼캉蔡爾康 공역共譯으로 1895년 출간되어 일세를 풍미했다. 《태서제십구주대사기泰西第十九周大事記》라고도 하는데, 19세기 서양 자본주의 국가의 역사를 서술한 저술로 각국의 연혁, 상호 전쟁, 정치체제의 변천, 과학기술의 발명, 저명한 인물, 물산과 인구 및 풍속습관 등을 소개하고 있다. 2002년 상하이 서점출판사書店出版社에서 《근대문헌총간近代文獻叢刊》의 하나로 복간되었다.

이 되어 마침내 큰 공을 세워 이탈리아를 통일했다. 변절을 반복한 것이
아니라, 오로지 국가의 독립에 온 마음을 기울였다. 주권자가 더불어 대
사를 논할 만하지 않았으므로 시대의 격랑에 투신하여 도모하지 않을 수
없었던 것이다. 이윽고 사르데냐 국왕이 정치를 잘해서 시대의 흐름을 빌
려 그 뜻을 행하여 동포에게 무한한 행복을 만들어줄 수 있음을 보고서,
자신의 신조를 바꾸어 호응했다. 방법은 변했으나, 애국하는 마음은 변한
적이 없다.

《논어》에서는 이렇게 말했다. "군자의 과오는 일식·월식과 같아서 사람
들이 모두 보고, 그것을 고치면 사람들이 모두 우러러본다."[4] 대장부의 일
처리는 정정당당하여 내 마음의 뜻을 행하여 반드시 지극한 데 이르기를
추구한 연후에 그친다. 그 방법은 시대와 상황에 따라 변하고 또 식견의
발달에 따라 변하지만, 아무리 변해도 그 종지宗旨에서 벗어나지 않는다.
종지가 있으면 변해도 변한 것이 아니다. 이것이 정정당당할 수 있는 까닭
이다.[5]

---

3 비토리오 에마누엘레Vittorio Emanuele 2세(1820~1878)는 카를로 알베르토를 이어 사르데냐 국
   왕(재위 1849~1861)이 되었고 통일된 이탈리아의 국왕(재위 1861~1878)을 지냈다. 카보우르를
   재상으로 등용하고 선정을 베풀어 국력을 높이는 한편, 교묘한 외교술로 프랑스, 영국 등과
   협상을 맺어 통일을 방해하는 오스트리아와 싸워 승리함으로써 이탈리아의 통일을 이루어,
   국민에게 '조국의 아버지'라 불리며 존경을 받았다.
4 원문은 "君子之過也, 如日月之食焉, 人皆見之, 及其更也, 人皆仰之"인데, 《논어》〈자장子張〉의 원
   문("君子之過也, 如日月之食焉, 過也, 人皆見之, 更也, 人皆仰之")과 약간 다르다.
5 《청의보》제30책(광서 25년 9월 11일), 8쪽.

카보우르와 제갈공명

加布兒與諸葛孔明

　　위대하도다, 카보우르여! 내가 중국 수천 년 역사상의 호걸 중에 그와 필적할 만한 인물을 찾아보니 오직 제갈공명이었다. 유비劉備는 수차 패배하고 곤경에 처하여 의탁할 곳 없이 표류할 때 제갈공명이 그를 도와 익주를 취하여 마침내 천하삼분의 형세를 이루고 남면南面하여 황제를 칭했다. 카보우르는 사르데냐의 작은 조정을 가지고 이탈리아 통일의 대업을 이루었다. 그 지위와 시세가 모두 서로 비슷하다. 제갈공명이 선주[1]를 만난 것은 카보우르가 비토리오 왕을 만난 것과 흡사하다. 카보우르는 재상이 되어 의연히 국가의 안위를 책임지고 내정을 정돈했으니, 우선 재정을 관리하고 공업을 일으키고 교육을 흥성시켰다. 이는 공명孔明이 촉蜀을 다스린 방도로, 진수陳壽가 가장 칭송한 바다. 프랑스의 나폴레옹 3세와 결합하여 오스트리아에 대항한 것은 공명이 손권孫權과 결합하여 위나라를 도모하려고 계획한 것과 같다. 신생 약소국이 강국과 대적하려면, 민활한 외교로 보조하지 않으면 공을 이룰 수 없다. 카보우르가 전 국민을 모두 군사로 만들어 날마다 훈련시키고 고무시킨 것은 공명이 북방을 정벌하려 하면서 먼저 남방으로 진입한 정략과 같다. 그렇지만 제갈공명은 군사를 일으켜 승리를 거두지 못하여 뜻을 이루지 못하고 죽었는데, 카보우르는 마침내

1　여기서 선주先主는 유비를 가리키며, 후주後主 유선劉禪에 대비한 칭호다.

성공을 거두어 이탈리아의 국위를 천하에 떨칠 수 있었으니, 제갈공명의 재능이 카보우르에 미치지 못하는 듯한데, 그렇지 않은가? [아니다.] 유비가 비토리오 왕에 견주지 못하는 것이다.

카보우르의 대정략은 프랑스와의 연합에 있고 제갈량의 대정략은 오吳와의 화친에 있었는데, 유비는 제갈공명의 계획을 사용할 수 없어서 패했다. 무릇 세상에서 한 가지 일이 이루어지려면, 반드시 수많은 일이 그 일과 서로 연관된 뒤에 성공한다. 이를테면 기계와 같아서, 전체 기계가 결합되어 하나의 전체를 이루며, 하나라도 제거되면 모두가 작동하지 않게 된다. 나는 카보우르의 전기를 읽고서 다시금 공명을 위해 슬퍼하지 않을 수 없었다. 그런데 여기에 오히려 하나의 교훈이 있다. 카보우르는 이탈리아의 통일을 꾀했으나 완수하지 못하고 죽었는데, 죽은 뒤에 통일의 대업이 결국 이루어졌다. 제갈공명은 쇠약해진 한나라의 통일을 도모했으나 이루지 못하고 죽었는데, 그 후 한漢나라는 결국 망했다. 그 이유는 무엇인가? 촉한蜀漢의 국민은 또한 이탈리아의 국민에 비할 바가 아니다. 이탈리아에서 통일을 추구한 것은 전국의 국민이었지만, 촉한에서 통일을 도모한 것은 제갈공명 한 사람일 뿐이었다. 모든 일이 온전히 한 사람에게 맡겨졌고, 이 한 사람이 죽자 대사도 모두 사라졌던 것이다. 그러므로 국가를 잘 도모하는 사람은 반드시 스스로 국민의 기를 기르고 국민의 지혜를 개발하는 데서 시작한다.[2]

2 《청의보》제30책(광서 25년 9월 11일), 8~9쪽.

강권을 논함
論强權

1. 강권의 정의[1]

강권强權이란 강자의 권리라는 뜻이다. 영어로 말하면 'the right of the strongest'이다. 이 말은 아직 동방에 출현하지 않았는데, 가토 히로유키[2]가 지금의 용어로 번역했다. 무엇을 일러 강자의 권리라 하는가? 강자가 약자에게 가하는 권력을 말한다. 우리 인류로부터 온갖 생물 내지 무기물에까지 모두 이 강권이 행해진다. 그러므로 한마디로 말해 천하에 이른바 권리라는 것은 없고 단지 권력이 있을 뿐이다. 권력이 곧 권리인 것이다.

모든 동식물세계와 인간세계에서 강약이 서로 크게 차이 나는 때에는 약자에 대한 강자의 권력이 강대해지지 않을 수 없다. 강대해지기 때문에 사나워지지 않을 수 없다. 짐승에 비유하면 범과 사자는 아주 강하기 때문에 약한 짐승을 마음대로 잡아먹는다. 이 사자와 범의 권력이 크고 사나운

---

1 원문은 "강권지계설强權之界說"이다. '계설'이란 어떤 사물의 개념을 명확하고 간단하게 설명하는 것을 말한다. 마젠충馬建忠은 《마씨문통馬氏文通》에서 "凡立言, 先正所用之名以定命義之所在者, 曰界說"이라 했고, 자주自注에서 "界之云者, 所以限其義之所止, 使無越畔也"라고 했다(베이징: 상무인서관商務印書館, 1998, 19쪽).

2 가토 히로유키加藤弘之(1836~1916)는 일본 막부 말기부터 메이지 시대 초기에 활동한 정치학자, 교육자이자 관료로서 도쿄 제국대학 총장, 귀족원 의원, 제국학사원 원장, 추밀원 고관등을 지냈다. 《교역문답交易問答》, 《국체신론國體新論》, 《인권신론人權新論》, 《자연과 윤리自然と倫理》 등 다수의 저서를 통해 유럽의 근대 사상을 일본에 소개했다. 메이로쿠샤明六社 회원으로, 작위는 남작이다.

것은 오직 강하기 때문이다. 인간의 경우도 그러하다. 옛날 야만세계에서는 강대한 민족이 약소한 민족에게 가하는 권력이 반드시 크고 사나웠다. 또 동일한 민족 내에서도 강자가 약자에게 가하는 권력이 반드시 크고 사나웠다. 이뿐만이 아니다. 개화한 인민이 반半개화한 인민과 야만의 인민에게 가하는 권력이 반드시 크고 사나웠다. 이는 다름 아니라 모두 강약의 차이에서 생기는 것이다. 강하고 약함은 원인이고, 권력의 크고 작음은 결과이다. 그 차이가 더 벌어질수록 그 권력이 더 커지고 사나워진다. 이것이 실로 진화(天演)의 법칙이다.

동물세계에서 야만세계까지는 강함이라고 하는 것이 전적으로 체력의 강함이다. 절반은 문명화되고 절반은 야만인 세계(또는 반개화한 세계라고도 한다)까지는 강함이라고 하는 것은 체력과 지력智力이 [다투다가] 서로 이기는 것이다. 문명의 세계에서 강함이라고 하는 것은 곧 전적으로 지력의 강함이다. 문명인의 관점에서 반개화한 사람과 야만인을 살펴보면, 강자가 약자에게 가하는 권력이 크고 사나워 실로 놀랄 만하다. 이를테면 추장과 국왕이 인민을 제어하고 귀족이 평민을 제어하고 남자가 여자를 제어할 적에는 그 권력의 행사가 거의 동류끼리 상대하는 데 마땅한 방식이 아니다. 이는 다름 아니라 그 차이가 크기 때문이다. 문명한 인민은 치자와 피치자 사이에, 귀족과 평민 사이에, 남자와 여자 사이에, 그 강약의 차이가 그다지 크지 않다. 때문에 피치자에 대한 치자의 권력, 평민에 대한 귀족, 여자에 대한 남자의 권력이 사납게 행해지지 않고 점차 고쳐져 온화하게 된다. 이것은 강약의 차이가 그다지 심하지 않아서 옛날의 이른바 강자가 마음대로 권력을 휘두르지 못하기 때문이다. 비유하면 사자가 양을 만나면 그 권력이 반드시 한없이 커지지만 사자가 표범을 만나면 그 권력이 한없이 커질 수 없는 것과 같다. 그러므로 문명세상에서 치자와 귀족과 남자는 기꺼이 강자의 권력을 스스로 줄이는 것을 감수하는 것이 아니다. 사실은 피치자와 평민과 여자가 그 지력이 점점 진보하여 다시는 이전 약자의 지위에 안주하지 않게 되자, 이전의 강자가 마침내 사나운 권력을 온화한 권력으로 바꾸지 않을 수 없게 된 것이다. 그러니 이전의 약자가 점점 그 강권을 발휘하여(약자가 이미 점점 강해져서 강권을 소유하게 된 것이다) 이전의 강자를 압제하여 조금 약하게 만들었다고 해도 거의 틀린 말이 아니다.

이로써 보건대 강권에 두 종류가 있다. 하나는 크고 사나운 것이고, 하나는 온화하고 선량한 것이다. 그렇지만 똑같이 강권이다. 보통 학자들은 강권 두 글자를 들으면 문득 오로지 크고 사나운 것이고 온화하고 선량한 것은 포함되지 않는다고 여기는데, 이는 실로 오해다. 사납고 큰 것과 온화하고 선량한 것이란 타력他力과 본력本力의 상대적 강약에 의거하여 본력이 드러나는 모습에 따라 다른 것을 가리킬 뿐이다. 그러나 본력의 본질은 본디 다르지 않다. 이것이 내가 사납고 큰 것과 온화하고 선량한 것, 두 종류의 권력을 통괄해서 강권이라고 명명한 까닭이다.

2. 강권과 자유권의 관계

'강권'이라 하고 '권력'이라 하면 듣는 사람이 모두 미워하고 싫어해서 '이것은 곧 윗사람이 아랫사람에게 가하는 무도한 행동이요, 인간사회(人群)의 해로운 도적이다'라고 생각한다. '자유권'이라 하고 '인권'이라 하면 듣는 사람이 모두 사랑하고 귀하게 여겨 '이것은 곧 인민이 윗사람의 압제를 막아내는 당연의 직분이요, 인간사회의 상서로운 구름이다'라고 생각한다. 그러나 앞 장에서 설명한 정의에 따라 말하면, 강권과 자유권은 그 실체가 필시 두 가지가 아님을 알 것이다. 그 이름은 서로 달라도 요컨대 그 주로 하는 것은 타력의 방해를 배제하고 자신이 원하는 것을 얻는 데 있다. 털끝만큼도 다름이 없는 것이다. 마주치는 타력으로 인해 상황이 달라지고 이에 따라 그 이름이 달라진 것에 불과하다. 저 야만의 나라와 반개화한 나라에서는 통치자의 지식이 피치자보다 훨씬 뛰어나서 피치자를 부리는 것이 매우 쉽다. 그러므로 그 권력이 형세상 사납고 크지 않을 수 없는 것이다. 문명한 나라에서는 피치자의 지식이 통치자보다 열등하지 않다. 이에 그 권력을 신장해 통치자에게 대응하여 두 힘이 서로 만나 거의 평균이 되면 이에 각각 모두가 온화하고 선량함에서 나오게 된다. 이와 같은 것을 자유라고 한다.

이전에 칸트는 이 뜻을 가장 잘 알았다. 그는 "통치자가 피치자에 대하여, 귀족이 천민에 대하여 가하는 권력이 곧 자유권이다"라고 했다. 대개 칸트의 생각은 야만의 나라에서는 오직 통치자만 자유를 소유한다고 본 것이다. 고대 그리스와 로마에서는 통치자와 귀족이 자유를 가질 수 있었지만, 오늘날 문명한 나라에서는 모든 인민이 자유를 가질 수 있다. 또 리버[3]의 학설도 대략 서로 같다. 전제국의 군주와 자유국의 인민은 모두 열심히 자유권을 갈망하는 자들이고, 따라서 자유권이란 오로지 사적 이익을 위한 계책일 뿐이라는 것이다. 칸트와 리버는 모두 게르만의 대학자인데, 그 주장이 이와 같으니 시의적절하다고 할 만하다. 요약해서 논하면, 전에는 오직 상위자만 자유권이 있었는데 지금은 하위자도 자유권이 있다. 전에는 오직 상위자만 강권이 있었는데 지금은 하위자도 강권이 있다. 그러니 강권과 자유권은 결코 두 가지가 아님이 분명하다. 그 원인을 말하자면 전에는 오직 상위자만이 곧 강자가 되었는데 지금은 하위자도 강자

---

3 프랜시스 리버Francis Lieber(1800~1872)는 독일 태생의 정치철학자, 법학자로, 중국명은 리바얼 李拔爾이다. 1820년 예나 대학에서 철학 박사학위를 받은 뒤, 1822년 그리스 혁명 당시 독일 의용군으로 참전했고, 1827년 미국에 귀화한 이후 사우스캐롤라이나 대학 정치경제학 교수를 거쳐 뉴욕 시 컬럼비아 대학 교수를 역임했다. 대표작 《시민의 자유와 자치On Civil Liberty and Self-Government》는 메이지 시기 일본에서 《자치론自治論》(李拔 著, 林董 譯, 1880)으로 번역되었다.

가 되기 때문이다. 따라서 혹자가 인민이 자유권을 신장하여 강권의 압제를 막는 것을 보고 이는 강약이 교대로 일어나는 것이라 생각한다면, 두 강함이 서로 만나고 두 권력이 병행하는데 두 강함이 서로 상쇄하기 때문에 두 권력이 동등하게 되었음을 모르는 것이다. 따라서 자유권과 강권이 같은 것이라는 말은 얼핏 들으면 매우 놀라운 일처럼 보이지만 자세히 생각해보면 실로 의심의 여지가 없다.

이 뜻을 숙고하면 자유라 하고 평등이라 하는 것은, 이상가理想家가 하늘이 사람을 낳을 때 모든 사람에게 자유와 평등의 권리를 주었다고 말하는 것과 다름을 알 것이다. 우리 인류는 동식물과 동등하며, 하늘이 특별히 사람에게 자유와 평등을 준 것은 아니다. 캉유웨이[4]는 옛날에 강학회強學會 서문[5]을 지었는데, "천도에는 친소가 없으며, 항상 강자를 돕는다"[6]고 했으니, 참으로 탁월한 말이다! 세계에는 단지 강권이 있을 뿐이고 특별히 다른 힘은 없다. 강자가 항상 약자를 제어함은 실로 진화의 일대 법칙이다. 그러니 자유권을 얻고 싶은 사람은 다른 방도가 없다. 오직 먼저 스스로 강자가 되기를 구해야 할 뿐이다. 자기 한 몸을 자유롭게 하고 싶으면 먼저 자신을 강하게 해야만 한다. 한 나라를 자유롭게 하고 싶으면 먼저 그 나라를 강하게 해야만 한다. 강권이여! 강권이여! 사람들마다 뇌리에 이 두 글자를 새겨야 한다.

---

4 캉유웨이康有爲(1858~1927)는 청나라 말기에 활동한 사상가이며 정치가이다. 1895년 진사가 되어 꾸준히 청의 개혁을 주창하는 상소를 광서제에게 올렸다. 뜻이 맞는 동지들과 무술변법을 이끌기도 하였지만 백일천하로 끝났고, 이후 외국 망명길에 올랐다. 1914년 중국으로 돌아온 후 복벽운동復辟運動에 참여하기도 하였지만 실패하였다. 저서에 《신학위경고新學僞經考》, 《공자개제고孔子改制考》, 《대동서大同書》 등이 있다.
5 〈상해강학회후서上海講學會後序〉, 《강학보强學報》 1, 1895. 11.
6 원문은 "天道無親, 常祐强者"로, 《노자》의 "天道無親, 常與善人" 구절을 패러디한 것으로 보인다.

3. 강권의 발달

모든 유기체 생물은 내부적인 유전과 외부적인 환경으로 인하여 그 체질과 심성에서 강약과 우열의 차이가 발생한다. 이렇게 체질이 다른 각각의 생물이 세계에서 함께 살아가면서 각자 자신의 이로움을 꾀하므로 서로 경쟁하지 않을 수 없다. 이것은 자연스러운 형세다. 이와 같은 것을 생존경쟁이라고 한다. 경쟁하기 때문에 유전과 환경에서 우월하고 강한 것은 마침내 항상 승리를 차지하고, 열등하고 약한 것은 결국 항상 실패에 이른다. 이 또한 당연한 일이다. 이와 같은 것을 우승열패라고 한다.

생존경쟁과 우승열패로부터 강권이 생겨난다. 생존경쟁은 천지와 더불어 있었으니, 강권도 천지와 더불어 있었음은 말할 나위가 없다. 그러나 그것이 발달한 순서에 또한 말할 만한 것이 있다. 짐승세계에서는 강권이 오직 이 종속種屬과 다른 종속 사이에서 행해질 뿐이다(이를테면 범과 양, 고양이와 쥐 사이가 그러하다). 동일한 종속 안에서는 강권이 그다지 발달하지 않았다. 야만인도 그렇다. 초창기 미개했을 때 동일한 인간사회 안의 경쟁에서 강권이 발휘되는 것은 매우 적었다. 처음에는 인류가 동식물에 대하여 강권을 행했고, 계속해서 이 인간사회가 저 인간사회에 대해 강권을 행했으며, 그 후에야 비로소 한 사회 안 각각의 사람들이, 갑은 을에 대하여, 을은 병에 대하여 강권이 있었다. 인간사회의 진보와 발달로 인해 생존경쟁의 추세도 날마다 점점 증가하고 강자의 권리도 따라서 날마다 점점 더 커졌다. 어디에서 이것을 입증할 수 있을까? 한 인간사회가 처음 건립될 때는 통치자와 피치자 사이에 차별이 거의 없다. 따라서 인민에 대한 군주의 강권도 거의 없다. 이것이 첫 번째 단계이며, 거란세라고도 한다. 그 후 차별이 날로 축적되고 날로 현저해지면 강권도 차례로 발달한다. 귀족이 평민에 대해서 그렇고, 남자가 부인에 대해서도 그렇다. 이것이 두 번째 단계이며, 승평세라고도 한다. 세운世運이 더욱 진보하고 사람의 지혜가 더욱 발달하면 피치자와 평민과 부인, 곧 옛날의 이른바 약자도 점점 강권을 가져 옛날의 강자와 대항하여 평등에 이르러 사납고 큰 강권을 온화한 강권으로 변화시킨다. 이것이 강권 발달의 극치다. 이는 세 번째 단계이며, 태평세라고도 한다.

어떤 사람이 물었다. "이미 상쇄되었다고 하고 이미 평등해졌다고 하면 세계에 다시 강권의 자취가 없을 것이니, 강권의 소멸이라 말해야 옳은데 강권의 발달이라 말하는 것은 어째서인가? 또 세 번째 단계는 첫 번째 단계와 어떻게 다른가?"

대답했다. "그렇지 않다. 첫 번째 단계 때는 사람들마다 모두 강권이 없기 때문에 평등하다(오직 다른 족속에 대해서만 강권이 있다). 두 번째 단계 때는 강권이 있는 자도 있고 없는 자도 있기 때문에 불평등하다. 세 번째 단계 때는 사람들마다 모두 강권이 있기 때문에 다시 평등하다. 요컨대 강권의 있고 없음, 많고 적음으로 그 위치의 높낮이와 문명의 발달 정도를 정하면 백에 하나도 틀림이 없다. 이를테면 전제주의는 오늘날에 보면 진실로 비웃고 미워할 만하다. 그렇지만 요컨대 한 사회에 그래도 강권이 있는 사람이 약간 있으니, 이전에 강권이 있는 사람이 전혀 없던 것보다는 낫다. 귀족정치와 신관神官정치도 또한 강권이 있는 사람이 날마다 점점 증가했다는 증거다. 근세에 한 차례 혁명을 거치니 강권이 있는 사람이 필시 약간 증가하고 인간사회의 문명도 필시 한 단계 전진했다. 이전에 겪은 종교혁명과 정치혁명 같은 것이 모두 이것이다. 오늘날 유럽 각국에 강권을 가진 사람이 200년 전보다 얼마나 증가했는지 모를 정도이다. 그러면 오늘날 서양인의 강권 발달은 이미 극점에 왔는가? 아니다. 오늘날 자본가가 노동자에 대하여, 남자가 부인에 대하여 그 계급이 아직 없어지지 않았기 때문에 자본가와 남자의 강권이 노동자와 부인보다 아직 매우 높다. 따라서 후일 반드시 피하지 못할 두 가지 사건이 있을 것이니, '자생혁명資

生革命'(일본에서 말하는 경제혁명)과 '여권혁명女權革命'이 그것이다. 이 두 혁명을 거친 연후에 사람들마다 모두 강권이 있을 것이다. 이것이 강권 발달의 극치이며, 이를 태평이라고 한다. 그러나 이것은 한 사회의 차원에서 말한 것이다. 한 사회가 다른 사회에 대하여 행하는 강권의 크고 작음은 또 반드시 두 사회의 강권의 차이에 달려 있으니, 반드시 각 사회의 강함이 서로 같아진 연후에야 각 사회의 권력이 서로 같아질 것이다. 이것을 일러 '태평의 태평'이라고 한다."[7]

---

7 《청의보》 제31책(광서 25년 9월 21일), 4~7쪽.

호걸의 공공정신
豪傑之公腦

　세계란 무엇인가? 호걸일 따름이다. 호걸이 없으면 세계도 없다. 아무리 큰 나라에도 한 시대에 함께 태어나는 호걸은 수십 명 내지 수백 명을 넘지 않는다. 그 나머지 수많은 사람은 모두 이 수십 명, 수백 명의 풍조에 따라 이리저리 바쁘게 붙좇아 다니는 사람들이다. 이 수십, 수백 명이 합쳐 하나를 이루면 그 힘이 비상하게 커져 누구도 대적할 수 없다. 만약 이들이 나뉘어 여러 부분으로 흩어지면, 각 부분이 차지한 인원수의 많고 적음에 비례하여 성패의 차이가 생긴다. 두 마리 호랑이가 서로 싸우면 반드시 한 마리가 죽게 되는데, 그 한 마리의 죽음을 어찌 애석하게 여기겠는가? 그러나 같은 때에 함께 태어난 사람들이 단지 수십, 수백 명뿐인데 그 절반이나 3분의 1을 죽인다면, 세계의 원기가 헤아릴 수 없을 정도로 손상되고 세계의 행복이 거의 다 없어질 것이다. 그렇다면 그 싸움을 어떻게 피할 것인가? 어떻게 하더라도 그럴 수 없다. 생존경쟁은 천하 만물의 공리公理다. 서로 겨루면 우세한 사람이 반드시 이기고 열등한 사람이 반드시 진다. 이 또한 생명이 생긴 이래 피할 수 없는 공례公例. 호걸이란 반드시 각자 특이한 기질, 별난 장점을 지니며 각기 독립하고 자유로워 문벌에 빌붙지 않으려는 기개를 지니니, 어떤 호걸이 자기를 버리고 남을 따르려 하겠는가? 이와 같은 수십, 수백 명의 호걸이 끝내 하나로 합치지 못하고 내내 서로 다투어 함께 죽을 뿐이라면, 참으로 이러하다면, 이 세계의 죄악이 모두 없어지지 않고 암흑의 운세도 끝날 줄을 모르게 될 것이다. 나는 매번 생각이 여기에 미칠 때마다 피를 토하고 가슴을 치면서 길게 탄식하지 않을 수 없다.

호걸들을 마침내 하나로 모을 방법이 있는가? 있다. 호걸이란 공리를 따르며 시세에 통달한 사람이다. 공리를 따르지 않고 시세에 통달하지 않으면 저 수십 명, 수백 명의 반열에 들 수 없다. [그와 같은 호걸이] 있으면 많다고 할 수 없고, 없어도 적다고 할 수 없다. 이미 공리를 좇고 시세에 통하면, 공리와 시세는 곧 여러 무리를 연합하는 매개이니, 만 마리 말이 제각기 반대로 치달리는 힘이 있더라도 쇠사슬로 묶어서 풀어지지 않게 할 수 있다. 그러므로 나라를 잘 다스리는 사람은 반드시 공리와 시세에 적합한 하나의 목적을 추구하여, 이를 호걸들 각각의 뇌리에 젖어들게 하여 모두 노심초사하면서 스스로 그만둘 수 없게 한다. 그런 연후에 전국의 호걸이 한 점으로 뭉쳐 일이 비로소 이루어진다.

프랑스인은 자유와 평등을 말하고, 이탈리아인은 통일과 독립을 주장했으며, 일본인은 존왕양이尊王攘夷를 말했다. 한 나라의 호걸들은 지위와 성정과 시대가 똑같지 않다. 그렇지만 이들은 모두 바람처럼 일고 물이 솟구치듯 구름과 안개가 운집하듯, 도모하지 않아도 저절로 함께하고 부르지 않아도 스스로 와서 하나의 목적을 이루는 깃발 아래 선다. 이것을 호걸의 공공정신이라고 한다. 호걸에게 공공정신이 있으므로 수십, 수백 명이 한 사람과 같은 것이다. 또한 호걸의 공공정신은 곧 국민의 공공정신이다. 국민에게 공공정신이 있으므로 셀 수 없이 많은 사람이 한 사람과 같게 되니, 세상에 이루지 못할 일이 없는 것이다.[1]

---

1 《청의보》 제32책(광서 25년 11월 11일), 4~7쪽.

탄쓰퉁이 남긴 글

譚嗣陽遺墨[1]

탄쓰퉁[2]의 학문은 자연에서 출발하여 인간세상으로 들어갔다. 그 학문의 대강은《인학仁學》[3] 한 권에 갖추어져 있는데, 우리 중국 4000년 역사에서 전에 없던 성과임은 말할 나위가 없다.《인학》의 단편들과 명문장은 세간에 흩어져 있었는데, 수시로 모아 널리 전하고자 한다. 다음 세 단편은 탄쓰퉁이 동지들을 위해 부채 위에 적은 글인데,《인학》을 저술한 뒤 쓴 것이다.

---

1 '유묵遺墨'은 죽은 사람이 남긴 글을 가리킨다.
2 탄쓰퉁譚嗣同(1865~1898)은 근대 중국의 개혁가로, '무술육군자戊戌六君子'의 한 사람이다. 자는 복생復生, 호는 장비壯飛·화상중생華相衆生이며, 후난 성湖南省 류양瀏陽 출신으로 캉유웨이, 량치차오 등과 변법운동을 이끌었다. 시무학당時務學堂을 설립하고《상보湘報》를 창간하는 등의 문화 사업 및 철로 보수와 공업화 추진 등, 호남 지역을 중심으로 유신운동을 전개했다. 서태후의 정변으로 유신운동이 좌절되자 일본으로 도피를 권하는 동지들의 충고를 거절한 뒤 잡혀 처형되었으며, 함께 처형된 동지들과 더불어 '무술육군자'라고 불린다. 중국 전통사상에 대한 재해석과 서양 과학의 수용을 바탕으로 독자적인 철학을 구상한 탄쓰퉁에 대해 량치차오는《청대학술개론淸代學術槪論》에서 '만청 사상계의 혜성'이라고 평했으며, 사상적 특색으로 '우상타파론'과 '세계주의'를 꼽았다.
3 탄쓰퉁의 저작으로 1896에서 1897년 사이에 저술되었으며, 전체 50편에 상·하권으로 구성되어 있다. 탄쓰퉁은《인학》을 량치차오와 탕차이창唐才常 등 몇몇의 벗에게만 공개했다. 무술변법이 실패로 끝난 후 일본으로 망명한 량치차오가 1899년《청의보》에 일부를 발표하여 세상에 알려졌고, 1901년 단행본으로 출간되었다.

조용히 바라보아 생각을 끊고, 깨달음[4]을 이룬다. 조용히 바라보아 생각을 끊는다는 것은 무엇인가? 업식業識[5]은 끊임없이 유전하며[6] 생각과 생각은 서로 이어진다. 깨달음에 이르지 못했다면 연기하지 못함이 없기에, 이것을 생각하다가 저것을 생각하게 되고, 소를 생각하다가 말을 생각하게 된다. 마치 나무에서 가지가 나누어지고, 가지가 다시 줄기를 이루는 것과 같다. 문득 험하고 굽어진 장애를 만나면 꼿꼿이 가운데에 서게 되어 깃발처럼 흔들리는 마음[7]이 쉽게 흔들리지 않게 되는데, 이것을 잠시 끊는다고 이름한다. 이 미묘한 겨를에 집중하여 의식이 어떻게 이어서 계속되는지를 바라보면, 마침내 다시는 계속되지 않는 것과 같아서 의식이 끊어진다. 깨달음을 이룬다는 것은 무엇인가? 도는 말로 하거나 생각할 수 없어서, 의식(識)[8]을 만나 대상(境)이 된다. 대상에는 거스름도 순함도 없어서, 마음과 접하여 이치(理)를 형성한다. 노래를 들으면 즐겁게 되고 눈물을 보면 슬퍼진다. 노래와 눈물이 [즐거움과 슬픔의] 충분한 근거가 되는 것이 아니라, 슬프고 즐거워하는 주체가 그렇게 한 것이다. 그렇기에 참으로 그 주체를 변화시키고자 한다면, 반드시 생각의 지평을 세워서 바라보는 관

---

4 원문은 "장심匠心"으로, 정교하고 섬세한 생각 또는 구상, 보통 문학 또는 예술과 관련해서 창조적 구상을 가리킨다.
5 윤회의 세계에 매여 있는 범부의 식識이다. 한번 일어난 망념은 계속하여 새로운 망념을 일으켜 단절되지 않는다는 점에서 상속식相續識이라고도 한다.
6 원문은 "유주流注"로, 생명체가 찰나마다 생멸을 반복하며 계속 존재해나가는 것을 물의 흐름에 비유한 말이다.
7 원문은 "현정懸旌"으로, 공중에 매달려서 바람에 흔들리는 깃발로, 동요하는 마음을 가리킨다.
8 '식識'은 인식작용, 식별작용, 인식기능 등을 의미하며, 구체적으로는 육식六識 또는 팔식八識이다. 육식은 안眼·이耳·비鼻·설舌·신身·의意의 여섯 감각기관(六根)을 근거로 하여 색色·성聲·향香·미味·촉觸·법法의 여섯 감각 대상(六境)에 대하여 요별了別하는 안식眼識·이식耳識·비식鼻識·설식舌識·신식身識·의식意識이다. 팔식은 이후 유식唯識 계열의 종파에서 육식에 말나식末那識과 아뢰야식阿賴耶識(藏識)을 더한 것이다.

점을 바꾸어야 한다. 이른바 '삼계三界[9]가 오직 마음이다'는 것이 곧 깨달음이다.

쩡광쥔[10]이 말했다. "배 위에서 노로 물을 치는 소리를 들었는데 마음의 지知와 식識이 곧 소리를 따라서 생겨났다. 노는 노이고, 물은 물이며, 소리는 소리이고, 마음은 마음인데, 어찌 서로를 근거로 하여 모이는 것인가. 이런 생각을 하다가 중음中陰[11]이 모친의 복중으로 들어가는 이치를 깨달았다." 내가 말하는 중음이 모이는 계기가 참으로 이와 같다. 두려워할 것은, 심원한 지혜를 갖추지 못한 것이 아니라 중음이 세상으로 유전한 이후에 덕업이 한순간에 사라진다는 것이다. 어째서 전생의 덕업을 기억하지 못하는가! 거듭 생각해보면, 지와 식은 본래 기억하지 못한다. 이후의 상황에 이르러서야 앞선 상황을 생각하게 되고 오늘이 되어서야 어제를 생각하기에, 마치 기억하는 것 같다. 그렇지만 반드시 이것을 두고 저것을 생각한 이후에 얻는 것이지, 여건이 바뀌는 것을 기다리지 않고서 동시에 함께 얻어지는 것이 아니다. 그렇기에 지와 식은 다만 한 가지를 포용할 수 있을 따름이며, 그 나머지는 모두 잊어버린다고 할 수 있다. 사람의 지

9　불교에서 생명체가 현생에서의 삶을 이어가고 윤회를 통해 왕래하는 세계며, 욕계欲界·색계色界·무색계無色界의 세 영역으로 구성되어 있다. 욕계는 지옥도·아귀도·축생도·수라도·인간도·천상도의 육도六道(六趣)로, 색계는 4개의 선천禪天과 정범지淨梵地로, 무색계는 공무변처空無邊處·식무변처識無邊處·무소유처無所有處·비상비비상처非想非非想處로 이루어진다고 한다.

10　쩡광쥔曾廣鈞(1866~1929)은 청말 양무운동의 주역인 쩡궈판曾國藩의 손자다. 자는 중백重伯, 호는 급암伋庵·급안伋安이다. 1899년(광서 15)에 진사가 되어 한림원편수에 임명되었고, 청일전쟁 뒤에는 광시 성廣西省의 지부知府로 임관했다. 시문에 능하여 여러 사람에게 추앙받았다.

11　의식을 가진 살아 있는 것이 죽음의 순간부터 다음 생을 받기까지의 시기로, 영혼신靈魂身이라고 할 수 있는 신체를 갖는다. 중음으로 있는 49일(七七日) 동안에 이전 생의 업에 의해 다음 생의 존재 형태가 결정된다.

와 식이 생겨나는 것은 신체와 넋에 의지할 수 있기 때문이다. 게다가 스스로 기억할 수가 없는데 다시 어떻게 실체가 없고 드러나지도 않는 중음에 대해 논하겠는가! 이것이 위대하고 원만한 거울과 같은 깨달음(大圓鏡智)을 이루는 것은, 나중도 없고 이전도 없으며, 지금도 없고 이전도 없으며, 포용하면 곧 함께 포용하고, 얻으면 곧 함께 얻고, 하나와 많음에 구애되지 않고, 두 시간대에 있지 않기 까닭이다.

대저 온갖 선행 가운데 첫째가는 마음가짐을 믿음이라 하고, 온갖 악행 가운데 첫째가는 마음가짐을 불신이라 한다. 눈으로 보고 귀로 듣지 않고서도 의심스럽게 생각하는 것, 이것이 불신이다. 과거와 미래에 대해서 멀고 아득하다고 생각하는 것, 이것이 불신이다. 크고 작고, 길고 짧고, 많고 적음에 대해 이리저리 따져보는 것, 이것이 불신이다. 한 가지 생각에 치우쳐서 스스로 마음대로 하는 것, 이것이 불신이다. 항상 정진하더라도 물러나려 생각하는 것[12], 이것이 불신이다. 조금 깨닫고서는 스스로 충분하다고 생각하는 것, 이것이 불신이다. 한 대의 수레에서 두 가지 생각을 품는 것, 이것이 불신이다. 이러한 사항들을 계속 열거하여 비록 수만 가지를 쌓아도 다 제시하지 못한다. 비유하자면 맹인에게 태양을 이야기한다면 그는 끝내 믿지 못하는 것과 같은데, 불신의 마음가짐 때문이다. 비록 부처의 신통력을 발휘하더라도 끝내 그 사람에게 태양을 알게 할 수 없다.[13]

---

12 수행에 의해 도달한 깨달음의 위상을 잃고서 원래의 하위로 전락하는 것, 즉 진보한 경지에서 물러나는 것.

13 《청의보》 제32책(광서 25년 11월 11일), 10~11쪽. 언해본에만 이 편이 수록되어 있지 않다.

정신교육은 자유교육이다

精神敎育者自由敎育也

구가 가쓰난[1]이 내게 다음과 같이 말했다. "당신들은 지금 교육에 열심인데, 그 목적이 어디에 있는지를 깊이 따져야 합니다. 문명이 소중하다는 말을 따르기만 해서는 안 됩니다. 바로 우리 일본의 대학의 경우가 그렇습니다. 문명을 모방해서 성과가 탁월하다고 말하지만, 겉으로 볼 때 그렇습니다. 속을 들여다보면 썩은 정도가 이루 말로 다 할 수 없습니다. 당국에서는 오로지 독일주의에 의존하여 교육이 정부에 복종하는 것을 그 정신으로 삼고 있습니다. 그래서 온 나라의 젊은이들이 독립과 자존의 기질을 갖추지 못하고, 비천하고 저급하고 비속한 자가 되었습니다. 거짓된 문명의 이름으로 분서갱유의 술수를 행하면 그 재난이 진나라 정치보다 훨씬 참혹하다는 것을 분명히 알아야 합니다."

나는 놀라워하며 말했다. "그렇습니까? 이는 제가 예전에 우리 중국에 대해서 깊이 통탄하고 안타까워했던 일인데, 일본도 여기서 벗어나지 못한 줄은 몰랐습니다. 일본 교육의 진보를 우리 중국과 비교하면 그 차이가

---

1 구가 가쓰난陸羯南(1857~1907)은 메이지 중기의 대표적인 언론인이자 국민주의 정치평론가다. 1889년(메이지 22) 신문 《니혼日本》을 창간하여 사주 겸 주필을 맡아 잡지 《일본인日本人》의 구화주의歐化主義에 맞서 국수주의國粹主義를 주장했다. 《자유주의여하自由主義如何》, 《근시헌법고近時憲法考》, 《행정시언行政時言》, 《예산변망予算弁妄》, 《원정 및 국제론原政及國際論》 등의 저술이 있다.

어찌 천만 배뿐이겠습니까? 그런데 일본의 애국지사가 진나라 정치의 분서갱유에 비교하니, 우리 중국 같은 곳은 또 어디에 견주겠습니까? 프랑스의 대학자 몽테스키외는 '무릇 절반 개화된 전제군주의 나라에서 교육의 목적은 오로지 사람들을 복종시키는 데 있다'고 말했습니다. 일본의 대학자 후쿠자와 유키치[2]는 지나支那[3]의 옛 가르침은 예禮와 악樂을 가장 중시한다. 예는 사람들을 유순하게 복종시키는 수단이다. 악은 민간에 가득 찬 불평의 기운을 조화시켜 그들을 포악한 지배자(民賊) 아래 공손히 순종하게 하는 수단이다'라고 말했습니다."

나는 말한다. 두 사람의 말이 옳은가 그른가? 우리 국민은 한번 스스로를 돌아보라. 아! 천하가 망한 것이 어찌 오로지 팔고八股, 해법楷法, 고거考據, 사장詞章[4] 때문이겠는가? 만약 정신이 없다면 날마다 손으로 서양 책을 들고 입으로는 서양 학술을 말한다고 해도, 천하를 부패하게 하여 저절로 신속히 멸망하게 하는 것이 아마 더욱 심할 것이다.

중국에서는 지난 몇 년 동안 학교에 관한 논의가 매우 성행했다. 관립이니 민립이니 하는 것들이 각 성마다 많이 설립되었다. 나는 그들이 학교를 설립한 취지가 지혜롭게 하려는 것인지, 어리석게 하려는 것인지, 국가의 치욕을 막기 위해 쓰일 사람을 기르려는 것인지, 아니면 이 수많

---

2 후쿠자와 유키치福澤諭吉(1835~1901)는 에도 말기 및 메이지 시대에 활동한 계몽 사상가이자 교육가다. 봉건 잔재의 타파와 서양의 학문 및 문물의 도입을 주장하여 일본 근대화의 초석을 다졌다. 조선의 개혁세력을 지지하기도 했으나 갑신정변 실패 이후 탈아입구주론脫亞入歐洲論을 주장했다.

3 20세기 초에 하나의 왕조를 넘어선 '중국'을 가리키는 데 사용되었다. 일본에서는 청일전쟁 이래로 중국을 비하하는 의미로 사용했다.

4 팔고는 명청시대 과거에서 사용하던 특정한 문체이며, 여기서 팔고는 과거에 응시하기 위해 익히는 학문의 의미다. 해법은 해서楷書로 쓰는 서체의 한 종류이며, 여기서는 서법書法 일반을 가리킨다. 고거는 청대에 유행한 고증학을 말하며, 사장은 문장文章과 시부詩賦를 함께 부르는 말이다.

은 독서인으로 하여금 훗날의 부귀를 도모하게 하는 것인지 모르겠다. 저 학교를 설립한 이들은 아마도 "나는 장차 학생들을 지혜롭게 하여 국가의 치욕을 막는 데 쓸 것이다"라고 말하지 않았던가? 그렇지만 입학한 사람들을 보니 날로 어리석어지고, 배우러 온 이유를 물었더니 훗날 일신의 부귀를 위한 것이 아니라는 사람은 거의 만 명에 한 명꼴도 안 되었다. 그렇다면 학당이 서원보다 나은가, 서학이 팔고보다 나은가? 나는 무어라고 말할까?

무릇 통일 전제국가는 무사태평한 시기에 다만 백성을 모아서 화합시키고 그들이 이반하지 않게만 해도 정부가 할 일을 다 한 것이다. 이렇다면 복종을 가르쳐도 된다. 만 마리 말이 날뛰고 만류가 소용돌이치며 힘과 지혜를 겨루는 세계에서, 3만 근의 무게가 머리카락 하나에 매달려 있고 마지막 판에 갖고 있는 모든 것을 걸고 계란이 높이 쌓여 있는 위급한 자리에 있으면서, 온 나라의 지혜를 계발하고 온 나라의 힘을 끌어올리지 않으면 숨이 약해지고 가빠지니, 어떻게 다시 구제할 수 있겠는가? 무릇 지혜를 계발하고 힘을 끌어올리는 수단은 무엇인가? 자유가 정신 발생의 원동력이다. 아! 일본의 국가 교육도 아직 이것을 잘한다고 할 수 없는데, 내가 중국에 대해서 어찌 그것을 요구하겠는가?

일본의 교육은 서양 문명의 실질에서 형체는 갖추었으나 보잘것없다[5]고 식견 있는 선비가 걱정함이 오히려 이와 같다. 하물며 우리 중국은 본래 정신도 없고 모양도 갖추지 못했는데, 온 세상에서 지사라 불리는 이들이 비할 바 없이 완전하지 못하고 갖추지도 못한 것을 가지고 서로 뽐내면서 이것으로 마치 우리 유신維新의 천직을 다한 것처럼 여긴다. 저 복지부동하는 관료들은 스스로 기꺼이 노예가 되고 또 우리 인민을 노예로 삼으려

---

5 원문은 "具體而微"로, 《맹자》〈공손추 상公孫丑上〉에 나온다. "冉牛·閔子·顏淵, 則具體而微."

하니, 참으로 책망할 것도 없다. 우리 국민을 돌아보니, 끝내 깨닫지 못하는구나, 끝내 깨닫지 못하는구나, 끝내 깨닫지 못하는구나.[6]

---

6 《청의보》제33책(광서 25년 11월 21일), 1~2쪽.

전사를 기원함

祈戰死

겨울철은 일본 군영의 군사들이 휴식을 취하고 교대하는 시기다. 내가 우연히 우에노를 거닐었는데, 온 거리에 붉고 흰 깃발이 이어져 있었다. 깃발에는 모 사단 보병 아무개 군, 모 부대 기병 아무개 군을 환영한다는 글도 있고, 아무개 보병 아무개 군, 아무개 포병 아무개 군을 환송한다는 글도 있었다. 대개 병졸이 입영하거나 제대할 때는 친구나 친척들이 영광으로 여겨 함께 맞이하거나 보낸다. 대체로 병사 한 명에 많으면 깃발 10여 개, 적으면 너덧 개를 사용한다. 본인은 군복을 입고 당당하게 행진하고 앞뒤로 깃발이 있으며 뒤따르는 친구나 친척이 수십 명이다. 그 영화는 우리 중국에서 상급 학교에 진학하거나 향시에 급제해서 꽃을 꽂는 것보다 더하다. 깃발에 단지 아무개 군을 환영한다거나 아무개 군을 환송한다는 글을 적은 것은 찬송이나 축원의 말로 심하지 않다. 나는 그 깃발 가운데 입영하는 사람을 환송하면서 '기전사祈戰死'라는 세 글자를 써놓은 것을 두세 개 보았다. 나는 그것을 보고 놀랍고 숙연해져서 멍하니 떠날 수 없었다.

일본 풍속과 중국 풍속이 크게 다른 것 중 하나가 무武를 숭상하는 것과 문文을 숭상하는 것이다. 중국의 역대 시가는 모두 병역의 어려움을 말했고, 일본의 시가는 병역의 즐거움을 말하지 않은 것이 없다. 나는 갑오년 (1894)에서 을미년 사이에 일본 신문에 실린 군입대자에게 바치는 시에서 모두 살아 돌아오지 말 것을 축원하는 것을 보았다. 두보의 시 〈병거행兵車行〉에서는 "수레소리 덜덜거리고, 말 울음소리 쓸쓸하네. 출정하는 군인들 모두 허리에 활과 화살 차고 부모와 처자들이 달려와 송별하는데, 흙먼지 티끌에 가려 함양교가 보이지 않네. 옷을 붙들고 넘어지며 길을 막고 우니, 울음소리가 바로 구름 낀 하늘까지 오르네"라고 했다. 이것을 보니 일본의 깃발에 적혀 있는 '祈戰死'와 어찌 이리도 상반되는가?[1]

---

1 《청의보》 제33책(광서 25년 11월 21일), 2~3쪽.

중국혼은 어디에 있는가

中國魂安在乎

일본에서 늘 하는 말에 일본혼이란 것이 있고 무사도武士道라는 것이 있다. 또 "일본혼이란 무엇인가? 무사도가 그것이다"라고 말한다. 일본이 국가를 건설하고 유신을 행할 수 있었던 것은 과연 이것 때문이었다. 그래서 나는 우리의 중국혼이라는 것을 찾아보았다. 서둘러 400여 주州에서 널리 찾아보았지만 흐릿한 자취도 얻을 수 없었다. 아, 슬프다! 천하에 어찌 혼이 없는 나라가 있겠는가? 그래서 나는 염려한다.

혹자는 다음과 같이 말한다. "상무尚武의 기풍은 격려함으로써 생겨난 것이다. 조정에서는 이를 영달하는 방도로 여기고 민간에서는 이를 상습적으로 익히고 있기 때문에 무사도가 나온 것이다. 우리 중국에서는 일찍이 군사軍士를 경시하고 병졸은 노예에 불과했으니, 군에 가는 것을 고통스럽다고 말하는 것이 당연하다." 자유주인[1]은 다음과 같이 말한다. "이것은 물론 일리가 있지만 미진한 점이 있다. 상무의 기풍은 인민의 애국심과 자애심 두 가지가 화합해서 이루어지는 것이다. 사람은 누구나 생명과 재산을 소유하고 있다. 국가는 군대를 두어 사람들의 생명과 재산을 보호한다. 그러므로 병사가 된 인민은 스스로 자신의 생명과 재산을 위하여 싸우

---

1 량치차오梁啓超 자신을 가리킨다. 량치차오의 호는 임공任公이며 그 밖에 음빙실주인飮冰室主人, 음빙자飮冰子, 애시객哀時客, 중국지신민中國之新民, 자유재주인自由齋主人 등의 호를 사용했다.

는 것이다. 이런 병사들로 전쟁을 하면서 용감하지 않다는 것은 들어본 적이 없다. 두 고을 사이에서 일어나는 격투를 보지 않았는가? 자제들은 서로 도와 용감히 싸우고, 늙고 약한 사람들은 음식을 나른다. 막으려 해도 막을 수 없는 것은 그들이 본래 각자 자신들의 절박한 이해와 절실한 영욕을 위하기 때문이다. 그러므로 나는 격투를 보면서 우리 중국에서 무사도의 씨앗이 여기에 있다는 것을 알았다."

지금 중국에서 병사를 두는 것은 인민을 구속하기 위해서다. 인민의 생명과 재산을 빼앗아 사사로이 자신의 소유로 삼는다. 인민이 이를 알고 그것을 돌려달라고 할까 두려워해서 병사를 두게 된 것이다. 그러므로 정부는 인민을 도적과 같이 보고, 인민도 정부를 역시 도적과 같이 본다. 병사가 인민을 초개와 같이 대하고, 인민도 병사를 역시 초개와 같이 본다. 이와 같으니 날마다 격려하고 포상해서 무사도라는 것을 이루고자 하더라도 이룰 수 없을 것이다. 최근 집정자들이 병사를 두지 않을 수 없다는 것을 알고 서로 도와 군대를 훈련하고 권장하고 있다. 롱루[2]와 장즈둥의 무리가 그런 사람들이다. 내가 보기에는 매년 수천만의 비용을 없애고도 병사는 여전히 쓸모가 없다. 왜 그런가? 지금 서로 도적처럼 보고 서로 초개처럼 대하니, 진작시키고자 하더라도 누가 따르고 열심히 하겠는가? 이는 혼이 없는 병사니, 혼이 없는 병사는 병사가 없는 것과 마찬가지다.

오늘날 가장 중요한 것은 중국혼을 만드는 것이다. 중국혼이란 무엇인가? 병사의 혼이 그것이다. 혼을 가진 병사가 있으면 곧 혼을 가진 나라가 있게 된다. 애국심과 자애심이 병사의 혼이다. 이를 제조하기 위해서는 약

---

2 롱루榮祿(1836~1903)의 자는 중화仲華이다. 만주인으로 팔기군의 하나인 정백기正白旗에 속했다. 대대로 군관을 지낸 가정에서 태어났으며 조상의 공덕으로 공부원외랑工部員外郎이 되었고 뒤에 내무부대신內務府大臣, 공부상서工部尙書를 맡았다. 서태후의 총애를 받아 보군통령步軍統領, 총리아문대신, 병부상서를 지냈다.

료와 기구가 없을 수 없다. 인민이 국가를 자신의 국가로 생각하는 것, 이것이 국혼을 제조하는 약료다. 국가를 인민의 국가로 만드는 것, 이것이 국혼을 제조하는 기구다.[3]

3 《청의보》제33책(광서 25년 11월 21일), 3쪽.

비난에 답함

答客難

손님이 나에게 "그대는 춘추시대에는 의로운 전쟁이 없었다는 것[1]과 묵자가 침략 전쟁을 반대했다는 것[2]과 같은 가르침을 조술한 자가 아니었던가? 지금 하는 말은 어찌 이전과 다른가?"라고 비난했다.

나는 이렇게 대답했다.

"세계주의가 있고 국가주의가 있다. 의로운 전쟁이 없다고 주장하고 침략 전쟁을 비판하는 것은 세계주의다. 상무와 적개심이란 국가주의다. 세계주의는 이상에 속하고 국가주의는 현실에 속한다. 세계주의는 장래에 속하고 국가주의는 현재에 속한다. 지금 중국은 하루를 기약할 수 없을 정도로 위태롭기에 우리가 장래를 논하고 이상을 말할 때가 아니다. 그래서 내가 이전에 나라를 망칠 일을 한가로이 논했다는 죄를 범했다고 하더라도 변명할 수 없다. 오늘 나의 사상이 퇴보했다고 하더라도 역시 변명할 수 없다. 삼가 손님에게 사죄한다.

그렇지만 중국인의 국가주의는 세계주의라고도 할 수 있다. 왜냐하면

---

1 맹자는 예악정벌이 주나라 천자에게서 나오는 것은 의로우며, 춘추시대에 이르러 제후들끼리 상호겸병적 전쟁을 하는 것은 의롭지 않다고 주장했다. "孟子曰, '春秋無義戰. 彼善於此, 則有之矣. 征者上伐下也, 敵國不相征也'"《맹자》〈진심 하〉.

2 묵자墨子는《묵자》〈비공非攻〉 편에서 침략 전쟁을 비판하고 있다. 백성에게 막중한 해를 끼치므로 불의不義하다고 비판하는 것이다. 그러나 모든 전쟁을 부정하는 것은 아니며, 적의 침략에 대한 방어 전쟁은 인정하고 있다.

오늘날 세계의 일 가운데 중국의 강약흥망보다 더 큰 것이 없기 때문이다. 천하만국의 대정치가들이 가슴속에 품고 있는 가장 큰 문제는 곧 지나 문제다. 그러므로 지나 문제는 다름 아닌 세계의 문제다. 지나인이 국가주의를 말하는 것은 곧 다름 아닌 세계주의다. 그렇다면 지금 나의 사상은 결코 퇴보가 아니다. 삼가 손님에게 사죄한다.

뿐만 아니라 내가 말하는 병사는 룽루와 장즈둥이 말하는 병사와 크게 다른 점이 있다. 그들이 말한 것은 민적民賊의 병사요, 내가 말하는 것은 국민의 병사다. 민적의 병사는 나라를 망하게 할 수 있지만, 국민의 병사는 나라를 흥하게 할 수 있다. 나는 다만 나라를 흥하게 하는 병사를 그만둘 수 없음을 말할 따름이다. 나라를 망하게 하는 병사라면 나는 지난날과 같이 미워할 것이므로, 내가 이전에 수년 동안 주장한 것과 실로 모순되지 않는다. 삼가 손님에게 사죄한다."[3]

---

3 《청의보》제33책(광서 25년 11월 21일), 3~4쪽.

우국과 애국
憂國與愛國

    우국자와 애국자가 있었다. 애국자가 우국자에게 물었다. "그대는 어찌하여 국민의 단점을 말하기 좋아하는가?" 우국자가 대답했다. "나는 오로지 나라를 근심하기 때문이다." 그러자 우국자가 애국자에게 물었다. "그대는 어찌하여 국민의 장점을 말하기 좋아하는가?" 애국자가 대답했다. "나는 오로지 나라를 사랑하기 때문이다." 우국자의 말은 격분하는 기운을 생기게 하고 애국자의 말은 진취적인 마음을 북돋으니, 이것은 그들의 장점이다. 우국자의 말은 낙담에 빠지게 하고 애국자의 말은 안주하는 사고를 낳으니, 이것은 그들의 단점이다. 주자는 말했다. "학문을 가르침은 취한 사람을 부축함과 같으니, 부축하여 동쪽으로 가려 해도 또 서쪽으로 엎어질 수 있다. 적절하게 사용하지 못하면 좋은 말이라도 또한 천하를 그르칠 수 있다." 신문사의 주필들은 이 말의 의미에 유의하지 않을 수 없다.

    지금 천하에서 가장 근심할 만한 나라는 중국이고, 가장 사랑할 만한 나라 또한 중국이다. 나는 근심하면 할수록 사랑이 깊어지고, 사랑하면 할수록 근심이 더해진다. 이미 울고자 하고 또 노래하고자 하니, 나의 울음에 누가 장단을 맞출 것이며 나의 노래에 누가 화답해주겠는가?

    일본 청년이 나에게 물었다. "중국 사람들은 모두 서양 사람들을 사갈蛇蝎처럼 보는데, 유식한 선비들도 이를 면하지 못하고 공도 또한 그러하니 어째서입니까?" 내가 대답했다. "서양 사람들을 사갈처럼 보는 것은 예전에 그러했다. 지금은 반대가 되어 서양 사람들을 신명神明처럼 여겨 그들을 숭배하고 아첨하며 교제를 요구한다. 모두가 그렇게 하는데, 유식한 선비라고 불리는 이들이 더욱 심하다. 옛날에 모든 이가 서양 사람들을 사갈처럼 여겼기에 나는 그들을 존중해야 함을 말하지 않을 수 없었고, 지금은 모든 이가 신명처럼 받들기에 나는 그들을 질시해야 함을 말하지 않을 수 없다." 만약 그들의 실상을 말한다면 서양 사람들은 신명도 아니고 사갈도 아니며, 신명이기도 하고 사갈이기도 하며, 바로 신명이자 사갈이다. 그러나 이는 객관적으로 말한 것일 따름이다. 주관적으로 말한다면 우리 중국이 참으로 자립할 수 있다면, 신명이면 어떻고 사갈이면 어떤가? 만약 제대로 자립하지 못한다면, 신명이 아니라 해서 어쩔 것이며 사갈이 아니라 해서 또 어떠랴.[1]

---

1 《청의보》제33책(광서 25년 11월 21일), 4쪽.

중국을 보전함

保全支那

　　서양 사람들과 일본 사람들은 빈번히 "중국을 보전시켜야 한다"고 말하
는데, 나는 평소 이 말 듣는 것을 가장 싫어했다. 중국이 타인의 힘에 의지
해서 보전된다면 반드시 보전하지 못할 것이니, 중국을 보전하려면 반드시
타인의 힘에 의지하지 말아야 한다. 타인을 보전시키자는 것은 그들의 자
유를 침해하는 말이고, 타인이 나를 보전해주기 바라는 것은 내 자유를 방
기하는 말이다. 혹자가 물었다. "맹자는 중국 민권설의 시조입니다. 맹자가
말한 민정民政은 지금의 서양 학자들이 말하는 민정과 같습니까, 다릅니
까?" 내가 대답했다. "아주 다르지요. 맹자가 말한 민정은 보민保民이고 목
민牧民입니다. 때문에 '어린아이를 보전하듯 하라'고 말하거나 '하늘이 백성
을 낳고 백성을 위해 군주를 세우고 그들을 기르도록 하셨다'고 말했습니
다. 보민은 백성을 어린이로 여기는 것이고, 목민은 백성을 가축으로 삼는
것입니다. 때문에 '어린아이를 보전하는 정치체제(保赤政體)'라거나 '양떼를
기르는 정치체제(牧羊政體)'라고 말하는 것이지요. 백성을 보전하거나 기르는
것은 백성에게 포악한 것에 비하면 그 방법이나 마음 씀이 다르지만 백성의
자유권을 침범한다는 점에서는 같습니다. 백성은 독립을 귀중히 여기고 권
리를 소중히 여기니 그것을 침범해서는 안 됩니다." 국가 역시 그러하니 타
인이 "중국을 보전시켜야 한다"고 말하는 것이 어찌 이와 다르겠는가?[1]

1　《청의보》제33책(광서 25년 11월 21일), 4~5쪽.

문명을 전파하는 세 가지 이기
傳播文明三利器

이누카이 보쿠도犬養木堂[1]가 내게 "일본에는 유신 이래 문명을 보급하는 세 가지 방법이 있는데 하나는 학교, 둘은 신문, 셋은 연설입니다"라고 말했다. 대저 국민 중에 글을 아는 자가 많으면 신문을 이용해야 하고, 국민 가운데 글을 아는 이가 적으면 연설을 이용해야 한다. 일본에서 연설하는 풍조는 후쿠자와 유키치가 만들었다(후쿠자와는 일본 서학西學의 제일 선봉이다. 지금도 생존해 있으며 일세의 태두다). 그는 자기가 세운 게이오기주쿠에서 연설했는데 당시에는 괴물로 지목받았다고 한다. 이후 사람들이 다투어 오메이샤嚶鳴社[2]를 결성하고 오로지 연설에 매진했다. 한번 기풍이 열리자 지금은 어지간한 집회에서는 연설이 빠지지 않는다. 몇 사람이 모여 술을 마셔도 반드시 일어나 연설하는 자가 있으니, 이것은 실로 문명 진화

---

1 이누카이 쓰요시犬養毅(1855~1932)로, 근대 일본의 정치가이며, 호는 목당木堂이다. 게이오기주쿠慶應義塾에서 공부하고 입헌개진당立憲改進黨 결성에 참여했다. 제1의회 이래 대의사代議士를 지내고, 1차 호헌운동護憲運動에서 활약했다. 국민당國民黨, 혁신구락부革新俱樂部의 당수를 거쳐 1929년 정우회政友會 총재를 지냈으며, 1931년에는 수상이 되었다. 만주사변 뒤의 난국을 수습하다 1932년 5·15사건으로 해군 장교에게 암살되었다. 청렴결백과 중국 정치계와의 친교로 알려져 있다.
2 일본 메이지 초기의 정치결사다. 1874년경 누마 모리카즈沼間守一 등이 법률강연회라는 이름으로 설립했다가 1878년 오메이샤嚶鳴社로 개칭했다. 기관지 발행과 강연활동을 통해 자유민권운동에 참가했다. 입헌개진당을 결성할 때 중심 역할을 했으나 1882년 정부의 명령으로 해산되었다.

를 북돋는 커다란 힘이다. 우리 중국은 근년 이래 학교와 신문의 이익을 아는 자는 많으나 연설의 이익을 아는 자는 드물다. 지난해 후난湖南의 남학회南學會와 베이징의 보국회保國會는 모두 서양 사람들의 연설회와 같은 취지였다. 후난의 기풍이 갑자기 나아진 것은 실로 이 연설에 힘입었는데, 아쉽게도 오래지 않아 사라졌으니 지금 뜻있는 자들은 마땅히 이에 힘써야 한다.

자강학회가 설립된 뒤 3년 만에 각 성에서 창립된 모임들이 모두 회會라는 이름을 내거니 가히 한 시대의 성대한 일이라 할 만했다. 그러나 외국인의 이른바 '~회'라는 것이 종류에 따라 나뉜다는 사실을 알지 못하여 장학회, 정당, 협회, 연설회가 하나로 뒤섞여 모임의 취지에 따라 정해지지 않고 조리 없이 혼란스러웠다. 때문에 운영에서 효과를 기대하기 어려웠고, 그들을 미워하는 수구세력들이 비밀결사와 같은 부류라고 여겨 한꺼번에 없애버렸다. 실제 이 모임들 사이에는 매우 다른 형식이 있었고 역할을 구분할 만했는데, 중국의 기풍은 정말로 맹아 정도였으니 그리된 것도 괴이하지 않다.

일본에서 유신의 방향에 크게 기여한 것은 소설이 또 그 하나다. 메이지 15, 16년 사이에 민권자유의 함성이 나라에 가득했는데, 이때 서양 소설 가운데 프랑스와 로마[3]의 혁명을 언급한 것들이 속속 번역, 출간되었다. '자유', '자유의 등불'이란 제목이 달린 글들이 차례로 신문에 연재되자 그 후 서양 소설의 번역이 날로 왕성해졌다.

그중 가장 유명한 것은 오다 준이치로의 《가류슌와花柳春話》[4], 세키네 히

---

3 여기서는 이탈리아를 가리킨다.
4 오다 준이치로織田純一郎(1851~1919)는 일본 메이지 시대의 번역가이자 저널리스트로, 본명은 니와 준이치로丹羽純一郎다. 관비로 1870년 영국 에든버러로 유학했다가 일시 귀국한 뒤에 1874년 다시 도영해서 1877년에 귀국했다. 서양의 민권사상을 소개하는 책 등을 간행했다.

코의 《슌오덴春鶯囀》[5], 후지타 메이카쿠의 《게이시담繫思談》[6]과 《슌소키와春
窓綺話》·《바이라이요쿤梅蕾餘薫》·《게이세이칸經世偉觀》[7] 등인데, 원작은 대
개 영국 근대 역사소설 작가의 작품이다. 번역이 성행하자 정치소설의 저
술이 또한 점차 행해졌다. 예컨대 도카이 산시의 《가진노키구佳人奇遇》[8],
스에히로 뎃초의 《가칸오花間鶯》·《셋추바이雪中梅》[9], 후지타 메이카쿠의
《분메이토젠시文明東漸史》[10], 야노 류케의 《게이코쿠비담經國美談》[11](야노는

《가류슌와》(1878~1879)는 리턴Edward George Bulwer-Lytton의 《어니스트 멀트레이버스Ernest
Maltravers》와 《앨리스Alice》를 부분적으로 합해서 번역한 것이다. 재치 있는 미인의 연애를 한
문 훈독체로 묘사한 것으로, 후대 정치소설에 영향을 끼쳤다.

5 세키네 히코關直彦(1857~1934)는 근대 일본의 헌법학자이다. 저서로 《오스틴 씨 법리학ォース
チン氏法理學》, 《대일본제국헌법大日本帝國憲法》 등이 있다. 《슌오덴》(1884)은 디즈레일리Benjamin
Disraeli의 Earl of Beaconsfield를 번역한 정당 여담이다. 메이지 초기의 번역문학과 정치소설에
영향을 미쳤다.

6 후지타 메이카쿠藤田鳴鶴(1852~1892)는 메이지 시대의 신문기자, 정치가다. 후에 후지타 모치
키藤田茂吉로 개명했으며, 호는 명학鳴鶴이다. 《유빈호치 신문郵便報知新聞》 주간으로 자유민권
의 입장을 취했다. 1882년 입헌개진당 결성에 관계하여 1890년 중의원 의원에 당선되었다.
저서로 《분메이토젠시》, 《사이민이교로쿠濟民偉業錄》 등이 있다. 《게이시담》(1885)은 리턴의
Kenelm Chillingly를 번안한 것이다.

7 《태서활극 슌소키와》(1884)는 스콧Walter Scott의 〈호수의 여인The Lady of the Lake〉을 쓰보우치
쇼요坪內逍遙가 번안한 것이다. 《바이라이요쿤》(1886)은 스콧의 〈아이반호Ivanhoe〉를 우시야마
가쿠도牛山鶴堂가 번안한 것이다. 《게이세이칸經世偉觀》은 《게이세이쿤經世偉勳》의 오자로 보인
다. 이 책(1885~1886)은 디즈레일리의 The public life of Lord Beaconsfield를 오자키 유키오尾崎
行雄가 번안한 것이다.

8 도카이 산시東海散士(1852~1922)는 근대 일본의 소설가, 정치가로 본명은 시바 시로柴四良다.
대의사代議士를 지냈다. 《가진노키구佳人之奇遇》(1885~1897)는 식민지하 또는 분열항쟁에 좇기
는 7개국의 역사를 돌아보며 일본의 위기를 호소하는 정치소설이다.

9 스에히로 뎃초末廣鐵腸(1849~1896)는 근대 일본의 신문기자, 정치가다. 이름은 시게야스重恭
다. 《아케보노 신문曙新聞》과 《아사노 신문朝野新聞》에 입사해서 자유민권운동에 참가하고, 후
에 대의사를 지냈다. 《셋추바이》(1886)는 청년 정치가 구니노 모토이國野基의 고난과 성공을
서술한 정치소설이며, 《가칸오》(1887)는 《셋추바이》의 후편이다.

10 서양과 일본의 관계에 대해서 전국시대부터 페리 도항 이전까지를 개관한 내용이다.

11 야노 류케矢野龍溪(1850~1931)는 근대 일본의 정치가, 소설가다. 오쿠마 시게노부의 인정을 받

지금 중국의 공사다. 일본 문학계의 태두이고 진보당의 걸출한 인물이다) 등이 있다. 책을 쓴 이들이 모두 일세의 정론가들로, 책 속의 인물에 기탁하여 자신의 정견을 피력한 것이기 때문에 순전히 소설이라고만 할 수는 없다. 그중 국민의 뇌리에 점차 젖어 들어가 가장 영향을 끼친 것은 《게이코쿠비 담》과 《가진노키구》 두 책이 가장 두드러진다. 아아, 내가 어디에서 시내 암[12]과 같은 인물과 만나 밤낮으로 무릎을 맞대고 앉아 서로 기탄없이 동서 고금을 넘나들며 가슴에 품은 방대하고 복잡한 생각을 하나하나 녹여내어 천하의 준걸에게 내놓을 수 있을까.[13]

아 입헌개진당 결성에 참가하고, 《유빈호치 신문》 사장을 지냈다. 《게이코쿠비담》(1883~1884)은 전편과 후편으로 된 정치소설이다. 전편에서는 테베의 청년 정치가가 협력해서 전제정치로부터 민정을 회복할 때까지, 후편은 스파르타와 싸워 그리스 전국을 제압하기까지가 묘사되어 있다. 저자가 속한 입헌개진당의 민권사상을 확충하기 위해 저작되었다. 후편에서는 허구의 사건도 삽입하면서 과격한 행동을 비판하고 평화사상을 고취하고 있다.

12 시내암施耐庵(1296?~1370?)은 《수호지水滸誌》의 작가로 추정되는 인물이다. 이름은 자안子安 또는 명이名耳이고, 자는 내암耐庵이다.

13 《자유서》, 《음빙실합집 6·전집 2》, 41~42쪽.

꼭두각시를 말함
傀儡說

연희 무대에 꼭두각시라는 것이 있다. 그 기예를 펼칠 때는 휘장을 설치하여 무대를 가리고 휘장 위에는 사람 닮은 것이 있어서, 신체 사지가 다 있고 의복도 다 갖추고 있다. 사람이 휘장 아래에서 그로 하여금 덩실덩실 춤추고 재잘재잘 노래 부르게 한다. 이는 무대에서 가장 열등하고 애매한 것이다. 사람이 꼭두각시라면 사람이 아니라고 말하고, 나라가 꼭두각시라면 나라가 아니라고 말한다. 나는 탄식한다. "오호라, 무엇이 우리나라를 이 지경에 이르도록 했는가?"

8월 6일 이후 임금이 유폐되었으니[1], 나라에는 이미 군주가 없다. 그러나 관보(京鈔)를 기록하면서 여전히 "임금의 칙유勅諭를 받듭니다"라 하고, 문서를 올리면서는 여전히 "임금께서 살피옵소서"라고 한다. 우리 황제께서 말하는 것이 그 마음대로 하지 못하고, 몸이 행하는 바는 그 주관대로 하지 못한다. 그러나 신하를 접견할 때는 조정의 위의가 여전하고, 왕의 명령도 예전과 같다. 이렇게 서태후는 황제를 꼭두각시로 만들었다.

서태후는 일개 아녀자에 불과해서 탐하는 것이 오락뿐이다. 반드시 왕위를 찬탈하고 왕을 유폐한 연후에야 마음이 흔쾌한 것은 아니었다. 롱루는 다른 뜻을 품고서 비상한 것을 바랐지만, 천하의 병사를 동원하는 것은

---

1 1898년 강유웨이가 중심이 된 변법자강운동이 수구파의 정변(무술정변)으로 실패하게 되었는데, 이 과정에서 8월 4일 광서제가 연금된 사실을 가리킨다.

꺼려서 태후의 위세를 빌려 사람들의 입을 막았다. 사실 반포한 거짓 조서가 모두 서태후의 말은 아니며, 자행한 폭정도 모두 서태후의 뜻은 아니었다. 룽루가 스스로 조조와 왕망의 위세를 쌓았으며, 서태후는 소나 말의 수고를 대신했다. 이렇게 룽루는 서태후를 꼭두각시로 만들었다.

러시아인은 감언으로 수구당을 조종하여, 그들을 부추겨 백성들을 도탄에 빠지게 하고 그들을 도와 나라를 망하게 했다. 저들은 거리낌이 없어, 완고한 기운이 강해질수록 혁신의 기틀은 더욱 없어졌다. 부패가 극에 달하자, 러시아인은 앉아서 어부지리를 얻었다. [수구당은] 권력을 추구하다가 다른 사람들에 의해 조종받게 되었다. 이렇게 러시아인은 중국 정부를 꼭두각시로 만들었다.

오호라. 나라가 침체되었으니 누가 업신여길 수 없겠는가? 현재 우리를 꼭두각시로 삼는 것이 어찌 한 나라뿐이겠는가? 전국의 관세가 타인의 손아귀에 있으니, 관문의 감독들이 꼭두각시다. 전국의 철도가 타인의 손아귀에 놓여 있으니, 철도의 관리와 철도공사가 꼭두각시다. 전국의 광산이 타인의 손아귀에 있으니, 광산의 관리가 꼭두각시다. 연안에서 세금을 받는 것이 타인의 손아귀에 있으니, 이를 맡은 관원이 꼭두각시다. 서양식 군대를 조련하는 것이 타인의 손아귀에 있으니, 장수가 꼭두각시다. 제멋대로 자오저우膠州를 할양하고, 제멋대로 뤼순旅順과 다롄大連을 할양하고, 제멋대로 웨이하이威海와 광저우廣州 만을 할양하고 제멋대로 하이먼海門 만을 할양하니, 토지의 권한을 가진 이가 꼭두각시다. 한마디 말로 류빙장[2]이

---

2 류빙장劉秉璋(1826~1905)은 광서 연간의 관리로 장쑤 안찰사江蘇按察使, 장시 포정사江西布政使, 장시 순무江西巡撫, 저장 순무浙江巡撫를 지냈다. 1886년 쓰촨 총독四川總督으로 있을 때 충칭 교안重慶教案의 처리에 대한 미국과 영국 선교사들의 불만으로 해직되었다. 충칭 교안은, 미국과 영국의 교회 조직이 점령지에 교회를 세우는 정책에 반대하는 민중과 아동 30여 명을 살해하자 중국인들이 격분하여 교회학교를 훼손하고 미국과 영국이 일본의 중국 침략을 방조한 죄상을 폭로하는 등의 운동을 벌인 사건이다.

해직되고 한마디 말로 리빙헝[3]이 쫓겨나고 한마디 말로 동푸샹[4]이 물러나니, 사람을 등용하는 권한을 가진 이가 꼭두각시다.

슬프다! 지금 나라를 멸망시키는 것은 옛날과 다르다. 옛날에는 국가를 멸망시키면 궁을 웅덩이로 만들고 임금을 포로로 만들었다. 지금은 그렇지 않아서 임금을 꼭두각시로 만들고 관리를 꼭두각시로 만들고 백성을 꼭두각시로 만들고 나라를 꼭두각시로 만든다. 영국 사람이 인도를 멸망시켰는데 토호가 백 수십 년째 그 직위를 잇고 있으니, 그 토호를 꼭두각시로 만든 것이다. 6국이 돌궐을 위협할 때 돌궐 정부를 없애지 않았으니, 그 정부를 꼭두각시로 만든 것이다. 이집트는 영국의 꼭두각시가 되고, 월남은 프랑스의 꼭두각시가 되고, 고려는 러시아의 꼭두각시가 되었다. 중국은 매우 큰 꼭두각시니, 한 사람의 힘으로 제어할 수 없으므로 서로 힘을 모아 함께 꼭두각시로 만들었다. 이 어리석은 자들은 오히려 "우리나라는 여전히 있다. 우리나라는 여전히 있다"라고 말하니, 저 호시탐탐 노리는 자들이 이미 실체를 퇴락시키고 이익을 취해갔으며 정신을 빨아들이고 뇌를 무르게 했음을 어찌 알겠는가? 신체기관과 사지가 있고 의관을 갖추었다고 해서, 어찌 이를 사람이라고 하겠는가?

슬프다! 반드시 스스로 꼭두각시가 된 연후에 다른 사람이 그를 꼭두각시로 만든다. 중국은 꼭두각시가 된 지 이미 오래다. 지금에 이르러 스스

3　리빙헝李秉衡(1830~1900)은 광서 연간의 관리로, 지저우 지주冀州知州와 용핑 지부永平知府를 거쳐 광시 안찰사廣西按察使를 지냈다. 산둥 순무山東巡撫로 있으면서 1897년 10여 명의 중국인이 교회에 총을 들고 들어가 독일인 신부 두 명을 살해한 사건인 쥐예 교안巨野敎案을 처리했는데, 독일군이 자오저우 만을 점령하여 압박을 가해서 교오조계조약膠澳租界條約을 체결하게 되자 10여 명의 지방관과 함께 징계를 받았다.

4　동푸샹董福祥(1839~1908)은 청말의 저명한 장수로, 관직이 간쑤 제독甘肅提督에 이르렀다. 처음에는 한족의 조직을 꾸려 청에 반대했으나, 후에 유공산부劉松山部에 투항했다. 1900년 유공산부를 이끌고 베이징에 진입하여 팔국연합군과 전투를 벌이고 실패한 후 서태후西太后를 호위했으나, 팔국연합군과의 화의에서 '수흉首凶'으로 지목되어 해직되었다.

로 구제할 일을 생각지 않고, 오히려 다시 임금을 꼭두각시로 만들고 백성을 꼭두각시로 만들어 충심을 다하고 지모를 다하여 다른 사람을 위하여 죽을힘을 쓴다. 이에 우리 사방 2만 리의 영토는 마침내 하나의 큰 꼭두각시 무대가 되려 한다. 무릇 다른 사람이 꼭두각시라고 지목하는데도 얼굴을 붉히며 화내지 않는 사람은 없다. 지금 임금이 간적에게 꼭두각시가 되고 국토가 강한 이웃의 꼭두각시가 된 것을 좌시하고 있다. 우리 자신을 돌이켜보면 또한 이미 하나의 인형이 휘장 사이에서 춤을 추고 있는 것과 같다. 이것을 부끄러워하지 않고 이것을 화내지 않으면서, 사람의 마음을 가졌다고 할 수 있겠는가, 사람의 마음을 가졌다고 할 수 있겠는가?[5]

---

5 《자유서》, 《음빙실합집 6·전집 2》, 42~43쪽.

동물 이야기
動物談

량치차오가 사람을 피해 누워 있는데, 옆방에서 갑·을·병·정 네 사람이 탄식하며 동물 이야기를 하기에 귀를 기울여 들었다.

갑이 말했다. "내가 예전에 일본 홋카이도를 여행하다가 고래를 잡는 사람과 어울리게 되었다. 고래의 몸체는 몇 리나 되는지 알 수 없을 정도이고, 등이 불룩하며 해면에 모습을 드러내면 면적이 사방 3리에 달한다. 고래를 잡는 사람은 그 등을 잘라 거처를 만들고 여기에서 먹고 자며 낮에는 그 고기를 잘라 먹을 것을 만들고 밤에는 그 기름으로 등불을 밝히는데, 이와 같은 자가 대여섯 가구에 이른다. 이외에 물고기, 새우, 자라, 벌레, 조개류 등 고래에 기생하는 것이 천이 넘는데도 고래는 아둔해서 이를 알지 못하고 헤엄치며 교만하게 스스로를 바다의 왕이라 여긴다. 내가 어부에게 말했다. '고래가 매우 크기 때문에 매일 고래를 베어도 일찍이 줄어드는 바가 없으며 장차 북해와 수명을 다툴 것이다.' 그러자 어부가 나에게 말했다. '고래가 신경이 없기 때문에 매일 고래를 베어도 자각하는 바가 없으며, 5일이 지나지 않아 내 가게에 진열될 것이다.'"

을이 말했다. "내가 전에 이탈리아를 여행했는데, 이탈리아의 산[1]에 올혈兀子이라고 하는 큰 골짜기가 있었다. 골짜기는 매우 깊어 햇빛이 닿지

않아 어두웠고 사방 수십 리 크기의 호수가 있었다. 거기에는 눈먼 물고기가 살고 있는데 새끼를 많이 낳아 수가 많았다. 생물학의 대가 다윈은 이렇게 설명했다. '이 물고기 종은 생겨날 때부터 눈이 안 보였던 것은 아니다. 골짜기의 땅이 본래 바깥쪽 호수와 서로 이어져 있었는데, 화산이 폭발하면서 땅이 갈라져 골짜기가 되었다. 물길이 끊어져 통하지 않게 되자, 호수의 물고기 중 골짜기 사이에서 태어난 것은 그곳이 캄캄했기 때문에 시력이 필요 없게 되었다. 그 형질이 자손에게 계속 전해지고 더해져서 눈이 마침내 퇴화했다. 십수 년 전 광산이 개발되면서 골짜기 호수가 갑자기 뚫리게 되자, 눈먼 물고기와 다른 물고기가 서로 섞여 살게 되었다. 생존 경쟁력이 약한 눈먼 물고기는 마침내 멸종하게 될 것이다.'"

병이 말했다. "내가 전에 파리를 여행했는데, 양을 도살하는 일이 직업인 사람이 있었다. 그는 양을 도살할 때 칼과 도마, 우리와 밧줄 등을 사용하지 않고, 전기 기계를 설치하여 그것으로 양들을 빨아들였다. 양 한 마리 한 마리가 스스로 기계의 한쪽 끝으로 들어간 뒤 조금 지나 다른 쪽 끝으로 나오는데, 털이 깎이고 뼈가 발라져 머리·위·가죽·고기·뼈·뿔이 기계에서 분류되어 배열된다. 옆에서 지켜보는 사람은 양들을 가엾게 여기지 않고, 양들은 앞뒤로 밀려 순순히 걸음을 옮겨 기계로 들어간다. 양들은 마음이 편안하여 스스로 만족하고, 죽을 때가 이미 이르렀음을 알지 못한다."

정이 말했다. "내가 전에 런던을 여행했는데, 런던 박물관에 사람이 만든 괴물이 있었다. 모양은 누워 있는 사자의 모습인데 살아 있는 기운은 없었다. 누군가 나에게 말했다. '그대는 이 물건을 가볍게 보지 마시오. 이 안에는 기계가 있어서 한번 그것을 작동시키면 이빨을 드러내고 발톱을 휘둘러 치고 무는데, 천 사람의 힘과 같아서 대적할 수 없소.' 내가 그 이름을 묻자 그 사람이 말했다. '영어로는 프랑켄슈타인이라 하는데, 예전에 중국 공사 쩡지저[2]는 잠자는 사자라고 번역하고, 먼저 자고 뒤에 깨는 거물이라고 일컬었소.' 그 기계는 내가 작동시키자 움직이지 않다가 갑자기 갈라지면서 내 손을 탁 쳤다. 기계는 폐치된 지 오래되어 이미 녹슬었고, 또 다른 물건이 이것을 막고 있었다. 새로운 기계로 바꾸지 않으면, 이 프랑켄슈타인은 장차 영원히 잠들어 깨지 않을 것이다."

안타깝다. 내가 이 말을 역력히 듣고 가만히 생각해보니 매우 슬퍼서 흥분해 말했다. "오호라, 이것은 우리 4억 동포에게 알릴 만하구나."[3]

---

2 쩡지저曾紀澤(1839~1890)는 쩡궈판의 아들로, 동치同治 연간에 영국·프랑스·러시아 대사를 지내고 관직이 호부좌시랑戶部左侍郞에 이르렀다. 중국과 서양 학문에 두루 밝았다. 저서로 《패문운래고편佩文韻來古編》, 《설문중문본부고說文重文本部考》, 《군경설群經說》 등이 있다.
3 《자유서》, 《음빙실합집 6·전집 2》, 43~44쪽.

유심
惟心

   '경境'이란 마음이 만들어낸 것이다. 모든 물경物境은 헛된 환상이고 오로지 마음이 만들어낸 경만이 진실하다. 똑같은 달밤이라도, 성대한 연회에서 술잔을 부딪치고 청아한 노래와 미묘한 춤사위를 구경하며 수렴을 반쯤 드리우고 미인의 고운 손을 마주 잡으면 즐거움이 넘쳐나지만, 일 떠난 사람이 아내를 생각하고 그림자를 마주하고 쓸쓸히 앉아서 귀뚜라미가 담벼락에서 우는 소리를 들으며 뱃전에 휘날리는 낙엽을 보면 한없이 슬프다. 같은 비바람이건만, 두세 명의 지기가 초가 화롯가에 둘러앉아 고금을 담소하며 술 마시고 검무를 추면 흥겨움이 돋워지고, 먼 길 떠난 외로운 나그네가 말고삐 겨우 쥐고 한기는 스며드는데 빗물에 수레바퀴마저 질퍽거리면 답답하기 그지없다. "버드나무 가지에 달 떠오를 제 그 님과 황혼 뒤에 만나자 약속했네"[1]와 "두견새 울음 차마 못 듣겠네. 황혼녘에 비가 배꽃을 두드리니 문 굳게 닫으리"[2]는 같은 황혼이지만, 하나는 낭만적이고 다른 하나는 구슬퍼 그 경이 전혀 다르다. "복사꽃 흐르는 물에 아득히 떠내려가니, 별천지로세 인간세상 아니라네"[3]와 "얼굴은 어디로 간

---

1 원문은 "月上柳梢頭, 人約黃昏後"로 구양수歐陽修의 〈생사자生査子〉에 나온다. "去年元夜時, 花市燈如畫. 月上柳梢頭, 人約黃昏後. 今年元夜時, 月與燈依舊. 不見去年人, 淚滿春衫袖."

2 원문은 "杜宇聲聲不忍聞. 欲黃昏, 雨打梨花深閉門"으로, 이중원李重元의 〈억왕손憶王孫〉에 나온다. "萋萋芳草憶王孫, 柳外樓高空斷魂, 杜宇聲聲不忍聞. 欲黃昏, 雨打梨花深閉門."

지 모르겠건만, 복사꽃만 그때처럼 봄바람에 웃고 있구나"[4]는 같은 복사꽃이지만, 하나는 청정하고 하나는 애련하여 그 경이 완연히 다르다. "뱃머리와 꼬리는 천 리에 이어지고 깃발은 하늘을 뒤덮었네, 술 걸러 강을 바라보며 창 비껴들고 시를 지었으니"[5]와 "심양강 나룻가에 손님 보내는 밤, 단풍잎 갈대꽃 속에 가을바람 쓸쓸하네. 주인은 말 내리고 손님은 배에 올라, 술잔 들어 마시자니 악기 소리 하나 없네"[6]는 같은 강과 배와 술이지만, 하나는 웅장하고 하나는 스산하여 그 경이 완연히 다르다. 그러므로 천하에 어찌 물경이 있겠는가? 다만 심경心境이 있을 뿐이다. 녹색 안경을 쓰고 보는 물체는 모두 녹색이고 황색 안경을 쓰고 보는 물체는 모두 황색이며, 황련黃連[7]을 머금고 먹는 음식은 모두 쓰고, 밀이[8]를 머금고 먹는 음식은 모두 달달하다. 그러니 모든 사물이 과연 녹색인가 황색인가, 쓴가 단가? 모든 사물은 녹색도 아니고 황색도 아니며, 쓰지도 않고 달지도 않다. 모든 사물은 녹색이고 황색이며 쓰고 달며, 모든 사물은 녹색이기도 하고 황색이기도 하며 쓰기도 하고 달기도 하다. 그러므로 녹색과 황색, 쓴맛과 단맛은 그 분별이 사물에 있지 않고 나에게 있다. 그러므로 삼계가 오직 마음뿐[9]이라고 한다.

---

3 원문은 "桃花流水杳然去, 別有天地非人間"으로, 이백李白의 〈산중문답속인山中問答俗人〉에 나온다. "問余何事栖碧山, 笑而不答心自閑. 桃花流水杳然去, 別有天地非人間."

4 원문은 "人面不知何處去, 桃花依舊笑春風"으로, 최호崔護의 〈제도성남장題都城南莊〉에 나온다. "去年今日此門中, 人面桃花相映紅. 人面不知何處去, 桃花依舊笑春風."

5 원문은 "舳艫千里, 旌旗蔽空, 釃酒臨江, 橫槊賦詩"로, 소식蘇軾의 〈전적벽부前赤壁賦〉에 나온다. "方其破荊州, 下江陵, 順流而東也, 舳艫千里, 旌旗蔽空, 釃酒臨江, 橫槊賦詩, 固一世之雄也, 而今安在哉!"

6 원문은 "潯陽江頭夜送客, 楓葉荻花秋瑟瑟, 主人下馬客在船, 舉酒欲飲無管絃"으로, 백거이白居易의 〈비파행琵琶行〉에 나온다.

7 미나리아재빗과에 속하는 여러해살이 초본식물인 황련의 뿌리로, 매우 쓴 맛이 난다. 열로 인한 질환에 효과를 내므로 한약재로 쓰인다.

8 '밀이密飴'는 매우 단 맛을 내는 농축 엿이다.

승려 둘이 바람에 깃발이 나부끼는 것을 보고 대거리한다. 한 승려는 바람이 움직인다 하고, 한 승려는 깃발이 움직인다고 한다. 논쟁만 오갈 뿐 결판나지 않는다. 육조 대사[10]는 "바람이 움직이는 것도 아니고, 깃발이 움직이는 것도 아니다. 사람의 마음이 저절로 움직인 것이다"라고 했다. 내가 보기에는 이 한마디 말이 삼계가 오직 마음뿐이라는 진리를 간파한 것이다. 천지간에 사물은 하나면서 만이고 만이면서 하나니, 산과 내와 봄과 가을과 바람과 달, 꽃과 새가 모두 그 자체로 만고토록 불변하고 어디든 같다. 그러나 여기에 100명의 사람이 있으면, 똑같은 산과 내와 봄과 가을과 바람과 달과 꽃과 새를 감지해도 그 심경이 드러내는 것은 백 가지이다. 1000명이 똑같은 것을 지각해도 그 심경이 드러내는 것이 천 가지고, 억만 명 내지 무한한 사람이 감지한다면 그 심경이 드러내는 것은 억만 가지 내지 무한하게 된다. 그러므로 물경이 과연 어떤 형상인지 말하려 한다면, 그중 누구의 말을 좇을 것인가? 어진 자는 보고 어질다 하고, 지혜로운 자는 보고 지혜롭다고 하며, 걱정하는 자는 보고 걱정스럽다 하고, 즐거운 자는 보고 즐겁다고 말한다. 내가 본 것은 곧 내가 받아들인 경의 진실한 형상이다. 그러므로 오로지 마음이 만든 경만이 진실하다고 말하는 것이다.

따라서 마음 기르는 학문을 하는 자는 힘쓸 바를 알 것이다. 작은 마을의 훈장이 한 명의 제자를 얻으면 놀라고 기뻐 법도를 잃어버리지만, 명문세가 자제가 보면 뭐 대단하겠는가? 어린 거지가 길에서 큰돈을 주우면

---

9   원문은 "삼계유심三界惟心"으로, 여기서 삼계는 불교에서 말하는 욕계欲界, 색계色界, 무색계無色界를 가리킨다.

10 중국 선종禪宗의 6조인 혜능慧能(638~713)을 가리킨다. 혜능은 당나라의 선승禪僧으로, 남종선南宗禪의 시조다. 신수神秀의 북점종풍北漸宗風에 대해 남돈선풍南頓禪風을 떨쳐 남종이 크게 번창했다. 혜능의 법문을 모은 《육조단경六祖壇經》이 있다.

그것을 가지고 교만을 떨지만, 부호에게는 뭐 대수롭겠는가? 탄환이 얼굴을 스쳐 지나가면 보통사람은 얼굴색이 변하지만, 백전노장에게는 뭐가 문제겠는가? 한 그릇의 밥, 한 표주박의 물로 누추한 거리에서 살면 사람들이 그 불우함을 견디지 못하지만,[11] 도를 품은 선비에게는 뭐가 문제겠는가? 세상의 경은 하나도 즐겁고 근심스럽고 놀랍고 기뻐할 만하지 않은게 없지만, 실제로 하나도 즐겁고 근심스럽고 놀랍고 기쁠 게 없다. 즐거워하고 근심하고 놀라고 기뻐하는 것은 모두 사람 마음에 달린 것이다. 이른바 "천하는 본래 일삼는 게 없지만 용렬한 자는 혼자 요란을 떤다"[12]고 하니, 경은 한결같되 내가 홀연히 즐거워하고 근심하고 무단히 놀라고 기뻐함은 과연 무엇 때문인가? 예를 들면 파리가 종이창을 보고 뚫으려 애쓰고 고양이가 나무 그림자를 잡으려고 뛰어오르며 개가 바람소리를 듣고 미친 듯이 짖는 것처럼, 놀라고 기쁘고 근심하고 즐거워하면서 어수선하게 일생을 보내는 것은 무엇 때문인가? 이런 것을 일러 "사물이 있음만 알고 내가 있음은 모른다"[13]라고 한다. 사물이 있음만 알고 내가 있음은 모르는 것을 일러 "내가 사물에 부림을 당한다"라 하고, 또한 "마음속의 노예"라고 부른다. 따라서 호걸스러운 선비는 크게 놀람도 크게 기뻐함도 크게 괴로워함도 크게 즐거워함도 크게 근심함도 크게 두려워함도 없다. 이렇게 하는 데 어찌 다른 방법이 있겠는가? 역시 '삼계유심'의 진리를 밝힐 뿐이고 마음속의 노예를 제거할 따름이다. 진실로 이런 이치를 알면 누구라도 호걸이 될 수 있다.[14]

---

11 원문은 "一簞食, 一瓢飮, 在陋巷, 人不堪其憂"로, 《논어》 〈옹야雍也〉에 나온다.

12 원문은 "天下本無事, 庸人自擾之"로, 《신당서新唐書》 〈육상선전陸象先傳〉의 "天下本無事, 庸人擾之爲煩耳"라는 구절에서 유래하는데 인용에 출입이 있다.

13 원문은 "知有物而不知有我"로, 매증량梅曾亮의 〈이지령선생시집후발李芝齡先生詩集後跋〉에 나온다.

14 《청의보》 제37책(광서 26년 2월 1일), 4~5쪽.

혜관
慧觀

똑같은 책도 훈고가訓詁家가 보면 보는 것마다 모두 훈고의 재료이고, 사장가詞章家가 보면 보는 것마다 모두 사장의 재료다. 등글 짓기(燈謎)[1]와 주흥 즉흥시(酒令)를 즐기는 사람이 보면 보는 것마다 모두 등글 짓기와 주흥 즉흥시의 재료이고, 경세가經世家가 보면 보는 것마다 경세의 재료다. 똑같은 단체[2]라도 상인이 들어오면 만나는 사람이 모두 작은 이익을 다투는 사람이 되고, 강호 명사가 들어오면 만나는 사람이 모두 글월을 짓는 사람이 되고, 벼슬을 구하는 사람이 들어오면 만나는 사람이 모두 위로는 아첨하고 아래는 능멸하며 그럴듯하게 꾸미는[3] 사람이 되고, 불평을 품은 자가 들어오면 모두 생업을 그만두고 모반을 품는 사람[4]이 된다. 각자 하나의 세계를 차지하고 그것을 세계의 전부라고 여기면서 그 밖에 천태만상은 보지도 듣지도 않는다.

---

1 '등미燈謎'는 색등 위에 쓰는 수수께끼(謎語)로, '등호燈虎'라고도 한다. 춘추전국시대에 출현한 '은어隱語' 혹은 '유사廋詞'가 진한시대에 글쓰기 방식으로 정착했고, 삼국시대에 성행했다. '등미'는 송대에 나타난 것으로, 매년 정월 대보름 밤에 사람들이 모여 즐기는 유희가 되었다.
2 원문은 "사회社會"인데, 량치차오는 바로 뒤에 '인군人群'이라고 주석을 달았다.
3 원문은 "의관우맹衣冠優孟"으로, 《사기》〈활계열전滑稽列傳〉에 나온다. 춘추시대 초楚나라 악인 우맹의 고사에서 유래하며, 그럴듯하게 꾸며서 진짜인 것처럼 행세하는 것을 가리킨다.
4 원문은 "동문의소東門倚嘯"로, 《진서晉書》〈석륵재기石勒載記〉에 나온다. 진나라 왕연王衍이 석륵을 보고 장차 천하의 우환이 될 것을 예측한 고사에서 유래하며, 일반적으로 다른 뜻을 품고 있음을 말한다.

옛적에 백주대낮에 제나라 시장에서 돈을 훔친 자를 관리가 잡아서, "여러 사람이 보는 데서 네가 돈을 훔쳤으니 보는 사람들이 두렵지 않았느냐"라고 힐문했다. 그가 대답하기를, "그때 나는 다만 돈만 보였고 사람은 보이지 않았다"라고 했다. 대개 시장에는 사람이 많아서 보기 어렵지 않은 데도 돈을 훔친 자는 알지 못했으니, 그 까닭이 어디에 있겠는가? 옛적에 미련한 종을 고용하여 밥 짓는 일을 맡긴 자가 있었는데, 그를 시장에 보내 먹을 것을 사오라고 했더니 돌아와서는 "시장에 먹을 게 없다"고 했다. 주인이 "아! 생선, 돼지고기, 마늘, 생강 등이 다 먹거리 아니냐"고 했다. 그러자 종이 시장에 가서 사왔는데, 한 달이 다 되도록 아침저녁으로 먹는 것이 모두 생선, 돼지고기, 마늘, 생강뿐이었다. 주인이 "아! 어째서 다른 걸로 바꾸지 않느냐"고 하니, 종은 "시장에 생선과 돼지고기와 마늘, 생강을 제외하고 다른 게 없다"고 했다. 시장에는 물건이 많아서 물속의 미충처럼 현미경으로 들여다봐야만 볼 수 있는 게 아닌데도 미련한 종은 알지 못했으니, 그 까닭이 어디에 있겠는가?

나는 말한다. 세인이 말하는 식자들의 식견이 저 돈을 훔친 자나 미련한 종과 무슨 차이가 있을까. 이백과 두보 같은 이가 천하에 가득해도 도롱이를 걸치고 농사나 짓는 자들은 결코 알아보지 못할 테고, 계연[5]과 범려[6] 같은 이가 천하에 가득해도 성현의 외관이나 모방하는 자들은[7] 결국 알아보

---

5 계연計然은 춘추시대 규구葵丘 사람인 신연辛硏의 별호別號다. 모사謀士로서 특히 계산에 매우 능하여 계획을 짜면 실패하는 일이 없었다고 한다.
6 범려范蠡는 춘추시대 월나라의 재상으로, 회계會稽에서 패한 구천句踐을 도와 오왕吳王 부차夫差를 멸망시켰다.
7 원문의 "우행禹行"과 "순추舜趨"는 《순자荀子》〈비십이자非十二子〉의 "禹行而舜趨, 是子張氏之賤儒也"에서 유래하는 말이다. 양경楊倞은 "다만 성인의 위의만을 제일로 삼는 것이다(但宗聖人之威儀而已矣)"라고 주석했다. 원래 성현의 겉모습만 모방하려 애쓰고 내면의 덕을 수양하는 데는 부주의한 것을 말한다.

지 못할 테고, 진섭과 오광[8]이 천하에 가득해도 부귀영화나 누리는 자들[9]은 결코 알아보지 못할 것이다. 알아보지 못하기에 세상에 이런 사람들이 없다고 단정하는 것이니, 날마다 이런 사람들이 주변에 모인다 해도 저들은 여전히 없다고 여길 것이다. 이를 비웃지 않고 다만 돈 훔친 자와 미련한 종만 가소로이 여긴다면, 얼마나 어리석은 일인가?

사람이면 누구나 사과가 떨어지는 것을 못 볼 리 없지만 여기서 중력의 원리를 깨달은 자는 오직 뉴턴 한 사람이었고, 누구나 끓는 물이 기체로 비등하는 것을 못 볼 리 없지만 여기서 증기기관의 작용을 깨달은 자는 오직 와트 한 사람이었으며, 누구나 바닷말이 해안에 떠 있는 것을 못 볼 리 없지만 여기서 신대륙을 찾은 자는 콜럼버스 한 사람이었고, 누구나 남녀의 연애를 못 볼 리 없지만 감정의 큰 동기를 간파한 자는 오직 셰익스피어 한 사람이었다. 이름 없는 들꽃을 농부는 베어버리고 목동은 밟아버리지만 워즈워스는 여기서 조화의 미묘함을 발견했고, 바닷가의 화석은 어부가 버리고 조수와 빗줄기에 낭자당하지만 다윈은 여기서 진화의 큰 원리를 깨달았다. 그러므로 학문은 잘 관찰하는 것이 가장 중요하다. 잘 관찰하는 자는 물방울을 보고 대해를 알며 한 손가락을 보고 몸 전체를 알며, 이미 아는 것으로 아직 모르는 것을 덮어두지 않고 항상 이미 아는 것으로 아직 모르는 것을 추측하니, 이를 '혜관'이라고 한다.[10]

---

8 진섭陳涉의 이름은 승勝이고 섭涉은 자다. 가난한 농민 출신인 진승과 오광吳廣은 진시황 사후 처음으로 농민 봉기를 일으켜 진왕조의 붕괴를 촉진시켰다.

9 원문은 "향오정명팔추響五鼎鳴八騶"이다. '오정'은 다섯 개의 솥에 각각 소, 양, 돼지, 물고기, 고라니를 담아 신에게 바치는 것을 말하며, 좋은 음식을 먹으면서 부귀영화를 누리는 것을 뜻한다. '팔추'는 길을 다닐 때 앞길을 정리하는 여덟 사람의 마졸馬卒로, 고관대작의 부귀영화를 가리킨다.

10 《청의보》 제33책(광서 26년 2월 1일), 4~5쪽.

이름 없는 영웅

無名之英雄

일본의 도쿠토미 소호[1]가 저술한 《세이시요로쿠靜思餘錄》[2]에 글 한 편이 있으니 제목이 '이름 없는 영웅'이다. 내가 이 글을 매우 좋아하여 이제 일부를 번역해서 나의 《자유서》에 싣는다. 글은 다음과 같다.

나는 아직도 기억하는데, 어릴 적 친척을 따라 고향을 떠나 구마모토로 가는 도중 커다란 성이 하늘에 솟아 세상을 깔보는 듯한 모습을 보고 매우 기뻐서 어쩔 줄 몰랐다. 당시 나는 그것이 높고 큰 것만 알았지, 어째서 높고 큰지 그 이유를 물을 줄은 몰랐다.

나는 아직도 기억하는데, 예전에 학교 다닐 때 영웅을 사랑하고 영웅을 우러러보았으며 영웅이 되기를 꿈꾸고 영웅에 심취했다. 당시 나는 영웅의 영웅 됨만 믿을 뿐이었고, 영웅이 어떻게 해서 영웅이 되는지는 물을 줄 몰랐다.

---

1 도쿠토미 소호德富蘇峰(1863~1957)는 근대 일본의 언론인이자 비평가로, 본명은 도쿠토미 이이치로德富猪一郎이다. 1887년 출판사 민유샤民友社를 설립하고 일본 최초의 종합지 《고쿠민노토모國民之友》를 발행했으며, 《고쿠민 신문國民新聞》, 《고쿠민 총서國民叢書》, 《가테이 잡지家庭雜誌》 등을 발행하며 언론계를 주도했다. 초기에는 평민주의를 지향했으나 점차 정부 입장에 서서 군비 확장을 주장하는 등 군국주의를 지지하고, 조선 총독의 요청으로 《경성일보京城日報》 감독을 맡기도 했다.
2 민유사에서 1912년에 간행된 책이다.

아, 나는 이제야 비로소 깨닫는다. 한 조각의 돌이 아무리 크더라도 높은 성을 쌓기에는 부족하고, 한 사람이 아무리 뛰어나더라도 영웅이 되기에는 부족하다. 높은 성을 그처럼 높게 하는 것은 이름 없는 주춧돌이며, 영웅을 그처럼 위대하게 하는 것은 이름 없는 영웅이다. 여러분은 영웅의 일을 한 사람의 일로 생각하지 마라. 또한 어찌 일뿐이겠는가, 영웅 그 자체도 한 사람이 이룰 수 있는 것은 아니다. 망루가 하늘로 솟은 것은 망루 아래의 수많은 주춧돌을 딛고 솟아 있는 것이니 저 높은 성이 여기 있는 이름 없는 주춧돌을 대표할 뿐이며, 영웅이 세상에 드러나는 것은 수많은 이름 모를 영웅에 의지하여 드러나는 것이니 저 영웅이 여기 있는 이름 없는 영웅을 대표할 뿐이다.

워싱턴은 영웅이지만, 그가 세상에 혼자 있었다면 과연 13주의 독립을 이룰 수 있었겠는가? 크롬웰[3]은 영웅이지만, 그가 청교도 사회에 있지 않았다면 과연 영국 혁명의 업적을 이룰 수 있었겠는가? 루터는 영웅이지만, 그가 16세기 유럽의 중심에 서지 않았다면 종교개혁은 과연 그의 손으로 이루어졌겠는가? 이는 절대로 불가능하다. 이런 까닭에 워싱턴의 아래에는 이름 없는 워싱턴이 수없이 있었고, 크롬웰의 아래에는 이름 없는 크롬웰이 수없이 있었으며, 루터의 아래에는 이름 없는 루터가 수없이 있었다. 영웅이란 금강석과 같아서 얼핏 보면 단지 한 덩어리지만, 쪼개어 보면 실로 같은 재질, 같은 각도, 같은 입자를 가진 다수의 원자로 이루어져 있다. 사람들은 누구나 "세상을 만드는 자는 영웅이다"라고 말하지만 영웅을 만드는 자는 누구인가? 만약 영웅을 세상의 은인이라 한다면, 영웅의 은인은 누구인가? 이것은 이름 없는 영웅에 의지하지 않으면 불가능하다.

---

3 올리버 크롬웰Oliver Cromwell(1599~1658)은 영국의 정치가이자 군인으로, 청교도 혁명(1642~ 1651)에서 왕당파를 물리치고 공화국을 세우는 데 큰 공을 세웠다. 1653년 통치장전統治章典을 발표하고 호국경護國卿에 올라 전권專權을 행사했다.

한 명의 영웅이 있으면 반드시 한 명의 이름 없는 영웅이 떠받치고 있고, 한 명의 이름 없는 영웅이 있으면 또한 반드시 다른 이름 없는 영웅이 떠받치고 있다. 비유하자면 수차水車의 큰 바퀴는 반드시 다른 작은 바퀴와 힘을 합하여 움직이지만, 이 크고 작은 바퀴를 움직이는 물살은 또한 어디에서 오는가? 오늘 세차게 흘러 엄청난 힘을 발휘하는 물은, 어제 심산유곡에서 잔 띄우고 돌이 비치며 물고기가 노닐고 맑고 얕게 흐르던 물이다. 이로써 본다면 세계의 운동은 참으로 오묘하다. 운동하는 것은 이곳에 있는데 이 운동이 있게 하는 것은 오히려 저곳에 있다. 그렇다면 세계의 근본 동력은 과연 어디에 있는가? 나는 그것이 세상에 있는 줄은 알지만, 그것이 세상의 어느 곳에 있는지는 알지 못한다. 세상에 우뚝 솟아 큰 깃발을 세우고 큰 북을 두드리며 큰 바람을 부리고 큰 바닷물을 다루는 자는 모두 이른바 이름난 영웅이다. 그러면 이름 없는 영웅은 어디에 있는가? 이름이 없다는 것은 다른 사람이 나를 모를 뿐 아니라 나도 스스로 알지 못하니, 이것을 "진실로 이름이 없다"고 말한다.

그대들은 회중시계를 보지 않았는가? 겉면을 보면 길고 짧은 두 바늘이 회전할 뿐이어서 매우 간단하지만, 속을 살펴보면 가느다란 나선과 작은 바퀴가 촘촘히 있어서 아주 복잡하다. 세계를 움직이는 기관도 이와 같다.

표면에 나선 자는 단지 두세 명의 영웅일 뿐이다. 세계의 일은 곧 영웅의 일이지만, 영웅은 길고 짧은 두 바늘에 불과하다. 만일 일을 영웅의 힘만으로 이룰 수 있다고 주장한다면, 이것은 시계가 길고 짧은 바늘의 힘으로 갈 수 있다고 말하는 것과 같아서 또한 전도된 것 아닌가. 대개 영웅을 만들고 영웅을 움직이는 것은 세상에 숨어 있는 농부, 직공, 일꾼, 상인, 병사, 초등학교 교사, 노인, 과부, 고아 등 수많은 이름 없는 영웅이다. 저들은 본래 영웅을 부리려 하지 않지만, 세상의 영웅은 달갑고 겸손한 태도로 부림을 받으려고 하니, 이른바 무관無冠의 황제는 이들이 아니고 누구겠는가?

아, 저들은 나라의 생명이요 세상의 빛이며 평화의 원천이고 복의 근원이며 세상의 큰 은인이다. 세상에 영웅을 사랑하는 사람이 있다면 먼저 이 이름 없는 영웅을 사랑하길 바란다. 영웅의 발아래에서 절하려는 사람이 있다면 먼저 이름 없는 영웅의 발아래에서 절하기를 바란다. 영웅이 세상에 나오기를 기대하는 사람이 있다면 먼저 이름 없는 영웅이 세상에 나오도록 기대하기를 바란다. 한 그루의 나무가 아무리 크더라도 숲을 이루기에는 부족하며, 한 조각의 돌이 아무리 크더라도 산이 되기에 부족하다는 말을 듣지 못했는가? 이름 없는 영웅이 진짜 영웅이로다."

내가 보기에 도쿠토미의 이 글은 이른바 시세가 영웅을 만든다는 주장이다. 오늘날 중국이 부진한 것은 영웅이 없기 때문인데, 이런 내용은 사람들이 잘 알고 말할 수 있다. 그러나 영웅이 없는 것은 이름 없는 영웅이 없기 때문인데, 이런 내용은 잘 알고 말할 수 있는 자가 적은 편이다. 우리 중국에 오늘날 과연 영웅이 있는지 없는지를 나는 단언할 수 없다. 가령 한두 명의 영웅이 있고 여러 명의 영웅이 있더라도, 나라 전체가 갑자기 생겨난 영웅을 감당할 수 있을지 여부는 내가 감히 말할 수 없다. 비유하자면 어떤 군대가 큰 공을 세우는 것은 장수에게 달려 있으나 장수로 하여금 큰 공을 세우도록 하는 것은 또한 병사에게 달려 있는 것과 같다. 아무리 나폴레옹이나 웰링턴의 능력이 있어도 중국의 녹영綠營[4]과 방용防

---

4 중국 청나라 때 한인漢人을 주체로 하여 편성한 정규군이다. 팔기八旗와 구별하기 위하여 기旗의 빛깔을 녹색으로 했기 때문에 녹기綠旗라고 했으며, 녹기에 소속된 병사를 한군팔기병漢軍八旗兵과 구별하여 녹기병綠旗兵 또는 한병漢兵이라 칭했다. 청나라가 중국 본토에 진출한 순치順治 연간(1644~1661)에 청에 복속한 명明나라의 군인 중 희망자를 뽑아 편성했으며, 팔기와 더불어 청나라 관군의 중핵을 이루었다.

勇[5] 같은 군대를 이끈다면 결국 전쟁을 치를 수 없다는 것을 나는 안다. 군대가 이와 같으니 나라 또한 어찌 그렇지 않겠는가? 나라는 한두 사람의 나라가 아니라 수많은 사람의 나라이며, 나라의 일은 한두 사람의 일이 아니라 수많은 사람의 일이다. 한 나라의 사람들이 함께 그 나라 일을 다스리면 그 일은 다스려지지 않을 수 없다. 만약 한두 사람으로 하여금 한 나라의 일을 다스리게 한다면, 그 밖의 수많은 사람이 모두 일을 맡기고 가버리거나 함께 모여 시기하고 배척하니 아무리 성현이라도 다스릴 수 없을 것이다. 세상이 다스려지기를 바라는 자여, 한두 사람에게 기대하지 말고 수많은 사람에게 기대하기를 원하노라. 단언하자면 다른 사람에게 기대하지 말고 자기에게 기대하라는 말이다. 나는 영웅이 될 수 없다고 말하지 마라. 나는 비록 이름난 영웅이 될 수는 없지만 이름 없는 영웅은 될 수 있다. 세상 사람들이 모두 이름 없는 영웅이 되면, 이름난 영웅은 반드시 여기에서 나오는 것이다.

그렇지만 시세가 본래 영웅을 만들며 영웅이 또한 시세를 만든다. 장수의 성공을 돕는 것은 병사지만, 이 병사를 훈련시켜 우리를 돕게 하는 것은 또한 장수에게 달려 있다. 세상에 영웅이 되려는 자여, 어찌 먼저 이 이름 없는 영웅을 만들어내는 데 힘쓰지 않는가?[6]

---

5 중국 청나라 때 지방 치안을 담당한 군대다. 쉐푸청薛福成의 《주양추의籌洋芻議》〈이권利權 3〉에 "中國之護商旅也, 陸路則有防勇, 水路則有水師"라는 구절이 나온다.

6 《청의보》 제37책(광서 26년 2월 1일), 4~5쪽.

지사 잠언

志士箴言

일전에 어떤 신문을 읽는데, '지사잠언志士箴言'이라는 제목의 글이 실려 있었다. 나는 그것을 읽고 숙연해져서 옷소매를 내렸고 등에 식은땀이 흐르며 스스로 깊이 부끄러워 분발하지 않을 수 없었다. 그래서 급히 베껴서 좌석 오른쪽에 두었고, 또한 나의 동지들에게 알려서 모두 스스로 부끄러워하고 스스로 분발하여 필자가 일갈한 고심을 저버리지 않기를 바랐다. 원고에는 필명을 '추수겸가秋水兼葭'라 하여 필자의 성명을 숨겨서 나로 하여금 한없이 그리워하게 했으니, 안타깝기 짝이 없다. 만약 필자가 나를 가르칠 수 없는 사람으로 여겨 저버리지 않는다면, 짧은 편지를 보내어 스스로 종적을 밝히고 교제를 허락해주기를 청하노니, 이 또한 내가 바라는 바다. 삼가 그 글을 아래와 같이 기록한다.

세상일은 죽음처럼 쉬운 것이 없으니, 한 번 제대로 죽으면 만세토록 생기가 있게 된다. 세상일은 죽음처럼 어려운 것이 없으니, 죽음을 한 번 언급하기만 하면 모든 사람이 낙심하게 된다. 이제 4억의 중국인에게 묻건대, 과연 죽은 뒤에 다시 죽는 사람이 있는가? 없다. 또 4억의 중국인에게 묻노니, 과연 끝내 죽지 않는 사람이 있는가? 없다. 그렇다면 이 통곡소리가 땅에 떨어지는 때, 곧 아득하게 허공으로 돌아가는 날이 있으니, 꿈결처럼 지내는 수십 년 사이에 성현이든 호걸이든 어리석은 사람이든 비천한 사람이든 매우 간사하고 몹시 교활한 사람이든 지사와 인자이든 모두 죽게 된다. 그렇지만 죽어도 죽지 않는 자와 죽으면 곧 죽는 자, 나아가 무수히 많은 자가 똑같이 아지랑이가 되고 티끌이 되어 이 육신덩어리를 벗어나 대지로 돌아가서, 대지 가운데 이 사람이 있었음을 마침내 영원히 알지 못하게 된다. 이는 다른 이유가 있는 것이 아니다. 사람마다 반드시 죽는 날이 있고 사람마다 모두 죽음을 두려워하는 마음이 있어서 종일토록 요행히 죽지 않고 살기를 바라지만, 죽어서 오히려 산다는 것을 결코 생각하지 않기 때문이다. 그래서 살아서는 알지 못하나 죽으면 결국 죽는 것이다.

공정하게 논하면, 이 세상 사는 수십 년 동안 하늘과 땅 사이에 구부정하게 서서 태어나고 이루어가는 과정에 서운한 감정을 품고 손자라 부를 이도 없는 몸이 아침에나 저녁에나 진한 죽을 먹으나 묽은 죽을 먹으나 바로 늙고 병들어 죽어서 소멸해버리기를 기다리는 것이다. 또한 형체와 그림자와 이름이 대개 어디에도 없는 마을과 광막한 들판[1]으로 돌아가는 것이다. 스스로 돌아보아 조균이나 쓰르라미[2]와 한 무리를 이룬다면, 또한 깊이 논할 것도 없다. 엄연히 세상을 각성시키고 인민을 구제하는 개화와 진보의 호걸로 자처하면서도 삶과 죽음의 이치를 아직 밝게 통찰하지 못해서, 일단 질풍과 난세[3]를 만나면 끌채에 매인 망아지[4]처럼 어쩔 줄 모르

---

1 원문은 "무하유지향無何有之鄕"과 "광막지야曠漠之野"로, 《장자》〈소요유〉에 나온다. '曠漠之野'는 《장자》에 '廣莫之野'로 되어 있다.
2 '조균朝菌'(아침에 생겼다가 저녁에 스러지는 버섯)과 '쓰르라미(蟪蛄)'는 《장자》〈소요유〉에 나온다. "朝菌不知晦朔, 蟪蛄不知春秋." 생애가 짧고 지혜가 얕은 존재를 가리킨다.
3 원문은 "판탕板蕩"으로, 정치를 잘못하여 어지러워진 형세를 가리킨다. 《시경詩經》〈대아大雅〉에 나오는 두 편의 시 〈판板〉과 〈탕蕩〉이 어지러운 정치를 읊은 데서 연유한다.
4 원문은 "원구轅駒"로, 수레를 끄는 데 길들여지지 않은 어린 말이다. 세상 경험이 적고 국량이 작은 사람을 가리킨다. '원하구轅下駒'라고도 한다.

고 혀가 묶인 것처럼 아무 소리도 내지 못하고 보살처럼 눈썹을 내리깔고 굴원[5]처럼 쇠약해져서 백 번 단련한 강철도 마침내 매우 부드럽게 되고 형가와 같은 기개도 또한 무양[6]의 얼굴처럼 변한다. 그 사람들이 어찌 참으로 평소의 뜻을 바꾸고 초심을 후회하여 본래 모습을 크게 잃은 것이겠는가? 또한 죽음을 두려워하는 감정이 강해서 마침내 마음을 굽히고 뜻을 내리기를 꺼리지 않고, 시세에 따라 힘을 기르면서[7] 태양이 다시 나타나고 풍운을 다시 만나기를 기다리며 목숨을 부지하여 후일을 기약한다고 말하지 마라. 아, 성공하면 천지를 뒤흔들 만한 아름다운 이름을 얻고 실패하면 캄캄한 천지가 좌시하는 법이니, 아마 큰 국면이 종극에 이르도록 영원히 이러하다면, 그가 장차 거짓으로 미친 체하며 세상을 마칠 것인가 아니면 달리 공명을 세워 스스로를 드러낼 것인가? 이름이 아직 당인의 비석[8]에 새겨지지는 않았지만 죄명은 이미 죄인의 명단에 들어가 있으니, 공적을 세워 이름을 드날리는 날에 마침내 반드시 엄중한 형벌을 받게 될 것이다.

오늘날 지사와 인자라 하는 사람도 결국은 죽게 마련이다. 사람의 키 높이에 달하는 저작으로 헛된 글을 지어 스스로를 드러낸 것 외에 달리 후세에 전하고 모범이 될 만한 이름이 없으니, 어찌 처음의 포부를 행하고 다

---

5 굴원屈原(BC 343~BC 278)은 전국시대의 정치가이자 시인으로, 이름은 평平이고 자는 원原인데 통상 굴원屈原으로 불린다. 초나라 단양丹陽 출신으로, '초사楚辭'라고 하는 운문형식을 처음으로 시작했고, 낭만주의 시를 지어 한부漢賦에 영향을 주었다. 학식이 뛰어나 초나라 회왕懷王의 좌도左徒(左相)를 맡아 내정과 외교에서 활약했으나, 회왕 사후 모함을 받아 양쯔 강 이남의 소택지로 추방되었다가 결국 골라 강汨羅江에 빠져 죽었다. 주요 작품으로 〈이소離騷〉, 〈어부사漁父辭〉 등이 있다.

6 무양舞陽은 형가와 동행한 자객으로, 진왕의 면전에 이르자 겁먹고 얼굴색이 변해 대사를 그르쳤다.

7 원문은 "양회養晦"로, 덕을 기르고 종적을 드러내지 않는다는 의미다. 통상 '도광양회韜光養晦'로 쓰여, 빛을 감추고 밖에 나타내지 않으면서 힘을 기르고 때를 기다리는 것을 가리킨다.

8 원문은 "당인지비黨人之碑"로, 송宋나라 휘종徽宗 숭녕崇寧 원년에 채경蔡京이 재상이 되어 정적을 공격하면서 사마광司馬光 이하 309명의 죄행을 새겨 단례문端禮門에 세운 비석을 말한다.

시 일어나 400조兆의 동포를 위해 자신과 가족의 생명의 대권大權을 힘써 쟁취하는 것만 같겠는가? 이루지 못하면 죽음으로 뒤를 잇고, 한 번 죽음으로 부족하면 무리가 일어나 목을 길게 늘이고 나아가며 고심하면서 밝힌다. 그러나 만약 세상 사람들로 하여금 결코 일신의 부귀영달을 도모하게 하지 않고 만세토록 모두에게 우리 종족과 우리 가르침을 지침으로 삼게 한다면, 오늘 자신의 목숨을 바쳐 희생하는 사람이 나중에는 반드시 추앙받고 영원히 죽지 않는 사람이 될 것이다. 하물며 각국의 문명 발달은 모두 피 흘려 이룬 것임은 뜻있는 사람이라면 말할 수 있을 것이다. 이제 4억의 사람들 가운데 목숨을 바치는 자는 불과 여섯이요, 피 흘리는 사람은 열 걸음도 떼지 못하면서 수천 년의 오랜 폐단을 없애고 21개 성省에 새로운 모습을 떨치려 한다면, 아마도 죽는 것은 쉽다고 여기되 쉬운 것은 저절로 쉽고, 사는 것은 어렵다고 여기되 어려운 것은 끝내 어려울 것이다.

동남 지역의 여러 성에서 시대의 변화에 열심인 사람이 수만 명에 달한다고 떠드는데, 모초⁹ 같은 자, 예양¹⁰ 같은 자, 유장¹¹ 같은 자, 경업¹² 같

---

9 모초茅焦는 전국시대 말기 제나라 사람이다. 진시황이 태후와 노애嫪毒가 음행했다고 하여 노애를 죽이고 태후를 옹 땅에 이주시키자, 모초가 태후에게 효도해야 한다고 시왕에게 극력 간했고, 이를 받아들인 진왕은 그에게 상경上卿의 지위를 내렸다.

10 예양豫讓은 춘추전국 연간의 진晉나라 사람으로, 진나라 재상 지요智瑤의 가신이다. 기원전 453년 조趙·한韓·위魏 삼국이 연합하여 지씨를 멸족시켰다. 예양은 온몸에 옻칠하고 숯을 먹어 벙어리가 된 다음 다리 아래 숨어 조양자趙襄子의 암살을 시도했으나 미수에 그치고 조양자에게 체포되었다. 죽기 전에 조양자의 의복을 요청하여 칼로 옷을 베어 주군을 위해 복수했음을 보이고 자결했다. "선비는 자신을 알아주는 사람을 위해 죽는다(士爲知己者死)"는 말의 유래가 되는 자객이다(《사기》〈자객열전刺客列傳〉 참조).

11 유장劉章(BC 200?~177)은 서한 초기의 종실로 한고조 유방의 손자이자 유비劉肥의 차남이다. 뒤에 여씨 일족을 섬멸하는 과정에 공을 세워 성양왕城陽王에 봉해졌다.

12 당나라의 귀족 이경업李敬業(636~684) 또는 서경업徐敬業으로 추정된다. 조부 이적李勣의 작위를 물려받아 미주 자사眉州刺史가 되었다(조부 이적은 본래 서씨였으나 공적을 인정받아 이씨 성을 하사받았다). 중종中宗이 측천무후에 의해 폐위되고 뒤이어 예종睿宗이 스스로 물러나면서 측천

은 자, 섭정[13] 같은 자, 주해[14] 같은 자, 철현[15] 같은 자, 경청[16] 같은 자, 주운[17] 같은 자, 진동[18] 같은 자들이 투쟁하고 저항하고 억누르고 뒤흔들고 부축하며 죄를 성토하여, 하나의 파도가 아직 가라앉지 않았는데 또 하나의 파도가 다시 일어나 앞사람이 형벌을 받아 죽으면 뒷사람이 이어받으며 채소시장의 칼[19]이 부족하게 되어 다시 잇고 다시 분발하며 고가[20]에 효

무후가 즉위하자, 뜻을 함께하는 사람들을 모아 양주揚州에서 거병했다. 전투에서 대패한 뒤 도피하던 중 부하의 배신으로 살해되었다.

13 섭정聶政(?~BC 397)은 전국시대 한韓나라의 용사이며 4대 협객 가운데 한 사람으로 이름이 높았다. 엄중자嚴仲子의 부탁으로 재상 한괴韓傀를 죽였다(《사기》〈자객열전〉 참조).

14 주해朱亥는 백정이었는데 무예와 용기가 뛰어나 신릉군의 식객이 되었다. 뒤에 진秦나라를 물리치고 조趙나라를 구하며 위魏나라를 보존하는 전쟁에서 큰 공을 세웠다.

15 철현鐵鉉(1366~1402)은 명나라의 관원으로, 홍무 연간에 예과급사중禮科給事中에 임명되고 산동 포정사山東布政使와 병부상서兵部尚書를 지냈다. 정난의 변 때 반역으로 왕위를 찬탈한 연왕燕王 주체朱棣에게 투항하지 않아서 사지를 찢어 죽이는 형벌을 받았다. 뒤에 그의 절의를 기려 각지에 철공사鐵公祠가 건립되었다.

16 경청景淸(1362~1403)은 명나라의 관원으로 홍무 27년(1394) 진사에 급제하여 한림원편수翰林院編修가 되었고, 이후 관직이 좌첨도어사左僉都御史, 북평참의北平參議, 어사대부御史大夫에 이르렀다. 연왕의 반란에 반대했으나 막지 못했고, 성조成祖(연왕)에 의해 어사대부에 임명되었다. 뜻을 숨기고 거짓 충성하는 중 조회에서 성조를 암살하려다가 실패했고, 이 사건에 분개한 성조에 의해 치아와 혀가 뽑히고 피부가 벗겨지고 사지가 찢기는 등의 방식으로 잔혹하게 처형되었다.

17 주운朱雲은 한나라 때의 관원으로 두릉영杜陵令과 괴리영槐里令을 역임했는데, 사람됨이 강직하여 조정대신을 공격하는 상서를 누차 올렸다. 성제成帝 때 승상 장우張禹를 아첨하는 신하라고 공격하여 황제가 노해서 죽이려 했다. 주운이 죽으려고 전함殿檻을 끌어안았으나 전함이 절단되었다고 한다.

18 진동陳東은 북송 정강靖康 원년(1126)에 조환趙桓이 이강李綱을 파직하자 상서를 올리고 경성의 수십만 군민을 격동시켜 황실을 포위하고 무리를 이끌고 가서 재상을 구타하고 내시 수십 명을 죽여 조환으로 하여금 이강을 복직시키게 했다.

19 원문은 "채시지도菜市之刀"로 '채시'는 '채시구菜市口'를 가리키며 본래 큰 시장이 있던 곳이다. 청나라가 들어서며 죄인을 처형하는 형장을 이곳에 설치했고, 이후 형장의 의미로 사용되었다. 무술변법의 실패로 사형된 '무술육군자'가 이곳에서 처형되었다.

20 '고가藁街'는 한나라 때의 거리 이름으로, 장안성 남문에 있었다. 본래 외국 사절이 머물던 관

수한 머리가 가득해도 걷고 뛰고 한다. 저 무리들은 비록 평소에 극히 완고하고 극히 흉악하다고 불리지만, 그들에 대한 조치가 신랄할수록 인심이 더욱 불만스러워지고 인심이 불만스러워질수록 천하가 모두 저항의 용기를 갖게 된다. 이는 일본의 나가노[21]가 말한 목숨을 바쳐 희생한다는 것으로, 바로 충성이요 용기인 것이다.

이제 충군忠君을 자처하고 변법에 용감한 사람이 이처럼 충성을 다하지 못하고 용기를 드러내지 못하니, 정영[22] 같은 이가 이미 그 사람을 비난하고, 공손저구[23] 같은 이가 어찌 그 뜻을 쉽게 보상받을 수 있겠는가? 옛날 장순[24]이 적에게 체포되자 남제운[25]에게 말하기를 "남팔이여, 남아가 죽으면 그만이지 불의에 굽힐 수는 없네"라고 했다. 매번 이 말을 암송하면 언제나 늠름하게 생기가 나오니, 죽을 곳을 얻으면 결코 걱정하지 않는 것이라고 하겠다. 이제 한 번 실패하자 무리가 모두 낙담하여 감히 다시 일어나지 못하니, 세상일에 국면을 전환시킬 계기가 있겠는가? 아, 살아서 성

청이 있던 곳인데, 당나라 이후 죄수의 처형이 집행되고 효수되던 곳으로 유명해졌다.

21 나가노 슈젠長野主膳(1815~1862)은 에도 시대의 국학자로, 미일통상수호조약(1858)의 체결을 추진한 다이로大老 이이 나오스케井伊直弼의 참모를 지냈다.

22 정영程嬰(?~BC 583년경)은 춘추시대 진晉나라의 의사義士이다. 진나라 경공景公 3년에 대부 도안고屠岸賈가 조씨 가문을 멸족시키려 하자, 조삭趙朔의 식객이던 정영과 공손저구公孫杵臼가 모의하여 조삭의 아들 조무趙武를 구한다. 나중에 정영은 장성한 조무와 함께 도안고를 주살했고, 이미 별세한 조삭과 공손저구에게 '조무가 장성했고 가문이 복권되었음'을 보고하겠다며 자살했다. 조무는 정영을 위해 삼년상을 지냈다.

23 공손저구公孫杵臼(BC 599~581)는 춘추시대 진나라 사람으로 조순趙盾·조삭趙朔 부자의 문객門客이다. 고대 중국의 유명한 충의 고사 '조씨고아趙氏孤兒'의 주역이다.

24 장순張巡(708~757)은 당나라 사람이다. 지덕至德 2년(757) 안경서파부장安慶緖派部將 윤자기尹子琦가 12만 정예병을 이끌고 남하하여 휴양睢陽을 공격하자, 장순이 허원許遠 등 수천 명을 이끌고 저항했으나 중과부적으로 전사했다. 뒤에 '통진삼태자通眞三太子'에 봉해졌다고 한다.

25 남제운南霽雲(712~757)은 당나라 현종·숙종 연간의 명장으로 무예와 용기가 뛰어났다. 여덟 번째 아들이라서 사람들이 '남팔南八'이라 불렀다. 안사의 난 때 장순을 도와 휴양을 지키는 데 공을 세웠다. 뒤에 휴양이 함락되자 항복하지 않고 죽었다.

현을 만나도 재능이 없어 버려져서 덕행이 고을에서 뛰어나지 못하고 이름이 하늘에 들리지 않으니, 거울을 들어 모습을 비춰 보면 머리를 헛되이 얹어놓고 있는 것이다. 그러면서 의기양양하게 시비를 논하니, 본래 이미 잘하지 못하여 스스로 부끄러울 뿐인데 다시 진실하지 않은 뜻으로 함부로 호걸스럽고 뜻있는 부류를 한탄한다. 아, 매우 심각한 걱정거리가 아닌가.

> 아침에는 도고屠沽[26]를 따라 어울리다, 저녁에는 추졸騶卒[27]을 끌고서
> 마시니
> 이 뜻 말할 수 없어, 큰 가시 목에 걸린 듯하네.[28]
> 전해들은 것 지혜요 용기요 사람이라, 채찍 그림자[29]에도 마음 아픈데
> 시기를 놓치고 또 놓쳐, 황금이 쓸모없이 쌓였네.
> 상자에 간직된 용광검龍光劍[30], 한 번 울면 사방 벽이 고요해지지.
> 밤마다 문득 한 번씩 우니, 너희들 저버리는 것 견디기 어렵네.
> 문을 나서면 어찌 그리 아득한가, 마음에서 그 또렷함을 아니
> 예양교豫讓橋[31]를 흘긋 보고, 다시 지심정軹深井[32]을 쳐다보네.
> 몸을 펴고 꿇어앉아 한 잔 올리니, 풍운이 사람을 차갑게 때리네.

---

26 백정과 술 파는 사람으로, 신분이 미천한 자를 가리킨다.

27 수레를 끄는 노비로, 신분이 미천한 자를 가리킨다.

28 두목杜牧의 〈감회시感懷詩〉에 "큰 가시를 삼켰는데 목구멍이 좁고, 무거운 짐 짊어졌는데 힘이 건장하지 못하네(茹大鯁喉尙隘, 負重力未壯)"라고 했다.

29 원문은 "편영鞭影"으로, 말채찍의 그림자다. 《경덕전등록景德傳燈錄·천태풍간선사天台豐幹禪師》에서 부처가 "세간의 좋은 말은 채찍의 그림자를 보면 움직인다(如世間良馬, 見鞭影而行)"라 한 데서 유래하며, 스스로 경계하는 수단으로 삼는 사물을 가리킨다.

30 '용천검龍泉劍'과 같은 말로, 옛날 장수들이 쓰던 보검寶劍을 가리킨다.

31 전국시대 의사義士 예양豫讓이 조양자趙襄子를 죽인 곳이라 한다.

32 전국시대 자객 섭정聶政의 고향이다. '지심리軹深井里'를 줄인 말이다.

이것은 공자진³³의 시인데, 나는 지사의 잠언으로 적어둔다. 밤새도록 감개가 깊어 다시 이것을 기록하여 내 마음을 표현한다.³⁴

---

33 공자진龔自珍(1792~1841)은 청대의 금문경학가다. 자는 슬인瑟人·이옥爾玉이고, 호는 정암定 庵·공조鞏祚이다. 도광道光 9년(1829) 진사에 급제했고 관직이 주객사주사主客司主事에 이르렀 다. 저서에 《정암집定庵集》 등이 있다. 위에 인용한 시 제목은 '봄부터 가을까지 우연히 와 닿 는 것이 있으면 아무렇게나 써서 전혀 안배하지 않은 채(自春徂秋偶有所觸拉雜書之漫不詮次) 열다 섯 편을 얻다'이다.

34 《청의보》 제39책(광서 26년 2월 21일), 1~3쪽.

세상에 대가 없는 것은 없다
天下無無價之物

　　서양 속담에서는 "하늘이 사람들에게 '모든 것을 너에게 주겠다. 다만 너는 그 대가를 치러야 한다'라고 말했다"고 한다. 지당한 말이라 하겠다.

　　내가 이에 자책하며 말했다. "혁신이란 세상의 위대한 사업이다. 네가 이 위대한 사업을 하고자 하면서 대가를 치르지 않고 해낼 수 있겠는가? 곡식 한 말을 사는 데도 약간의 대가를 치러야 하고, 한 마리 물고기를 잡는 데도 약간의 노고를 치러야 한다. 너는 국가 혁신이라는 큰일의 가치가 곡식 한 말이나 물고기 한 마리보다 못하다고 보는가? 아!"[1]

1　《청의보》제39책(광서 6년 2월 21일), 3쪽.

혀 아래 영웅 없고 붓 끝에 기사 없다

舌下無英雄筆底無奇士

내가 아끼는 벗 한원쥐[1]에게 이런 시가 있다. "경기[2]는 칠족을 불태우고, 요리[3]는 처자식을 죽게 했다. 인생을 헛되이 산다면 죽느니만 못하다. 눈 들어 세상을 둘러보면, 누가 진짜 남아인가? 혀 아래 영웅 없고, 붓 끝에 기사奇士 없다." 나는 늘 이 말을 암송했다.

이에 다시 자책하며 말했다. "너는 엄연히 이 400조 신명神明 종족 가운데 한 사람인데, 너의 임무가 어디에 있는가? 오늘날 세계는 곧 철혈세계이다. 그런데 필설로 너의 임무를 다할 수 있는가? 너는 필설로 허명을 도둑질하니, 세계에 무슨 공덕이 있어서 부끄럽게도 사람들이 너를 선각자라고 부르는가? 허명이 날로 높아질수록 임무가 날로 무거워진다는 것을

1　한원쥐韓文舉(1864~1944)의 자는 수원樹園이고 호는 공암孔庵이다. 1891년 만목초당에 들어가 스승 캉유웨이를 도와 《신학위경고新學僞經考》와 《공자개제고孔子改制考》 등을 편찬했다. 뒤에 광저우의 만목초당 학장學長과 후난의 시무학당 교습敎習을 역임하고 아오먼澳門에서 《지신보》를 펴냈다. 무술정변 이후 일본에 망명하여 량치차오를 도와 《청의보》와 《신민총보》를 창간하고 요코하마의 대동학교大同學校를 건립했다. 1900년에는 자립군自立軍 기의에 참가했다. 민국 초년에 광저우에서 남강공학南强公學과 각시초당覺是草堂을 건립했다. 저서에는 《수원선생유집樹園先生遺集》이 있다.

2　경기慶忌는 춘추시대 오吳나라 사람으로, 오왕吳王 요료의 아들이다. 어려서부터 무예를 익혀 무공이 뛰어나고 용맹했다.

3　요리要離는 춘추시대 오吳나라 사람으로, 유명한 자객이다. 합려闔閭가 오왕 요료를 죽이고 왕위를 찬탈하자, 경기는 위衛나라에서 세력을 키우며 왕위를 탈환하려 했다. 합려가 두려워해서 오자서伍子胥와 상의하여 고육지계苦肉之計를 써서 요리를 자객으로 보내어 암살했다.

너는 알지 못했는가? 붓과 혀로 마침내 너는 일생을 허송하려 하는가?"

아아, 넓적다리 살이 찌자 중년이 놀라서 분발했고[4], 이 마음으로 천하의 인재를 구했다. 지사여, 지사여, 어찌 스스로 경계하지 않는가![5]

---

4 촉한蜀漢의 유비劉備가 형주荊州의 유표劉表에게 의지하고 있을 때 천하를 호령하는 몸이 되지 못하고 헛되이 세월만 보내어 넓적다리 살만 찌게 됨을 한탄한 데서 나온 말이다. 여기서 '비육지탄髀肉之歎'이라는 성어가 유래한다.

5 《청의보》제39책(광서 26년 2월 21일), 3쪽.

세계에서 가장 작은 민주국가

世界最小之民主國

세계의 양쪽 반구에 있는 국가의 수는 한이 없다. 그렇지만 방대하게 수천만 리의 땅과 수천백조 명의 인구를 가져도 국가라고 할 수 없는 나라가 있고, 또한 조그맣게 땅이 10리를 넘지 않고 인구가 100이 되지 않지만 국가라고 하지 않을 수 없는 나라도 있는 것은 무엇 때문인가? 국가란 대내적으로는 완비된 행정기관이 있고 대외적으로는 독립적인 주권이 결여되지 않은 것이다. 이 두 가지가 갖춰지지 않으면, 나라가 아무리 커도 국가라고 할 수 없다. 만약 이 두 가지가 갖추어져 있으면, 나라가 비록 조그맣다 해도 국가라고 부른다.

이제 세계에서 가장 작은 민주국가 4개를 열거하여 국가를 고찰하는 자들에게 참고자료로 제공하니, 단지 차 마시고 술 마신 뒤의 얘깃거리로 삼는 것은 아니다.

1. 타볼라라[1]

샤르데냐 섬, 즉 이탈리아 모국의 서북부에 있으며, 길이는 5마일[약

---

1 타볼라라Tavolara 왕국은 중국명으로 '타워라라국達窩拉拉國'이며, 사르데냐 섬의 동북부, 이탈리아 본토의 서북부에 있는 섬으로, 1807년 주세페 베르톨레오니Giuseppe Bertoleoni가 왕국을 선포하면서 성립되었다. 세계에서 가장 작은 왕국으로 알려져 있으며 현재 국왕은 토니노Tonino이고 주민은 11명이다.

8km]이고 너비는 반마일[약 800m]이 되지 않지만, 엄연히 하나의 섬나라다. 주민은 60명에 이르지 않으며, 6년마다 대통령 한 사람과 의원 여섯 사람을 뽑는데, 모두 봉급을 받지 않고 국사에 봉사한다. 선거할 때 전국 남녀가 모두 투표권이 있다. 1886년부터 독립국이 된 이래 국내가 안정되어 종내 선거분쟁의 사건이 없어서 서양인들이 남유럽의 일대 낙원이라고 불렀다.

이 나라의 역사는 1836년 사르데냐 왕이 친족 아무개를 도주島主로 봉한 이후 50년이 지나지 않아 섬 주민들이 군주정체를 싫어했다. 수차례의 전쟁을 거쳐 1866년에 이르러 마침내 헌법을 제정하고 민주국이 되었다. 이후 국정 개혁을 착실하게 진행하여 이탈리아가 먼저 승인하고 열국이 이어서 승인하여 드디어 완전무결한 독립국이 되었다.

이 나라 국민의 생업은 어업이 가장 중요하고 농업이 그다음인데, 경제가 극히 풍요하다. 외적의 염려가 없어서 육해군 군대가 없어도 하루아침에 일이 생기면 60명의 국민이 모두 병사가 된다.

2. 안도라 공국[2]

프랑스 남부의 피레네 산맥에 있는데, 면적은 겨우 1평방마일 반[약 2.4km²]이고 인구는 겨우 140명으로, 면적과 인구로 말하면 세계에서 가장 작은 나라다. 그러나 민주정체를 시행한 것이 실로 미국보다 앞서서 1648년에 이미 프랑스와 스페인의 승인을 거쳐 엄연히 유럽의 한 독립국이 되었다.

대통령은 원로관 중에서 추천한다. 원로관은 12명으로 모두 국내의 늙

---

2 안도라 공국Principality of Andorra은 중국명으로 '어더얼국俄德爾國'이며, 1278년 이래 스페인과 프랑스 사이에 있는 공국이다. 프랑스 대통령과 스페인 카탈루냐 지방의 교구인 우르젤의 주교가 공동 영주로 지배하는 나라라고 봉건제도 속에 자치제도를 유지하고 있다.

은 농부다. 12년마다 다시 뽑는다. 대통령은 세리, 행정관, 재판관의 직무를 겸임한다. 만약 그의 판결이 여론에 흡족하지 않으면 인민이 하산하여 스페인의 승정僧正에게 처결을 청원한다.

3. 지아랑사부국[3]

미국 북부 캐럴라이나 서부에 위치하며, 국내는 두 주로 나뉘어 있다. 영국 이외에 다른 나라는 그 독립을 승인하지 않았지만, 행정을 자유롭고 자주적으로 행하여 타국의 간섭을 받지 않는다. 계곡에 위치하며 면적이 80평방마일이고 토지가 가장 비옥하다. 대통령은 4년 임기이며 매년 500원의 봉급을 받고, 의원은 그 절반을 받는다. 정부에는 국무대신 3명이 있으며, 인민 100명당 의원 1명을 뽑는다.

4. 쌍마리국[4]

이탈리아 중부에 있으며 세계의 민주국 가운데 가장 유명하다. 면적은 33평방마일이며, 인구는 8500명이다. 수도는 해발 2000피트의 고지에 있으며, 수도의 인구는 약 1200명이다. 풍광이 대단히 아름다워 세계 열국 가운데 필적할 나라가 드물다.

법률은 입법원 의원이 제정하는데, 의원은 모두 60명으로 종신제다. 또 이 의원 중에서 12명의 의관을 선출하여 각종 문제를 판결하게 한다.

---

3 중국명으로 '지아랑사부국加郎撒布國'인데, 어느 나라를 말하는지 확인할 수 없다.

4 중국명으로 '쌍마리국桑瑪里國'인데, 아프리카 동부에 위치한 소말릴란드Republic of Somaliland 로 추정된다. 1870년까지 이집트의 무함마드 알리 왕조가 지배했고, 1887년 영국의 보호령 '영국령 소말릴란드British Somaliland'가 된 이후, 1889년 이탈리아가 침략해 남부 지방을 차지하여 이 지역은 '이탈리아령 소말릴란드Italian Somaliland'로 불렸다. 1960년 독립 이후 통합하여 소말리아 공화국을 수립했다. 1991년 옛 영국령 소말릴란드 지역의 독립선언 뒤, 국제사회에서 미승인 국가로 존속하고 있다.

이 의관 중에서 또 2명을 국무경으로 삼아 국가를 대표하고 내무, 외무, 대장 등의 여러 대신을 통솔하게 한다. 군사는 950명이다. 재정은 매년 예산표가 있다. 이 나라는 이탈리아와 조약을 체결하여, 이탈리아에서 수입하는 물품에는 관세를 거두고 본국에서 이탈리아에 수출하는 물품은 면세한다.[5]

5 《청의보》 제39책(광서 26년 2월 21일), 4~5쪽.

유신 도설

維新圖說

무성하고도 무성하도다. 몇 달 사이에 유신, 유신이란 말이 온 나라에 가득 차 흘러넘치고 있다. 황제, 태후, 관리, 선비, 신사紳士, 상인을 막론하고 조금이라도 생각이 있는 이는 '수구귀守舊鬼'라는 세 글자를 거론하면 눈을 부릅뜨고 서로 쳐다보며 단호하게 혀를 놀려 그 옳지 못함을 따진다. 아, 작년의 오늘을 살펴보니 어찌도 이렇게 다른가. 이렇게된 까닭은 다름 아니라 바로 탄쓰퉁[1], 양선슈[2], 양루이[3], 류광디[4], 캉광

---

1 1901년 청조가 신정新政을 실시한 이후 일어난 사회적 현상에 대해 량치차오는 16개의 이름 있는 이들의 피 흘림과 수천수만의 이름 없는 이들의 피 흘림을 대략 네 가지의 다른 역량으로 구분했다. 첫째는 탄쓰퉁 등의 유신파, 둘째는 위셴毓賢(1842~1901) 등의 봉건보수파, 셋째는 농민을 주체로 한 의화단, 넷째는 독일 공사를 비롯한 외국 침략 세력이다.

2 양선슈楊深秀(1849~1898)는 청말의 변법운동가로, 무술육군자의 한 사람이다. 호는 의의자耎耎子이고 자는 의촌漪村 혹은 의촌儀村이며, 산시山西 원시聞喜 사람이다. 형부주사刑部主事와 낭중郎中을 거쳐 산둥 도감찰어사山東道監察御史를 지냈다. 1898년 3월 송보루宋伯魯 등과 함께 베이징에 관학회關學會를 건립하고 보국회에도 가입했다. 중국과 서양의 수학에 정통했다.

3 양루이楊銳(1857~1898)는 청말의 학자·관료로, 무술육군자의 한 사람이다. 1889년 내각중서內閣中書에 제수되고 뒤에 시독侍讀을 지냈다. 장즈둥의 막부에 들어가 재직 기간에 조정의 동태를 장즈둥에게 보고했다. 1895년 강학회强學會의 발기에 참여했다. 1898년 9월 5일 광서제가 탄쓰퉁, 양루이, 린수林旭와 함께 사품경함四品卿衔을 제수했다. 신정에 참여하다가 정변이 발생하자 스장징四章京, 캉광런, 양선슈와 함께 체포되어 채시구에서 처형되었다.

4 류광디劉光第(1859~1898)는 청말의 변법운동가로, 무술육군자의 한 사람이다. 자는 배촌裴邨이고, 쓰촨 성四川省 즈공 시自貢市 푸순 현富順縣 사람이다. 집안이 빈한했으나 형부후보주사刑部候補主事로 재임하면서 청렴했고, 근무 시간 외에는 문을 닫아걸고 독서했다. 구국구민

런[5], 린쉬[6], 탕차이창[7], 린구이[8], 위루[9], 위셴[10], 치슈[11], 쉬청위[12], 자오수차

救國救民을 위해서는 폐정弊政을 개혁하고 신학新學을 일으키고 신정을 실시하지 않으면 안 된다고 여겼다.

5 캉광런康廣仁(1867~1898)은 청말의 변법운동가로, 무술육군자의 한 사람이다. 광둥廣東 난하이南海 사람으로, 캉유웨이의 집안 동생이다. 저장浙江에서 하급관리를 역임하다 관료사회의 부패에 불만을 품고 관직을 포기했다. 1897년 아오먼에서 《지신보》를 창간했다. 이어 상하이에서 여학당女學堂을 창설하고, 량치차오 등과 함께 계전족회戒纏足會를 설립했다. 1898년 봄 량치차오와 함께 베이징에 들어가 신정新政에 참여하고, 캉유웨이를 도와 변법유신운동에 종사했다.

6 린쉬林旭(1875~1898)는 청말의 변법운동가로, 무술육군자의 한 사람이다. 푸젠福建 호우관侯官(지금의 푸저우福州) 사람으로, 자는 돈곡暾穀이다. 1897년 장위안지張元濟 등이 베이징에 건립한 통예학당通藝學堂에 들어가 서학西學을 학습했다. 1898년 푸젠 출신 유신인사를 모아 민학회閩學會를 건립하고 광둥廣東, 쓰촨, 저장浙江, 산시陝西 등지의 학회와 교류하며 서학을 전파했다. 캉유웨이가 북경조北京組에서 보국회를 건립하자 적극 호응했다.

7 탕차이창唐才常(1867~1900)은 청말 유신파의 영수로, 후난성 창사長沙의 시무학당 교습 가운데 탄쓰퉁과 더불어 '류양이걸瀏陽二傑'로 불렸다. 후난 성 유양瀏陽 사람으로, 자는 백평伯平이고 호는 불진佛塵이다. 무술정변 이후 일본에 망명했다가 상하이로 돌아와 자립회自立會를 건립하고, 이어 한커우에서 자립군기의自立軍起義를 도모하다가 정보 누설로 체포되어 살해되었다. 저서에 《당재상집唐才常集》이 있다.

8 린구이林圭(1875~1900)는 청말의 변법운동가로, 무술육군자의 한 사람이다. 자는 술당述唐이고, 호는 오암悟庵이다. 자립군통령自立軍統領을 지냈다. 1898년 후난창사 시무학당에 가입했다. 무술정변 이후 일본에 유학하여 혁명을 주창했다. 이듬해 귀국하여 자립군 기의의 모의에 참여했다. 1900년 탕차이창唐才常과 함께 한커우에서 자립군 비밀기관을 창설하고 창사 각 성의 회당會黨과 연락하여 기의를 도모하다가 정보가 누설되어 8월 22일 탕차이창 등과 함께 살해되었다.

9 위루裕祿(1844~1900)는 청말의 대신大臣으로, 만주 정백기正白旗 사람이다. 후베이 순무湖北巡撫 숭륜崇綸의 아들이며, 자는 수산壽山이다. 안후이 시정사安徽布政使를 거쳐 1874년 안후이 순무安徽巡撫를 지냈다. 1887년 후광 총독湖廣總督을 거쳐 량장 총독兩江總督에 임명되었다. 1889년 성경장군盛京將軍이 되고, 1991년 열하熱河에 민란이 일어나자 진압했다. 1995년 푸저우 총독福州總督을 거쳐 쓰촨 총독을 역임했다. 1998년 군기대신軍機大臣, 예부상서禮部尚書 겸 총리각국사무아문總理各國事務衙門에 임명되었다. 1899년 의화단운동 때 팔국연합군이 다구大沽를 함락하자 의화단에 대해 회유책을 쓰자고 했다. 팔국연합군이 톈진을 점령하자 패잔병을 이끌고 베이창北倉으로 물러갔다가 양촌楊村에서 음독자살했다.

10 위셴毓賢(1842~1901)은 청말의 유명한 혹리酷吏로, 극단적으로 외세를 배척한 인사다. 1889년

오[13], 잉녠[14], 독일 공사, 일본의 서기생 그리고 1000여 자립회원, 1000여 의화단, 1000여 외국 선교사와 중국 신도들의 피가 한곳으로 집중되고 서로 뒤섞여서 일종의 값을 매길 수 없는 가치를 이루어 [그것으로] 오늘의 변화를 구입한 것이다. 거사가 성공하지 못했으나 성공하지 못한 것이 아니요, 피를 흘린 것이 무익하나 무익하지 않은 것은 아니다. 아아, 오호라, 나는 중국을 위해 축하를 해야겠구나.

산둥 차오저우 지부山東曹州知府로 재직할 때 3개월 동안 정부에 저항하는 인사 2000여 명을 죽였다. 1896년 산둥 포정사山東布政使, 후난 강녕장군湖南江寧將軍으로 승진하고, 1897년 산둥에 차오저우 교안曹州教案이 발생하자 큰 칼로 독일 선교사 2명을 죽였다. 1899년 산둥 순무로 승진했다. 1900년 산시 순무에 임명되어 의화단義和團을 이용하여 제국주의 세력을 배격하고자 했다. 팔국연합군이 베이징을 점령했을 때 배외구교排外仇教의 '죄수罪首'로 지목되어 신장新疆으로 보내졌다가, 1901년 란저우蘭州에서 피살되었다.

11 치슈啓秀(1839~1901)는 청말 관료로, 만주 정백기正白旗 인물이다. 자는 송암松岩이고, 호는 영지穎之이다. 형부주사刑部主事를 거쳐 내각학사內閣學士 · 형부시랑刑部侍郞 · 예부시랑禮部侍郞을 역임했다. 1898년 예부상서에 제수되고 군기대신軍機大臣 겸 총리각국사무아문總理各國事務衙門에 임명되었다. 1900년 팔국연합군八國聯合軍이 자금성紫禁城을 점령했을 때 쉬청위徐承煜와 함께 일본군에 구금되었다가 이듬해 채시구에서 참수되었다.

12 쉬청위徐承煜(?~1901)는 청말의 관료로, 한군漢軍 정람기正藍旗에 속한다. 자는 남사楠士이고, 쉬퉁徐桐의 아들이다. 호부戶部의 하급관료를 거쳐 형부좌시랑刑部左侍郞을 역임했다. 의화단 운동 때 팔국연합군이 침입하자 아버지가 체인각대학사體仁閣大學士로서 적절히 대처하지 못함을 간언하여 아버지는 82세에 자결하고, 당시 형부좌시랑刑部左侍郞이던 쉬청위는 도피하다가 일본군에 잡혀 처형당했다.

13 자오수차오趙舒翹(1847~1901)는 청말의 대신이다. 자는 전여展如이고 호는 금방琴舫이며 만년에는 신재愼齋라는 호를 사용했다. 1874년 진사進士에 합격하여 형부주사를 제수받았다. 이후 10년 동안 제뢰청주사提牢廳主事 · 즈리 사주사直隸司主事 등을 역임했다. 성품이 강직하여 아부하지 않고 권귀權貴를 두려워하지 않았다. 1899년 의화단운동이 발발하자 회유책을 주장하여 서태후가 수용했고, 이듬해 7월 팔국연합군이 베이징을 함락시키자 서태후를 수행하여 시안西安으로 도피했다가 1901년 연합군의 요구에 따라 53세의 나이로 자결했다.

14 잉녠英年(?~1901)은 청말의 관료로, 내무부內務府 한군漢軍 정백기 사람이다. 광서 연간에 봉신원경奉宸苑卿, 좌익총병左翼總兵, 정홍기한군부도통正紅旗漢軍副都統, 공부우시랑工部右侍郞을 역임했다. 팔국연합군이 북경을 함락시키자 서태후, 광서제와 함께 시안으로 도피했다. 신축조약辛丑條約이 체결되자 각국의 요구에 따라 시안의 감옥에서 자살했다.

하지만 나는 예전에 중국에서 유신을 말하는 자가 적음을 보고 놀랐으나, 지금은 중국에서 유신을 말하는 자가 많음을 보고 더 놀랐다. 유신을 거론하는 자의 종류가 얼마나 되는지 대략 열거해보자. 서태후를 받들고서 유신을 하려는 자가 있고, 황제를 받들고서 유신을 하려는 자가 있으며, 만주를 위태롭게 하면서 유신을 하려는 자가 있다. 천천히 유신을 하려는 자가 있고, 급하게 유신을 서두르는 자가 있다. 온건한 수단으로서 유신을 하려는 자가 있고, 격렬한 수단으로 유신을 하려는 자가 있다. 중앙집권을 통해서 유신을 하려는 자가 있고, 지방분권(分立自治)을 통해 유신을 하려는 자가 있다. 외세를 배척함으로써 유신을 하려는 자가 있고, 외세에 아첨하여 유신을 하려는 자가 있다. 조정의 기업基業을 보존하기 위해 어쩔 수 없이 유신을 하려는 자가 있고, 국민의 권리를 보호하기 위해 유신을 하려는 자가 있으며, 개인의 권세와 명망과 부귀를 지키기 위해 하는 수 없이 유신을 하려는 자가 있다. 그 종류가 천차만별이고, 또 한 사람이 한 종류에 속하는 것도 아니다. 대체로 무리 속에 들어가 착종되어 있고 어지럽게 뒤섞여 있지만, 각각에는 하나의 특이한 색깔을 갖고 있으니, 도식으로 열거하여 밝혀보자.

제1 유신 종별도

유신 (갑) 관리

    (을) 포객(隱者)

    (병) 학생

    (정) 상인

    (무) 선비(과거제도 변화 후의 유신가)

    (기) 회당

제2 유신 당파도

유신 (갑) 황후당

    (을) 근왕당

    (병) 혁명당

    (정) 무당: (1) 중립자 (2) 일을 맡지 않는 자

제3 유신 목적도

유신 (갑) 현상 유지: (자) 완전 유지: 황후당, 무당 (축) 절반 유지: 황후
      당, 근왕당, 무당

    (을) 현상 파괴: (인) 절반 파괴: 근왕당 (묘) 완전 파괴: 혁명당

제4 유신 방법도

유신 (갑) 온건: 황후당, 혁명당

    (을) 급진: 황후당, 근왕당, 혁명당

    (병) 구변(실제로는 실행 안 함): 황후당, 근왕당, 혁명당 무당

제5 유신 주의도

유신 (갑) 중앙집권: (갑) 군주전제정체: 황후당, 근왕당―현상 유지

             (을) 군주입헌정체: 근왕당

             (병) 민주입헌정체┐
                         혁명당―현상 파괴
   (을) 분립자치: (정) 연방입헌정체┘

제6 유신 동력도

유신 (갑) 자동력: (자) 학식을 쌓아 유신하는 자

            (축) 상황을 느껴 유신하는 자: (1) 외국의 침략에 분개함

(2) 정부의 부패에 분개함

(을) 타동력: (인) 운동에 의해 유신하는 자 (묘) 풍조를 틈타 유신하는 자

제7 유신 변상도

유신 (갑) 진화의 변상: (1) 수구에서 유신으로 (2) 관료당에서 민당으로

(3) 혁명에서 근왕으로 (4) 근왕에서 혁명으로

(을) 추세의 변상: (1) 혁명에서 근왕으로 (2) 근왕에서 혁명으로

(3) 민당에서 관료당으로

제8 유신 심술도

유신 (갑) 공公을 위함―국민을 위함

(을) 사私를 위함 (1) 가문을 위함

(2) 개인을 위함: (갑) 권세를 위함

(을) 명성을 위함

(병) 의식衣食을 위함

이상의 8개 도식으로 대강을 들어보았는데, 그 형상을 다 드러내지는 못했다. 하지만 역시 이미 번잡하게 어지러이 뒤섞여 있고 천차만별이다. 나는 그 종류가 어떠한지, 그 당파가 어떠한지, 그 목적이 무엇인지, 그 변법이 무엇인지, 그 주의가 무엇인지, 그 동력이 무엇인지, 그리고 그 변화의 모습이 어떠한지 또한 물을 필요가 없다고 생각한다. 무엇보다 말해야 할 것은 오직 마음 씀(心術)일 따름이다. 그 마음이 국민을 위한다면 공公인데 어떤 종류, 어떤 당파, 어떤 목적, 어떤 변법, 어떤 주의, 어떤 동력, 어떤 변화의 모습이든 반드시 결국에는 하나로 귀결된다. 그 마음이 하나의 가문(姓)을 위한다면 자신은 공公이라고 생각하지만 실제로는 사私로서, 그

뜻이 진실되면 될수록 그 행동이 용감하면 할수록 그것이 천하에 끼치는 병폐는 더욱 심하다. 그 마음이 개인을 위한다면 사私인데, 잠시 공을 빌려 그 사를 구한다면 나는 차라리 400조가 모두 '수구파'가 되기를 바라지, 절대로 우리나라에 이런 사람들이 있는 것을 원하지 않는다. 오호라, 아아, 무성하고 무성하도다. 몇 달 사이에 유신, 유신 하는 말이 온 나라에 가득 차 흘러넘치고 있다. 나는 제8도로 천하에 유신을 말하는 자를 관찰하고자 하고, 또 유신을 말하는 우리의 귀감으로 삼고자 한다. 아아, 오호라, 나는 그것을 축하해야 할 것인가? 애도해야 할 것인가?[15]

---

15 《청의보》 제93책(광서 27년 8월 21일), 1~3쪽.

러시아인의 자유사상

俄人之自由思想

　20세기에 세계를 좌우할 수 있는 힘을 가진 나라는 셋이다. 러시아, 미국, 중국이 그들이다. 이 세 나라는 또 반드시 이전의 상황을 크게 변화시킨 연후에 대업을 이룰 수 있을 것이다. 변화의 길은 무엇인가? 미국은 공화주의에서 제국주의로 변하고 러시아와 중국은 전제주의에서 자유주의로 변하는 것이 그것이다. 중국은 러시아와 유사한 점이 상당히 많다. 국토가 광대한 것이 서로 비슷하고, 인민이 고난을 참고 견디는 것이 서로 유사하며, 군주의 권력이 매우 크고 오래된 것이 유사하다. 그러므로 오늘날 중국을 위해 도모하려 한다면, 러시아를 귀감으로 삼는 것이 가장 좋다.

　발콥스키[1]는 러시아 혁명당의 영수다. 영국 수도 런던에 '러시아 자유동지회'가 있는데, 발콥스키가 사실상 그 회보의 주필이다. 20세기가 시작되는 금년에 방대한 글을 지었는데, 글의 이름은 '러시아인의 자유사상'이다. 이제 그것을 번역해서 수록하여 우리 국민이 러시아의 사정과 장래 변천의 맹아를 알아서 스스로 선택할 수 있게 하고자 한다. 그 내용은 다음과 같다.

1　펠릭스 발콥스키Felix Valkhovsky(1846~1914)는 《자유 러시아의 벗 협회》 기관지 편집을 맡고 있던 인물이다. 발콥스키의 원문은 "THE HOPES AND FEARS OF RUSSIA"(*The Forum*, 1901년 3월)이며, 량치차오는 일본 잡지에 실린 번역을 본 것으로 추정된다.

러시아 국민의 개혁사상은 지난 5년 동안 급속하게 진보했다. 처음에 국민의 희망은 전적으로 새로운 황제에게 달려 있었는데, 이제는 점차 변화하여 국민 가운데 새로운 지식을 가진 이들이 점점 국가를 대표하게 되었다. 러시아의 학자와 학생들을 보라. 스스로를 존중하는 태도와 불굴의 정신은 참으로 사람들의 존경심을 불러일으킨다. 현재 황제인 니콜라이 2세[재위 1894~1917]는 처음 즉위할 때 사람들의 신망이 대단했다. 대개 러시아 국민이 새로운 군주의 신념이 어떠한지, 그리고 인물이 어떠한지 몰랐기 때문이다. 그러므로 각종 희망을 품고서 기뻐하는 마음으로 열심히 받아들였다. 그 이유는 무엇이었는가? 대개 선제인 알렉산드르 3세[재위 1881~1894]가 압제의 화신이었기 때문이다. 그가 재위한 14년 동안의 정치는 국민을 몹시 피곤하게 하여 마치 반세기에 걸쳐 학정에 시달린 것과 같았다. 그러므로 알렉산드르 3세가 '큰 채찍'이라는 별명을 얻은 것은 우연이 아니었다. 이 큰 채찍이 하루아침에 죽자 국민의 눈은 모두 스물여섯 살의 새 황제에게 쏠려, 이 젊고 영민한 군주가 반드시 자유를 귀하게 여기고 인민의 신망에 따라 관대한 정치를 펼 수 있으리라고 여겼다. 그러므로 당시 러시아 국민은 마치 무거운 짐을 벗은 듯했다. 그렇지만 선제가 죽었다는 말을 듣고 기뻐하면 새 황제의 감정을 해칠까 두려워하여, 기뻐하는 마음을 은밀하게 감추고 감히 드러내지 못했다. 대행왕[2]의 장례가 모스크바에서 치러질 때 의식의 성대함이 예전에 들어보기 드문 것이었는데, 모두 세금으로 충당하여 국민이 감당하기 어려웠다. 그렇지만 러시아 국민은 감히 원망하지 않았다. 대개 장차 그 곤경을 참아내면 다가올 희망을 달성할 수 있으리라 여겼기 때문이다.

우리 러시아에는 국회가 없고, 민의를 대변하는 기관으로는 오로지 주

---

2 왕이나 왕비가 죽은 뒤 시호諡號를 올리기 전의 칭호다.

회XEMSTUOS(州會)가 있을 뿐이다. 이는 온 세상이 들어서 알고 있는 사실이다. 그래서 새 황제가 즉위할 즈음에 주회가 인민을 대표해서 글을 올려 충의로운 마음을 표하여 선제를 애도하고, 또 가장 겸손하고 공경스러운 말로 인민의 실정을 낱낱이 서술하여 이후로 러시아 인민이 바라는 바와 괴로운 바를 관리의 손을 거치지 않고 직접 조정에 전달할 수 있도록 허락해줄 것을 요청했다. 여기서 요청한 바는 예를 잃지 않고 도리에 어긋나지 않고 가장 평화롭고 정당한 청원이라 할 수 있다. 만약 새로운 황제가 조금이라도 새로운 사상을 가지고 있어서 인민을 가축으로 보지 않았다면, 이런 상서는 단연코 반드시 황제의 감정을 해치지 않았을 것이다.

1895년 1월 17일 즉위식과 대혼례를 치를 때 시읍市邑과 군대와 주회 및 각종 단체의 대표자 600명이 궁궐 앞에 모여 축전을 거행했다. 황제 니콜라이 2세는 다음과 같이 선언했다. "지금 전국 각 계급의 대표자들이 충애의 마음을 표시하기 위해 모두 여기에 모인 것은 짐이 깊이 기뻐하는 바다. 고래로 러시아 신민은 모두 지극히 진실한 충의의 마음을 품고 있었으므로, 오늘 경卿 등이 표시하는 것을 짐은 깊이 믿는다. 그렇지만 전에 주회가 연명으로 글을 올려 전국 인민이 국사에 참여할 권한을 얻고자 한 것에 대해서는 짐이 이제 솔직하게 말하지 않을 수 없다. 짐은 국민에게 유익한 일은 반드시 전력을 다해 임할 것이다. 그렇지만 선제가 행한 독재주의는 짐이 반드시 모두 따르고 감히 실추되지 않게 할 것이다. 한마디로 말해서 짐의 정치는 선제의 정치와 하나도 다르지 않을 것이다." 이 연설이 행해지자 전국의 인민은 실망을 금치 못했다. 사실 인민이 희망하는 바는 군주의 권한을 제한하려는 것이 아니라 바로 진정한 독재정치를 추구하는 것일 뿐이었다. 저들은 선제가 재위하는 기간에 관리들의 발호를 혐오하고 그 잔인하고 포악함을 감당할 수 없어서 군주 한 사람이 직접 법률에 의거하여 정치를 펼치기를 바랐다. 그 주장이 매우 정당하고 그 감정도 매우 진실했다. 그런데 새 황제가 이 뜻을 깨닫지 못하고 도리어 선제의 부패한 정치를 이어받아 관리의 편을 들었다.[3] 이것이 러시아 국민이 몹시 실망한 점이다.

그렇지만 저 가련한 이들은 깊이 생각하여 끝내 애착을 가지고 남은 희망을 걸어 황제가 나이가 어리고 경험이 적어서 생각이 혼잡스럽고 아직 결정되지 않았기 때문일 뿐이며, 대관식을 할 때를 기다리면 혹 다시 진의를 보여 우리 인민들을 이롭게 할지는 아직 알 수 없다고 생각했다. 그러므로 당시 전국 국민의 소리가 꼬리를 물어 바라기를 "대관식을 할 때가 오라, 대관식을 할 때가 오라"고 했다. 그러나 그 후 국민의 실망은 이전보다 더 심해졌다. 대관식은 비용이 러시아 건국 이래 전에 없던 거액이었고, 경축하는 날에는 경찰이 자신의 직무를 잘못 수행하여 축하하러 온 인민 중에 4000여 명이 죽기에 이르렀다. 시신과 피가 낭자하여 모스크바의 들판에 깔렸으나, 황제는 조금도 애도하는 기색이 없이 희희낙락하며 무도회장으로 갔다. 이에 인민들은 분노를 이기지 못해 마침내 수레에 타고 있는 전위대와 충돌하여 황제의 마차에 돌을 던지고 무도회장의 시설을 훼손하며 폭언과 폭행이 한두 차례가 아니었다. 경찰관이 온 힘을 다해 진압하려 했지만 막을 수 없었다. 아, 우리 러시아 인민이 일부러 황실과 원수가 되려 한 것이 아닌데 이런 지경에 이른 것은 누구의 잘못인가, 누구의 잘못인가?

황제가 이 일을 겪은 이후 민심이 사나워지는 것이 무섭다는 것을 알고 관리의 무도함을 살핀다면, 소 잃고 외양간 고치는 격이라 해도 오히려 늦

---

3 원문의 "좌단左袒"은 웃옷의 왼쪽 소매를 걷어 올려 어느 한 편을 들어 따르는 것을 나타낸다. 《사기》〈효문제기孝文帝紀〉의 "태위太尉 주발周勃이 북군北軍에 들어가서 유씨劉氏를 위할 사람은 모두 왼쪽 소매를 걷어 올리라고 하니, 군사들이 모두 왼쪽 소매를 걷어 올려 여씨呂氏를 멸망시켰다(太尉以一節入北軍, 一呼士皆左袒, 爲劉氏, 叛諸呂, 卒以滅之)"라는 고사에서 유래한다.

지 않을 것이다. 이에 인민들이 갖가지 방법으로 괴로움을 호소했으나, 황제는 전혀 돌아보지 않고 성급하게 속박하여 더욱 심하게 대했다. 인민이 청원하는 바가 있으면 곧 관리들에게 맡겼다. 저 관리들이란 인민의 도적이요, 주인을 도둑질하고 미워하는 자들이다. 고금의 통례에 정치를 행하려 하면서 관리에게 맡기는 것은 호랑이와 상의해서 그 가죽을 취하려는 것과 다를 게 무엇인가? 이에 인민이 청원하는 것이 효과가 없었을 뿐만 아니라 도리어 이 때문에 관리에게 죄를 얻어 법망에 걸리는 자들이 거리에 줄을 이었다. 금년에 이르러 학생들의 소동이 일어나자 황제는 압제당의 영수 웨이안눠쥐威安挪鳩[4] 장군에게 사건의 조사를 맡기고 다시 엄한 칙령을 내려 이후 다시 이런 사태가 있으면 엄법으로 병역에 복무하게 하겠다고 학생들을 위협했다. 그리하여 러시아 인민들의 누차에 걸친 희망이 여기서 다했다.

외국인들은 러시아의 진상을 모르고, 오직 러시아의 눈 밝은 사람만이 알 수 있다. 새 황제가 만국평화회의를 제창한 뒤 명성이 날로 높아져 천하에 가득한데, 러시아 인민들은 몰래 코웃음을 치면서 조약문의 잉크가 마르기도 전에 러시아 정부가 먼저 맹세를 파기하고 헌법을 위배하면서 핀란드 사람들로 하여금 강제로 병역에 복무하게 하고 더욱 무거운 경비를 부담하게 한 것을 보지 못하느냐고 했다. 예전에 링컨은 이렇게 말했다. "그대가 한때의 인민을 속이거나 일부 인민을 속일 수는 있겠지만, 영원히 전체 인민을 속이는 것은 아마 불가능할 것이다." 아, 군주 된 자들과 국민 된 자들은 모두 이 말을 깊이 귀감으로 삼지 않을 수 없다.

내가 이제 우리 러시아 인민들을 위하여 한마디 하고자 한다. 자고로 한두 사람에게 의지해서 국가 혁신의 사업을 이룰 수 있는 경우는 없었다.

---

4 신원 미상이다.

이전에 의지했던 자들이 하나도 미덥지 않음을 전국 인민이 안다면, 우리나라 국민의 정치가 발달하기를 기대할 수 있을 것이다.

러시아인은 대단히 자중하는 국민이다. 다수의 종족이 모여 나라를 이루어 그 사이에 언어가 통하지 않고 풍속이 다르지만, 실로 모두 다 같이 슬라브족에서 나와 함께 이 나라를 건립하여 문명의 진보를 추구했다. 러시아의 기원은 9세기에 시작되어 유럽 여러 나라에 비해 매우 뒤진다. 게다가 건국 후 겨우 400년 만에 몽고의 침략을 받아 거의 망할 지경에 이르렀다. 그렇지만 우리 강건한 인종은 마침내 대적을 이겨내고 몰아내어 세력이 발달하기 시작했다. 그러므로 겉으로 보면 러시아 국민이 정치·사회적으로 유럽의 다른 나라들에 비해 손색이 있는 듯하지만, 실제로는 필히 다른 문명국에 뒤지지 않는다. 문학계와 예술계와 음악·시가·과학 단체(社會)를 보라. 결코 영국이나 독일 등의 여러 나라에 뒤지지 않는다. 러시아인의 번식력 및 문명을 수용하는 속도는 러시아의 국내 사정을 조금 아는 사람들이라면 모두 아는 바다. 더욱이 러시아의 정치·사회가 더디게 진보하는 이유는 러시아 국민이 문명의 정치와 문명의 사회에 적합하지 않기 때문이 아니라, 실로 우리나라의 오늘날 상황이 순전히 관리의 억압을 받아 본래의 훌륭한 품성이 파괴되었기 때문이다. 일단 장애물을 없애고 속박을 제거하여 러시아 인민들의 자연스러운 힘에 맡겨 스스로 진보를 도모하게 한다면, 그 효과의 빠름은 반드시 온 세상의 보고 듣는 이들을 놀라게 할 것이다. 아, 우리 국민이 억압적인 정치체제와 싸운 것이 하루 이틀 아니다. 40년 전 청년혁명의 거사가 있었는데, 그것이 얼마나 용감하고 얼마나 장렬했는지는 세상에 소문이 자자하다. 저들의 피가 헛되지 않아 오늘날 기회가 거의 성숙한 듯하다.

근래에 공업과 상업 사회의 변동으로 인하여 임금이 하락하자 공인들이 더욱 곤란해져 불평불만의 기운이 날로 증대했다. 1896년 성 페테르부르크 동맹파업이 일어나 3만 5000명의 노동자가 하루 노동시간을 제한하자고 주장하고 10만 명의 토목공이 응원하여 세력이 대단히 커서 마침내 정부로 하여금 이듬해 새로운 법률을 반포하지 않을 수 없게 했다.

이 동맹파업은 소득이 적었지만 그 결과는 실로 중차대한 것이었다. 왜 그런가. 민의에 의거하여 정부로 하여금 법률을 개정하게 한 것이 실로 이 일에서 시작되었기 때문이다. 저 공인들이 이처럼 큰 대오를 결성하여 문명의 운동을 할 수 있었던 것은 실로 학식 있는 인사들이 힘을 다하고 대학생들이 중심이 되었기 때문이다. 전국의 법률가와 신문사 주필 및 모든 식견 있는 청년들이 모여서 그들을 도와 장정章程을 기초하고 연계揖啓를 작성했으며, 외국의 동지들에게 통지하는 자가 있었다. 성원이 두텁고 조직이 완성되자 손을 쓰기 시작했으므로 전에 없던 성공을 거둘 수 있었다. 그 후 러시아의 각 대도시에 모두 노동자동맹이 있게 되었다. 1898년에 이르러 각 도시의 동맹이 결합하여 대동맹을 결성하고 러시아 공화당이라 칭했다. 그 범위가 얼마나 방대한지 그리고 그 세력이 얼마나 강한지는 헤아릴 수 없으나, 러시아 정부가 온 힘을 다해 그들과 싸웠으나 소멸시킬 수 없었다.

민지民智가 이미 개발되면 전제정치는 저절로 전복되지 않을 수 없다. 우민정책은 모든 전제정부의 필수적인 방침이다. 그렇지만 시세는 항상 유동하는 것이고 날로 나아가는 것이다. 러시아 정부가 비록 막강한 힘을 가졌다고 해도 어찌 시세와 대적할 수 있겠는가? 그러므로 정부가 각종 방법으로 민지를 막고 억압하지만, 민간에서는 또 스스로 갖가지 방법으로 개통시켰다. 가령 저술의 경우 정부의 압제가 강렬할수록 언론도 더욱 흥성했다. 러시아 국민 가운데 교육을 받은 사람은 모두 정치사상이 크게 발달하고 혁명정신이 활발하게 일어났으니, 근래 학생들의 동맹파업이 가장 두드러진 사례다. 금년 2월 22일은 성 페테르부르크 대학 기념회의 날인데, 학교 안의 한 무리 학생이 혐의로 인해 경찰관의 모욕을 받았다. 이 일이 일어나자 전체 도시의 대학생 및 다소 학식 있는 인사들이 모두 크게 격앙하여 도처에서 집회를 열어 정치적 운동을 벌였다. 이에 대학생들이 함께 논의하여 정부에 요구하기로 하고 요구하는 바가 이루어지지 않으면 대학에서 수업을 받지 않도록 서로 인도하기로 했다. 이윽고 해군사관 40명이 먼저 이 학생들과 은밀히 연통하고, 이어서 의학교 생도 역시 동맹 파업에 들어갔다. 뒤이어 전체 도시의 각종 고등학교와 여학교 열일곱 곳의 학생들이 모두 동맹에 가담했다. 동시에 전국 여러 학교에 밀사를 파견하여 모든 대도시의 학생이 모두 수도와 호응하여 전국 학교의 교실이 거의 문을 닫아걸고 한 사람도 없이 고요하게 되었다.

요컨대 모든 국민의 자유사상은 반드시 억압하는 세력에 의지한 연후에 발흥할 수 있으니, 억압하는 힘이 심하지 않으면 반발력도 세지 않다. 이는 고금의 모든 나라에서 따르는 일반적인 경로이니, 우리 러시아라고 어찌 그렇지 않겠는가? 오늘날 경쟁이 격렬한 세계에서 민지가 진보하고 사회가 발달하지 않으면 반드시 열강 사이에서 그 지위를 보존할 수 없게 된다. 그렇지만 진보와 발달은 전제정치의 적이다. 양자는 끝내 양립할 수 없다. 우리 러시아의 종교와 도덕과 학술은 모두 정채롭고 아름답고 오묘한 싹이 있는데, 꽃술을 머금고 있지만 아직 피어나지는 않았다. 일단 정치상의 질곡이 제거되면 원만하고 아름답게 되는 것은 서서 기다릴 수 있을 것이다.[5]

5 《청의보》 제96책(광서 27년 9월 21일), 1~5쪽.

20세기의 새로운 귀신
二十世紀之新鬼

20세기가 시작되고 300일 남짓 지났는데 세계의 위인 가운데 이 시기에
죽은 자가 다섯 사람이다. 영국의 빅토리아[1] 여왕, 일본 정우회의 수령이
며 전 체신성 대신 호시 도루[2], 이탈리아 좌당 수령이자 전 총리 프란체스
코 크리스피[3], 미국 공화당 수령이자 전직 대통령 윌리엄 매킨리[4], 중국 의
화전권대신이자 즈리 총독 리훙장[5]이 이들이다. 양주[6]는 "살아서는 요순이

---

1 알렉산드리나 빅토리아Alexandrina Victoria(1819~1901, 재위 1837~1901)는 '빅토리아 시대'라고
   불리는 대영제국의 전성기를 이끈 여왕이다. 경제면에서는 선진 공업국으로 자리매김했고,
   정치적으로는 양대 정당에 기반한 의회정치가 확립되었다. 전반기에 친자유당이었다가 후반
   기에 친보수당으로 정치적 성향이 변했는데도, '군림하되 통치하지 않는다'는 원칙을 견지하
   여 입헌군주제의 전형이 되었다.
2 호시 도루星亨(1850~1901)는 일본 메이지 시대의 정치가다. 1901년 동경시의회 의장으로 있을
   때 이바 소타로伊庭想太郎에게 암살당했다.
3 크리스피Francesco Crispi(1819~1901)는 이탈리아의 17대(1887~1891), 20대(1893~1896) 수상을
   지낸 정치가다.
4 매킨리William McKinley(1843~1901)는 미국의 25대(1897~1901) 대통령이다. 1877년 하원의원
   으로 선출되고 1891년에는 오하이오 주지사가 되었다. 1896년 공화당 후보로 대통령에 당선
   되어 금본위제도 유지와 보호관세정책으로 산업자본에 유리한 정책을 전개했다. 1898년 미
   국-스페인 전쟁을 일으켜 필리핀과 푸에르토리코를 획득했고, 1900년에는 하와이를 병합하
   고 재선에 성공했다. 1901년 버펄로에서 열린 박람회에 참석하던 도중 무정부주의자에게 암
   살당했다.
5 리훙장李鴻章(1823~1901)은 청나라 말기 한족 출신의 중신으로 양무운동을 주도한 인물이다.
   스승 쩡궈판과 함께 태평천국운동을 진압하는 과정에서 정계 실력자로 부상했다. 리훙장의

라도 죽어서는 썩은 뼈이고, 살아서는 걸주[7]라도 죽어서는 썩은 뼈다"[8]라고 했다. 설사 지극히 존귀한 자이건 불세출의 준걸이건 어떻게 천지와 더불어 장구할 수 있겠는가? 세계 곳곳에서 제각각 죽음을 맞고 사계절이 흘러 공을 이룬 사람도 떠나니 하늘과 황천은 자못 적막하지 않다.

권세와 지위로 말하면 빅토리아 여왕과 매킨리가 첫째간다. 지속된 명성과 많은 복을 누린 것으로는 빅토리아 여왕과 리훙장이 첫째간다. 민간에 압력을 행사한 것으로는 호시 도루, 크리스피, 매킨리가 첫째간다. 현저한 전공과 민첩한 외교로는 크리스피와 리훙장이 첫째간다. 어려서의 고난과 관직에서 핍박당하고 쫓겨난 것으로는 호시 도루와 크리스피가 첫째간다. 말년에 크게 비난을 받은 것으로는 호시 도루와 리훙장이 첫째간다. 권력을 누리던 당시의 행동 하나하나가 세계의 주목을 받은 바로는 리훙장과 매킨리가 첫째간다. 장수한 것으로는 빅토리아 여왕, 크리스피, 리훙장이 첫째간다. 뜻을 품은 채 끝내 이루지 못하고 잔혹하게 죽임을 당한 것으로는 호시 도루와 매킨리가 첫째간다.

빅토리아 여왕, 윌리엄 매킨리, 리훙장에 관한 일은 우리나라 사람들이 많이 알고 있기에, 이들에 대해서는 상세히 말하지 않고 호시 도루와 크리스피의 삶을 간략히 서술하겠다.

호시 도루는 일본 근대 정계의 영웅이다. 1872년 요코하마의 세관장일

권력은 즈리 총독과 북양통상대신을 겸직하여 청나라의 병권을 손에 넣으면서 정점에 올랐으며, 의화단운동으로 연합군이 북경을 공격하자, 서태후는 리훙장을 전권대신으로 임명하여 연합군과의 화의를 전담하게 했다. 양무운동의 성과인 북양군이 청일전쟁에서 패하면서 실각했지만 이후 무술변법이 서태후에 의해 실패로 돌아가면서 다시 기용되어 외교관 역할을 수행하다 사망했다.

6 양주楊朱는 전국시대 초기인 기원전 4세기에서 기원전 3세기의 도가 사상가다.

7 '걸주桀紂'는 하夏나라의 마지막 왕 걸桀과 은殷나라의 마지막 왕 주紂를 가리키며, 폭군의 대명사로 사용된다.

8 "生則堯舜, 死則腐骨, 生則桀紂, 死則腐骨"(《열자列子》〈양주楊朱〉).

때 영국 황제를 영국 왕으로 잘못 칭하여 영국 공사의 노여움을 샀는데, 자신의 의견을 굽히지 않다가 사직하고는 영국으로 유학을 갔다. 1877년에 귀국하여 정부 소속의 변호사가 되었는데 얼마 후 자유당이 창당되자 입당했다. 인품이 빼어나고 강직하여 선배들로부터 신임을 받았으며 마침내 자유당에서 유일무이의 권력을 장악했다. 호시 도루의 개인사는 사실일본 자유당이 시작되고 끝나는 역사다. 1882년부터 1883년까지 그는 당원들을 이끌어 정부를 비판하는 데 힘을 아끼지 않았다. 끝내 1885년에는옥에 수감되었고 1887년에는 도쿄에서 추방되었다.[9] 1890년 의회가 개원하여 의원으로 선출되었고 의회 의장으로 선임旋任되었다. 개진당과 서로정적이 되어 경쟁하다가 의장직을 잃었고 의원의 적이 말소되었다. 1896년 미국 공사에 다시 임관했고 1899년에 만기가 되어 돌아와서는 헌정당(진보당과 자유당이 합당하여 개명한 당) 정부의 말운을 목도했다. 그는 곧바로 과감하게 내각을 해산하고 헌정당을 해산했다. 1900년에 자유당을 입헌정우회로 개명했는데, 오래잖아 정우회가 정권을 잡아 내각을 조직했고호시 도루는 체신성 대신이 되었다. 호시 도루의 인물 됨됨이는 재능이 뛰어나고 계략이 남달라서 당대에는 견줄 자가 적었다. 관망하는 안목이 매우 뛰어났고 날마다 정적들과 설전하여 매번 승리했으며, 마침내 일본 당대에서 이름난 첫째가는 인물이 되었다. 그렇지만 생활은 근면하지도 절제하지도 않았다. 재물을 좋아하여 국민들이 크게 비난하기도 했는데 대신이 된 지 수개월이 지나지 않아 일전의 뇌물수수 사건에 연루되어 사직했다. 그렇지만 여전히 의원직은 유지했으며 최대 다수의 정당을 이끌었다. 올해 7월 한 협객에 의해 공격을 받고 시 회의장에서 사망했다.

크리스피는 1819년 이탈리아의 시칠리아 섬에서 태어났다. 어려서 변

---

9 1887년 12월 26일부터 28일까지 총 570명의 자유민권과 관련 인물들이 퇴거 명령에 의해 도쿄에서 추방되어 요코하마와 우라와 등지로 보내졌다.

호사가 되었고 1848년에는 이탈리아 혁명에 참여했다. 크리스피는 사실 능력 있는 사람이었지만 일이 이루어지지 않아서 프랑스로 도피했는데, 또 쫓겨서 영국으로 숨어들었다. 바닷가 섬들을 떠돌았는데, 생계를 유지할 수가 없어서 때론 추위와 배고픔이 열흘간이나 지속되었다. 여러 신문사에 글을 팔아서 겨우 끼니를 충당할 수 있었다. 이와 같은 생활이 10여 년 동안 계속되었다. 1860년이 되어 비로소 혁명군 대장 가리발디가 시칠리아 섬을 점령하자 시칠리아 섬은 자립했고 이탈리아 통일의 과업이 이루어졌다. 의원으로 선출되었고 하원 의장직을 거듭 담당했으며 여러 차례 정부의 대신이 되었고 두 차례 총리가 되었다. 이탈리아에는 좌우 양당이 있는데 크리스피는 사실 좌당의 수령이다. 국내정책으로는 항상 교회 권력에 반대했고, 외교정책으로는 독일과의 우호정책으로 프랑스를 견제했다. 유럽의 삼국동맹(독일, 오스트리아, 이탈리아)은 크리스피의 공이 가장 크다. 그 후 업무와 관련해서 반대당의 탄핵을 받았고 끝내는 1896년 사직하여 스스로 정계의 풍파에서 벗어나 시골에서 유유자적하며 남은 생을 보냈다. 이탈리아 건국일에는 이미 사망했지만, 이탈리아를 유럽 일등 국가의 지위에 우뚝 세워놓을 수 있었던 것은 사실 크리스피, 카보우르, 가리발디 세 영웅의 공이 크다. 올해 8월 83세로 사망했다.

아, 호시 도루와 크리스피를 불세출의 호걸이라고 하지 않을 수 있는가? 이 다섯 사람은 그들의 국가에서는 모두 절대적인 역할을 했다. 빅토리아 여왕이 입헌군주국의 군주이고 군주는 책임이 없기에 논외로 하면, 크리스피와 매킨리는 자신들의 나라를 일신했고, 호시 도루는 일신하고자 했지만 그 뜻을 이루지 못한 자다. 이 점에서 리훙장을 저 세 사람과 비교해보면 부끄러울 뿐이다. 리훙장은 매번 "나는 사방에서 방해했기에 뜻한 바가 있었으나 이루지 못했다"며 해명했다. 그의 말은 진실이다. 그렇지만 호시 도루와 크리스피가 온갖 위험을 무릅쓰고 갖은 모욕을 참아내고 온갖 어려움을 타개하고서 마침내 그 목적을 달성한 것을 보면 어떠한가? 진정한 영웅은 항상 다른 세력을 빌리려 하지 않고 항상 스스로 세력을 만들었다. 저 호시 도루와 크리스피의 세력은 모두 스스로 만든 것이다. 리홍장은 청나라 조정에서 편안하고 부유하게 높은 지위에 있었을 뿐이다. 진실로 나라를 굳건히 하고 사람들을 이롭게 하고자 했다면, 어째서 40년간이나 조정의 대신이었고 사회적으로 존경받았는데도 사람들을 결집하여 수구세력과 싸워 이기려 하지 않았는가? 안타깝다! 리홍장의 학식은 호시 도루와 같을 수 없고, 그의 열성은 크리스피와 같을 수 없다. 장악한 권력은 저들보다 열 배나 많으면서도 이룬 바는 저들보다 훨씬 적다. 됨됨이로 보면 리홍장은 조금의 학식도 없고 조금의 열성도 없는 사람이다. 중국이 크다지만 리홍장보다 학식 있고 열성적인 사람이 몇이나 되는가! 19세기의 여러 나라에는 모두 영웅이 있는데 우리나라에만 유독 영웅이 없으니, 우리들 또한 어찌 사슴을 가리켜서 말이라고 하지 않을 수 있었겠는가! 세상의 비웃음을 면하고자 리홍장을 추커세워 세계에 내보여 말하기를, "이 사람이 우리나라의 영웅이다. 아! 마침 우리나라의 영웅이 생겼다. 마침 우리나라에 19세기 이전의 영웅이 생겼다"고 했다. 빅토리아 여왕이 영국의 군주였던 기간은 60여 년이고, 리홍장이 중국의 재상이었던 기간은 40여 년인데, 한 사람이 나라를 담당한 시간으로 보면 근세에 이 두 사람을 따를 자가 없다. 그렇지만 빅토리아 여왕이 재위한 60년간 영국은 영토를 확장하여 다섯 대륙에 식민지를 두어 마침내 "The sun continually shines on our British flag(번역하면 '태양은 항상 우리 영국 깃발을 비추고 있다'이며, '영국에 속한 땅이 전 세계 곳곳에 있다'는 의미다)"라는 교만한 말까지 하게 되었으니, 얼마나 영예로운가! 리홍장이 관직에 있던 40년 동안 중국은 날마다 100리의 땅을 잃었는데, 시험 삼아 아시아 동부의 지도를 색칠하여 나누어보면 그 색이 변한 곳이 거의 10여 곳이니, 이 얼마나 치욕스러운가!

영국의 번영은 사실 빅토리아 여왕 한 사람의 공이라고 할 수는 없고, 중국의 수치 또한 리훙장 한 사람의 죄과라고 할 수는 없다. 아, 19세기가 가고 20세기가 바야흐로 오고 있다. 쩡궈판[10]은 자주 "이왕의 갖가지 것은 어제 죽은 것과 같고, 미래의 갖가지 것은 오늘 태어난 것과 같다"[11]고 했다. 우리는 19세기의 대표인에 대해 흠향함도 없고 질책함도 없는데, 20세기의 새로운 사람을 바라봄에는 또 어떠할 것인가?

매킨리는 19세기 미국의 대표 인물이 아니라, 20세기의 미국을 대표하는 인물이다. 미국은 워싱턴이 개국한 이래로 민족자결주의를 채택하여, 모두 국토를 보존하는 데 힘썼고 외국을 공격하여 점령하려 힘쓰지 않았으며, 미주를 경영했지 다른 대륙에 미치지 않았었다. 매킨리가 대통령이 된 뒤로는 먼저 쿠바를 점령했고, 다음으로 하와이를 집어삼켰으며, 그다음으로는 필리핀을 식민지로 삼았다. 공화주의에서 일변하여 제국주의가 되어서는 드디어 서반구의 신세계와 동아시아 대륙이 갑작스레 서로 가까워지게 했다. 지금부터 미국은 전 세계로 뻗어나가 여러 열강의 맹주가 될 것이니 중미 관계에서도 많은 일이 있을 것이다. 이것은 모두 매킨리가 후대 사람들에게 미친 영향이다.

리훙장은 옛 중국을 마무리 지었고, 매킨리는 새로운 미국을 열었다. 매킨리가 사망하고 그의 뜻을 계승한 자가 천만이 넘는다. 리훙장이 사망하

---

10 쩡궈판曾國藩(1811~1872)은 청말의 학자, 관료이며 정치가이자 군사전략가다. 문학과 서법書法에 조예가 깊고 이학理學에도 밝았다. 상군湘軍의 창설자이며 량장 총독兩江總督, 즈리 총독直隸總督, 무영전대학사武英殿大學士 등을 지냈다. 마오쩌둥毛澤東은 "나는 근래 사람들 가운데 오직 쩡궈판을 따른다(予於近人, 獨服曾文正)"라고 할 정도로 높이 평가했다. 자는 백함伯涵이고 호는 척생滌生이며 시호는 문정文正이다. 저서에 《증문정공전집曾文正公全集》이 있다.

11 "從前種種, 譬如昨日死. 從後種種, 譬如今日生." 원황袁黃(1533~1606)의 《요범사훈了凡四訓》〈입명지학立命之學〉에 나오는 말을 쩡궈판이 인용한 것이다.

고 그의 잘못을 바로잡을 자는 누구인가?

아, 저 먼 곳의 넓디넓은 곳을 바라봄에 어느 곳인들 인재가 없겠는가? 캄캄한 황천에서 사람을 보내어 하늘에 물어도 대답이 없다. 계속해서 새로운 사람이 옛사람을 대신하니, 어제는 소원했지만 내일은 친근하다. 말로 사람을 비방함에는, 차후에 지금을 바라봄이 지금 옛적을 바라봄과 같다. 푸른 등은 흥취가 있으나 흘러가는 물은 무정하니, 시문을 지어 구체적 사적(信史)을 대신한다.

빅토리아 여왕
태양이 뜨고 지는 곳에 깃발 휘날리고
공적이 하늘에 이르러 눈물 흘리며 노래 부를 제
오대양의 바닷물은 고요하고
뭇 용은 장중하게 만가를 부르노라.

호시 도루
일생토록 스스로 사냥하며 적수가 없는 줄 알았으나
백수 가운데 재능을 다툰지라 사람 손에 내려앉기 부끄럽네
(두보가 매를 읊은 구절을 인용함).[12]
오늘 강산이 홀연 적막하니
날아가는 매 화살을 맞고 깊은 가을로 떨어졌도다.

---

12 두보杜甫의 시는 다음과 같다. "見王監兵馬使說, 近山有白黑二鷹, 羅者久取竟未能得, 王以爲毛骨有異他鷹, 恐臘後春生, 鶱飛避暖, 勁翮思秋之甚, 眇不可見, 請餘賦詩."

크리스피

여섯 차례나 누차 소자인을 차고

애처롭게 10년을 가두에서 걸식했네.[13]

나라는 어려서부터 걱정했으나 내가 이미 늙었고

(크리스피는 일찍이 마치니와 모임을 조직했는데, 그 이름은 '소년 이탈리
아'다)

일선에서 물러나니[14] 비가 거세게 내린다.

매킨리

호걸이 태어나서는 먼로의 자리를 빼앗았고

(먼로는 미국 전 대통령으로 미국은 다른 지역의 일에 간섭하지 않고 또한

다른 지역의 국가 역시 미국의 일에 간섭하지 않는다는 선언했는데, 이를 먼

로주의라고 한다)

영웅의 귀신은 링컨의 무덤 근처에서 죽었다.

(링컨은 미국 전 대통령으로 노예를 해방시키기 위해 남북전쟁을 일으켰고

전후에 연임하다가 암살당한 사람이다)

무뢰한 가을바람[15]에 바다의 서쪽은 경계하고

조기가 땅을 뒤덮어 천민天民을 조상한다.

---

13 원문에서 "오시소吳市簫"는 '오시취소吳市吹簫'를 가리킨다. 춘추시대에 아자서伍子胥가 부형의
　원수를 갚기 위해 초楚나라에서 오吳나라로 도피하여 시장에서 퉁소를 불며 걸식했다. 이후
　로 가두에서 걸식하는 것을 '오시취소'라 했다(《사기》〈범저채택열전范雎蔡澤列傳〉참조).

14 원문에서 "토구菟裘"는 본래 노나라의 지명(현재 산둥山東 타이앤泰安)인데, 후대에 사대부가 늙
　어 은퇴하여 머무는 곳을 '토구'라고 불렀다.

15 원문은 "상풍商風"으로, 추풍秋風 혹은 서풍西風을 가리킨다. 《초사楚辭》의 동방삭東方朔〈칠간
　七諫·침강沉江〉에 "商風肅而害生, 百草育而不長"이라는 구절이 있고, 그에 대해 왕일王逸은 "商
　風, 西風"이라 주석했다.

리훙장

역사[16]는 관 뚜껑 덮기 전에 판정하지 않지만

병든 나라는 그대 이름을 세웠네.

이처럼 강산이 휴식을 취하듯

석양의 누렇게 마른 잎이 그대 가는 길을 배웅하노라.[17]

---

16 원문은 "양추陽秋"로, 공자가 지은 역사서 《춘추》를 의미하지만 일반적으로 사서史書를 가리
키기도 한다.

17 《청의보》 제98책(광서 27년 10월 11일), 1~4쪽.

백성의 윗사람 되기 어려움

難乎爲民上者

　백성의 기운이 약한 나라에서는 백성의 윗사람 되기가 가장 쉽지만, 나라는 늘 쇠퇴한다. 백성의 기운이 창성한 나라에서는 백성의 윗사람 되기가 가장 어렵지만, 나라는 늘 강하다. 따라서 오늘날 문명의 수장이 된 자는 반드시 남다른 용기를 가지고 전장에 서서 위험을 무릅쓰고 죽음을 각오하며 정책을 펼쳐야 한다. 또한 남다른 공공정신을 가지고 민정民情을 잘 헤아리고 모든 것을 공리와 공익을 위해 생각하지 않으면 안 된다. 그래야 그 자리를 안정시키고 그 몸을 보전할 수 있다. 아, 어렵구나!

　호시 도루와 윌리엄 매킨리는 모두 자객에게 암살되었다. 그러나 두 사람이 암살당한 이유는 각각 다르다. 매킨리는 전적으로 상대 당의 질투 때문이지만, 호시 도루는 그렇지 않다. 호시 도루는 과거 행적으로 자초한 경향이 크지만, 매킨리는 그렇지 않다. 요컨대 각자가 겪은 어려움은 한가지다. 일본의 흥성에는 협객이 공을 세웠다. 이른바 무사도, 대화혼大和魂이란 모두 칼을 뽑아 기둥을 치며 죽음을 무릅쓰는 무리다. 이이 나오스케[1], 오

---

[1] 이이 나오스케井伊直弼(1815~1860)는 오미히코네 번近江彦根藩의 15대 번주다. 1858년 에도 막부江戶幕府의 비정기 최고직인 다이로大老에 취임하여, 당시 천황의 승인을 받지 못해 계류 중이던 미일수호통상조약을 독단적으로 처리하고, 쇼군의 후계자 분쟁에서 반대세력을 숙청한 안세이 대옥安政の大獄 사건을 일으켰다. 이러한 강압정책이 여러 사람의 불만을 사서 미토 번 출신의 유랑무사 로닌에게 암살당했다.

쿠보 도시미치, 모리 아리노리[2]가 이들에게 죽임을 당했다. 오늘날 호시 도루도 이들에게 죽임을 당했다. 사회질서를 어지럽혔다고 하지만, 마른 땅의 날벼락이 간혹 천지를 소생하게 한다. 일본의 정신은 여기에 있다.

그런데 19세기 유럽의 각국 수장 중 이런 불행을 당한 자의 수가 적지 않다. 러시아의 경우, 1801년 파벨 1세가 피살되었고 1881년에는 알렉산드르 2세가 폭탄을 맞아 죽었다. 그리고 선황제 알렉산드르 3세는 늘 갇혀 있는 것 같다고 말하며 매우 불안해하고 편히 쉰 적이 없었다. 지금의 황제 성 니콜라이[3] 1세가 일본에 다녀갈 때도 거의 [이런 상태를] 면치 못했다. 러시아는 지구 제일의 전제국가이니, 상황이 이와 같은 것이 그리 이상할 것 없다.

미국의 경우 1865년 링컨 대통령이 살해당했고, 1881년 가필드[4] 대통령이 살해당했으며, 금년에는 매킨리가 또다시 그 전철을 밟았으니, 최근 36년 동안 암살자에 의해 죽임을 당한 사람이 세 명이다. 전제정치체제가 만들어진 곳, 즉 러시아 황제의 생명과 자유정치체제가 만들어진 곳, 즉 미국 대통령의 생명, 이 둘을 비교하면 누가 위험하고 누가 안전한지는 물을 필요도 없는 듯하다. 생명보험회사에 보험을 가입하면 납입률이 러시아는 늘고 미국이 주는 것은 진실로 당연하다. 실제로 비교해보면 이러하니, 어찌 다른 이유가 있겠는가? 백성의 기가 더 센 나라일수록 백성의 윗사람

---

2 모리 아리노리(1847~1889)는 근대 일본의 무사(사쓰마 번사), 외교관, 정치가다. 히토츠바시 대학─橋大學의 창립자며, 초대 문부대신을 지냈다. 메이로쿠샤明六社 회장과 도쿄 학사회원東京學士會院 초대 회원을 지냈으며, 메이지 시기 6대 교육가로 꼽힌다.

3 중화서국본에는 '니고자尼古剌'로, 광지서국본에는 '니고라尼古喇'로 되어 있다.

4 제임스 가필드James Abram Garfield(1831~1881)는 미국의 20대 대통령(재임 1881. 3. 4~9. 19.)이다. 남북전쟁 때 북군 장교로 참전하고, 18년 동안 하원의원을 역임하며 당시 공화당 내에서 지위를 쌓아 대통령 후보가 되었다. 뉴욕 주의 세력과 결탁하여 대통령에 당선되었으나, 당선된 뒤 뉴욕 주의 세력을 배제하고 자신의 인사들로 내각을 채우려다가 뉴욕 주 사람인 찰스 기토에게 암살당했다.

되기가 더 어렵다. 이것은 피할 수 없는 원리다.

　내가 이 말을 한다고 무정부당을 편드는 것은 아니다. 무정부당은 전제국가와 자유국가를 불문하고 오로지 그 수장의 살해를 일삼는다. 그것이 전제질서인지 자유질서인지는 전혀 따지지 않는다. 저들은 질서의 적이자 문명의 적이다. 그렇지만 문명이 있은 연후에 문명의 적이 생기기 마련이다. 따라서 백성의 기가 약한 나라는 문명을 이루지 못할 뿐만 아니라 문명의 적도 성취할 수 없다.

　오호라! 오늘날 중국에서 백성의 윗사람 된 자를 구미나 일본에 보낸다면 내가 말한 호시 도루와 매킨리의 일을 달마다 보고 날마다 들을 것이다.[5]

---

5 《청의보》 제98책(광서 27년 10월 11일), 5~6쪽.

영감

煙士披里純(INSPIRATION)

사람은 늘 가슴속의 비밀을 말하려고 한다. 말하려고 해서 말하는 사람도 있고, 말하지 않으려 해도 말하는 사람도 있다. [말하려는] 마음이 있고 없음의 차이가 있기는 하지만, 결국 가슴속의 비밀은 오랫동안 숨겨두지 않는다. 말로 드러나지 않으면 행동으로 드러나고, 행동으로 드러나지 않으면 용모로 드러난다. 《예기》에서는 "숨어 있는 것이 드러나니, 진실한 것은 이처럼 가릴 수 없다"[1]고 했다. 아! 두렵다. 대개 사람에게는 사지四肢와 오관五官이 있다. 이 모든 것에서 사람의 마음속에 담긴 비밀이 드러난다. 즉, 사지와 오관은 사람 마음의 간첩이고 고백이자 간판이다. 이마를 찡그리고 얼굴이 초췌하면 억지로 웃는다고 해도 나는 근심이 있다는 것을 안다. 보조개가 생기고 눈썹이 올라가면 말로는 무료하다고 해도 나는 즐겁다는 것을 안다. 대개 마음속의 비밀은 억제하려 해도 억제되지 않고, 이 기관들을 통해 직접 표출되어 많은 사람이 있는 공개된 장소에서 나타난다. 왜 굳이 마음속의 생각은 세 마디 혀로만 표현되고 줄거리는 일곱 마디 붓으로만 써지겠는가? 눈의 깜박임, 얼굴의 움직임, 손의 접촉, 몸의 운동이 어느 하나 숨은 생각을 끌어내고 마음속 깊은 감정을 표현하는 대문장이 아닌 것이 없다.

---

1 "夫微之顯, 誠之不可揜如此乎"(《예기》〈중용〉).

서양 학자 해밀턴은 "세계는 사람보다 크지 않고 사람은 마음보다 크지 않다"고 했다. 이 말은 믿음직하도다! 그러나 이 마음에는 또 갑자기 오는 것이 있어서 하지 않아도 하게 되고 이르지 않아도 이르게 된다. 내가 나라는 것을 잊어서 이름 붙일 만한 것이 없는 것을 인스피레이션inspiration이라고 한다. 인스피레이션은 생각과 감정이 최고조에 도달한 찰나에 발생한다. 그리고 먼 옛날의 영웅호걸, 효자열부, 충신의사부터 열정적인 종교인, 미술가, 탐험가들이 세상을 놀라게 하고 귀신을 울릴 만한 일을 하게 되는 까닭은 모두 이 찰나의 순간에 일어났다. 이 찰나가 원동력이 되어 움직였기 때문에 이 찰나의 순간에 부지불식간 성취된 것에는 수십 년 동안 마음먹고 한 일보다 훨씬 뛰어난 면이 있다.

《사기》〈이광열전李廣烈傳〉을 읽어보자. "이광이 사냥을 나가서 풀 사이의 돌을 보고 호랑이인 줄 알고 쏘았는데 화살이 명중해서 깊이 박혔다. 보니 돌이었다. 다시 쏘았지만 화살은 돌 안으로 박히지 않았다." 이 내용에서 보면, 돌에 화살이 깊이 박히도록 명중시킨 것은 이 장군이 평소 사용하던 방법이 아니라 찰나의 순간에 번개나 불처럼 의도하지 않으면서 의도한 것 같기도 한데, 이것은 인스피레이션 때문이다. 따라서 마르틴 루터는 "나는 화날 때 기도를 가장 잘하고 연설을 가장 잘한다"고 말했다. 현장 법사가 밥그릇 하나와 삼베 한 벌만으로 파미르 고원(蔥嶺)을 넘어 풍토병을 무릅쓰며 인도까지 간 일, 콜럼버스가 배 한 척으로 큰 파도를 헤치며 목숨을 걸고 아메리카 대륙을 찾아 나선 일, 얼스메俄兒士蔑[2]가 민요를 부르고 비파를 타며 남유럽에서 구걸한 일, 모세가 오랑캐족과 싸우며 물과 풀을 쫓아 사막을 떠돈 일 등은 추구한 일과 성취한 일은 다르지만, 모두 인스피레이션이 느낌과 행동의 원동력이 되어 그 목적을 달성한 것이

2 신원 미상이다.

라고 볼 수 있다. 루소는 《참회록》 후기에서 이렇게 말했다. "나는 홀로 세계를 여행할 때 내가 나인 줄 몰랐다. 여행하는 동안 만난 온갖 사물이 모두 일일이 나의 생각과 신체활동의 자극제가 되었으며 나의 마음도 이들에 따라 움직였다. 나는 배고프면 먹고, 배부르면 돌아다녔다. 당시 나의 마음속에 있었던 것은 오직 하나의 새로운 천국만 있었다. 나는 날마다 그것을 생각하고 날마다 그것을 추구했을 뿐이다. 그리고 내 일생의 힘은 실제로 여기에서 얻은 것이다." 오호라! 루소가 대단한 마음의 힘으로 억만 유럽인의 마음에 불을 지펴서 얻은 성취는 이곳저곳을 떠돌 때의 인스피레이션에서 얻은 것이구나. 인스피레이션의 동력은 정말로 불가사의하구나.

세상의 역사가들은 종종 "영웅은 사람을 농락한다"고 말한다. 그러나 그 농락이라는 것은 어떤 수단, 어떤 말, 어떤 안색을 사용하는가? 일정한 격식이 있으면 기계로 만들고 활판으로 찍어낼 수 있다. 과연 정말 그렇다면 대장장이에게서 쇠를 제련하는 것을 배우고 토공에게서 흙을 빚는 것을 배우듯, 그 방법이 이미 정해졌기 때문에 그 방법을 전하고 익히는 것도 반드시 정해져 있다. 정말 그렇다면 그 방법을 익히고 배워서 영웅이 되는 것은 정말 저절로 쉬워진다. 참으로 그렇다면 영웅은 당연히 수레에 가득 실리고 천지를 가득 메울 정도로 많을 것이다. 그러나 영웅의 형상을 그려내고 영웅의 수법을 전술하는 저 사람들이 왜 자기 자신은 영웅이 될 수 없는가? 아아! 영웅이 과연 사람을 농락하는지를 나는 알 수 없다. 농락이라는 말을 가져다 쓰지만 여기서 말하는 농락이란 결코 거짓된 권모술수가 아니며 기계로 만들거나 활판으로 찍어내는 부류가 아니라 아마 인스피레이션일 것이다. 그것이 사람에게 닿으면 전기가 사물에 접촉하고 자석이 쇠를 당기듯 떨어지고 싶어도 떨어질 수 없다. 조익[3]은 《이십이사

---

3   조익趙翼(1727~1814)은 청대의 역사가·문학가로, 자는 운숭雲崧·운숭耘崧이고, 호는 구북甌北·구악耉嶽이다. 관직은 귀서병비도貴西兵備道에 이르렀고, 사직한 뒤 안정서원安定書院에서

차기二十二史箚記》에서 유비에 대해 다음과 같이 논했다. "유비가 제갈량을 세 번 찾아가서 대계大計를 자문한 것을 보면, 엄하게 재상을 임명하는 기풍이 전해지고 있다. 관우, 장비, 조운은 젊은 시절 맹약을 맺은 이래 평생 동안 사방을 돌아다니며 타향 땅을 달리고 남에게 의지하여 살면서 사업을 할 수 있는 땅이 한 치도 없었다. 그렇지만 이들은 어려움을 만나도 다른 마음을 품지 않았다. 이야말로 이들의 충성과 의리며, 유비는 숨어 있고 알 수 없는 뜻을 깊이 이해하고 맹약을 맺은 것이다." 어찌 유비뿐이겠는가? 조조, 손권, 워싱턴, 나폴레옹, 크롬웰, 글래드스턴 등이 모두 그러하다. 저 보통사람들이 영웅의 모습을 그려내며 각종 판에 박힌 평가를 내는 일은 마치 학식과 식견이 좁은 학구學究가 고문을 평가하는 듯하다. 이들은 자신이 품고 있는 생각으로 일정한 기준을 세운다. 한유와 유종원 등 대가가 글을 지을 때는 쌍관법雙關法[4], 단제법單提法, 억양돈좌법抑揚頓坐法, 파란금종법波瀾擒縱法 등 정해진 규칙이 있었다. 아는 사람이 보면 먹던 밥을 뿜어낼 정도로 비웃지 않겠는가? 저 옛사람들이 어찌 이런 글을 집필하고 배우지 않았겠는가? 그 안에 기가 충만하면 겉모습에 넘쳐나고 그 말에 움직이며 그 문장에 나타나지만, 스스로 알지 못한다. 오직 인스피레이션 때문이다.

따라서 이 인스피레이션을 기르는 데도 길이 있다. 인스피레이션은 바람과 같이 와서 사람이 잡을 수 없고, 구름처럼 생겨나므로 사람이 움켜쥘 수 없다. 그렇지만 그것을 얻을 수 있는 길이 있다. 그것은 바로 지극한 정

주강했다. 사학에 뛰어났고, 특히 고거에 밝았다. 시詩는 모방을 반대하고 독창성을 중시했으며, 이학理學을 풍자하고 시정時政에 대한 불만을 토로했다. 그의 저서 《이십이사차기二十二史箚記》는 왕명성王鳴盛의 《십칠사상각十七史商榷》 및 전대흔錢大昕의 《이십이사고이二十二史考異》와 함께 청대 3대 사학 명저로 불렸다.
4 대구對句를 양쪽에 나열하고(雙) 마지막에 빗장을 지르는(關) 듯이 하여 매듭을 짓는 방법이다.

성이다. 더 자세히 말하면 만사를 제치고 하나의 목적에 몰입하고 오로지 하나에 충실하여 평생 그것에 종사하는 것이다. 《기기記》에서는 "지극한 정성에 감동받으면 금석金石이 열린다. 정신을 집중하면 무슨 일을 이루지 못하겠는가?"[5]라고 했다. 서양 학자 빅토르 위고[6]는 "여자는 약하다, 그러나 어머니는 강하다(Woman is weak, but mother is strong)"고 말했다. 무릇 약한 여자가 어떻게 강한 어머니가 되는가? 오직 아이를 사랑하고 지극한 정성을 들이는 일념으로, 평소에는 너무 약해서 옷의 무게도 견디지 못하고 정이 작은 새와 같다가도 아이 때문이라면 수많은 산과 골짜기도 홀로 다니고 호랑이와 이리가 울고 도깨비가 출몰해도 두려워하지 않고 피하지 않는다. 대개 지극히 정성스러운 사람의 진실한 면모는 신명에게 통한다. 생사가 왔다 갔다 하는 순간에 약자가 홀연 강해지고 어리석은 자가 홀연 지혜로워지며 쓸모없는 자가 홀연 쓸모 있게 된다. 불난 집의 주부는 천균千鈞의 상자를 작은 풀을 줍듯 옮긴다. 프랑스의 여걸 잔 다르크는 일개 시골 소녀의 미약한 자질로 영국 10만 대군을 패퇴시켰다. 오직 인스피레이션 때문이다.

사람이 세상을 살아갈 때 늘 불난 집에 있는 듯하고 적이 포위하고 있는 것처럼 하면 인스피레이션은 날마다 수반되니, 막는 힘이 많더라도 두려울 것이 무엇이고 아주 힘겨운 일이라도 못 할 것이 무엇이겠는가? 맹자는 "지극히 정성스러우면서도 남을 감동시키지 못하는 자는 아직까지

---

5 원문은 "至誠所感, 金石爲開. 精神一到, 何事不成"인데, 출전은 량치차오의 말과는 다르다. 유사한 문장은 《주자어류朱子語類》 권8 〈학이學二〉("陽氣發處, 金石亦透. 精神一到, 何事不成")에서 확인할 수 있다. 또한 "至誠所感, 金石爲開"와 유사한 의미의 문장은 예부터 줄곧 사용되었는데, 한나라 왕충王充의 《논형論衡》 〈감허편感虛篇〉("精誠所至, 金石爲開")과 유향劉向의 《신서新序》 〈잡사雜事〉("誠心而金石爲之開, 況人心乎"), 류다퉁劉大同(1865~1952)의 《고옥변古玉辨》("至誠所感, 金石爲開") 등에서 확인된다.

6 빅토르 위고Victor-Marie Hugo(1802~1885)는 프랑스의 낭만주의 시인이자 소설가 겸 극작가다.

없었으니, 정성스럽지 못하면 남을 감동시킬 수 없다"[7]고 했다. 이 문구를 써서 평생 곁에 두어 스스로 경계하고 채찍질하며 천하의 동지에게 알리노라.[8]

.

---

7 "至誠而不動者未之有也, 不誠未有能動者也"(《맹자》〈이루 상離婁上〉).
8 《청의보》제99책(광서 27년 10월 21일), 1~3쪽.

무욕과 다욕

無欲與多欲

최근 일본의 《고쿠민 신문國民新聞》[1]을 읽다가 도쿠토미 소호의 '무욕과 다욕'이라는 제목의 글을 보았다. 그 논의가 자못 심오하고 뛰어나므로, 기록하여 뜻을 풀어본다. 소호는 다음과 같이 말했다.

욕망이 없는 사람은 없다. 여자를 좋아하거나 재물을 좋아하기도 하고 명예를 좋아하거나 배움을 좋아하기도 한다. 요컨대 욕망이 없는 사람은 없다. 선불교의 고요함을 좋아하는 사람들이 마른 나무나 꺼진 재와 같이 되는 것을 스스로 목적으로 삼고 있지만, 결국은 마른 나무나 꺼진 재가 되고자 하는 욕망에서 벗어나지 못한다. 견식이 얕은 자들은 왕왕 후자를 무욕이요 전자를 다욕이라고 생각하니, 모두 차별의 모습을 망령되이 만들었을 뿐이다.

사이고 난슈[2]와 같은 근세의 호걸은 아마 욕망이 없는 사람이라고 할 만하다. 그는 시를 지어 "우리 집 유훈을 그대는 아는가? 자손을 위해 좋은

---

1 1890년 도쿠토미 소호德富蘇峰가 창간한 일간신문이며, 오늘날 《도쿄 신문東京新聞》의 전신이다. 도쿠토미가 잡지 《고쿠민노토모國民ノ友》의 성공을 발판으로 창간했는데, 처음에는 평민주의 입장에서 정치문제를 논했으나 삼국 간섭을 계기로 제국주의적 국가주의로 전환했다.

2 사이고 난슈西鄉南洲는 사이고 다카모리의 다른 이름이다. 그는 이외에도 '다카나가隆永', '다케오武雄', '기치노스케吉之介 · 吉之助' 등 여러 이름을 사용했다.

밭을 사지 마라"[3]고 했다. 세상의 욕망을 거의 모두 말끔히 지웠지만, 그는 일단 사쓰마 번의 어린 학생들이 반란을 일으켰다는 소식을 듣고는[4] 홀연히 일신을 희생하여 제자들과 더불어 죽는 것을 달게 여기면서 "백발이 되고 주름이 생기는 것을 염려하지 않고, 큰 뜻을 품고 검을 겨누어 공로 없음을 부끄러워한다"[5]고 읊었다. 그는 기러기 털처럼 일신을 가벼이 여기고, 세상을 뒤덮을 공을 세우지 못하는 것을 일생의 큰 유감으로 생각했다. 과연 난슈가 완전히 욕망이 없었다고 하겠는가?

나는 세상에서 말하는 무욕이 반드시 욕망이 없는 것은 아니며 세상에서 말하는 다욕이 반드시 욕망이 많은 것은 아니라고 생각한다. 요컨대 욕망이 있고 없고 많고 적음은 오직 욕망의 성질과 종류가 어떠한가에 달려 있을 뿐이다. 사이고 난슈의 안중에는 히라누마 센조[6]와 같은 무리를 무욕의 극치라고 생각했을지도 모른다. 탐욕스러운 사람은 재산을 위해 죽고, 열사는 이름을 위해 죽고, 지혜로운 사람은 도를 위해 죽는다. 그 취향이 다르므로 드러나는 욕망도 각각 다른 것이다.

사람은 최상의 것을 바란다. 만일 미인을 최상의 것이라고 생각한다면, 미인 이외의 모든 것을 포기하고서 미인을 구하더라도 아까워하지 않을 것이다. 금전을 최상의 것이라고 생각한다면, 금전 이외의 모든 것을 포기하고 구하더라도 아까워하지 않을 것이다. 다른 일과 다른 사물에 대해서도 마찬가지다. 그러므로 우리는 무욕을 바랄 것이 아니다. 무욕은 결코

---

3 사이고 다카모리의 〈우감偶感〉에 나오는 구절이다. "幾歷辛酸志始堅, 丈夫玉碎愧甎全, 吾家遺法人知否, 不爲兒孫買美田."
4 1877년 가고시마의 사족들이 사이고 다카모리를 맹주로 삼아 일으킨 반란으로, 세이난 전쟁을 말한다. 사이고 다카모리가 지방에 세운 사립학교 학생들이 주축이 되었다.
5 사이고 다카모리의 〈제야除夜〉에 나오는 구절이다. "白髮衰顔非所意, 壯心橫劍愧無勳, 百千窮鬼吾何畏, 脫出人間虎豹群."
6 히라누마 센조平沼專藏(1836~1913)는 메이지 시대의 상인, 실업가다.

우리에게 가능한 일이 아니다. 오히려 먼저 어떤 것을 최상으로 생각할 것인지를 살피고 결정해서, 모든 욕망을 그것으로 향하게 하는 것이 좋다. 결국 무욕이란 세속적인 욕심이 없는 것일 뿐이다. 그가 욕망하는 것은 세속의 욕망에 비해 더 높고 더 크다. 이 때문에 세속의 욕망을 돌아볼 겨를이 없는 것이다. 그렇다면 무욕이란 큰 욕망으로 작은 욕망을 이기고 높은 욕망으로 낮은 욕망을 이기고 맑은 욕망으로 혼탁한 욕망을 이기는 것이라고 해도 좋을 것이다.

음빙자는 다음과 같이 말한다.

맹자는 "마음을 기르는 것은 욕망을 적게 하는 것보다 나은 것은 없다"[7]고 말했다. 순자는 "사람이 욕망이 많으면 쓸모도 많을 것이다"[8]라고 말했다. 이 둘은 각각 하나의 뜻을 밝히고 있으니 같이 행해도 서로 어긋나는 것은 아니다. 물질적인 욕구는 많을까 염려하고 정신적인 욕구는 적을까 염려할 뿐이다. 물질적인 욕구를 줄이고자 한다면, 정신적인 욕구를 늘리지 않으면 효과를 거둘 수 없다. 이러한 변화는 아마도 일정한 비례가 있을 것이다.

석가모니가 슈도다나 왕[9]의 태자라는 귀한 신분을 버리고 6년간 고행하고, 모세가 이집트 관료로서의 안락을 버리고 만 리를 떠돌아다니고, 루터가 교황이 특별히 내린 상을 사양하고 대법정에 기소되고, 콜럼버스가 시내에서 한가하게 노니는 즐거움을 버리고 먼 바다에 몸을 던진 것은 오로

---

7 "養心莫善於寡欲"(《맹자》〈진심 하〉).
8 《순자》에 인용문과 정확히 일치하는 구절은 없다. 욕망에 관한 《순자》의 주장으로는 "所欲雖不可盡, 求者猶近盡, 欲雖不可去, 所求不得, 慮者欲節求也(《정명正名》)"라는 구절이 있다.
9 슈도다나Suddhodāna 왕 淨飯王은 석가모니의 부친으로, 중인도 가비라국迦毗羅國의 왕이다.

지 욕심이 있었기 때문이다. 제비나 참새 따위가 기러기나 고니의 뜻을 어찌 알겠는가? 진섭 같은 필부도 이런 말을 하는데, 하물며 자고로 만국의 성현호걸은 어떻겠는가?

공자는 "내가 인을 원하고자 한다면 곧 인이 여기에 있다"[10]고 말하지 않았던가. 공자가 욕심이 있었는지 물어본다면, 공자는 천하에서 욕심이 많고 큰 욕심을 가졌다고 대답할 것이다. 그래서 "아는 것은 좋아하는 것보다 못하고, 좋아하는 것은 즐기는 것보다 못하다"[11]고 말했다. 공자는 천하를 구하고 생민生民을 이롭게 하기를, 세상 사람들이 음식을 좋아하고 남녀를 좋아하고 금전을 좋아하고 명예를 좋아하는 것처럼 했다. 어찌 공자뿐이겠는가! 고금 이래의 성현호걸이 일생 동안 노력하고 힘쓰는 것은, 방관자가 보면 경천동지할 일이요 사람이 하기 어려운 일이니, 100세 이후로도 놀라워하고 무릎 꿇고 존경한다. 그렇지만 성현호걸의 본심에 비추어보면 역시 욕심을 따른 일에 불과하다. 사람들은 남녀가 사랑 때문에 죽는 일을 보면 자못 웃으면서 "오호라, 어찌 이리 어리석은가!"라고 말한다. 그렇지만 성현호걸이 도를 위해 죽고 나라를 위해 죽고 백성을 위해 죽는 일을 저 사랑 때문에 죽는 일과 비교해보면, 분량의 대소와 관계의 경중이 다를지라도 하나의 욕망에 집중하고 다른 욕망을 포기한 점에서는 같을 뿐이라는 것을 모르고 있다. 이것을 지성이라고 한다. 아! 어떻게 보옥과 대옥[12]의 사랑하는 감정과 욕망을 국민에게로 돌릴 수 있을 것인가? 나는 장차 말채찍을 들고서라도 이를 따를 것이다.[13]

---

10 "我欲仁, 斯仁至矣"(《논어》〈술이〉).

11 "知之者不如好之者. 好之者不如樂之者"(《논어》〈옹야〉).

12 《홍루몽紅樓夢》의 남녀 주인공인 가보옥賈寶玉과 임대옥林黛玉을 가리킨다.

13 원문은 "執鞭以從之"로, 《논어》〈옹야〉의 "富而可求也, 雖執鞭之士, 吾亦爲之"에 유래한다. 아무리 비천하고 험한 일이라도 기꺼이 감수하겠다는 뜻이다.

부처의 제자가 부처에게 여래종如來種이 무엇인지를 묻자, 부처는 무명으로 인한 사랑[14]이 여래종이라고 말했다. 무명으로 인한 사랑은 욕심이 많은 것을 말한다.[15]

---

14 무명無明은 세계의 진상에 대한 무지이고, 유애有愛는 생에 대한 집착이다. 불교의 십이연기로 보면, 사제四諦에 대한 무지를 뜻하는 무명이 첫째 원인이고 갈애와 탐욕을 가리키는 애愛는 여덟 번째 원인이 된다.

15 《청의보》 제99책(광서 27년 12월 1일), 3~4쪽.

후회에 관하여
說悔

《논어》에서는 "군자는 일을 함에 후회가 없다"[1]라고 했다. 후회라는 것은 아마 위대한 현인과 호걸에게는 있을 게 아닌 듯하다. 그렇지만 불교에서는 참회라 하고, 예수교에서는 회개라 하며, 공자는 허물이 있으면 고치기를 꺼리지 말라고 했으니, 고금의 모든 대종교의 가르침이 다 이 교의를 내세워 입신立身과 진덕進德의 유일한 법문으로 삼은 것은 또 무엇 때문인가?

《대역사동大易四動》에서 "길상과 재앙은 후회와 변명에 달려 있다[2]. 변명은 재앙의 근원이고, 후회는 길상의 뿌리다"라고 했다. 왜 후회가 길상의 뿌리인가? 대저 인간의 본성은 악하다. 애초부터 무명의 종자가 오래토록 장식藏識[3]에 훈습되어 있다. 그러므로 처음 태어날 때 이미 무량한 미망이 의근意根에 잠복되어 있다. 세간에 거주하게 되면 또한 현생에서 지은 악

---

1 원문은 "君子之作事也無悔"로, 출전은 량치차오의 말과는 달리 《논어》에서 확인되지 않는다. 유사한 문구가 《춘추좌전春秋左傳》 소공昭公 28년 조에서 찾아볼 수 있다. "아홉 가지 덕에 허물이 없으면 일을 처리하여도 후회가 없다(九德不愆, 作事無悔)."
2 원문은 "길흉회린吉凶悔吝"으로, '린吝'은 자신의 잘못을 인정하는 데 인색하여 변명하는 것을 가리킨다.
3 불교 유식학에서 말하는 제8식으로, 아뢰야식阿賴耶識이라고도 한다. 과거의 인식, 행위, 경험, 학습 등에 의해 형성된 인상을 종자로 저장하여 육근六根의 지각작용을 가능하게 하는 가장 근원적인 심층의식을 가리킨다.

업의 훈습으로 이루어진 사회의 훈습을 받는다. 피차가 서로 훈습하여 날로 훈습되고 날로 깊어지면, 선한 근기가 있어도 항상 악한 근기에 제압되어 길러지지 못하고 성숙하지 못한다. 그러므로 덕을 닦고자 하는 사람은 구습과 싸워 이기는 것을 제1단계 공부로 삼지 않을 수 없다. 《대학》에서는 "신민을 만든다(作新民)"라고 했다. 과거에 물든 오염을 제거할 수 있는 것을 스스로 새롭게 한다고 하며, 사회에서 과거에 물든 오염을 제거할 수 있는 것을 신민이라고 한다. 이와 같이 하면 비로소 후회가 생겨나지 않게 된다. 후회라는 것은 진보의 원동력이다.

자장[4]은 오나라의 말 거간꾼이었고 안탁취[5]는 노나라의 대도였지만 공자에게서 배워 대유大儒가 될 수 있었으니, 오로지 후회했기 때문이다. 대가섭[6]과 부루나[7]는 모두 완고한 외도外道였지만 부처의 가르침을 깊이 이해하여 18대 제자의 반열에 들 수 있었으니, 오로지 후회했기 때문이다. 바울[8]은 예수를 해치려는 가장 강력한 자였으나 마음을 돌이켜 귀의하여 그의 가르침을 크게 깨달아 문하에서 가장 큰 공을 세웠으니, 오로지 후회

---

4 자장子張은 이름이 전손사顓孫師이며, 공자의 제자로 공자보다 나이가 48세나 적다. 자장의 출신에 대해서는 설이 분분하다. 진陳나라 사람이라 하기도 하고 노魯나라 사람이라 하기도 하며 위衛나라 상인 출신이라 하기도 한다.
5 안탁취顔涿聚는 양보粱父의 유명한 도둑이었으나, 공자의 제자가 되어 가르침을 받고 뒤에 위나라와 제나라에서 관직생활을 했다.
6 가섭迦葉은 석가의 10대 제자 중 한 사람이다. 석가가 죽은 뒤 제자들의 집단을 이끌어가는 영도자 역할을 하여 '두타제일頭陀第一'로 불렸다.
7 부루나富樓那는 부처의 10대 제자 가운데 한 사람으로, 설법을 통해 9만 9000명을 열반에 들도록 하여 '설법제일'이라 불린다. 평생 고매한 인품과 탁월한 화술로 중생교화에 힘썼다.
8 바울Paulos Paul은 예수의 제자로 본명은 사울이다. 예수와 거의 같은 시기에 유대인 가정에서 태어나 바리사이파의 일원으로 성장했다. 유대인이면서 율법을 소홀히 하는 그리스도교도를 박해했는데, 어느 날 회심하고 특히 이방인에게 복음을 전하는 그리스도교의 전도자로서 활동했다. 바울은 그리스도교 최대의 전도자였고, 최대의 신학자였으며, 초기 그리스도교 형성사에서 가장 중추적인 인물로 그리스도교 신학이 그에 의해 틀이 잡혔다.

했기 때문이다. 위나라의 현명한 대부 거백옥[9]은 나이 50에 49년 동안의 잘못을 깨달았다. 진나라의 저명한 선비 주처[10]는 유년에 세 가지 해害 가운데 하나였으나, 뒤에 각고면려刻苦勉勵하여 스스로 일신해서 당대의 명유名儒가 되었다. 자하[11] 같은 대현은 아들을 잃고 실명하여 자신의 죄가 없다고 호소하며 하늘을 원망하며 통곡했다. 그러나 증자의 질책을 듣고 지팡이를 던지며 일어나 말하기를 "내가 잘못했다, 내가 잘못했다. 나는 무리를 떠나 머문 지 이미 오래되었다"[12]고 했으니, 그 마음이 얼마나 광대하며 그 기상이 얼마나 위대한가? 100세 뒤에 그 정신을 본다면, 아래로 문장을 짓는 작은 기예에까지 이를 것이다. 양웅[13]은 오히려 칭송하고, 매번 책을 저술할 때마다 이것은 부족한 작품이라고 후회했다. 조식[14]은 말

9　거백옥蘧伯玉은 위衛나라의 대부로 이름은 원瑗이다. 공자보다 20, 30년 앞선 인물이다. 《회남자淮南子》〈원도훈原道訓〉에는 그가 쉰 살에 49년 동안의 잘못을 뉘우쳤다고 하는 일화가 있고, 《장자》에서는 그가 예순 살이 되기까지 예순 번이나 뉘우쳤다고 했다. 그는 춘추시대에 위나라의 헌공, 양공, 영공 3대를 모셨다. 공자가 가장 이상적인 군자로 꼽았으며, 그래서 후세에 시호를 성자成子(군자의 도를 이룬 스승이라는 의미)라고 했다.

10　주처周處(236~297)는 중국 삼국시대 오吳와 서진西晉의 무장으로, 자는 자은子隱이다. 젊은 시절 나쁜 행실로 고향 사람들에게 세 가지 해악(남산의 흰 눈썹 호랑이, 장교의 교룡, 주처)의 하나로 여겨졌지만, 자신의 잘못을 뉘우치고 학문에 정진하여 고관의 자리에 올랐다. 저술에 《묵어默語》 30편 외에 《풍토기風土記》, 《오서吳書》 등이 있었다고 한다.

11　자하子夏는 공자의 제자로 공문십철孔門十哲의 한 사람이다. 성명은 복상卜商이다. 공자가 죽은 뒤 서하西河에서 가르쳤으며 위나라 문후文侯에게 초빙되어 스승이 되었다. 그는 자신보다 먼저 세상을 여읜 아들의 죽음을 비통해하다 실명했다고 전해진다. 시와 예禮에 밝았으며, 공자의 《춘추》를 전하여 《공양전公羊傳》과 《곡량전穀梁傳》의 원류를 이루었다.

12　원문의 출처는 《예기》〈단궁 상檀弓上〉에서 확인할 수 있다.

13　양웅揚雄(BC 53~AD 18)은 전한 말의 학자로, 자는 자운子雲이다. 박학하고 문장에 뛰어났다. 《태현경太玄經》과 《법언法言》을 지었는데, 《주역》의 형식을 빈 《태현경》은 도가의 자연관과 유가의 윤리설을 절충한 저술이다. 전한 말에 유행한 참위설과 천인감응설에 반대하여, 환담桓譚과 왕충 및 위진현학魏晉玄學에 영향을 미쳤다.

14　조식曹植(192~232)은 중국 삼국시대 위나라의 시인으로, 자는 자건子建이고 시호는 사思이며 진사왕陳思王이라고도 불린다. 무제武帝 조조曹操의 아들이고 문제文帝 조비曹丕의 아우로, 이

하기를 "호인好人도 그 글을 비난하는데, 좋지 못한 점이 있으면 적절한 때에 개정해야 할 것이다"라고 했다. 이는 비록 작은 일이지만 저들이 수천 년 동안 학계에서 뚜렷하게 한 자리를 차지할 수 있었던 것이 또한 어찌 이 때문이 아니겠는가? 위나라 무제[15]는 스스로 말하기를, "나는 일을 함에 줄곧 후회하지 않았다"고 했다. 조조가 영웅이 될 수 있었던 것도 이 때문이며, 조조가 군자가 될 수 없었던 것도 이 때문이니, 후회의 시의時義[16]가 크도다.

후회가 힘을 발휘하는 데는 두 가지 길이 있으니, 하나는 안으로부터 나오는 것이고 다른 하나는 밖으로부터 나오는 것이다. 안으로부터 나오는 것은 지혜가 뛰어난 사람이 아니면 불가능하다. 혹은 서양에서 말하는 '인스피레이션'이 신묘한 힘을 발휘하여 도운 것이다. 밖으로부터 생겨나는 것은 책을 읽고서 감동하거나 혹은 일을 겪고서 감동하거나 혹은 철인의 말을 듣고 감동하거나 혹은 붕우의 질책을 듣고 감동하는 경우다. 요컨대 후회할 때는 항상 홀연히 씩씩하게 지금이 옳고 과거는 그르다는 생각이 있어서, 흔히 한밤중에 각성하여 등에 식은땀이 흘러 이전에 한 일로 세상에 당당하게 설 수 없음을 깨닫는다. 이른바 한 생각 사이에 조그만 빈틈도 용납하지 않는다는 것이니, 이것은 위대한 현인이나 호걸뿐 아니라 보통사람도 없을 수 없다. 단지 후회의 결과가 어떠한가에 달려 있을 따름이다.

후회를 말하는 사람은 반드시 '회오'라 하고 또 '회개'라 한다. 대개 깨닫지 않으면 후회가 생기지 않고, 고치지 않으면 후회가 완성되지 않는다.

세 사람은 삼조三曹라 불리며 함께 건안문학建安文學의 중심인물이다. 오언시를 서정시로 완성시켜 문학사상 후세에 끼친 영향이 크다. 자신을 핍박하는 형을 콩을 태우는 콩대에 비유하여 육친의 불화를 상징적으로 노래한 〈칠보지시七步之詩〉가 유명하다. 저서에 《조자건집曹子建集》이 있다.

15 무제武帝는 중국 삼국시대 위나라의 시조인 조조의 시호다.

16 때에 적절한 올바름이라는 의미로, '시중時中'(때에 들어맞음)과 유사하다.

《주역》에서는 "머지않아 되돌아오리니, 후회가 많지 않고 크게 길하리라"[17]고 했다. 공자는 〈계사〉에서 "안씨의 아들은 도에 가깝다. 불선한 것은 알지 못한 적이 없고, 알면 다시 행한 적이 없다"고 했다. 그러므로 후회가 생겨나기 어려운 것이 아니라 후회를 완성하기가 어려운 것이다. 쩡궈판은 말했다. "이전의 갖가지 것은 비유하자면 어제 죽은 것이고, 이후의 갖가지 것은 비유하자면 오늘 생겨난 것이다." 그러므로 후회라는 비결에서 진실로 힘을 얻을 수 있는 자는 항상 새로 만들어진 인간이 세계에 서는 것과 같으니, 이것이 《대학》에서 말하는 "날로 새로워진다(日日新)"는 것이다. 한 사람이 이와 같으면 자신이 진보하고, 국민이 이와 같으면 국가가 진보한다.

회개와 자신감은 반대되는 양 극단이다. 불교에서는 참회라 하고 또 불퇴전이라 한다. 이제 후회라는 뜻을 교육에 시행하고자 한다면 사람들로 하여금 물러나는 길로 인도하지 않겠는가? 혹은 도를 독실하게 믿지 않아 유약해서 일을 두려워하여 중도에 자신의 생각을 포기하는 자들이 이를 구실로 삼지 않겠는가? 나는 말한다. 이는 또한 그렇지 않다. 맹자는 말했다. "스스로 돌이켜보아 의롭지 않으면 낡고 헐렁한 옷을 입은 사람도 내가 두렵게 할 수 없지만, 스스로 돌이켜보아 의롭다면 천만 사람 앞이라도 나는 겁내지 않고 갈 것이다."[18] 《대학》에서는 말했다. "이른바 그 뜻을 참되게 한다는 것은 스스로를 속이지 않는 것이다. 악취를 싫어하듯 호색을 좋아하듯 하는 것을 일러 스스로 흡족해하는 것이라고 한다." 대저 사람이 하는 일은 선한지 불선한지 공리에 부합하는지 공리에 부합하지 않는지를 각자의 양심이 스스로 일러주는 것이지, 밖에서 빌려올 수 있는 것이 아니다.

---

17 《주역》〈복괘復卦 · 괘사卦辭〉.

18 "自反而不縮, 雖褐寬博, 吾不惴焉. 自反而縮, 雖千萬人, 吾往矣"(《맹자》〈공손추 상公孫丑上〉).

그러므로 과거에는 선인 줄 모르고 행하지 않거나 과거에는 악인 줄 모르고 저지르며 혹 알면서도 검속하지 못하고 마침내 그에 따라 행하지 않거나 저질렀다. 깨닫게 되면 이미 후회했으므로 돌이켜 스스로 새롭게 한다. 이것을 일러 군자의 후회라고 한다. 이전에 이미 분명하게 알고 몸소 행했으면서도, 천박한 풍속에 얽매이고 이해에 매달리고 사욕에 매몰되어 홀연히 저버려서 자신을 손상시키고 타인에게 허물을 남긴다. 이것을 일러 소인의 후회라고 한다. 군자의 후회는 이미 후회하고 이미 고쳤으므로, 항상 무거운 짐을 벗은 것처럼 태연하고 신명이 편안하다. 소인의 후회는 이미 후회하고 이미 고쳤지만, 항상 부끄러워하면서 등에 까끄라기가 있는 듯하여 밤마다 마음이 요동한다. 군자의 후회는 한번 후회하고는 다시 후회하지 않지만, 소인의 후회는 장차 큰 후회가 뒤에서 기다리고 있다. 그러므로 진정으로 후회할 수 있는 자는 반드시 진정으로 물러나지 않을 수 있다. 왜 그런가? 후회라는 것은 진보를 말하지 퇴보를 말하는 것이 아니기 때문이다.[19]

19 《청의보》 제100책(광서 27년 11월 11일), 1~3쪽.

괴테의 격언
機埃的格言

우연히 도쿠토미 소호의 저술을 보았는데, 괴테[1]의 격언 몇 조목을 번역한 것이 있었다. 그래서 중역하여 《자유서》에 싣는다.

"옛사람이 사색한 것 외에는 역시 우리가 오늘날 사색하는 데 제공할 만한 것이 없다. 우리는 오로지 그것을 반복해서 사색하고 거듭 사색하는 데 힘쓸 뿐이다."

소호: "이 세상에 새로운 것은 없다"라는 말은 실로 불변의 진리다. 만사만물을 다 들어서 밝히려 한다면 사람들을 그릇되게 할 뿐이다. 익숙한 길은 비록 익숙하지만, 거듭 다니면서 살펴본다면 새로운 광경이 항상 눈앞에 있을 것이다.

량치차오: 배우는 사람이 새로운 지식을 추구하는 것은 본디 중요한 일에 속한다. 그러나 작금의 진부한 사물을 결코 가볍게 보고 폐기해서는 안 된다. 나는 요즈음 중국 이학가理學家의 책을 읽을 때마다 항상 국민교육에 커다란 관계가 있다고 느끼며 중국 역사서를 읽을 때마다 의미심장하다고 느껴 손님 맞을 겨를도 없다.

---

1 요한 볼프강 폰 괴테Johann Wolfgang von Goethe(1749~1832)는 독일의 시인, 소설가, 극작가다. 독일 고전주의 대표자로, 자기 체험을 바탕으로 한 고백과 참회의 작품을 썼다. 저서로 《파우스트》, 《젊은 베르테르의 슬픔》, 자서전 《시와 진실》 따위가 있다.

"진흙이 빛나는 것은 햇빛이 비치는 사이에 한정된다."

소호: 햇빛이 비치지 않으면 진흙은 단지 진흙일 뿐이다.

량치차오: 그러므로 사람은 반드시 홀로 터득한 바가 있어야지, 다른 사람이 남긴 은덕[2]에 의지해서는 안 된다. 일을 맡든 학문을 논하든 다 항상 그렇다.

"선함이나 아름다움은 스스로 알 수 없는 것이다."

소호: 선함과 아름다움이 선하고 아름다운 이유는 오로지 선함과 아름다움을 스스로 알지 못하는 데 있다. 만약 그렇다고 스스로 느낀다면 선함과 아름다움의 향취는 곧장 사라져버릴 것이다. 대개 사특함이 없는 것이 선함과 아름다움의 가장 중요한 원질이다. 복숭아나무와 오얏나무는 말하지 않아도 그 아래 저절로 길이 생기는데, 그에 대한 애정이 절절한 것은 그것이 자신의 향기로움을 스스로 알지 못하는 데 있다.

"은혜를 잊는 것은 일종의 약한 성질이다. 나는 유능한 사람이 타인에게 감사하지 않는 것을 본 적이 없다."

소호: 항상 자신의 부채를 알고서 결코 잊지 않는 것이 영웅의 진정한 핵심이다. 관중이 어찌 포숙을 잊겠는가?

"자신과 같은 취미를 가진 사람을 사랑해서 구하는 자가 있고, 자신과 다른 취미를 가진 사람을 사랑해서 찾는 자가 있다."

소호: 사람이 여러 부류이고 세계가 가지각색이기 때문이다.

량치차오: 자신과 같은 사람을 사랑하는 것은 보통사람의 성정이다. 자

---

2 원문은 "말광末光"으로, 본디 임금의 여덕餘德을 뜻하지만, 여기서는 다른 사람이 남긴 은덕을 가리킨다.

신과 다른 사람을 사랑하는 것은 더욱 나아지기를 추구하는 길이다. 전기는 반드시 음전기와 양전기가 합쳐진 연후에 힘이 생기고, 생물은 반드시 음성과 양성이 화합한 연후에 꽃이 핀다. 사람은 반비례하는 사물로 스스로 거울삼고 스스로 나아가지 않으면 안 된다.

"사람은 자신의 성질에 가까운 것으로 말미암아 세계의 유형무형의 학문을 강구해야 한다. 세계란 항상 밝은 면이 있으면 어두운 면이 있다."

소호: 낙천가는 항상 세계가 지극히 즐겁다고 느끼고, 염세가는 항상 세계가 지극히 고통스럽다고 느낀다. 극심한 고통과 극심한 즐거움은 오로지 마음에 달려 있다.

량치차오: 세계에 어느 사회이든 다 각양각색의 측면을 함축하고 있어서 직접 그 사회에 들어가지 않으면 알 수 없다. 일단 거기에 들어가면 새로운 천지가 있고 새로운 나라가 있다. 벌, 개미, 흙, 돌을 물리학자가 일생에 걸쳐 연구해도 다 알 수 없다. 정치사회, 종교사회, 학자사회, 상업사회, 노동사회, 도적사회, 거지사회도 만약 그 하나에 들어가 밝은 눈으로 관찰하면, 어디서든 가장 진실하고 가장 큰 원리를 얻을 수 있다. 그렇지만 하나를 통달하면 만사를 다 알 수 있다. 밝은 면이 있으면 어두운 면도 또한 밝아진다. 삶에는 끝이 있으나 앎에는 끝이 없다. 그러므로 자신의 성질에 가까운 것으로 말미암아 세계를 알 수 있다.

"희망이란 실의한 사람의 제2의 영혼이다."

소호: 희망이 있으면 실의를 득의로 전화시킬 수 있다.

량치차오: 희망이 있으면 비록 실의해도 또한 득의할 수 있다. 희망이 원대한 자는 어느 경우에든 자득하게 된다.

"열심은 가장 큰 가치를 지닌다. 그렇지만 억지로 몰아세워서는 그 진정한 가치를 얻을 수 없다."

소호: 사람이 만약 열심의 노예가 되면 열심은 광기와 마찬가지가 되니, 그 가치가 다시 어디에 있겠는가?

량치차오: 사람은 타인의 노예가 될까 걱정하지 않을뿐더러 더욱이 자신의 노예가 되는 것을 걱정하지 않는다. 타인의 노예가 되면 오히려 벗어날 수 있지만, 자신의 노예가 되면 영원히 벗어날 때가 없다. 이른바 자신의 노예가 된다는 것은 마음이 몸의 부림을 당하는 것이다. 그러므로 나는 늘 마음이 몸의 부림을 당하는 자가 노예의 으뜸이요, 가장 가련한 사람이라고 말한다. 이 말에 따르면, 마음이 마음의 부림을 당하는 것도 오히려 옳지 않은데 하물며 몸의 부림을 당하는 것이랴?

"어떤 사람을 막론하고 결코 노예 앞에서 영웅스러움을 드러내서는 안 된다. 다름 아니라 오직 영웅만이 영웅을 알아볼 수 있기 때문이다. 만약 영웅스러움을 노예들에게 드러내면 또한 같은 무리의 노예 가운데 뛰어나다는 평을 얻을 뿐이다."

량치차오: 무릇 세속 사람들에게서 널리 명성을 얻고자 하는 자들은 이 말을 걸어놓고 화두로 삼을 만하다.

"지혜로운 사람도 어리석은 사람도 다 해가 되지 않는다. 가장 위험한 사람은 절반은 지혜롭고 절반은 어리석은 사람이다."

소호: 병법을 만드는 것이 큰 패배의 기초다.

"모든 일을 함에 장차 성공하려 할 때 곤란이 가장 심하다."

소호: 이에 대해서 세상사를 경험한 자는 다른 말이 없을 것이다.

량치차오: 100을 가는 데는 90이 반이다. 당대의 일에 뜻을 둔 사람은 경계하지 않을 수 없고 면려하지 않을 수 없다.

"안다고 스스로 만족하지 말고 마땅히 응용해야 하며, 원한다고 스스로 만족하지 말고 마땅히 실행해야 한다."

소호: 이것이 바로 우리로 하여금 백척간두에서 진일보하게 하는 금언이다. 오직 이 한 걸음이 실로 사람이 사람 되는 연유다.[3]

---

3 《청의보》제100책(광서 27년 11월 11일), 3~4쪽. 《청의보》에는 독립된 한 편의 글로 되어 있으나, 전집본에는 〈후회에 관하여(說悔)〉의 한 부분(후반부)으로 되어 있다.

부국강병

富國強兵

가난하고 군대도 약한 나라가 있고, 가난하지만 군대는 강한 나라가 있으며, 부유하지만 군대는 약한 나라가 있고, 부유하고 군대도 강한 나라가 있다. 포르투갈과 그리스는 가난하고 군대도 약하고, 이탈리아와 일본은 가난하지만 군대는 강하며, 벨기에와 네덜란드는 부유하지만 군대는 약하고, 영국과 프랑스와 독일은 부유하고 군대도 강하다. 이것이 19세기 세계무대의 대강이다. 부유하고 군대도 강할 가능성이 있는데 현재 군대는 강하지만 부유하지 않은 나라는 러시아다. 부유하고 군사도 강할 가능성이 있는데 현재 부유하지만 군대는 강하지 않은 나라는 미국이다. 부유하고 군대도 강할 가능성이 있는데 현재 부유하지도 않고 군대도 강하지 않은 나라는 중국이다. 이 세 나라가 20세기 세계무대에서 가장 중요한 나라다.

러시아가 장차 부유해지고 미국의 군대가 장차 강해지는 일은 예정된 것이다. 중국은 장차 가난하고 약한 나라로 끝날 것인가, 아닌가? 이는 판정하기 어려운 문제다. 중국의 자원이 적지 않으나 나라가 가난하고 중국의 백성이 약하지 않으나 군대가 약한 것은 세계의 괴이한 현상이다. 그렇다면 중국이 가난해지고 허약해진 것은 반드시 마귀가 중간에서 농간을 부려서일 터이다. 우리 국민이 마땅히 마귀의 소재를 찾아서 없애버린다면, 20세기 무대는 장차 우리 국민이 오로지 좌우할지도 모를 일이다.[1]

---

1 《청의보》제100책(광서 27년 11월 11일), 4~5쪽.

세계 밖의 세계

世界外之世界

제갈량이 석도·서서·맹건[1]과 함께 공부할 때, 세 사람은 학문을 정밀하게 연마하는 데 힘썼으나, 제갈량은 홀로 큰 줄기를 보고 항상 무릎을 안고 길게 휘파람을 불었다[2]. 세 사람에게 말하기를 "그대들이 벼슬하면 자사나 군수가 될 것이네" 하자, 세 사람이 그의 포부를 물으니 그저 웃고서 대답하지 않았다.[3] 날마다 몸소 밭 갈면서 〈양보음梁父吟〉[4]을 즐겨 불렀다.

---

1 제갈량諸葛亮이 젊은 시절에 동학한 인물들이다. 석도石韜의 자는 광원廣元이고, 서서徐庶의 자는 원직元直이며, 맹건孟建의 자는 공위公威다. 서서(?~234)는 예주豫州 영천 군潁川郡 사람으로, 본명은 복福이다. 친구의 원수를 갚아주다 관원에게 붙잡혔다가 풀려난 후 학문에 정진했다. 이때 동향인 석도와 교제했다. 중평中平 연간에 전란을 피하여 석도와 함께 형주荊州로 가서 사마휘司馬徽 밑에서 학문을 익혔다. 이때 제갈량, 맹건과 교제했다. 신야新野에 주둔하고 있는 유비劉備를 만나 제갈량을 천거했다. 유비가 조조에게 패하고 서서의 어머니가 조조군의 포로가 되자, 유비와 작별하고 조조에게 갔다. 위나라 건국 후에는 팽성상彭城相을 지내고 우중랑장右中郎將, 어사중승御史中丞으로 승진했다. 석도는 태수太守와 전농교위典農校尉를 역임했고, 맹건은 정동장군征東將軍, 양주 자사凉州刺史를 지냈다.

2 원문은 "포슬장소抱膝長嘯"로, 이 말은 제갈량이 융중隆中에 있을 때 높은 뜻을 두고 세상사에 초연했던 그의 모습을 나타낸다.

3 이상의 내용은 《위략魏略》에 나온다. "葛亮在荊州, 於建安初年, 與潁川石廣元(名韜)·徐元直(名庶)·汝南孟公威等一同遊學, 孟·石·徐三人求學皆務要精熟, 只有諸葛亮能觀其大略. 每至晨夜閑時, 常共抱膝長嘯, 諸葛亮謂三人道, '卿等三人的仕進, 官位可至刺史郡守'. 三人反問諸葛亮能至何位, 他只笑而不言."

4 제갈량이 젊은 시절 즐겨 부르던 노래다. 춘추시대 제나라의 재상 안영晏嬰이 왕권을 위협할 가능성이 있는 공손접公孫接, 전개강田開疆, 고야자古冶子 세 사람에게 복숭아 2개를 보내 죽인

아아, 그 포부가 어떠하며 그 기상이 어떠한가? 제갈량은 군웅들이 혼란스럽게 일어나고 사해가 들끓는 때를 당하여 담담하게 자신을 세계 밖의 세계에 두고 형형한 눈빛으로 세계를 비추어보았다. 그리고 자기가 어떤 사람이 되어야 하는지, 세계가 어떤 상태가 되어야 하는지, 자기와 세계가 어떤 관계에 있어야 하는지, 자기가 세계에서 어떠한 위치에 처해야 하는지를 알았다. 대개 그가 스스로 살펴보고 스스로 선택한 것은 진실로 일찍이 정했던 것이지, 반드시 난세에 삶을 구차하게 보전하여 일생을 마치고자 했던 것이 아니었다. 아마 그는, 저 세 사람은 시세를 따르는 자요 자신은 시세를 만들 사람인 줄을 알았던 것이다. 아아, 진정한 인물과 진정한 호걸은 그 배양하는 바가 이와 같다.

인간은 사회적 동물이다(서양 학자 아리스토텔레스의 말이다). 가깝게는 친한 사람들로부터 멀게는 알지 못하는 사람들까지 서로 교류하며 세계를 이룬다. 그러나 날마다 도시의 혼잡한 곳에 처하며 외부의 자극에 오염되어 자기 정체성을 다시는 깨닫지 못한다. 그러므로 때로는 외진 곳에서 고요히 사물을 보며 세상을 등지고 인연을 끊은 연후에 나의 진면목을 비로소 볼 수 있다. 살펴보건대 이른바 세상을 등지고 인연을 끊는 자들은 부류가 또한 여러 갈래다. 그중 하나는 방관파와 같은 부류다. 그들은 고집스럽고 괴상한 행동을 가식적으로 하고 세상 밖에 서서 세상을 조롱하며 한가한 이야깃거리로 삼지만, 이른바 '속세가 속세를 비웃는다'는 부류니 추호도 취할 것이 없다. 그다음은 열렬한 마음이 극에 달하여 일종의 반동력을 일으킨 부류다. 이들은 비상한 재주를 품었으나 세상이 혼란할 때 세속을 따르는 일을 참지 못하여[5] 기꺼이 세상과 단절했다. 세상의 혼탁에

고사를 읊었다고 한다.

5 원문은 "不忍揚波醲醴"로, '양파揚波'와 '첨리醲醴'는 굴원의 〈어부사〉에 나오는 말인데, 혼탁한 세상에 함께 어울리는 것을 가리킨다. "세상 사람들이 모두 탁하니 어찌 그 진흙탕을 휘저어

맑은 혼백을 더럽히지 않고 재주를 굽혀 낮은 일을 맡지도 않았으니, 이들은 삼려대부[6]와 같은 무리다. 군자들이 그들을 슬퍼하고 또한 깊이 경모한다. 한편 본성이 담박하고 맑은 기운을 타고나 인간 세상과의 교류를 즐기지 않고 세상 밖에서 방랑하는 부류가 있으니, 고금에 뛰어난 시인 중에 간혹 그런 이들이 있었다. 예컨대 이백의 시와 같다. "무슨 일로 청산에 머무는가 하고 묻기에, 웃고서 답하지 않으니 마음 절로 한가하네. 복사꽃 강물에 실려가 아득한 곳, 인간 세상과 다른 별천지라네."[7] 그들의 천재적인 식견은 절로 범속한 무리를 넘어선다. 그러나 이 같은 사람들은 세계와 관계가 깊지 않으니 나는 그들을 몹시 애지중지하지만 배우고 싶지는 않다.

보통사람은 세상에서 능히 어울릴 수 있으나 나갈 수 없고, 뛰어난 사람은 세상에 나갈 수 있으나 어울릴 수 없다. 가장 뛰어난 사람은 어울린 듯하다가도 보면 나가 있고, 나간 듯하다가도 어울리니, 나간 것이 곧 어울린 것이요 나간 것도 어울린 것도 아니다. 아득하다, 그 경지여. 보기에는 쉬워도 행하기에는 어려우니 억지로 해서 될 일은 아니지만, 생각건대 배워서 노력하지 않을 수 없다.[8] 대부분의 보통사람은 매일매일 평범한 일상에 찌들어서 취한 듯 꿈꾸는 듯 지내다가, 우연히 홀로 거처하며 아무 일 없는 때를 만나면 뭔가 벗어나 시원한 듯하고 천지와 함께 흐르는 듯하여 불가사의한 사고가 생겨난다. 영국의 모 소설[9] 가운데 실린 한 단락이 족히 이 같은 정황을 묘사했다. 그 대목은 이렇다.

흙탕물을 일으키지 않으며, 사람들이 다 취해 있으니 어찌 그 술지게미를 먹고 박주를 마시지 않는가(世人皆濁, 何不淈其泥而揚其波,, 衆人皆醉, 何不餔其糟而歠其醨)."

6　삼려대부三閭大夫는 초楚나라의 정치가이자 시인인 굴원을 가리킨다.

7　이백李白의 시 〈산중문답山中問答〉에 나오는 구절이다.

8　언해본은 "可히 强致치 못ᄒ고 可히 勉學지 못ᄒ지라"로 번역했다.

9　어떤 소설인지 알 수 없다.

디시狄西[10] 장군이 이집트를 정벌할 때 한 기사騎士가 아라비아 사람에게 사로잡혔다. 심야에 틈을 봐서 도망쳐 나와 나일 강 상류를 따라가다가 채찍을 더하며 말의 힘이 다하도록 질주하니 말이 끝내 죽어버리고 드디어 홀로 드넓은 사막 가운데 남겨졌다. 나갈 수도 물러설 수도 없어 야자를 씹어 먹으며 연명할 수밖에 없었다. 아무 소리도 들리지 않고 천지가 고요하며 사방을 둘러보아도 망망하여 끝이 없었고, 오로지 보이는 지평선 자락은 마치 그린 듯 가물가물하니, 절망이 극에 달해 야자수를 끌어안고 통곡할 따름이었다. 때로 하릴없이 용기를 내어 크게 소리 질러도 그 소리는 사막에서 멀리 흩어져버리고 메아리조차 없었다. 그러다가 홀연히 '오로지 마음으로 빚어낼 따름이구나!' 하며 깨닫고 적막한 가운데 온갖 감정이 일었다. 멀리 고국의 정경을 생각하니 수레는 물처럼 흐르고 말들은 용처럼 헤엄치며 번잡하고 화려한 경치가 눈에 역력했다. 수일이 지나니 매일 한량없는 새 감상이 끊임없이 일어나 억누르려 해도 그럴 수 없었다. 사람의 자취가 완전히 끊긴 곳에서 홀연 대자연이 감추어둔 비밀이 열리는 것을 보고 불가사의한 감각이 생겨나, 태양이 뜨고 지고 지고 뜨는 모습을 보며 무한하고 장엄한 형상이 사람의 세계에 숨는 모습을 느꼈다. 때론 한두 마리의 괴조가 높이 날고 몇 조각의 구름이 하늘을 뒤덮는 것도 보았다. 붉고 노랗고 파랗고 푸른 각종 색상이 안구에 비치면 그의 마음도 이 빛을 따라 새로운 감각을 떠올렸다. 한 조각 달이 밤의 어두움을 깨치고 모래 위에 빛을 뿌리면 사방이 찬란했고 서늘한 바람이 모래를 쓸고 지나가면 파도 무늬가 생겨나 꿈틀꿈틀 움직이는 듯했다. 때로 거센 바람이 포효하면 거대한 모래기둥이 허공에 수백 개가 생겨났다가 바람이 그치면 별들은 다시 빛나고 청량한 기운이 짙어지니 황홀하여 마치 아름답고 미

---

10 신원 미상이다.

묘한 하늘의 음악을 듣는 것과 같았다. 스스로 말하길, "이 같은 즐거움은 평생 만나지 못했고 이후에 추구해도 다시 얻을 방도가 없겠구나" 했다. 대개 이러한 즐거움은 다른 사람에게 충분히 말해주기 어려운 것이다.

대저 저 기사는 혼탁한 보통 인물에 불과할 뿐이지, 능히 도를 깨우칠 수 있는 자가 아니다. 그러나 이와 같은 지경에 처하자 이 정도의 사상을 발휘하고 지혜를 더했으니 외물外物에 접촉하여 사람을 바꾸는 일이 진실로 이와 같구나.

화가가 그림을 그릴 때 왕왕 종이를 펴놓고 붓에 먹을 묻히다가 온몸의 힘을 한 손으로 쏟아내면 그 마음은 온통 그림에 쏠려 그 밖의 것은 신경을 쓰지 못한다. 그러다가 때로 두세 발짝 아니면 대여섯 걸음 물러나 골똘히 보다가 다시 붓을 잡는다. 이러하기를 수차례 한 연후에야 그림이 비로소 완성된다. 시인도 또한 그러하다. 고심해서 생각하고 머리를 쥐어짜다 끝내 지어지지 않으면 때로는 붓을 던져버리고 한가롭게 마음을 풀어 시가 있는 줄은 모르고 오직 내가 있는 것만 안다. 그러면 문득 묘수가 생각나 절묘한 시구를 얻는다. 때문에 성련[11]은 거문고를 가르칠 때 동해로 인도했고 비위[12]가 활쏘기를 가르칠 때 벼룩을 수레바퀴 보듯 시켰으니, 천하의 일은 진실로 주어진 테두리 안에서 구하고자 하면 얻을 수 없고 테두리를 벗어난 연후에 얻을 수 있다. 정鄭나라 비심[13]이 계책을 잘 냈지만

---

11 성련成連은 중국 춘추시대 유명한 악사로 백아伯牙의 스승이다. 백아를 3년 동안 가르쳐도 진전이 없자 동해 봉래산으로 데려가 자연의 소리를 들려주어 정수를 깨우치게 했다.

12 비위飛衛는 고대 중국의 전설적인 궁사다. 기창紀昌를 가르칠 때 벼룩을 매달아놓고 바라보게 하니, 기창이 3년 만에 벼룩이 수레바퀴처럼 크게 보였다고 한다.

13 비심裨諶은 정나라의 모사로 자산子産을 따랐다. 자산은 사람을 잘 썼는데, 비심의 계책을 때에 따라 잘 활용했다. 《춘추좌전》〈양공襄公 31년 조〉에 "자산이 정치를 할 때 사람을 잘 썼다. …… 비심은 계책에 능했는데 야외에서 계책을 내면 채택되었으나 고을에서 내면 그렇지 않

야외에서는 잘 채택되어도 마을에서는 그렇지 않았다. 누구에게나 무슨 일이거나 이 같은 경계가 있는 법이니, 이 경계를 잘 활용하면 위인이라 할 수 있다.

비스마르크가 휴가를 얻으면 시골에 물러가 살았는데 때로 홀로 한밤에 산보했다. 그가 국사를 계획하는 일은 이때가 많았다. 그는 비록 이상주의자는 아니었지만 경영하는 수완이 보통사람을 뛰어넘고 관습에 얽매이지 않았기 때문에 항상 속박을 벗어나 유아독존의 경지에 들었던 것이다. 그가 일찍이 프랑크푸르트[14]에 있을 때 부인에게 짧은 편지를 썼는데 거기에서 이렇게 말했다. "어느 날 라인 강에 배를 띄우고 달빛을 타다가 강에서 헤엄쳤다오. 수면에 떠서 겨우 눈과 코만 내놓고 헤엄치다 곧바로 강변에 도달했소. 밤새도록 고요한데 강물을 따라 천천히 내려가며 하늘을 보니 오직 달과 별만이 아름답게 빛나고, 양안을 보니 산들이 첩첩하여 맞이하는 듯 보내는 듯했소. 바둑판같은 평원은 옛날의 싸움터인데 귀에 들리는 소리는 오로지 물소리뿐, 황홀하여 마치 꿈과 같았소. 아아, 1년 360일 언제 이 같은 유람을 종종 할 수 있겠소?" 글래드스턴 또한 그러했으니 공무가 끝난 휴가에 처자와 종들을 물리치고는 홀로 후원에 가서 나무를 쩡쩡 베었다. 그 밖의 위대한 종교가들 또한 이 같은 사례가 많다. 무함마드가 메카에서 장사를 할 때 홀로 적막한 땅에서 수차례 은둔했으니, 그가 도를 깨친 것은 히라 산의 한 동굴에서였다. 석가모니는 6년간 고행하고 보리수 아래에서 깨달았다. 철학자와 위대한 선비는 이렇지 않은 경우가 없다.

어째서인가? 청명淸明이 몸에 깃들면 의지와 기운이 신령스러워지니, 천하에 혼탁하고 흐릿한 머리로 큰 계획을 결단하여 업적을 이루어낸 이는 없었다. 대저 큰 인물과 큰 호걸은 책임지는 일이 많고 무거워질수록

았다(子産之從政也, 擇能而使之 …… 禪謀能謀, 謀於野則獲, 謀於邑則否)"라는 구절이 있다.
14 원문은 "푸랑커거福郞克戈"인데, 프랑크푸르트로 추정된다.

사회에서 접촉하는 일도 많아지고 번거로워진다. 만약 세계 밖에 또 하나의 세계가 있어서 자신의 신명을 기르지 않는다면, 시간이 갈수록 보통사람들과 섞여 점차 그들과 같아지고 오래지 않아 두뇌가 굳어버리고 지혜 또한 퇴보하지 않을 수 없다. 때문에 큰 인물이 되길 원하는 자는 일생 중 몇 년은 세계 밖의 세계를 경험해야 하고, 1년 중 몇 달은 세계 밖의 세계를 경험해야 하고, 하루 중 몇 시간은 세계 밖의 세계를 경험해야 한다. 아, "비바람에 캄캄하고 닭 울음소리 그치지 않도다"[15] 하는 경지에는 이르지 못할지라도 마음은 그곳으로 향해야 하리라.[16]

---

15 《시경》〈정풍鄭風·풍우삼장風雨三章〉 가운데 일부다. "비바람에 캄캄하고 닭 울음소리 그치지 않으나, 이미 군자를 보았으니 어찌 기쁘지 않으리(風雨如晦, 雞鳴不已. 旣見君子, 云胡不喜)."
16 《청의보》제100책(광서 27년 11월 11일), 5~6쪽.

여론의 어머니와 여론의 노예

輿論之母與輿論之僕

무릇 국민을 위해 온 힘을 다하고자 하는 사람이 여론을 거스르면 사업을 이루기에 부족하기 마련이다. 그렇지만 여론이 반드시 공익을 따르는 것은 아니다. 여론이란 보통사람들의 견해지만, 세상에서 호걸을 귀하게 여기는 것은 그가 보통사람들이 볼 수 없는 것을 보고 보통사람들이 감히 행하지 못하는 것을 행하기 때문이다. 그러므로 호걸과 여론이 항상 서로 배치되는 것이 이와 같다면 호걸은 위태롭지 않겠는가? 그러나 고금에 허다한 호걸이 잇달아서 역사에 찬란하게 공적과 명성을 남긴 것은 무엇 때문인가?

헉슬리는 일찍이 글래드스턴에 대해 이렇게 논했다. "글래드스턴은 참으로 유럽에서 지혜가 가장 뛰어난 인물이다. 그렇지만 그는 단지 국민 다수의 견해를 따르고 여론을 이용하여 자신의 지혜를 발휘했을 뿐이다." 존 모리슨(영국 자유당의 명사로 글래드스턴의 평생 가장 가까운 벗이다)은 [헉슬리의 논평에 대해] 이렇게 반박했다. "그렇지 않다. 글래드스턴은 여론의 노예가 아니라 여론의 어머니다. 글래드스턴은 늘 말하기를 '위대한 정치가는 시대의 진상을 통찰하고 시대에 부응하는 여론을 환기하여 이끌어서 자신의 정책을 실행하지 않으면 안 된다'고 했다. 이것이 실로 글래드스턴이 평생 공을 세우고 사업을 성공시킨 최고의 원칙이다. 대개 글래드스턴은 하나의 정책을 수립하고 하나의 사업을 실행할 때마다 반드시 먼저 여론을 조성하고 여론의 힘을 빌려 매사를 행했음은 사실이다. 그러나 그가 이용한 여론은 바로 그가 만든 것이었다."

음빙자는 말한다. "글래드스턴은 여론의 어머니라고 해도 되고 여론의 노예라고 해도 된다. 그가 만든 여론은 사리私利를 위한 것이 아니라 국민을 위한 것이었다. 이런 마음을 중심으로 하지 않았다면 여론을 조성할 수 없었을 것이다. 어머니가 자기 자식의 어머니가 될 수 있는 것은 그가 진정으로 자식을 사랑하기 때문이다. 어머니는 진정으로 자식을 사랑하기 때문에 항상 스스로 자식의 노예가 되기를 원한다. 노예로서의 의무를 다하기 때문에 어머니로서의 권리를 향유할 수 있는 것이다. 양자는 서로 호응하여 거짓을 허용하지 않는다. 호걸이 어찌 요행으로 공을 이루겠는가?"

예부터 호걸에는 두 부류가 있다. 하나는 자신을 희생하여 인민의 이익을 도모하는 자이고, 다른 하나는 인민을 수단으로 삼아 자신의 공명을 이루는 자다. 그렇지만 후자의 호걸은 호걸이 아니라 민적이다. 20세기 이후로 말이 호랑이 가죽을 뒤집어쓴 것 같은 가식적인 호걸 부류는 세상에서 사라질 것이다. 그러므로 세계가 문명화될수록 호걸과 여론은 더욱 분리될 수 없게 될 것이다. 그렇다면 호걸이 되고자 하는 자는 어떻게 해야 하는가? 처음에는 여론의 적이 되어야 하고, 이어서는 여론의 어머니가 되어야 하며, 마침내 여론의 노예가 되어야 한다. 여론의 적이 되는 것은 파괴시대의 일이다. 여론의 어머니가 되는 것은 과도시대의 일이다. 여론의 노예가 되는 것은 성립시대의 일이다. 위대한 용기가 아니면 여론의 적이 될 수 없고, 위대한 지혜가 아니면 여론의 어머니가 될 수 없으며, 위대한 사랑이 아니면 여론의 노예가 될 수 없다. 이 세 가지 덕을 갖추면 완전한 인간이다.[1]

---

1 《신민총보》제1호(광서 28년 1월 15일), 89~90쪽.

문명과 영웅의 비례
文明與英雄之比例

세계는 과연 영웅을 빌려 비로소 성립하는가? 그렇다. 내가 국내외의 수천 년 역사를 보니 백 수십 명 영웅의 전기로 가득 차 있었다. 이 백 수십의 영웅을 제외하면 역사는 거의 칠흑처럼 캄캄할 것이다. 그것이 사실이라면, 19세기 말엽에 옛 영웅은 이미 사라지고 새로운 영웅은 아직 오직 않았으므로, 20세기의 문명은 장차 19세기의 영웅과 함께 땅에 떨어져버리지 않겠는가? 여기에 담긴 소식을 지혜 있는 자가 한번 참고해보기를 바란다.

영국을 보자. 글래드스턴이 죽었는데, 자유당 명사 중에 그를 이어서 흥기할 수 있는 자가 누구인가? 캉바康拔[1]인가, 반나만班拿曼[2]인가, 아니면 뤄스보레이羅士勃雷[3]인가? 아마 불가능할 것이다. 독일을 보자. 비스마르크가 죽었는데, 그를 계승할 수 있는 자는 지금의 재상 미뤄秘羅[4]인가, 아니

---

1 신원 미상이다.
2 자유당이 분열되던 시기에 자유당의 당수가 되었으며, 1905년에 수상에 취임한 캠벨배너먼 Sir Henry Campbell-Bannerman(1836~1908)이다. 그는 글래드스턴 퇴임 이후 계속된 자유당의 분열을 수습하지 못했다.
3 글래드스턴에 이어 수상에 오른 로즈버리 백작5th Earl of Archibald Philip Primrose Rosebery (1847~1929)이다. 글래드스턴이 사임하자, 빅토리아 여왕은 그의 추천을 받지 않고 자유당 인사 가운데 귀족 신분인 로즈베리를 수상으로 지명했다.
4 바이마르 공화국 시기에 활동한 독일의 외교관이자 정치인인 헤르만 뮐러Hermann Müller (1876~1931)이다. 여러 차례 사민당 대표와 외무부 장관을 지냈으며, 독일제국의 제국총리직

면 아컨뤄阿肯羅[5]인가, 그도 아니면 아나터亞那特[6]인가? 아마 불가능할 것이다. 러시아를 보자. 어차지峨查伇[7]가 죽었는데, 그와 어깨를 견줄 자는 모라비아이謨拉比埃[8]인가, 모라스더謨拉士德[9]인가? 아마 불가능할 것이다. 그렇다면 오늘날 유럽의 정계는 거의 황량하여 수십 년 동안의 대영웅 같은 이들을 구해도 찾을 수 없는데도, 각국 외교는 갈수록 민활해지고 병제는 갈수록 정비되고 재정은 갈수록 충실해지고 국력은 갈수록 나아지는 것은 무엇 때문인가?

나는 감히 한 번 말을 바꾸어서 영웅은 상서롭지 못한 것이라고 말한다. 인간사회가 개화하지 못했을 때는 [영웅이] 존재하지만, 문명이 개화할수록 영웅은 장차 천지간에 자취가 사라질 것이다. 그러므로 상고시대로 올라갈수록 영웅이 더욱 뛰어나고 그 시대에 더욱 중시된다. 상고시대 사람들은 영웅을 하늘이나 신처럼 보고 숭배하며 끝내 인류가 도달할 수 없는 경지[의 존재]라고 여긴다(중국에도 이런 기풍이 적지 않다. 관우나 악비 같은 부류가 다 그렇다). 이와 같은 것을 영웅전제시대라고 부르니, 곧 세계란 영웅의 전유물일 뿐이다. 근세로 내려오면 이런 기풍이 점차 소멸되어, 영웅도 본래 다른 사람과 같다는 것을 사람들이 알 수 있게 되었다. 그렇지만 다른 사람보다 뛰어난 이들은 항상 봉황의 털이나 기린의 뿔처럼 세상에서 귀하게 여겨졌다. 그들이 귀하게 여겨지는 이유가 또한 어찌 요행이겠는가? 만인이 어리석은데 한 사람은 지혜롭고 만인이 불초한데 한 사람은 현명하니, 어떻게 귀하게 여기지 않을 수 있겠는가? 후세에 역사를 읽는

을 역임했다.

5 신원 미상이다.
6 신원 미상이다.
7 신원 미상이다.
8 신원 미상이다.
9 신원 미상이다.

이들이 한 영웅의 위대한 공적, 탁월한 재능과 식견을 떠들어대면서 자기도 모르게 버러지처럼 어리석고 혼탁하고 어두운 세계에 빠지는 자가 얼마나 될지 모르겠다.

20세기 이후로는 영웅이 사라질 것이다. 왜 그런가? 사람들이 모두 영웅이기 때문이다. 영웅이란 보통사람들이 비범한 사람에게 바치는 영예로운 칭호이다. 과거에 이른바 비범한 것을 지금은 보통사람들이 다 할 수 있게 되었다. 이에 피차가 다 영웅이고 피차가 서로 상쇄하여, 영웅이라는 단어가 마침내 나타나지 않게 될 수 있을 것이다. 오늘날의 보통사람들이 과거의 비범한 사람이 될 수 있고 과거의 비범한 사람이 단지 오늘날의 보통사람이 될 수 있게 된 것은 무엇 때문인가? 하나는 교육의 보급 때문이다. 과거에는 교육방법이 정비되지 않아서 교육한 것이, 재능이 뛰어난 사람이 지력을 다하기에 부족하여 흔히 일실되고 소멸되었다. 지금은 여러 학문에 크게 정비되고 지혜가 날로 평등해져서, 평등한 영웅은 많아지고 독보적인 영웅은 저절로 적어졌다. 다른 하나는 분업이 정밀해지고 세분화되었기 때문이다. 과거에는 한 사람이 여러 일을 겸하고 여러 학문을 겸하여 보통사람들은 힘이 부쳐서 유능한 사람이 홀로 가도록 하지 않을 수 없었다. 지금은 예술이나 학문이나 정치를 막론하고 모두 분업화되어 성과를 낸다. 분업화가 날로 세밀해져서 전문가가 각자 자신의 특장을 발휘하면 겸하는 자들은 저절로 미치지 못하게 되었으니, 고래의 전지전능한 영웅은 다시는 출현하지 않게 될 것이다. 이와 같다면 세계에 영웅이 없는 것은 실로 세계 진보의 증거다. 일체 중생이 다 성불하면 이른바 부처가 없게 되고, 모든 보통사람이 다 영웅이 되면 이른바 영웅도 없게 될 것이다.

고대에 천하가 일치일란—治—亂의 순환을 거친 것은 무엇 때문인가? 영웅에 의지했기 때문이다. 그 사람이 있으면 그 정치가 행해지고 그 사람이 없으면 그 정치가 소멸하니, 바로 세계가 영웅에 의지하여 비로소 성립한다는 설이다. 그러므로 인민이 영웅에 의지하지 않는 경지에 도달한 연후에야 진정한 문명이고, 그런 연후에야 그것으로 국가를 건립하고자 하면 국가를 건립할 수 있고, 그것으로 천하를 태평하게 하고자 하면 천하를 태평하게 할 수 있다. 그렇지만 이것은 구미에서 그러할 뿐이다. 오늘날 중국은 사상의 발달과 문물의 개화 정도가 400년 전의 유럽과 대등하므로, 비범한 사람이 나타나 큰 칼과 도끼를 휘둘러 수풀을 베어내고 신천지를 개척하지 않으면 나는 중국이 끝내 기나긴 밤 속에 있으리라 생각한다. 영웅이여, 영웅이여, 나는 조석으로 [영웅이 도래하기를] 꿈꾸고 엎드려 앙축한다.[10]

---

10 《신민총보》 제1호(광서 28년 1월 15일), 90~93쪽.

간섭과 방임

干涉與放任

　　고금에 정치를 말하는 자는 양대 주의에서 벗어나지 않는다. 하나는 간섭이요, 또 하나는 방임이다. 간섭주의는 권력을 중앙에 집중해서 모든 일을 정부의 권력으로 감독하고 조장해야 한다는 것으로, 중점을 질서에 둔다. 방임주의는 권력을 개인에게 배분해서 모든 일을 민간에서 스스로 선택하고 다스리고 나아가는 것에 따라야 한다고 하는 것으로, 중점을 자유에 둔다. 이 두 유파의 학자는 각자 주장하는 바가 있어서 절대 뒤엎을 수 없는 원리를 가지고 자신의 학설을 신묘하게 만들었다. 서구의 수천 년 역사는 실로 이 양대 주의가 번갈아 성행하고 쇠퇴한 것에 불과하니, 정치계도 그러하고 경제계도 그러하다. 대체로 중세는 완전히 간섭주의 시대였다. 16~17세기는 간섭주의와 방임주의가 경쟁하는 시대였다. 18세기와 19세기 전반은 방임주의가 완전히 압도하는 시대였다. 19세기 후반은 방임주의와 간섭주의가 경쟁하는 시대였다. 20세기는 또한 간섭주의가 완전히 압도하는 시대가 될 것이다.

　　정치계를 논해보자. 중세에는 이른바 정치상의 자유라는 것이 없었으나, 남유럽 도시국가가 발흥하자 독립자치의 기풍이 서서히 일어났다. 그후 홉스, 로크 등의 학자들이 차츰 민약론을 주창했으나, 홉스는 여전히 군권君權을 주장하고 있었다. 루소가 일어나서 온 힘을 다해 간섭주의를 배격하기에 이르러서야 비로소 전 세계가 이에 호응하여 19세기의 국면을 이루었다. 존 스튜어트 밀이나 스펜서와 같은 학자들은 간섭주의를 진화의 적으로 여겼다. 블룬칠리[1]의 국가전권론은 방임주의가 가장 왕성한 때 일어났는데 몇십 년 지나지 않아서 그것을 대체하는 추세를 이루었다. 예전에는 국가가 인민에 의지해서 존립한다고 말하며 모든 이익을 희생해서라도 인민을 위해야 한다고 하더니, 지금은 인민이 국가에 기대어 존립한다고 말하며 모든 이익을 희생해서라도 국가를 위해야 한다고 하니, 지금 이후로 제국주의가 성행하리라는 것은 분명하다. 제국주의는 간섭주의의 또 다른 이름이다.

경제계를 보자. 16~17세기의 경제계에서는 중상학파가 성행했다. 소위 거바 정책[2]이 전 유럽을 휩쓸어 각국이 너나없이 본받으며 간섭주의가 극에 달했다. 18세기가 되어 중농학파가 일어났는데 그 입론의 근거가 루소 등의 천부인권설과 같은 곳이다. 애덤 스미스가 나와서 다시 자유정책을 취해서 광대하게 발휘했다. 그 후 맨체스터파가 점차 방임론의 본영을 이루어 자유경쟁의 추세는 합병이 성행하기에 이르니 부자는 더욱 부자가 되었고 가난한 자는 더욱 가난해졌다. 이에 근래에 이른바 사회주의라는 것이 출현해서 이를 대신했다. 사회주의는 외형은 순전히 방임을 위주로 하는 것 같지만, 내실은 간섭을 중심으로 한다. 바로 사회를 하나의 기계처럼 통합해서 중심을 두어 연결하고 제어하는 것이니 불평등 중에 평등을 구하는 것이다. 사회주의는 반드시 장차 20세기에 널리 퍼질 것이 분명하다. 따라서 20세기는 간섭주의의 전승시대라고 말하는 것이다.

그렇다면 이 양대 주의는 과연 어느 것이 옳고 어느 것이 그른가? 어느 것이 뛰어나고 어느 것이 뒤떨어지는가? 모두 옳다고 말할 수 있으니, 각

---

1 요한 카스퍼 블룬칠리Johann Kasper Bluntschli(1808~1881)는 스위스 태생의 독일 법학자, 정치가다.
2 원문은 "거바정략罷巴政略"인데, 미상이다.

각의 장소와 시간에 따라서 그 쓰임이 다르기 때문이다. 시간과 장소에 맞게 사용한다면 뛰어난 것이며, 그 반대이면 뒤떨어지는 것이다. 오늘날의 중국은 이 두 주의 중에 무엇을 택할 것인가? 오늘날 중국의 폐해는 간섭해야 할 것을 방임하고 방임해야 할 것을 간섭하는 데 있다. 속으로 헤아려보면 오늘날의 중국을 다스리려면 간섭주의를 택해야 할 것이 7할이요 방임주의를 택해야 할 것이 3할이니, 그 세부 이치는 한마디로 할 수 있는 것이 아니다.[3]

---

3 《신민총보》 제17호(광서 28년 9월 1일), 63~65쪽.

결혼하지 않은 위인

不婚之偉人

노자가 말하기를 "사람이 결혼을 하지 않고 벼슬에 나가지 않으면 정욕의 반만 잃는다"[1]고 했다. 이 말은 지극히 타당한 듯하다. 얼마 전에 신문을 읽었는데 근세에 결혼하지 않은 위인들을 열거하고 있었다. 사학자 기번[2]·흄[3]·버클[4], 철학가 데카르트[5]·파스칼·스피노자·칸트·홉스·로크·루소·벤담·스펜서, 과학자 뉴턴·애덤 스미스, 문학가 볼테르·그림[6], 정치가 윌리엄 피터[7]·카보우르[8]·쉬마梭馬[9], 이들은 모두 독신으로 생을 마쳤다 (그 밖에 일일이 열거할 수 없으므로 가장 유명한 자만을 든다). 문호 셰익스피어와 바이런은 모두 부인이 있었으나, 결혼의 폐해를 극언하여 천재와 아내는 양립할 수 없다고 했다. 그러나 한편으로 근세의 대정치가 글래드스턴, 비스마르크, 디즈레일리는 스스로 말하기를, 평생의 성공이 현명한 내

---

1 원문은 "人不婚宦, 情欲失半"으로, 《열자列子》〈양주楊朱〉에 나온다.

2 에드워드 기번Edward Gibbon(1737~1794)은 영국의 역사학자다.

3 데이비드 흄David Hume(1711~1776)은 영국의 철학자, 경제학자다.

4 헨리 토머스 버클Henry Thomas Buckle(1821~1862)은 영국의 역사학자다.

5 르네 데카르트René Descartes(1596~1650)는 프랑스의 철학자다.

6 그림Grimm은 독일의 형제 작가이자 언어학자로, 형은 야코프Jacob Ludwig Carl Grimm(1785~1863)이고 동생은 빌헬름Wilhelm Carl Grimm(1786~1859)이다.

7 윌리엄 피터William Peter(1788~1853)는 영국의 외교가, 정치가다.

8 41쪽 각주 4 참조.

9 신원 미상이다.

조에 힘입은 것이 대부분이라고 했다. 둘 중 어느 쪽이 맞는가? 생각건대 결혼하지 않고서 천하를 이끌고자 하는 것은 할 수 있는 것이 아니다. 한편 조혼과 다혼이라는 폐습을 제거하지 않으면 국민의 총명함과 재력이 얼마나 소진될지 알 수 없다. 사회개량에 뜻있는 자는 사적인 일이라고 가볍게 여기지 말지어다.[10]

---

10 《신민총보》 제17호(광서 28년 9월 1일), 65~66쪽.

신문을 좋아하는 국민

嗜報之國民

금세기 문명국 국민은 모두 신문 읽기를 먹고 자는 것처럼 좋아하지만, 가장 빠르게 발달한 나라는 미국이다. 미국은 50년 전, 즉 서기 1850년에만 해도 전국에 신문사가 겨우 254종, 독자는 75만 8000명이었는데 올해 (1902)에는 1만 1226종, 독자는 1510만 명에 이른다. 50년 전 전국 신문사에서 발행한 신문 총 부수는 4억 2640만 부였는데, 올해는 81억 6850만 부로 늘어났다. 금년 통계로 전국 신문사의 평균 지출 비용은 미화 1억 9244만 달러인데, 그 안에 주필, 기자 및 사무원 총 2만 7500여 명의 급여로 미화 2700만 달러를 지출했으며, 출판 직공 총 9만 4000명의 급여로 미화 5000만 달러를 지출했다. 기타 인쇄기, 종이, 잡비 등으로 미화 5000만 달러를 지출했다. 전국 신문사 평균 수입은 미화 2억 2300만 달러로, 수입과 지출을 상쇄하면 실제로 매년 미화 3000만 달러 정도가 남는다.

미국의 최근 인구는 통계에 의하면 모두 7650여만 명이니, 비율로는 여섯 명당 한 명이 신문을 보는 것이다. 중국 국민은 미국에 다섯 배이니, 이런 비율이라면 독자가 8000만여 명이어야 하고 매년 453억 4000만여 부가 인쇄되어야 한다. 아! 우리 중국은 어느 시일에 이런 성황이 가능할지 개탄을 금할 수 없다. 그러나 미국이 50년 동안 스무 배 넘게 증가했으니, 중국이 50년 후에 그 성대함으로 사람들의 이목을 놀라게 하지 않을지 어찌 알겠는가? 이는 시세를 만드는 영웅에게 달려 있다.

금일 화폐 가치를 계산하면 미화 1원은 중국의 포구와 해안에서 통용되는 2원과 맞먹는다. 미국 전국 신문사의 매년 총지출이 4억 원, 총수입이 4억 5000만 원에 근접할 테니, 금일 중국의 국가 재산에 비하면 세 배다. 아, 사람의 도량 차이가 여기까지 이르렀는가?[1]

---

1 《신민총보》제17호(광서 28년 9월 1일), 66~67쪽.

노예학

奴隸學

《안씨가훈顏氏家訓》[1]을 우연히 읽었는데, "제나라 조정의 한 사대부가 일찍이 내게 말하기를, '나에게 아이가 하나 있는데 나이가 이미 열일곱이고 문서에 자못 밝습니다. 선비족 말과 비파를 가르쳐서 점차 숙달하여 고관을 모시면 총애를 받을 겁니다'라고 했다. 나는 당시에 묵묵히 답하지 않았다"라는 말이 있었다. 아! 지금 영어와 프랑스어를 배우는 자가 선비족 말을 배우는 부류가 아니겠는가? 지금 보통학, 전문학을 배우는 자는 비파를 배우는 부류가 아니겠는가? 나는 이런 일을 하는 자들이 한번 자성하여 안지추[2]의 웃음거리가 되지 않길 바란다.[3]

---

1 남북조시대 말기에 안지추顏之推가 자손을 위하여 저술한 교훈서로, 2권 20편으로 구성되어 있다. 가족도덕, 대인관계와 구체적인 경제생활, 풍속, 학문, 종교를 비롯하여 문자, 음운 등 다양한 내용을 구체적인 체험과 풍부한 사례를 바탕으로 논했다.
2 안지추顏之推(531~591)는 육조시대 말기의 문학가이고 자는 개介이다. 남조 양梁나라에서 태어났는데, 강릉江陵이 서위西魏에게 함락되었을 때(554) 관중關中으로 옮겼으며, 뒤에 북제北齊로 탈출했으나(556) 북제가 북주北周에게 멸망당하자(577) 재차 관중으로 옮기는 등 파란만장한 생을 살았다. 그 사이에 터득한 실제적인 인생관과 높은 교양이 결합하여 《안씨가훈》의 기조를 이룬 것으로 평가받는다.
3 《신민총보》 제1호(광서 28년 9월 1일), 67쪽.

희망과 실망

希望與失望

희망이란 영혼의 양식이다. 희망은 항상 실망과 더불어 상승하니, 실망이란 희망에 끼는 마魔다.

오늘날은 우리 국민이 전부 실망에 빠진 시대다. 정부에 희망을 걸었다가 정부에 실망하고, 관리에 희망을 걸다가 관리에 실망하고, 민당民黨에 희망을 걸다가 민당에 실망했다. 점진적인 개혁에 희망을 걸다가 점진적인 개혁에 실망하고, 폭동에 희망을 걸다가 폭동에 실망하고, 자력自力에 희망을 걸다가 자력에 실망하고 타력에 희망을 걸다가 타력에 실망했다. 나라를 걱정하는 자들이 열정과 지혜를 다하여 여기저기서 바쁘게 활로를 찾은 게 몇 해건만 한 길도 열리지 않자, 피가 거꾸로 흐르고 머릿속이 어지러이 뒤엉켜버렸다. 금일 청년계에서 다소간 부화뇌동하는 현상은 그 원인이 거의 모두 실망하는 데 있다.

실망에 따른 나쁜 결과가 둘이니, 그 희망에 그다지 진실하지 않았던 자는 실망하면 물러나고, 그 희망에 정성을 다한 자는 실망하면 발광한다. 지금의 지사들은 전자가 열에 일곱이고 후자가 열에 셋이다.[1]

---

1 《신민총보》 제40·41호(광서 29년 9월 14일), 153~154쪽.

국민의 자살

國民之自殺

발광이 극에 달하면 그 결과 자살에 이른다. 자살의 종류는 같지 않지만 요컨대 모두 희망을 위해 생명을 바치는 것이다. 그러므로 자살할 수 있는 사람은 반드시 지극히 진실한 사람이다. 한 개인의 자살이 있고, 국민의 자살이 있다. 무엇을 국민의 자살이라고 하는가? 그 길이 망국에 이르는 걸 잘 알면서도 반드시 그 길로 가려는 걸 말한다. 정령 애국심이 없는 사람이라면, 어찌 포식하면서 즐기지 않고 하필 날마다 나랏일로 자기 골머리를 썩이겠는가? 그러므로 자살하는 국민은 반드시 그 애국의 정도가 극점에 달한 자들이다. 이미 아꼈다면 어찌 자살하겠는가? 저 개인의 자살도 본래 그 몸을 아끼지 않아서가 아니라, 다만 아끼는 목적을 이루지 못해서 발분하여 순사하는 것이다. 애통하고 고통스러운 자살이여!

한 개인의 자살은 도덕적·법률적으로 모두 유죄라고 말한다. 개인이 그럴진대 하물며 한 나라는 어떻겠는가? 죽은 자는 회생할 수 없고 끊어진 것은 다시 이을 수 없다. 아! 우리 국민이여, 자살하지 마라.

자유가 없을지언정 죽지는 말아야 한다. 본래 그런 것이다. 그렇지만 죽음으로써 자유를 쟁취해야지 죽음으로써 자유를 포기해서는 안 된다. 자살이란 의지와 실행이 박약하다는 징표다. 아! 우리 강인한 국민이여, 자살하지 마라.

무의식적인 자살도 있고 의도적인 자살도 있다. 지금 온 나라에 무위도

식하는 자들은 암암리에 날마다 칼을 들고 나라를 죽이는 자들이다. 그러
므로 다만 저들 이외의 사람을 믿으면 나라를 거의 구제하겠지만, 만약에
따로 길을 내어 자살주의를 실행한다면, 이는 우리가 저들과 같은 죄를 짓
는 것이다. 아! 의식 있는 우리 국민이여, 자살하지 마라.[1]

---

1 《신민총보》제40·41호(광서 29년 9월 14일), 154~155쪽.

성공과 실패 [2]
成敗

나는 5년 전에 처음 《자유서》를 저술할 때 〈성공과 실패〉를 첫머리에 두었다. 이제 나는 다시 성공과 실패에 대해 논하고자 한다.

세상에 반드시 성공하는 일은 없지만 반드시 실패하는 일은 있다. 일을 하는 사람이 그 일이 반드시 성공하리라는 것을 헤아린 연후에 그것을 하려 한다면, 마침내 하나도 할 일이 없을 것이다. 만약 그 일이 반드시 실패하리라는 것을 헤아리고서도 억지로 그것을 하려 한다면, 일하는 것이 또한 어찌 취할 만하겠는가? 공자는 말했다. "반드시 일에 임해서는 신중하고, 잘 도모하여 이룬다."[1] 아, 경험을 해보고 조금 오래 지난 후에 반드시 이 말에서 느끼는 바가 있을 것이다. 나는 이전에 성공도 없고 실패도 없다는 이상을 갖고서 하나의 원인을 만들면 반드시 하나의 결과가 있으며, 그 결과의 느리고 빠름과 멀고 가까움은 식견 얕은 자들이 논단할 바가 아니라고 했었다. 지금 생각해보면, 내가 하나의 일을 해서 참으로 하나의 원인을 만들어내어 백 수십 년 이후 수천만 리 밖의 결과를 기대하는 것은, 진실로 성공이라 할 수 있고 실패라고 할 수 없다. 그러나 세상일은 본래 다소의 시간과 노력을 기울이고 다소의 두뇌를 쓰다가 일패도지—敗塗地[2]함에 이르러서는 마치 연기와 구름이 흩어지듯 묘연하여 희미한 흔

---

1 《논어》〈술이〉.
2 싸움에 한 번 패하여 땅에 떨어진다는 뜻으로, 한 번 싸우다가 여지없이 패하여 다시 일어나

적도 찾을 수 없는 경우도 있으므로, 묻건대 장래 세계에 터럭만 한 영향이라도 있겠는가? 일을 벌였던 한두 사람은 피를 삼킬 뿐, 다시 무엇이 있겠는가? 슬프도다, 실패여!

또한 실패하지만 실패가 아니라는 생각은 젊은 시절에 처음 세상에 나와 일을 맡은 사람들이 대체로 가질 수 있다. 그렇지만 이는 객기일 따름이다. 실패는 사람의 의지와 기상을 떨어뜨리기 가장 쉬운 것이다. 한 번 실패하고 재차 실패한 연후에 담대하게 앞으로 나아가던 처음의 기개는 이미 위축되어 사라져버린다. 나는 이런 자를 여럿 보았다. 이는 그 사람이 중도에 변한 것이 아니라 근기가 실로 감당할 수 없는 바가 있었던 것이다. 근기가 뛰어난 사람은 본래 시련이 두렵게 할 수 없으나, 수많은 중생 가운데 중간 이하의 근기를 가진 사람인 열에 일고여덟은 어찌할 것인가? 아, 이것이 '앞으로 나아가기만 하고 돌아오지 못하는'[3] 이유로다!

혹자가 물었다. "그대의 이 말은 사람들이 일을 벌이려는 마음을 가로막는 것인데, 이 또한 심하지 않은가?" 나는 대답했다. "그렇지 않다. 일하는 사람은 성공도 있고 실패도 있지만, 일을 벌이지 않는 사람은 완전히 실패한 사람이다. 성공과 실패의 의미를 아는 사람은 반드시 선택할 바를 알 것이다. 오직 일을 함에 이르러 성공을 장담할 수는 없어도 반드시 자신의 지혜와 능력이 미치는 바를 다하여 성공할 수 있기를 바랄 뿐이다. 비록 실패하지 않는다는 것을 보장할 수는 없지만 반드시 계획을 세운 연후에 움직여, 반드시 실패하는 데는 서지 않을 수도 있을 것이다. 이것이 어찌 다만 구세의 목적을 달성하기 위한 것일 뿐이겠는가? 오히려 또한 기를 배양하여 요절하지 않게 하는 가르침인 것이다." 쩡궈판은 말했다.

지 못함을 뜻한다.

3 원문은 "왕이불반往而不返"으로,《법구경法句經》〈무상품無上品〉("如河駛流, 往而不返, 人命如是, 逝者不還")과《장자》〈소요유〉에도 보인다.

"궁리는 많게 하고, 큰소리는 적게 한다." 또 말했다. "방비를 튼튼히 하고 죽을힘을 다해 싸운다." 훌륭하다, 훌륭하다! 나의 스승이로다. 나의 스승이로다. 그렇지만 세상에 어찌 종신토록 실패를 경험하지 않는 사람이 있겠는가? 광둥 옛말에 "하는 것은 잘못하는 것만 못하고, 잘못하는 것은 잘못을 많이 하는 것만 못하다"라는 말이 있다. 실패라는 것은 실로 하늘이 베풀어준 학교다. 이 하늘의 혜택을 받아들일 수 있느냐 여부는 또한 그 사람에 달려 있을 뿐이다.[4]

---

4 《신민총보》 제40·41호(광서 29년 9월 14일), 155~156쪽. 《청의보》 제25책(광서 25년 7월 21일), 15~17쪽에 같은 제목으로 실린 글을 보완하는 성격의 글이다.

가토 박사의 《천칙 백화》
加藤博士天則百話

일본의 문학박사 가토 히로유키는 독일학파의 태두다. 오로지 진화론을 중심으로 하여 자애심을 도덕과 법률의 표준으로 삼아, 논의가 참으로 치우치고 과격한 점이 많아서 폐단이 있다. 그러나 주장에 근거가 있고 말에 조리가 있어서 일본 학계에 미친 영향이 매우 크다. 나는 일찍이 그의 책을 애독했지만 그 학술을 중국에 소개하려 하지 않았는데, 대개 이익이 손실보다 못할까 염려했기 때문이다. 그렇지만 오늘날 학술사상이 발흥하는 시대에 인력으로 어떤 학파를 저지하여 끝내 우리나라에 들어오지 못하게 할 수는 없다. 만약 억지로 저지한다면 이는 또한 매우 완고한 것이다. 하물며 일가를 이룬 주장은 반드시 근거와 조리가 있으니, 그 일부를 구실로 삼지 않고 전체를 이해할 수 있다면, 어떤 학파이든 다 인간사회의 운영에 도움이 될 것이다. 더욱이 천하의 학설이 많은데 선택하여 따르거나 도태시켜버리는 것은 아마도 나에게 달려 있지 않을 것이다. 그러므로 이제 그의 《천칙 백화》를 취해서 삼가 번역하여 동학들에게 알리는 바다. 비록 일부를 취했지만[1] 박사의 학술의 대강이 또한 여기에 담겨 있다.

---

1 원문의 "동린서조東鱗西爪"는, 용을 그릴 때 동쪽에는 비늘을 그리고 서쪽에는 발톱을 그려서 용의 전체 모습을 볼 수 없다는 의미로, 단편적이고 자질구레한 것을 가리킨다.

실학과 공리의 구분(제1화)

논자들은 때로 실업實業에 직접 효용이 있는 학문을 실학實學이라 하고, 이와 상반되는 것은 공리공론空理空論이라고 한다. 가령 기계의 제조와 광학礦學, 전학電學, 공정工程 등의 응용과학[2]은 실업에 가장 유익한 것으로 실학이라 한다. 여타 물리학, 화학은 순수과학이지만 그것이 응용학문의 기초가 되므로 또한 실학이라 부른다. 철학, 심리학, 사회학(群學) 등의 경우에는 전적으로 이론을 주로 하고 물질에 의존하지 않으므로, 늘 공리공론이라 비난한다.

이는 실로 그릇된 견해다. 학과의 허실과 진위는 연구의 객체에 달려 있지 않고 연구의 주체에 달려 있다(주객, 능소能所[3] 등의 단어는 불전佛典에서 통용하는 말이고 일본인도 상용한다. 여기서 원문은 그와 같지 않은데, 특히 용어의 사용이 복잡하기 때문에 이 두 단어로 의역하여 대신한다). 가령 철학, 심리학, 사회학은 연구의 객체가 결코 공허하지 않다. 그렇지만 이들 무형의 것을 다루는 학과에서는 진리를 밝히는 것이 쉽지 않다. 그러므로 이전에 이것들을 연구한 이들은 주장이 흔히 근거 없고 허무맹랑한 듯하지만, 거기에 함축된 진리는 또한 이미 적지 않다. 하물며 오늘날 사상이 발흥하여 이들 학문을 연구하는 이들은 반드시 근거 없이 주장하고 추측하는 데 만족하지 않고 흔히 엄격한 과학방법으로 진리를 추구한다. 그러므로 논자들이 함부로 구별하는 것은 매우 고루하다.

인간사회의 개화는 결코 유형의 물질에만 의지하지 않고 무형의 정신에 더욱 의존한다. 무형의 것과 유형의 것은 서로 의지하여 작용해야 비로소

---

2 가토 히로유키加藤弘之의 《천칙 백화》 원문에는 "토목, 기계, 제조, 채광採鑛, 조가造家 등과 같은 공학工學"은 '응용학'이라고 기술되어 있어서 량치차오의 번역과는 조금 차이가 있다.

3 '능소能所'는 불교 용어로, 행위의 주체와 그 행위의 목표가 되는 객체, 혹은 인식 주체와 인식 대상을 가리킨다.

완전하고 원만한 참된 문명을 이룰 수 있다. 이는 오늘날 유럽에 비추어보면 분명하고 비교적 뚜렷하다.

자유로운 연구(제13화)[4]

인간사회의 모든 사물과 자연계의 모든 사물은 다 똑같이 생존경쟁, 자연선택, 우승열패의 작용에 의해 점차 진화한다. 학문과 종교도 이 자연의 법칙(天則)을 따르며 거기에서 벗어날 수 없다. 그러므로 학문이든 종교든 모두 하나같이 연구자의 자유에 따라야 하며 추호도 다른 영역의 속박을 받지 않은 연후에 종교와 학문이 발달할 수 있다. 석가가 브라만교의 속박에서 벗어나 불교를 일으키고 예수가 유대교의 속박에서 벗어나 기독교(景敎)를 일으키고 유럽 근세의 여러 석학이 기독교의 속박에서 벗어나 신학문을 일으킨 것이 모두 그 분명한 효과이고 확실한 증거다. 연구의 자유가 있기 때문에 옛것을 배척하고 새로운 것을 일으킬 수 있었던 것이다. 생겨나고 폐지되는 것은 모두 진화론(天演學)에서 말하는 자연도태의 작용이다. 이 작용이 없다면 학문과 종교는 끝내 기능을 발휘하고 진보할 수 없을 것이다.

그런데 더러 자유로운 연구의 힘을 사용해서 타인을 배척하여 자신의 주장을 세우고 이미 세운 연후에는 자신의 세력을 빌려 돌이켜 타인의 자유를 방해하니, 이는 이해할 수 없는 일이다. 가령 기독교도가 그러하다. 예수가 새로운 종교를 건립할 수 있었던 것은 어찌 이 자유의 힘에 의지한 것이 아닌가? 세력이 형성되자 또한 세속의 권력을 이용하여 신자들의 자유를 침해하니, 어찌 그리 생각이 짧은가? 그렇지만 기독교는 부패하고

---

4 1899년 박문관博文館에서 펴낸 《천칙 백화》에서는 〈자유로운 연구(自由研究)〉가 제14화이고 뒤에 나오는 〈990년 전의 우리 조상(我輩九百九十年前之祖宗)〉이 제13화다. 량치차오가 일부러 혹은 착오로 순서를 바꾸었거나, 아니면 다른 판본을 저본으로 사용했을 가능성이 있다.

허망하여 참으로 끝내 신학문에 저항할 수 없다. 오늘날에 이르러서는 세력이 점차 쇠퇴하여 이미 항복의 깃발을 신학문의 문전에 세우지 않을 수 없게 되었다. 저 종교를 미신하는 무리들은 교리와 계율을 고집하니 단지 교조의 충복이 되는 것은 오히려 그럴 수 있지만, 자기 종교 밖의 사람들에게 각종 구실을 내세워 사상의 자유를 억압한다면 식견의 고루하고 천박함이 실로 놀랄 만할 것이다. 가령 윤리도덕은 그 폐해를 가장 많이 입은 영역이다. 세속의 논자들은 걸핏하면 예부터 전해지는 윤리도덕은 후세 사람들이 그 득실을 논하고 시비를 따지는 것을 용납하지 않으며, 그것을 용납하면 명교名教가 훼손되고 풍속이 파괴되리라고 한다. 이런 각종 허무맹랑한 구실을 내세우면서 학문적 논리에 의거하여 분별하지 못한다. 아, 학문적 논리에 의거하여 주장하지 않으면서 학문이 진보하기를 바라기는 어렵다.

990년 전의 우리 조상(제14화)

사람에게는 모두 부모가 있으니, 이를 양친이라 한다. 부친도 그 부모가 있고 모친 역시 그 부모가 있으니, 이들이 나의 조부모이며 그 수는 넷이다. 조부도 그 부모가 있고 조모 또한 그 부모가 있으니, 이들이 나의 증조부모이며 그 수는 여덟이다. 증조부모 역시 각기 그 부모가 있으니, 이들이 나의 고조부모이며 그 수는 열여섯이다. 이처럼 차례대로 추산해나가면 32인, 64인, 128인이 된다. 그러면 조상의 수가 점차 증가하여 불가사의한 지경에 이른다. 이제 30년을 한 세대로 삼아 계산해보자. 33세대 990년이 지나면, 그 조상의 많음은 사람들로 하여금 대경실색하게 한다. 그 표는 다음과 같다.

그러므로 10세대 300년 사이에 조상의 수는 1024명이고, 20세대 600년 사이에는 104만 8576명이며, 30세대 900년 사이에는 10억 7374만 1824

부모	2	제11조	2,048	제21조	2,097,512	제31조	2,147,483,648
조부모	4	제12조	4,096	제22조	4,194,304	제32조	4,294,967,296
증조부모	8	제13조	8,192	제23조	8,388,608	제33조	8,585,934,592
고조부모	16	제14조	16,384	제24조	16,777,216	이상 총 990년	
제5조	32	제15조	32,768	제25조	33,554,432		
제6조	64	제16조	65,536	제26조	67,108,864		
제7조	128	제17조	131,072	제27조	134,217,728		
제8조	256	제18조	262,144	제28조	268,435,456		
제9조	512	제19조	524,288	제29조	536,870,912		
제10조	1,024	제20조	1,048,576	제30조	1,073,741,824		
이상 총 300년		이상 총 600년		이상 총 900년			

명이 되어야 한다. 다시 3세대를 더하면 모두 33세대 990년 사이에 85억 8593만 4592명이 되어야 한다. 표로 나타내면 실로 사람들로 하여금 놀라게 하고 실소를 금치 못하게 한다. 그렇지만 여기서 친족 혈통은 서로 혼인하지 않는 경우를 말한다. 그러나 고래로 친족 간에 혼인하는 무리가 많았으므로, 실제 숫자는 결코 이처럼 많지 않다.

생각건대 이 조목은 실학과 무관하지만 재미가 있으므로 번역해서 얘깃거리로 삼을 뿐이다.

세 종류의 이기심(제94화)

예부터 학자들은 모두 인류에게 이타利他와 이기利己의 두 마음이 병존한다고 했다. 나는 이 주장을 제기한 자들은 모두 시야가 좁아서 인류 이외의 존재에게는 미치지 못했다고 생각한다. 예부터 학자들은 모두 인류가 특별한 생물로 본래 만물의 영장이라고 여겼기 때문에, 각종 성질을 연구하는 데 시야가 전적으로 인류의 범위에 국한되고 그 밖의 영역에는 미치지 못했다. 오늘날 진화의 원리가 크게 밝혀져 인류가 동물에서 진화하여 변천했다는 설이 이미 불변의 진리가 되었다. 그러므로 인류의 심신의 현상에 대한 연구는 모두 하등동물에 대한 연구와 병행하지 않을 수 없게 되었다. 이는 근세 학자들이 공인하는 바다. 따라서 나는 오늘날 이기심과 이타심이라는 두 마음을 논할 때 또한 이것에 근본하지 않을 수 없다.

하등동물의 심성을 보면 오직 이기심만 있을 뿐 이른바 이타심이라는 것은 존재하지 않는다. [하등동물이] 자신의 욕구를 버리고 남을 위해 도모한다는 것은 대체로 들어본 적이 없다. 점차 진보하여 고등동물이 되면 다소 사회성(群性)을 띠어 자신의 이익을 위하는 것 외에 또한 남을 위하는 마음이 조금 있게 된다. 그러나 진정으로 남을 위하는 것이 아니라 단지 남을 함부로 해치지 않을 뿐이다. 대개 서로 모여서 살아가게 되면 전적으로 자신의 이익만을 도모해서는 결국 자신의 안전을 보장할 수 없다. 그래서 남을 이롭게 하지 않지만 또한 함부로 해를 끼치지 않는 것, 이것이 이타심의 발단이다. 진화하여 인류에 이르면, 아무리 야만적인 종족이라도 사회적 특성이 결국 [다른] 고등동물에 비해 더욱 확고하게 되어 이타적 행위가 그에 따라 진보하게 된다. 크게 문명화되고 크게 개화된 사회에 이르면, 이타심도 크게 성하게 된다. 이는 실로 진화의 거대한 작용이 전이시키고 변화시킨 현상이다. 무릇 한 사람의 심신의 현상을 논하려면 부모로부터 유전받은 데서 검증하지 않을 수 없다. 그러므로 인간사회의 심신의 현상을 논하려면 또한 먼 조상인 동물로부터 유전받은 데서 검증하지 않을 수 없음이 분명하다. 그런데 옛날부터 학자들은 이 원칙에 따라 논하지 못했다. 이것이 나중에 생겨난 이타심을 본래 이기심과 병존하여 함께 나왔다고 여기게 된 이유다. 이로써 보면 이타심은 이기심의 변형에 불과하다는 것이 분명하다.

나는 이제 이기심을 세 종류로 나눌 수 있다. 첫째는 '무한하게 순수한 이기심'이고, 둘째는 '유한하게 순수한 이기심'이며, 셋째는 '변형된 이기심'이다. 이른바 무한하고 순수한 이기심이란 하등동물의 이기심으로, 자신의 힘을 다하여 자신의 이익을 도모하며 추호도 남을 고려하지 않는 것이다. 이른바 유한하고 순수한 이기심이란 사회성을 조금 띠고 있는 고등동물의 이기심으로, 자신의 이익을 도모하지만 다소 제한이 있어서 함부로 남을 해치지 않는 것이다. 이른바 변형된 이기심이란 일반인이 말하는 이타심이다. 이런 이기심은 고등동물에게도 조금 있지만 인류의 수준에 이르러 비로소 진보했다. 대개 그 목적이 본래 타인을 위하려는 것이 아니지만 스스로 진정한 이익(몸에 이롭거나 혹은 마음에 이로움)을 도모하려면 먼저 타인의 이익을 도모하지 않으면 안 되는 것이다. 그 이타란 단지 이기의 수단에 불과하므로, 변형된 이기심이라고 부르는 것이다.

이 세 종류의 이기심에 저절로 수준 차이가 있음은 뚜렷하여 쉽게 알 수 있다. 즉, 첫 번째 종류는 보통동물계에서 행해지고, 두 번째 종류는 고등동물계에서 행해지고, 세 번째 종류는 인류사회에서 행해진다. 그렇지만 인류는 또한 이 세 종류를 겸하여 갖고 있다. 대체로 두 번째 종류는 가장 일반적인 것으로서 사람들이 함께 갖고 있다. 첫 번째와 두 번째 종류는 개인의 특수한 성질에 따라 편차가 있으며 첫 번째 종류의 편차가 매우 크다. 세 번째 종류의 이기심(즉, 이타심)은 또한 두 가지로 구별된다. 하나는 유물적이고, 다른 하나는 유심적이다. 타인의 이익을 도모하되 내가 그로 인해 물질상의 실익으로 보상받으므로, 유물적이라 한다. 타인의 이익을 도모하되 나의 본심이 그로 인해 유쾌하고 편안하므로, 유심적이라 한다. 이 두 가지는 그 이익과 손해가 결국 나에게 귀결되므로 명목상으로는 이타심이라 하지만 실제로는 이기심이라는 것은 의심할 나위가 없다.

무릇 사람은 자신이 친애하는 사람에 대해서는 항상 자기 자신과 한 몸으로 본다. 가령 부자, 형제, 부부, 붕우 사이에서는 흔히 육체는 달라도 한 몸이어서 거의 피아의 구별이 없다. 그러므로 서로 행복을 바라고 재난을 걱정한다. 일반적으로 논하면 이는 이타심으로, 완전히 이기심에서 나온 것이 아니라고 할 수 있다. 하지만 사실은 그렇지 않다. 저들은 하나의 몸으로서 함께 느끼기 때문에 그의 행복을 보고 내가 유쾌함을 이기지 못하고 그의 불행을 보고 내가 고통을 감당할 수 없는 것이다. 여기에는 거의 하려고 하지 않아도 하고 이르려고 하지 않아도 이르게 되는 바가 있다. 그러나 이런 마음은 그 사람에게서 결코 자신의 이익을 계산하는 것이 보이지 않는다. 그러므로 의식의 차원에서 논하면 이타라고 할 수 있지만, 근원으로 따지면 실은 여전히 이기인 것이다. 무릇 수준 높은 이익은 육체의 쾌락에 달려 있지 않고 마음의 쾌락에 달려 있다. 그러므로 이런 마음은 실로 이기심 가운데 가장 고상하고 가장 아름다운 것이다(유물적 이기심은 본문에서 분명하게 말하고 있지 않으며, 가토 박사가 따로 저술한 《도덕법률진화지리道德法律進化之理》에서 가장 상세하게 설명하고 있다. 나중에 번역하려 한다. 《벤덤 학설》의 '해설'을 참조하면 또한 그 대강을 알 수 있다).

종교가의 말과 도덕가의 말은 항상 사람들에게 이타를 가르치는 데 힘쓴다. 이는 우리 마음의 쾌락을 이용하여 사람들로 하여금 착한 사람이 되고 군자가 되고 효자가 되고 훌륭한 부인이 되게 하려는 것이다. 우리가 단지 그 가르침을 따르기만 하면 이 아름다운 이름을 얻어서 마음이 또한 매우 유쾌하게 된다. 이는 실로 중생을 널리 구제하는 신묘한 법문이지만, 그 근원을 거슬러 올라가보면 이기심에서 벗어나지 않는다. 만약 이기심이 없다면 성현도 그 가르침을 펼 길이 없을 것이다. 그러므로 이타심도 이기심을 벗어나서 저절로 발생할 수 없음이 분명하다. 그렇지만 이런 고상한 이기심은 우리 의식에서 보면 이미 이타이지 이기가 아니다. 따라서 이런 의식을 점차 자손에게 전하여 날로 발달시키고 오랜 시일이 지나면, 마치 태어나면서 갖춘 것처럼 된다. 학자들이 이타심을 이기심과 떨어져서 독자적으로 생겨나는 것으로 오인하는 이유는 모두 이 때문이다. 이로써 보건대, 이기심은 반드시 미워하고 천하게 여길 만한 것이 아니다. 가령 세 번째 종류와 두 번째 종류는 실로 인류 생존에 불가결한 요소다. 오직 첫 번째 종류의 이기심만이 사회에 해를 끼치는 것이 막대하다. 만일 이것만 있고 다른 두 종류가 없다면 사람이 아니라 금수禽獸다.

위의 인용글은 가토 박사 학설의 요점이다. 여타의 각종 저술은 이 뜻을 밝혀서 수만의 언어로 반복해 상세히 설명하여 빠짐이 없게 한 것이다. 일본인 중에 존숭하여 따르는 자들은 서양 학자들이 밝히지 않은 뜻을 밝혔다고 여기고, 반대하는 자들은 정의의 공적公敵이요, 인도人道의 해충이라고 여긴다. 대개 일본 학계의 앞 세대 가운데 가장 극렬하게 폄하와 칭송을 당하기로 가토만큼 심한 자가 없다. 공정하게 논하면, 이른바 애타심이란 인간사회가 성립하는 위대한 근원으로 날로 배양하고 성장시켜도 오히려 부족할까 두려운데, 하필 말살하여 이기심의 부속물로 여긴단 말인가? 이런 학설을 주장하는 것은 인류가 지나치게 이기적인 것(자사자리自私自利)을 모를까 염려할 뿐만 아니라, 다시 원숭이에게 나무에 오르는 것을 가르치는 격이다[5]. 그러므로 이런 이론은 오늘날 중국에서 행하기에 가장 부적합하다.

그렇지만 가토의 의도는 다른 데 있다. 그는 오늘날의 인류가 이타의 사업을 결국 편안히 행하지 못하는 것을 보았다. 그러므로 거슬러서 제어하는 것은 순리대로 인도하는 것만 같지 못하다고 여겨, 자신을 이롭게 하려면 먼저 타인을 이롭게 하지 않을 수 없다는 논리를 크게 밝혀 그대들이 말하는 이로움은 진정한 이로움이 아니라고 한 것이다. 만약 진정으로 자

5 원문은 "교노승목教猱升木"으로, 원숭이에게 나무에 오르는 것을 가르친다는 뜻이다. 흔히 나쁜 사람에게 나쁜 짓을 하도록 권하는 것을 비유하는 말로 쓰인다.

신을 이롭게 하려면 자신을 이롭게 하는 것을 넘어서기를 요구한다는 것이다. 이는 가토가 온 나라의 비난을 무릅쓰고 끝내 자신의 주장을 견지하며 조금도 바꾸지 않은 이유다(나는 일본의 각 신문에서 다른 사람이 가토를 비난하고 가토가 그 비난에 답변한 논문이 백 수십 편이 넘는 것을 보았다).

대저 사람이 그 '유심적인 변형된 애기심愛己心'을 확충하고 발달시킬 수 있다면, 처음에는 한 집안의 친척들을 한 몸으로 보게 되고, 점차 나아가 한 마을을 한 몸으로 보고, 점차 나아가 한 나라를 한 몸으로 볼 수도 있고, 점차 나아가 천하를 한 몸으로 볼 수도 있게 되고, 점차 나아가 모든 중생을 한 몸으로 볼 수도 있게 된다. 이는 다만 에테르[6]의 감각력이 어떠한가에 달려 있다(이 주장은 탄쓰퉁의 《인학》에서 가장 투철하게 밝혔다).[7] 무릇 한 마을, 한 나라, 천하와 중생을 모두 한 몸으로 여기면, 장차 그 고통을 보면 내게 저절로 홀연히 큰 고통이 생겨나고, 그 즐거움을 보면 내게 저절로 홀연히 큰 즐거움이 생겨나게 된다. 이는 《주역》에서 말한 "길흉을 인민과 함께 걱정한다"[8]는 것이고, 《유마경》에서 말한 "중생이 병들기 때문에 내가 병이 든다"는 것이다. 참으로 이와 같다면 나는 자신을 이롭게 하려는 데서 그치지 않을 것이다. 자신을 이롭게 하고자 한다면 나는 한 마을, 한 나라, 천하와 중생을 위해 그 괴로움을 없애고 즐거움을 생겨나게 하고자 하지 않을 수 없다. 대개 이와 같이 하지 않는다면, 나는 고통이

---

6 원문은 "이태以太"로, 에테르ether는 빛을 파동으로 생각했을 때 이 파동을 전파하는 매질로 생각되었던 가상적인 물질을 말한다. 이는 마이컬슨과 몰리가 수행한 간섭계 실험에 의해 그 존재가 완전히 부정되었다. 에테르를 밝혀내기 위한 실험들을 통해 광학과 전자기학이 크게 발전했다.

7 탄쓰퉁은 "'인仁'의 가장 중요한 의미는 '통通'이다. 에테르, 전電, 심력心力이라는 것은 모두 '통'이 형체화된 것(仁以通爲第一義. 以太也, 電也, 心力也, 皆指出所以通之具)"《인학》〈계설〉)이라고 하여, 에테르를 중국 전통철학의 영靈·기氣 개념의 연장선상에 있는 것으로서 우주와 내면세계의 긴밀한 조응관계를 담보하는 개념으로 설정했다.

8 "聖人以此洗心, 退藏於密, 吉凶與民同患"(《주역》〈계사상전繫辭上傳〉).

무궁할 것이다. 참으로 이와 같다면 자신을 이롭게 하는 것이 무슨 병폐가 있겠는가? 가토의 주장의 본의가 반드시 이렇지는 않겠지만, 나는 그의 글을 읽고 이렇게 보지 않을 수 없다. 대체로 일가를 이룬 말은 모두 그 가운데 반드시 진리가 포함되어 있다. 잘 읽으면 덕을 닦는 데 도움이 될 것이다. 공자는 "세 사람이 길을 가면 반드시 스승이 있기 마련이다"[9]라고 말하지 않았던가? 어찌 가토의 말에 병폐가 있다고 하겠는가? 만약 그중에 한두 가지만을 받아들여 방자하게 저 첫 번째 금수의 이기심을 가지고서 가토의 무리를 자처한다면, 가토가 받아들이지 않을 것이다.[10]

---

9 "三人行, 必有我師焉"(《논어》〈술이〉).
10 《신민총보》 제21호(광서 28년 11월 11일), 51~61쪽.

일본 헌법에 대한 스펜서의 비평

記斯賓塞論日本憲法語

일본에서 근래에 출간된 잡지 《태양》에 글 한 편이 실렸는데, 제목은 '고故 스펜서[1]와 일본 헌법'으로 가네코 겐타로[2] 박사가 쓴 것이다. 15년 전 스펜서와의 대화를 기술했는데, 스펜서와 가네코가 생전에는 발표하지 않기로 약속했다고 한다. 그래서 가네코의 필기는 15년 동안 상자에 보관되어 있다가, 이제 스펜서가 세상을 떠났으므로 발표한다고 했다. 이것 또한 일독의 가치가 있다.

가네코는 처음 스펜서를 만났을 때, 이토 히로부미가 펴낸 《일본헌법의 해日本憲法義解》를 그에게 증정하고 비평을 요청했다.

스펜서는 그 책을 읽지 않고 먼저 다음과 같은 질문을 했다. "내게 가장 의심스러운 일이 하나 있습니다. 헌법이란 것은 영국에서 시작되어 미국이 뒤를 이었고 그 후 각국이 또 그 뒤를 이었습니다. 대체로 모두 국민의

---

1 허버트 스펜서Herbert Spencer(1820~1903)는 영국의 철학자, 사회학자다. 다윈의 진화론을 받아들여 생물계뿐만 아니라 세계 전체에 진화의 원리를 확대 적용해서 자연계와 인간사회를 동질적으로 보는 사회유기체설을 받아들여 사회 다윈주의의 입장에 섰다. 특히 생물학적 진화론을 인간사회에 적용한 《종합 철학 체계A System of Synthetic Philosophy》(전 10권)는 1903년 옌푸에 의해 '군학이언群學肄言'이라는 제목으로 번역되어 근대 중국 사상계에 큰 영향을 미쳤다.
2 가네코 겐타로金子堅太郎(1853~1942)는 메이지 시기의 관료, 정치가다. 사법대신, 농상무대신, 추밀고문관 등을 역임했다. 게이오기주쿠 야간법률과·니혼 법률학교日本法律學校(현 니혼 대학日本大學)의 초대 교장과 니쇼 학사전문학교二松學舍專門學校의 교장을 지냈다.

요구와 압박에 따라 혹은 피로써 쟁취하여 처음 제정될 수 있었습니다. 유독 일본은 건국 이래 한 핏줄이 서로 이어 전제독재의 국체를 형성하고 인민이 그 교화를 기쁘게 받아들여, 요구하고 압박한 일이 있다는 말을 들은 적이 없습니다. 이제 평지에서 돌출하듯 이 헌법이 나왔으니 그 이유가 무엇입니까?" 가네코는 일본 건국 이래의 역사 및 메이지 유신 이후의 일을 상세하게 일러주었다. 어떻게 오랫동안 이어져오던 봉건제를 폐지하고, 어떻게 여론을 수렴하여 제도 개혁의 방침을 정하고 개국의 국시를 정하고, 어떻게 태정관太政官 아래 삼직팔국三職八局을 설치하고, 어떻게 대조원待詔院의 여러 기관을 설치하고, 어떻게 원로원·대심원을 설치하여 행정·사법의 범위를 정하고, 어떻게 지방관회의를 개설하여 자치의 단서를 열었고, 이렇게 하기를 20년이 지나자 헌법이 성립한 것이며 결코 평지에서 돌출하듯 생겨난 것이 아니라고 했다. 그러자 스펜서가 말했다. "알겠습니다. 알겠습니다. 내가 전에 이 문제에 대해 귀국의 여러 사람에게 물었지만 아무도 대답하지 못했습니다. 이제 그대의 말을 들으니 그것이 진화의 공리와 어긋나지 않음을 알겠습니다." 며칠 지나 스펜서는 《일본헌법의 해》를 다 읽고 편지를 써서 가네코를 자기 집으로 초대하여 다음과 같이 말했다.

한 나라의 헌법과 그 부속 법률은 반드시 그 나라의 역사 및 국체와 동일한 정신, 동일한 성질을 가져야 합니다. 그렇지 않으면 그 헌법과 법률을 시행할 때 곤란한 점이 이루 말할 수 없어서 마침내 입헌 목적을 달성할 수 없을 것입니다. 내가 이런 견해를 가진 지 오래이므로, 예전에 영국 주재 일본 공사인 모리 아리노리에게 이렇게 말했습니다. "일본이 헌법을 제정하고자 하면 반드시 점진적 보수주의를 취해서 본국의 역사와 관습을 기초로 구미 각국의 장점을 두루 채취하여 일본에서 전해져오는 정체와 구미 입헌주의가 조화를 이루는 것이 가장 중요합니다. 만약 옛 체제를 파괴하고 새로운 제도를 창설하면 결코 내가 바라는 바가 아닙니다. 왜 그런가? 물질계로 논하면 외국의 초목을 본국에 이식하면 이치상 외국과 동일한 꽃과 결실을 맺을 수 없으니, 이는 식물학의 원리입니다. 헌법도 그러합니다. 구미 여러 나라의 헌법은 각기 그 국체와 역사 및 관습에 따라 성립한 것이지, 결코 타국의 법조문을 취해서 번역하여 집행하는 것이 아닙니다." 내가 당시 모리 아리노리에게 말한 것은 이 때문입니다. 이제 그대가 건네준 일본 헌법을 보고 그 주해를 읽어보니, 한결같이 일본 고래의 역사와 관습에 근본하여 점진적 보수주의를 종지로 하고 있음을 알았습니다. 이는 내가 가장 찬성하는 점입니다.

나는 또 일본 정부에게 하고 싶은 말이 있으니, 장차 이 헌법을 시행하는 것은 헌법을 제정하는 때보다 더욱 곤란하므로, 이 점을 깊이 헤아리지 않으면 안 된다는 것입니다. 헌법을 제정하는 것은 소수의 정력과 노력으로 성취할 수 있습니다. 헌법을 시행하는 것은 국민 전체의 대사업이므로 그 어려움은 처음보다 열 배 백 배가 됩니다. 미국을 실례로 증명해보죠. 미국 헌법의 정신은 인민이 평등하고 상하가 모두 동일한 권리를 가진다는 것입니다. 이제 수십 년 동안 시행하자 미국의 헌법과 정치는 점차 정당의 수중에 집중되고 그 정당 또한 대부분 정치가의 이기주의에 따르게 되어 양민들이 고통을 견딜 수 없게 되었습니다. 솔직히 말하면, 미국인은 헌법의 공허한 조문상에서는 평등한 권리를 가질 수 있지만 실제로는 그것을 향유할 수 없습니다. 정치학 원리로 논하면, 정부 사업은 마땅히 점차 감소되어 인민이 각자 개인 스스로 영위할 수 있어야 합니다. 그러므로 정부의 최종 목적은 방임주의입니다. 이 논의는 내가 평소 가장 힘써 주장해온 것임을 그대는 알 것입니다.

그렇지만 오늘날 사회의 실제 상황을 보면 그렇다고 할 수 없습니다. 방임주의란 오늘에 기반해서 미래를 지목하여 원만구족한 세계는 마땅히 이러해야 한다고 말한 것일 뿐입니다. 그러므로 정부 권력의 대소를 논하면 반드시 국민 각자가 모두 자립자율의 정신을 배양하여 정부의 유도를 필요로 하지 않고 스스로 자신의 의무를 지키고 또 정부의 금지를 필요로 하지 않고 스스로 타인의 권리를 침범하지 않고 사회 안녕을 침해하지 않을 수 있어야 합니다. 그렇게 된다면 정부 사업이 지극히 좁은 영역으로 축소될 수 있을 것입니다. 그러면 정치학 원리가 실현될 것입니다. 이집트의 금자탑으로 비유하자면, 개화되지 않은 국가의 정부는 탑의 기반이고 내가 주장하는 방임주의 정부는 탑의 꼭대기와 같습니다. 정치의 진보는 기반에서 점차 꼭대기로 나아가는 것이니, 진보의 정도는 한결같이 국민의 지혜와 덕성과 역량에 달려 있습니다. 1단계, 2단계, 3단계의 순서를 거치지 않고 단번에 건너뛰어 꼭대기에 도달하려 한다면 이치상 본래 도달할 수 없으며 설혹 도달해도 곧 떨어질 것입니다. 그러므로 내가 귀국 정부에 바라는 것은 이 원리에 의거하여 일본의 현재 위치가 금자탑의 어느 단계에 있는지 잘 살펴서 현재 서 있는 곳에 근거하여 점차 나아가는 것입니다. 단계를 건너뛰어 진보하고자 한다면 단지 헌법의 시행에 수많은 장애가 있을 뿐만 아니라 국가와 국민에게 불리한 점이 더욱 원대할 것입니다.

스펜서의 논의를 살펴보면 넓고 깊고 절실하고 분명하다고 하겠다. 예전에 진화론자들이 상용하는 말은 모두 생존경쟁·자연선택·우승열패인데, 스펜서는 '적자생존'이라는 말을 잘 사용하여 참으로 세상일에는 우월한 것도 없고 열등한 것도 없으며, 나에게 적합하지 않으면 우월한 것도 열등하고 나에게 적합하면 열등한 것도 우월하다고 했다. 여름철의 가죽옷과 겨울철의 갈옷은 아름다워도 아름답지 않으며 입으면 모두 질병이 생기기 족하니, 적합하지 않은 것의 폐해다. 이 이치를 이해하지 못하고서

국가 일을 논하면 그 해가 또한 심하다. 스펜서가 일본 정부에 충고한바 '국민의 위치가 어느 단계에 있는지 살피라'고 한 말을, 나는 모든 애국자가 깊이 숙고하지 않으면 안 된다고 생각한다. 스펜서는 또 단호하게 본국의 역사와 관습에 대해 말하기를, "역시 진화의 원리에 따르는 것이지 결코 갑자기 생겨나는 것은 없으며 모두 유전에 따라 점차 변해간다"고 했다. 만약 10년이 지나면 그 상태가 크게 변할 것이다. 그러므로 우리 국민이 우리나라를 사랑하는 것에는 또한 당연한 것이다. 만약 우리 역사가 어떠하고 우리 관습이 어떠한지 살피지 않고서, 이것은 현재 각국에서 시행하는 가장 우월한 것이므로 내가 취할 것이며 그러면 나도 우월하여 승리하는 무리에 낄 것이라고 말한다면, 모든 사물이 본래 저들에게는 우월하지만 나에게는 도리어 열등하다는 것을 어찌 알겠는가? 이에 불건전한 이상은 무익할 뿐만 아니라 또한 해가 된다는 것을 알 수 있다. 나는 우리 정론가들이 심기를 평정하게 하여 선현이 남긴 유훈을 한번 들어보기를 요청하는 바다.[3]

---

3 《신민총보》 제42·43호(광서 29년 10월 14일), 173~177쪽.

중국의 사회주의

中國之社會主義

사회주의는 최근 100년 이래 세계의 특산물이다. 그 가장 중요한 뜻을 잘라 말하자면, 토지는 공공에 귀속하고 자본도 공공에 귀속하며 오직 노동만이 모든 생산물의 가치의 원천이라는 것이다. 마르크스는 현재의 경제구조가 사실 소수의 사람들이 다수의 토지를 약탈하면서 조성된 것이라고 했다. 라살레[1]는 지주와 자본가는 모두 훔치고 빼앗는다고 했다. 이 말들은 자못 귀를 쫑긋하게 한다.

그렇지만 우리 중국에 본디 그런 것이 있었다. 왕망이 나라를 세운 첫해에 영令을 내려 "한漢 왕조가 전조田租를 경감하여 30분의 1로 세稅를 매기니 호민豪民이 침탈하여 (가난한 사람에게) 땅을 나눠주고 지대를 빼앗는다. 그 명목이 30분의 1세라고 하지만 실제는 10분의 5세다. 부자父子와 부부가 죽을 때까지 밭 갈고 김매지만 소득은 스스로 생존하기에 부족하다. 그러므로 부유한 사람은 개와 말에게 콩과 조를 주고도 남음이 있어 교만하고 사악해지고, 가난한 사람은 술지게미도 배불리 먹지 못하고 궁핍하여

---

1 페르디난트 라살레Ferdinand Lassalle(1825~1864)는 독일의 사회주의자, 노동운동의 지도자다. 프랑스의 사회주의자와 마르크스의 영향을 받고 1845년경 사회주의자가 되었다. 1848년 2월 혁명을 지도했으며 1863년에는 독일사회민주당의 전신인 전독일노동자동맹을 조직했다. 처음에는 마르크스와 가까운 사이였으나 뒤에 헤겔의 국가관에 강한 영향을 받아 국가사회주의로 기울었기 때문에 사이가 벌어졌다. 주요 저서에 《노동자 강령》(1862), 《공개 답장》(1863) 등이 있다.

간악해진다"[2]고 했다. '땅을 나눠주고 지대를 빼앗는다(分田劫假)'라는 구절에 대해 주석하기를, "'분전分田'이란 가난한 사람은 밭이 없어 부자의 밭을 취하여 씨앗을 심으니 함께 수확한 것을 나눈다는 것이다. '가假'란 가난한 사람이 부유한 사람의 밭을 빌린다는 것이다. '겁劫'이란 부유한 사람이 그 세를 약탈하여 그들을 속여 빼앗는다는 것이다"[3]라고 했다. 이것은 곧 지주자본가가 강도라는 뜻이다.

또한 송대의 소순蘇洵은 이렇게 말했다. "정전제井田制 폐지 이후 밭은 경작자의 소유가 아니며, 밭을 소유한 사람은 경작하지 않았다. 밭을 가는 사람의 밭은 부유한 사람에게 이득이 되기에, 부유한 집안은 큰 땅에 일도 많고 경작지도 연이어져 있어 소작농들을 불러 모았다. 그리고 이들에게 그 넓은 밭을 나누어 경작하게 하면서 노복으로 간주하고 채찍질로 부렸다. 부자는 편안히 앉아서 사방을 살피며 그 사이에서 지휘를 하였다. 예속되어 노역당하는 사람들은 여름에는 (그를 위해) 김매고 겨울에는 (그를 위해) 수확하니, 한 사람도 놀면서 그 규제를 어기는 이가 없었다. 밭에서 나오는 수입에서 이미 그 절반을 가져가고, 경작자는 그 반을 얻는다. 밭을 가진 사람은 한 사람이나 경작하는 사람은 열 사람이다. 이로써 밭주인은 그 절반을 쌓아가서 부강함에 이르지만, 경작자는 날마다 그 절반을 먹어치워 궁핍과 배고픔에 이르러도 의지할 곳이 없다"[4]고 했다. 이 말들은

---

2 "漢氏減輕田租, 三十而稅一, 常有更賦, 罷癃咸出, 而豪民侵陵, 分田劫假, 厥名三十稅一, 實什稅五也. 父子夫婦終年耕芸, 所得不足以自存. 故富者犬馬餘菽粟, 驕而爲邪; 貧者不厭糟糠, 窮而爲姦. 俱陷于辜, 刑用不錯"(《한서漢書》〈왕망전王莽傳〉).

3 이것은 《한서》 전체에 주를 단 당대唐代 안사고顔師古의 주석의 일부다. "分田, 謂貧者無田而取富人田耕種, 共分其所收也. 假亦謂貧人賃富人之田也. 劫者, 富人劫奪其稅, 侵欺之也"(《한서》〈식화지食貨志〉).

4 蘇洵, 曾棗莊 · 金成禮 箋注,〈衡論 田制〉,《嘉祐集箋注》 권5, 上海古籍出版社, 2001, 135쪽.

1866년 국제노동자협회[5]의 동맹선언서와 그 어세가 얼마나 흡사한가! 고
대 중국의 정전제도는 근세 사회주의와 입각점이 매우 동일한데, 근래 사
람들 대부분이 그것을 말할 수 있으므로 이에 대해서는 상세히 말하지 않
겠다.[6]

---

5 국제노동자협회International Workingmen's Association는 제1인터내셔널First International이라고 하
  는데, 1864년 9월 28일 영국 런던에서 결성된 최초의 국제적인 노동운동 조직이다. 1863년
  폴란드 봉기 탄압에 항의하는 집회를 계기로 결성되어 1866년 스위스 제네바에서 1차 대회
  가 열렸다. 마르크스는 제1인터내셔널의 결성 선언문과 규약을 작성하는 등 제1인터내셔널
  의 결성을 적극 지도했으며, 1870년에는 마르크스파가 제1인터내셔널의 지도권을 장악했다.
  1871년 프랑스에서 수립된 파리 코뮌이 붕괴된 이후 쇠퇴하여 1876년에 해체되었다.
6 〈음빙실독서록飮冰室讀書錄〉, 《신민총보》 제48호, 14~15쪽.

일본의 한 정당 영수의 말을 기록함

記日本一政黨領袖之言

어느 날 모 씨가 우리 친구 여럿과 함께 일본 모 정당 영수領袖 모 군을 모처에서 만나 정당을 처음 건립할 때의 정황을 물었다. 그 말 가운데 족히 우리를 감동시킬 만한 것이 있으므로, 돌아와 그것을 기록한다.

모 군이 말했다. "우리 일본의 정당은 본래 유신 시절에 생겨났다. 사쓰마 번, 조슈 번, 도사 번, 히젠 번의 네 번과 도호쿠 지방 인사가 모두 왕실에 공이 있었으나, 사쓰마와 조슈 두 번에 의지하는 것이 가장 두터워서 결국 요직을 장악하고 번벌전제정치를 행했다. 생각건대 무사 정권은 실로 우리 일본 800년 역사에 유전적인 것이니, 하루아침에 갑자기 바꾸지 못할 것이다. 이에 도사와 도호쿠 인사들은 모두 불평을 품고 항거할 생각을 하니, 이것이 정당이 생겨난 연유다."

모 군이 말했다. "그때 후쿠자와 유키치 선생이 있었는데 그 덕성이 가장 평민주의와 가까웠다. 일찍이 막부의 명을 받아 구미를 두루 여행하고 귀국했는데, 다시는 벼슬을 좇지 않고 미타三田에 게이오기주쿠를 설립하여 오로지 영국의 학풍을 고취하니, 나라 안 불평이 있는 인민이 모두 취학했다. 게이오기주쿠는 실로 정당의 제조장製造場이다."

모 군이 말했다. "정당과 번벌이 다툰 지 벌써 30여 년이 지났다. 지금까지 다툼이 끊이지 않고 있는데, 초기에 가장 격렬했다. 당시에 번벌이 정부 전권을 장악하여 정당은 추호의 세력도 없고 한 치도 설 땅이 없었다. 게다가 정부가 우리를 대하는 그 무섭고도 매서운 수단이란 지금 와서 말해도 원통할 정도다. 정부의 정탐이 매우 엄밀하여 대개 민당民黨 중의 유력인사는 일거수일투족 말 한마디 한마디를 모두 조사하고 일일이 당국에 보고하기를 기거주起居注[1]와 같이 했다. 몇 명이 모여 밀실에서 회담하다가 정탐에게 잡힌 자가 열에 칠팔이다. 찻집이나 반점은 물론 말할 나위도 없고 개인주택과 임대한 배에서도 피할 곳이 전혀 없었다. 예전에 정부가 정탐을 파견했었는데 어느 집 다다미(일본 실내의 바닥) 밑에 숨어서 7일 밤을 도시락(일본에는 작고 얇은 나무상자에 찬밥을 담고 찬을 담아 여행 및 공인용工人用으로 준비하는 것이 있는데 이를 '벤토'라고 부른다)으로 배고픔을 달래며 밀사를 탐청하여 모조리 알아냈다. 또한 예전에 우리가 강에 배를 띄우고 비밀리에 대계를 논의한 적이 있었다. 조물주를 제외하고는 아무도 알 수 없을 것이라고 장담하며 술을 즐기고 있었는데 갑자기 물속에서 튀어나와 나를 포박하는 자가 있었으니, 곧 정부 경찰이었다. 물오리를 좇아 우리 배의 측면에 잠복해 수중에서 나를 반나절 동안 감시한 것이다. 그 밖의 수단도 대개 이와 비슷했다."

모 군이 말했다. "모 씨는 예전에 당원 모와 함께 요코하마에 가서 폭약을 구매하고 돌아와 몰래 갈무리해두고 사용하기를 기다렸다. 서로 웃으면서 다음과 같이 말했다. '경찰 수단이 정밀하나 아직은 아니다. 우리가 정부라면 폭약을 판매하는 자의 방에 필히 카메라를 설치하고 구매자를 보내 그 흔적을 놓치지 않았을 것이며, 그러면 우리는 오늘 위험하지 않겠는가.' 득의만만하게 보고 있다가, 다음 날 정부의 체포령이 내려 법정에 끌려갔다. 판사가 웃으며, 우리가 당신들만 못하여 능히 카메라를 설치하지 못했다고 한다. 생각건대 녹음기도 족히 대용이 된다 했다. 기타 수단

---

1 중국에서 사관史官이 천자의 언행을 기록한 글이다.

도 대개 이와 같더라."

모 군이 말했다. "당시 정부와 민당이 모두 각각 장사壯士를 양성하여 좁은 길에서 마주치면 결투를 벌이는 까닭에 우리가 출입할 때는 반드시 검을 지니고 다녔다."

모 군이 말했다. "정부가 우리 경제의 근원을 근절하여 우리를 곤란하게 하고자 했다. 대개 우리는 단체 자격 혹은 개인 자격으로 사업을 경영하려고 했다. 정부는 필히 백방으로 이를 파괴하고 스스로 존립하지 못하게 했을 뿐만 아니라, 지방의 사업가 중 조금이라도 우리와 왕래한 혐의가 있는 자는 반드시 우리 당을 대하던 수단으로 대했다. 그런 까닭에 유력자는 되도록 우리를 멀리 피하고 자신을 손상시킬까 두려워했다. 우리도 또한 누를 끼치고 싶지 않아서 갖은 고난을 겪으며 자력으로 관철하기를 도모할 뿐이었다. 안으로는 이미 장사를 양성하고 밖으로는 운동자금을 마련하는 데 당 전체가 모두 수레바퀴 자국에 괸 물속에 있는 붕어[2]와 같았으니, 그 어려운 상황을 어찌 말로 다 형용할 수 있겠는가? 다른 사람은 물론 나도 당시 동지들과 십수 명이 한집에 기거했는데, 왕왕 편지를 한 장 보내려 주객 10여 명이 돈을 모아 우표 한 장을 구입하려 해도 할 수 없었고, 한 사람이 외출하면 나머지는 어쩔 수 없이 거처를 지켜야 했다. 왜 그런가 하니, 주객 10여 명에 모자 하나, 허리끈 하나, 걸칠 옷 하나, 신 하나였기 때문이다. 1890년에 국회가 개원하여 내가 의원으로 선출되어 출석할 때 입은 예복도 또한 10여 명이 각출한 것이었다."

모 군이 말했다. "정부의 드러난 악행이 이러했고, 무시무시한 음모는 더욱 심했다. 우리 당은 직간접적으로 압제 밑에 놓여 살길을 도모할 방도가 없어 배고픔과 추위에 시달렸다. 정부는 그 궁핍함을 틈타 음으로 사람

---

2   원문은 "학철지부涸轍之鮒"로, 《장자》〈외물外物〉에 나오는 말이다. 궁지에 빠진 사람을 가리킨다.

을 보내 금전을 대여하며 상환 기일을 정하고 기일이 오면 핍박하기를 조금 가차 없었다. 더욱 궁핍해짐을 틈타 다시 음으로 사람을 보내 별도의 대여를 하고 기일이 오면 또한 핍박한다. 그 목적인즉 협박하고 핍박해서 변절하게 하는 데 있으니, 혹은 첫 번째 대여 시에도 협박하고 혹은 두 번째 세 번째 대여 시에도 협박한다. 설사 강인한 사람[3]일지라도 그 올가미에 걸리지 않는 자가 적으니, 이는 우리 당의 가장 애석한 점이다."

모 군이 말했다. "당시 정부가 민당에 대처한 경찰, 탐정, 장사 및 각종 음모에 지출한 돈이 1년에 600금[4]이라 하니, 국민 고혈을 낭비한 것은 그래도 그 죄가 작으나 국민의 지기志氣를 훼손하고 국민의 명예와 지조를 타락시켜 오늘날 정당에 부패한 기운을 띠게 했으니, 전 국민의 도덕에 미친 영향은 내가 지금 말하기에도 대단히 원통하다."

모 군이 말했다. "지금 우리 당이 번벌정부와 30년 혈전을 벌인 결과 전승을 거두었다고 말할 수는 없으나, 우리 당의 목적 중 십에 팔구는 이미 이루었다. 궁극적인 완전한 승리가 그들이 아니라 우리에게 있음은 나라 사람들도 모두 함께 믿는 바다."

모 군이 말을 마치자, 나는 물러나 우리 친우와 함께 이렇게 말했다. "오호라, 우리나라 민당의 지조와 절개에 원기가 없고 능력이 미약하다. 그러므로 맹자가 말하기를 '그 마음가짐을 반듯하게 하고 우환을 깊이 염려하기 때문에 통달한다[5]'라고 했다. 지금 지사가 한가롭게 담소하며 혁명을 말하고 술과 음식을 들며 파괴를 말하니, 그 마음이 치밀하지 못하고 기능이 민감하지 않고 의지가 곧지 않고 행동이 견실하지 않으며 운동이 부진하고 조리가 서지 않음이 당연하다. 그와 같은 취약한 정부를 우리 당

---

3 원문은 "철한鐵漢"으로, 뜻이 굳센 남자를 가리킨다. '철혈남아鐵血男兒'와 같은 말이다.
4 언해본에는 "60금"으로 되어 있다.
5 "(孤臣孼子)其操心也危, 其慮患也深, 故達"(《맹자》〈진심 상〉).

이 추호도 건드리지 못했으니, 우리 당도 또한 무슨 낯으로 나랏일을 말할 것인가? 만약 우리 당이 일본에서 정당을 처음 건립했을 때와 같은 지위에 있었다면 어떠했을 것인가? 그렇지만 능력은 서로 겨룬 연후에 단련되는 것이다. 만약 우리 당이 일본에서 정당을 처음 건립했을 때와 같은 지위에 있었다면 우리 당의 능력이 혹은 더 나았을지는 내가 판단할 수 없다."[6]

---

6 《신민총보》 제59호(광서 30년 11월 15일), 71~75쪽.

월남 망명가[1]의 말을 기록함
記越南亡人之言

어느 해 어느 날 내가 거실에 똑바로 앉아 일본인 아리가 나가오[2]의 《만주위임통치론滿洲委任統治論》을 읽고 있는데 홀연 중국식 명함을 가진 자가 찾아와서 "□□□이며, 편지 한 통으로 저를 소개하고자 합니다"라고 말했다. 편지의 서두에서 스스로 이렇게 서술했다. "우리 망명인들은 남해의 유족으로 날마다 승냥이, 이리 및 송골매, 돼지와 목숨을 다투고, 매번 눈을 부비며 하늘을 바라보고 칼을 뽑아 땅을 치며 문득 매우 우울해서 살고 싶지 않습니다. 아아, 나는 죽고 싶습니다. 나는 사는 재미를 모르겠습니다." 이어서 만나보고자 하는 간절한 마음을 다음과 같이 서술했다. "나는 반드시 이분을 한 번 만나본 연후에 죽을 것입니다. 나는 반드시 이분을 한 번 만나본 연후에 죽어야 유감이 없겠습니다." 또 이렇게 말했다. "이 땅에 태어나 울음소리 터지면 이미 서로 알고 있는 것이며, 10년 동안 공

---

1 여기에 소개되는 월남 망명가는 판보이쩌우Phan Bôi Châu(潘佩珠, 1867~1940)로, 프랑스와의 독립투쟁에 일생을 바친 베트남의 독립운동가다.

2 아리가 나가오有賀長雄(1860~1921)는 일본 메이지·다이쇼 연간의 법학자, 사회학자다. 1882년 도쿄 대학東京大學 문학부文學部를 졸업하고, 1884년 원로원서기관元老院書記官을 지냈다. 1886년 유럽에 유학하여 국제법을 배우고, 1887년 귀국하여 추밀원樞密院, 내각內閣 및 농상무성農商務省에서 근무하고, 육군대학교陸軍大學校, 해군대학교海軍大學校, 도쿄 제국대학東京帝國大學, 게이오기주쿠 대학慶應義塾大, 와세다 대학早稻田大學에서 헌법과 국제법을 강의했다. 청일전쟁과 러일전쟁 때 법률고문을 지냈으며, 파리 강화회의에 일본 대표로 참석했다. 1913년에는 위안스카이袁世凱의 법률고문을 지내기도 했다.

부하면 이미 서로 통하는 사이입니다. 이 뜻으로 자신하니, 이전에 면식이 없다고 해서 당돌하다고 여기지 마십시오." 명함과 편지를 가지고 엄숙하게 들어오는데 한 수행원이 함께했다. 수행원은 20년 동안 푸젠 성과 광둥 성 지역과 관련을 맺어 광둥어를 조금 할 줄 알았다. 손님은 행색이 초췌하지만 그 가운데 인걸의 자태를 지니고 있어서 멀리서 보아도 그가 보통 사람이 아님을 알 수 있었다. 서로 필담을 몇 시간 동안 나누는데 객석이 번잡하여 말을 다 할 수 없었다. 대개 문하 제자들이 이채로운 손님이 있음을 알고서 그 말과 풍모를 보고자 하여 10여 명이 좌우에 모여들었기 때문이다. 다음에 몰래 만나기를 다시 기약했다. 이틀이 지나 약속한 곳에서 다시 만났으니, 요코하마 산쇼의 태평양이 바라보이는 작은 술집에서였다.

바다와 하늘은 공활하고 바람과 태양은 아름다워 저절로 봄날 기운이 실내에 가득한데, 그 가운데 눈물로 얼굴을 적시는 사람이 있음을 어찌 알겠는가? 좌정하고 손님에게 여정을 물었다. 손님이 말했다. "월남이 망한 뒤로 프랑스 정부가 해안 봉쇄를 엄하게 하여 사적으로 국경을 넘는 자는 사형죄로 다스리고 감형해도 곤륜[3]에 가둡니다(곤륜은 월남 남쪽의 작은 섬이다. 섬 이름은 《영애승람》[4]에 보인다). 저와 같은 사람은 매우 기피하여 국내 통행권을 얻으려 해도 얻을 수 없는데, 하물며 국경을 넘는 것은 말할 나위가 있겠습니까? 제가 올 때는 중국 옷으로 갈아입고 중국 사람의 호

---

3 곤륜崑崙은 베트남 최남단에 있는 섬 꼰다오Con Dao(崑島)다. 프랑스 식민 지배 당시 반식민 항쟁을 주도한 베트남 혁명가들이 투옥된 악명 높은 형무소가 있던 곳이다.
4 《영애승람瀛涯勝覽》은 명대에 마환馬歡이 지은 남해 기행문집이다. 마환은 정화鄭和의 통역으로 1413, 1421, 1431년 세 차례에 걸쳐 남해 원정에 수행하여 방문한 남아시아 20개국에 대한 견문을 항로, 조류, 지리, 국왕, 정치, 풍토, 인물, 언어, 문자, 기후, 물산, 공예, 교역, 화폐 및 야생동식물 등에 걸쳐 기술하고 있다. 1416년부터 집필을 시작하여 1451년에 완성했다.

적을 가짜로 만들어 월남에 온 중국 상인의 하인으로 위장하여 겨우 벗어 날 수 있었습니다. 그러나 한 사람이 도망하면 오족五族을 잡아 죽입니다. 그래서 답답하고 애통한 마음을 억지로 참고서 어머니를 모시고 천수를 다하려 했는데 어머니가 돌아가셨습니다. 이에 궁벽한 곳에 처자식을 맡기고서야 비로소 이제 밖으로 나올 수 있었습니다." 내가 말했다. "그대는 마음이 아프겠습니다." 손님이 말했다. "어찌 저만 그러겠습니까? 나라 안의 귀족과 장로들은 참혹하고 막막하기가 저보다 몇 배입니다." 이윽고 품에 있는 작은 가죽 주머니를 풀어서 물건 하나를 보여주는데, 월남의 후작이 통행을 요청하는 문건이었다. 거기에는 다음과 같이 적혀 있었다.

"동궁□□□□황태자□□□□□후□□통행권을 신청하는 사연을 아룁니다. 저는 귀국에 □□□□□□□□□□□□□□□□□□□□□□ 등이 있다고 들었습니다만, 저는 어리석어서 □□□□□ 사리를 모릅니다. 이에 저는 가족 두 사람을 데리고 □□를 뵈러 가고, 작은 정성으로 □□□□□□, □□□의 유골을 수습하고 □□ 매장하여 표류하지 않게 할 수 있기를 허락해주시기 바랍니다. 경성에 계신 고귀한 흠차대신께서 불쌍히 여겨 통행권을 발급해주어 제가 통행하는 데 다른 장애가 없게 해주시기를 엎드려 빕니다. 타인타이成泰[5] □□년 □월 □□일."

종이는 프랑스 정부의 인세지印稅紙를 사용했고, 프랑스 총독의 서명이 날인되어 있었다. 나는 한 번 읽고서 나도 모르게 눈물이 줄줄 흘러내려 이렇게 말했다. "마음이 아프고도 아프도다. 허리에는 패옥과 청산호를 차고, 가련한 왕손이 모퉁이에서 울고 있네. 이름을 물으니 말하려 하지 않

---

5 베트남 응우옌 왕조의 10대 황제인 타인타이Thanh Thai제(成泰帝, 재위 1889~1907)의 연호다.

고, 곤고하니 노비로 삼아달라 조르네.[6] 망국의 후예는 그 상황이 이와 같구나. 송대에 조카라 하고 아들이라 한 것[7]은 오히려 천상에 있는 듯하구나." 이때 손님이 눈물을 줄줄 흘려 필담을 나누는 종이가 흠뻑 젖었다.

내가 말했다. "손님은 슬픔을 거두고 하던 말을 다 하기 바랍니다. 내가 듣건대 월남에 아직 군주가 있다고 했는데, 지금은 어떠합니까?"

손님이 말했다. "을유년 전쟁[8]에서 프랑스인들이 우리 군주 함응이제咸宜帝[9]를 남아프리카 알러 성[10]으로 옮기고 월남인들의 접근을 금지하여 소식을 들을 수 없게 된 것이 지금까지 20년이니, 누가 생사를 알 수 있겠습니까? 지금의 군주는 타인타이라 불리는데, 과거의 친왕을 프랑스가 옹립한 것입니다. 즉위할 때 겨우 열 살이었는데, 대개 우리나라에 나이 많은 군주가 있으면 불리하다고 여겨서 이 사람을 옹립하고 매년 6000원의 봉록을 받게 하며 허수아비로 만들었습니다. 9품 이상의 포상과 곤장 열 대 이상의 처벌은 모두 프랑스 관리가 관장하니, 거기서 쓸모없는 벌레[11]가

---

6 원문은 "腰下寶玦靑珊瑚, 可憐王孫泣路隅. 問之不肯道姓名, 但道困苦乞爲奴"로, 두보의 시 〈애왕손哀王孫〉에 나오는 구절이다.

7 송나라·금나라 황제를 백부伯父로 받들기로 한 것과 요나라 황제에게 아들이라 칭한 일을 가리킨다.

8 해외 팽창을 꾀하며 베트남 침략 구실을 찾던 프랑스는 1857년 응우옌Nguyen 왕조에 기독교의 자유보장, 프랑스 통상대표부를 허가해줄 것 등을 요구했으나 거절당하자 군대를 상륙시켜 베트남 식민지화 작업에 착수했고, 이후 1862년 1차 사이공 조약, 1874년 2차 사이공 조약, 1883년 1차 후에Hue 조약을 체결하여 베트남은 프랑스 보호국이 되고 외교권도 상실했다. 마침내 1885년 6월 청나라의 리홍장李鴻章과 중국 주재 프랑스 공사 파트노트르Patenotre 사이에 2차 톈진 조약天津條約이 체결되면서 청나라가 베트남에 대한 종주권을 포기하고 프랑스의 보호권을 인정함으로써 베트남의 전 영토가 프랑스의 식민지가 되었다. 이해에 베트남에서 근왕운동이 전개되었다.

9 응우옌 왕조의 8대 황제(재위 1884~1885)이다.

10 원문은 '아얼러 성阿爾熱城'으로, 아프리카 알제리 지역에 있는 성이다.

11 원문은 "췌슬贅虱"로 월남의 무기력한 군주를 가리킨다.

무슨 일을 하겠습니까?"

내가 말했다. "나는 진실로 손님을 불쌍하게 여기고 진실로 손님을 존경합니다. 그대의 마을에 손님과 같은 뜻을 지닌 사람이 몇이나 되기에 서로 이끌어 프랑스인의 노예가 되어 한때의 미천한 몸을 보전하면서 스스로 만족해합니까?"

손님이 말했다. "제자가 모진 비바람을 맞으며 나라 안에서 간난신고를 무릅쓰고 분주하게 활동한 지 20년 동안 황량한 산골짜기와 바닷가에 교유를 맺은 사람이 두루 퍼져 있는데, 이제 하늘의 태양에 맹세컨대 감히 허튼소리로 어른을 속이겠습니까? 나라 사람들을 다섯 등급으로 나눌 수 있습니다. 대대로 요직을 역임한 신하로, 국은을 입은 지 이미 수백 년이어서 한나라의 원수를 갚으려는 장자방의 뜻을 품고[12] 세 가구가 진나라를 멸망시키리라는 믿음이 있습니다.[13] 이 가운데 좋은 음식과 화려한 복장을 좋아하는 것은 본래 그 본성이지만 탁월한 인물이 결코 없지 않으니, 한두 큰 가문이 세상의 추앙을 받아 구름을 타고 세상을 바꾸는 경우도 있습니다. 그중 함께 일을 도모할 만한 자는 스물에 하나입니다. 우림군[14]이나 단혈丹穴에서 수도하는 서자孽子 같은 이들은 과거 을유년 전쟁 때 군왕을 구원하라는 조서 아래 구름처럼 모여들어 예안·하정·북녕·산서(월남의 성

---

12 한韓나라 명문가 출신인 장량張良(?~BC 168, 자는 자방子房)이 한나라 왕을 죽인 항우에게 복수하고자 유방을 도와 한나라를 창업하는 데 큰 공을 세운 것을 가리킨다. 이에 관해서는 명나라 장황언張煌言이 지은 〈자방보한론子房報韓論〉이라는 글이 있다.

13 원문은 "삼호망진三戶亡秦"으로, 진秦나라가 육국을 멸망시키자 초楚나라 남공南公이 초나라에 단지 세 가구만 남겨두어도 진나라를 멸망시켜 설욕할 수 있으리라고 말한 데서 유래한다. 정의로운 세력이 현재 미약해도 마침내 폭력에 대해 반드시 승리하리라는 믿음을 나타낸다.

14 원문은 "우림고아羽林孤兒"로, 한무제가 건립한 군대를 이른다. 죽음을 무릅쓰고 전쟁에 임하는 집안의 자손을 우림에서 양성했는데, 이를 '우림고아'라고 불렀다. 이에 관한 사항은 《한서》〈백관공경표 상百官公卿表上〉 나온다.

이름이다) 여러 지역에서 불나방이 불로 뛰어들듯 놀란 꿀벌이 벌집을 그리워하듯 의병이 가장 많이 일어나고 가장 오래 지속되었으며 사태가 종결된 후에 소탕도 가장 치열했습니다. 지금 비록 궁지에 몰려 엎드려 있지만, 원한이 마음에 쌓여 있어서 공적 원수든 사적 원수든 건드리면 들고 일어날 것입니다. 이 무리는 추호도 세력이 없지만 용맹한 기운은 죽음을 달게 여기는데, 전체 국민 가운데 열에 둘을 차지합니다. 그다음은 살길이 막혀 슬픔이 극에 달하고 삶을 달가워하지 않지만 죽을 길도 없으며 승리를 갈망하기를 가문 날에 먹구름 기다리듯 하고 결코 장구적인 계책 없이 걱정만 하고 있으니, 이 같은 사람이 열에 다섯입니다. 위로는 학문을 배운 자들이 백성의 어려움을 함께하면서 동분서주하여 피와 눈물로 지새우고 차라리 나라와 함께 죽을지언정 적과 함께 살아가려 하지 않으며 은혜에 감읍하지 않고 원수에 격분하지 않으며 오로지 진정한 마음으로 하늘과 땅 사이에 서니, 이 같은 사람은 거의 없는 듯합니다. 그러나 걱정이 날로 심해지고 구제할 일이 날로 급해져 새벽부터 비바람 맞으며 그 소리가 하늘에 들리니, 이런 사람은 100명 가운데 한두 사람입니다. 이상의 네 부류는 나라 안에 10분의 8을 차지합니다. 이 밖에 호가호위하는 자들이 열에 한둘입니다. 그러나 추악하고 비루하며 재능이 전혀 없어서 프랑스에 충성하느니 차라리 먹고사는 데 몰두하니, 일단 일이 생기면 또한 프랑스에 골칫거리가 될 것입니다.

내가 말했다. "슬프구나, 대단하구나. 손님의 말씀이 사실인가요? 과연 그렇다면 우리나라는 더욱 참담하니, 이런 사람이 있다면 나라가 끝내 망할 수 있겠습니까?"

손님이 말했다. "나라가 망하지 않았을 때 주구가 된 자들은 장차 사적이익이 있으리라 하여 프랑스인을 인도하니, 첫째가 천주교도요 둘째는 통역의 무리입니다. 군주가 잡히면 나라가 망하며, 새를 잡으면 활을 갈무리해두는 것을 어찌 알리오.[15] 프랑스인은 저들을 노비와 같이 봅니다. 나라가 망하기 전에는 특별한 이익을 기대하다가 극심한 착취를 당하는 가운데 서양에서 온 선교사가 더욱 속박하고 유린하므로, 경교도들의 원망이 배가 되었습니다. 10년 전에 영국 함대를 사적으로 끌어들여 분을 풀려하다가 계획이 탄로 나서 체포되어 불에 타죽은 사람이 수백인데, 모두 천주교도로 과거에 프랑스인의 주구였던 자들입니다. 프랑스인의 관공서에 부역하며 종노릇한 자들은 처음에는 입에 발린 말을 빌려 일등공신이 되어 사냥으로 잡은 것 가운데 나머지를 하사 받았지만, 프랑스인이 욕심을 다 채우자 일거에 빼앗아버렸으니, 저들은 바로 프랑스 도적 떼의 돈주머니입니다. 종노릇 한 지 20년에 남은 자들은 겨우 얼어 죽고 굶어 죽는 것을 면했으니, 그들에게 [프랑스인의 종노릇한 것이] 무슨 소용이 있겠습니까? 저들은 아둔한 자들이지만 지금은 또한 후회할 줄 알지만 후회막급일 뿐입니다."

내가 듣고서 잠시 아득해져 대답할 수 없었는데, 몰래 속으로 이렇게 생각했다. '어찌해야 만주와 산둥 사람들에게 이 말을 듣게 할 수 있겠는가, 어찌해야 우리나라 사람 전부에게 이 말을 듣게 할 수 있겠는가?'

손님이 말했다. "월남[16]은 면적이 26만 3000평방마일로 일본과 비슷하고, 인구는 프랑스인의 조세장부에 따르면 2500만[17] 명이라고 합니다. 대개 사이공[18]이 1000만이고 하노이[19]와 후에[20] 및 여러 성이 모두 1500만이

---

15 원문은 "조진궁장鳥盡弓藏"으로, 《사기》〈월왕구천세가越王勾踐世家〉의 "蜚鳥盡, 良弓藏, 狡兔死, 走狗烹"이라는 구절에서 유래한다. '토사구팽兎死狗烹'과 같은 뜻이다.

16 당唐나라 때 월남에 안남도호부安南都護府를 설치했으므로 '안남安南'이라 불렸다.

17 원문은 "二十五兆"로, '조兆'는 베트남어 'trieu', 곧 100만이다.

18 원문은 "서공西貢"으로, 오늘날의 호찌민 시다.

19 원문은 "동경東京"으로, 오늘날의 하노이 시다

20 원문은 "순경順京"으로, '순화경성順化京城'을 가리키며, 오늘날의 후에Hue다.

라고 하는데, 사실은 그 숫자에 그치지 않습니다. 징세搜銀(이 조세 명칭은 은연중에 구산口算^{21}임을 가리킨다)가 몹시 심해서 숨긴 경우가 매우 많습니다. 프랑스인의 행정법은 실로 주밀하지 못해서 오로지 사이공에만 대사가 주재하여 착취가 대단히 주밀하고 장부도 거의 실제 숫자에 가깝습니다. 사이공 이외의 지역은 3400만 정도여야 할 것이며, 전국은 4500만에 가까운 인구로 사람 숫자는 일본보다 적지만 호걸이 위무하여 쓴다면 또한 패업을 이룰 근거가 될 만합니다."

이후에도 나와 손님이 묻고 답한 것이 매우 상세하지만, 나는 본디 비밀을 지킬 의무가 있으므로 다 밝히지 못한다. 다만 중간에 손님이 월남에 주둔하는 프랑스군 숫자가 5000을 넘지 않는데 훈련하는 월남 병사는 거의 40만에 달하여 방어하는 일은 오로지 병사에 의존한다고 말했다. 만약 틈이 생기면 프랑스인을 소탕하는 것은 순식간의 일일 것이다.

내가 말했다. "프랑스인들이 무슨 방법으로 편안히 앉아서 40만 월남 병사를 통제합니까?"

손님이 말했다. "외부의 지원 없이 폭동이 일어난다면 내부에서 전멸할 수 있으므로 외부세력을 거부할 수 없으니, 이는 어찌 점칠 필요가 있겠습니까? 더욱이 이전에 누차 시험해보았으나 거사가 실패한 뒤 화가 이웃 지역과 종족에게 미쳤으니, 어찌 의분이 없겠습니까? 성공하지 못하면 홀로 좌절하는 것은 한탄할 만하지 않으나 부모의 무덤은 어찌할 것입니까? 대개 프랑스인이 우리 월남을 통제하는 것은 다른 방법이 아니라 종족을 몰살하는 것이요(예를 들면 진사 송유신宋維新이 거사를 일으켜 프랑스에 저항하다가 온 가족이 죽임을 당했다), 무덤을 파헤치는 것이니(예를 들면 진사 반

---

21 마음속으로 계산하면서 다른 한편으로는 입으로 말하는 계산방법이다. 입으로 서술하여 당시 상황을 기억해내려는 것으로, '심산心算'이라고도 한다. 여기서는 세금을 징수하는 계산법을 가리키는 듯하다.

정봉潘廷逢이 입산하여 11년 동안 모여서 의거를 준비했는데, 그 부친 상서 반정선潘廷選과 백부 반연통潘延通의 모친 무덤이 다 파헤쳐지고 그 아들 반연영潘延迎이 효수되었으나 끝내 굴하지 않다가 죽어서 시체가 불태워졌다. 이 사람은 월남의 의인 가운데 가장 혁혁한 사람이다), 동방의 야만적인 법률로 오히려 동방 사람을 다스리는 것이 이와 같았습니다."

내가 놀라면서 말했다. "그런 일이 있었습니까? 세계 제일의 전제국인 중국에서도 근세 이래로 이런 야만적인 법률은 해가 지남에 따라 폐지되어 사용되지 않는데, 일찍이 당당하게 문명과 인도人道를 자처하는 프랑스가 그런 일을 합니까, 그런 일을 한단 말입니까? 아, 오늘날 세상에서 문명이라 하는 것과 인도라 하는 것을 내가 알겠습니다."

내가 말했다. "귀국의 인심이 이처럼 발분하는데, 일찍이 단체를 조직하여 광복을 도모한 일이 있습니까? 아니면 손님은 귀국 국민의 기상을 충분하지만 지력이 부족하다고 말하는데, 그대와 같은 지사들이 일찍이 해외에 자제를 유학 보내어 자립할 원대한 계책을 세운 적이 있습니까?"

손님이 말했다. "옛날에 진晉나라 혜제惠帝가 굶주리는 백성이 있다는 말을 듣고 탄식하며 말하기를 '어찌 잘게 썬 고기를 먹지 않는가?'라고 했습니다. 선생의 말은 이런 부류가 아닐는지요. 우리 월남의 현재 법률에 따르면, 한 집의 가족이 아니면 감히 네 사람만 한 방에 모여도 붉은 옷을 입은 군대가 닥치니, 어찌 단체를 조직한다고 말할 수 있겠습니까? 인민들이 나라 안에서 이 성으로부터 저 성으로 가는 경우에도 반드시 정부의 허가를 받아야 하고 배에서 자동차로 갈아타거나 자동차에서 배로 갈아탈 경우에도 모두 증명서를 바꾸어 제시하여 확인받아야 하며, 그렇지 않으면 간첩이라고 합니다. 100리를 갈 때 흔히 서너 차례 증명서를 바꾸어야 하니, 외국에 유학하는 일을 어찌 논할 수 있겠습니까? 한두 사람이 길을 뚫어 외국에 나가는 모험을 하면 부모가 죽임을 당하고 무덤이 파헤쳐져 뼈다귀가 드러나니, 누가 사람의 자식이 아니라서 그런 것을 편하게 여기 겠습니까? 아, 월남은 이제 끝났습니다."

손님이 또 말했다. "프랑스인이 월남을 착취하는 것이 극도에 이르렀습 니다. 구산口算[22]의 비율이 처음에는 1인당 매년 1원이었으나 10년 전에 두 배로 늘렸고 지금은 세 배가 되었습니다. 인민의 주택에 대해서는 대들 보에도 세를 매기고 창문에도 세를 매기고 출입구에도 세금을 매기며, 방 에 창문 하나, 출입문 하나를 늘려도 세율이 따릅니다. 도시에 사는 사람 들은 지붕 하나 이고 기와 한 장 바꾸고 북소리 한 번 울리고(월남인에게는 구리북이 가장 중요한 종교 물품이므로, 프랑스 관리가 제한한 것이다) 손님 한 번 맞으려 해도 모두 관백산담소關白山譚所에 가서 허가증을 취득해야 하 며, 그렇지 않으면 헌법을 어긴 것으로 논합니다. 산담소란 경찰서를 가리 키고, 허가증은 10푼의 3을 세금으로 받습니다. 소를 키우면 한 해에 5금 을 세로 바치고, 돼지를 키우면 한 해에 2, 3금을 세금으로 내며, 개를 키 우면 한 해에 1금을 세금으로 바치고, 고양이는 개와 같으며 닭은 고양이 와 개 세금의 절반을 바칩니다. 소금은 월남인들이 가장 좋아하는 것인 데, 태반을 중국인에게서 구합니다. 프랑스인이 염전에서 세금을 거두고 또 소금시장에서 세금을 거두어 이전에는 소금 1승에 동화 30, 40문이었 으나 지금은 은화 3, 4문이 아니면 구할 수 없습니다. 인민의 생산에 대해 서는 처음에는 인정人丁[23]마다 2원을 거두고 사망자는 납관할 때 5원의 세 금을 바칩니다. 한 가구에서 사나 죽으나 번잡하여 마침내 파산하니, 다 시 말할 나위가 있겠습니까? 결혼하는 사람은 관례에 따라 교당에 돈을 내니 난가은欄街銀이라 하여 세 등급으로 나누어 징수합니다. 상급은 200 원이고 다음은 100원이며 그 아래는 50원입니다. 일반적인 생활에서 가

---

22 앞에서도 나온 계산방법이지만, 여기서는 인두세人頭稅를 가리킨다.
23 원래 성년 남자를 가리키는 말인데, 나중에는 거주민 전체를 가리키는 말로 사용되었다.

령 다계茶桂·아각牙角·목재·약재(사인砂仁[24]·두완豆菀[25] 같은 부류), 일체의 채소[26]와 쌀술(酒米) 등 제반 상품을 모두 프랑스인이 장악하고 월남인은 영업할 수 없으며, 필요한 것은 정부에 바치고 나서 구매할 수 있을 뿐입니다. 한마디로 프랑스인의 법률은 월남인으로 하여금 배를 채우는 것 외에 추호도 남는 것이 없게 한 연후에 만족합니다. 아아, 우리는 이와 같음을 알고서는 죽느니만 못합니다. 저 푸른 하늘은 어찌 이 5000만의 죄인[27]을 낳았단 말입니까?"

손님이 또 말했다. "지난 일은 어쩔 수 없습니다. 우리는 본디 감히 프랑스 정부를 원망할 수 없습니다. 대개 우리 월남인이 스스로 망하는 길을 취한 것입니다. 그러나 프랑스인들이 민지民智를 개발하고 민력民力을 길러서 우리 월남을 위해 100년 동안 부패한 정교政敎를 일소하여 스스로 구제할 수 있는 여지를 남겨준다면, 100년 후에 영웅이 다시 나타나도 늦지 않을 것입니다. 그런데 이미 곤고하게 하고 어리석게 만들었으니 어찌하리오. 아, 다시 수십 년이 지나면 월남인은 망하는 자가 반드시 절반일 것이요, 다시 10여 년이 지나면 월남인은 씨가 마를 것입니다. 이것은 지나친 걱정이 아니라, 저들이 참으로 인도人道로써 우리를 대하지 않기 때문입니다." 손님은 말이 여기에 이르자 눈물이 줄줄 흘러 고개를 들지 못했다.

음빙실주인이 말했다. "내가 손님과 오전 7시부터 오후 7시까지 얘기를 나누었는데 필담을 나누는 붓이 멈춘 적이 없습니다. 이제 월남의 상황에

---

24 열대와 아열대 지역에서 나는 강과식물의 과실 혹은 종자로, 중의학에서 상용하는 약재다. 백두구白豆蔲라고도 한다.

25 카르다몸 씨앗cardamom seed으로, 카르다몸은 서남아시아산 생강과 식물 씨앗을 말린 향신료를 말한다.

26 원문은 "지화地貨"로, 배추·무·감자·수박 등 땅에서 나는 채소를 가리킨다.

27 원문은 "육민僇民"으로, 징벌 받은 사람이라는 뜻이다. '천지육민天之戮民'이라고도 한다.

대한 서술 일부를 택하여 위와 같이 기록했는데, 살펴보니 슬픔을 적은 나의 붓으로는 열에 하나도 다하지 못했습니다. 아, 근세에 염려하고 비분강개하는 인사들이 흔히 망국의 참상을 시가詩歌로 전하고 설부說部[28]에 담아내어 세상 사람들의 이목을 울리기를 바랐으니, 이러한 감정과 상황이 본래 이상으로 만들어낼 수 없고 또한 필설로 다 그려낼 수 없는 것임을 어찌 알겠습니까? 누가 차를 쓰다 하는가, 냉이처럼 달구나.[29] 오늘 우리가 말하는 이러저러한 참상을 저 월남인은 오히려 천국과 같은 것으로 봅니다. 내가 월남을 슬퍼하는가, 월남이 나를 슬퍼하는가? 청컨대 그대는 잊지 말지어다. 천한 사람이 한마디 올리려 하노니, 내가 스스로를 슬퍼하지 않아도 10년이 지나면 저절로 나를 슬퍼하는 자가 있으리라."

음빙실주인이 또 말했다. "오늘날 유럽 각국의 문명은 모두 로마에서 비롯한 것입니다. 로마의 전성시대는 곧 식민지 인민의 생명과 재산을 약탈하여 도시를 장엄하게 만들고 주변을 좌지우지했으니, 로마 문명은 실로 무수한 인류의 원망 어린 피와 고통스러운 눈물로 만든 결정체입니다. 하늘은 누군가를 특별히 친애하지 않고 오로지 강자를 도울 뿐이니, 로마의 명성이 마침내 수천 년이 지나도 천지에 빛납니다. 오늘날 유럽의 이런저런 강대국처럼 로마를 계승한 나라들은 그 심법心法을 대지에 펼쳐내니, 그것을 펼치는 것이 어찌 프랑스뿐이며 그것을 받는 나라가 어찌 월남뿐이리오. 온 세상이 다 그러합니다. 미국이 독립한 이후 이른바 식민정책이라는 것은 형식이 변하여 이전에는 식민지의 고혈로 모국의 수요를 충당했지만 이제는 대체로 그것이 좋은 방책이 아니라는 것을 알게 되었습니다. 그러므로 영국의 속국 호주와 캐나다는 인민의 권리와 의무가 100년

---

28 소설과 일사逸事 및 일화 등을 가리킨다.
29 원문은 "誰謂荼苦, 其甘如薺"로, 《시경》〈곡풍穀風〉에 나오는 구절이다. 여기서 차荼는 고들빼기(苦蕒菜)나 사데풀(苣蕒菜, 국화과 식물) 등을 가리킨다.

전의 미국과 이미 크게 다른 점이 있습니다. 그렇지만 이는 같은 종족이기 때문에 그러한 것입니다. 미국의 인디언이나 호주의 원주민 아보리진 Aborigine에게 무엇이 있단 말입니까? 나는 인도에 가보지 못해서 인도인의 권리와 의무가 어떤지 알지 못하지만 월남이 어떤지는 알고 있습니다. 대만에 대한 일본인의 처우는 모두 이와 다릅니다. 저들의 계획은 대개 10년 뒤에 모든 대만인을 다 일본인에 동화시키는 것입니다. 그러므로 항상 그들을 위무하기를 꾀해서 환난을 제거하여 환심을 얻으려 하니, 우리나라 고대에서 말한 인정仁政이 이것입니다. 대만과 월남이 똑같이 주인이 바뀌었는데, 표면상으로 말하면 대만은 천국 사람과 같습니다. 그러나 지금 월남인은 죽으려 해도 죽을 수 없어서 장차 세계에 오히려 월남인이 남아 있을지도 모릅니다. 지금의 대만인은 희희낙락하며 생을 즐기고 있지만, 10년 후 세계에 다시는 대만인이 없을 것입니다. 누가 복을 누리고 누가 화를 당할지 내가 어찌 알겠습니까? 장자가 말하지 않았던가. '저 재목이 못 되는 나무는 쓸모가 없기 때문에 이처럼 천수를 누릴 수 있는 것이다.'[30] 대만의 하찮은 수십만 명은 해적과 산적이 열에 일고여덟이어서, 일본의 힘으로 족히 삼키고 융화시키고도 남음이 있으니, 그것을 취하여 복속시키는 것이 당연합니다. 월남은 5000만의 반개화된 국민이 있어서 그 안에 이미 두려워할 만한 내실이 있으므로, 어찌 프랑스인만 그리하겠습니까? 다른 나라도 같은 위치에 있으면 다루는 것이 또한 이와 같을 것입니다. 지난 1년 동안 일본이 조선을 대하는 것을 보지 못했습니까? 지금 전쟁이 아직 일어나지는 않았지만 제2의 월남을 장차 보게 될 것입니다. 똑같은 일본인데 대만과 조선을 대하는 것이 어찌 그리 다릅니까? 그 원인을 생각해볼 만합니다. 월남이 그렇고 조선이 그러하거늘, 하물며 월남

---

30 원문은 "彼不材之木也, 無所可用, 故能若是之壽"로,《장자》〈산목山木〉에서 유래하는 구절이다.
 《장자》에는 "此木以不材得終其天年夫"로 되어 있다.

이나 조선보다 두려워할 만한 점이 열 배 백 배 되는 나라는 어찌하겠습니까?"

음빙실주인이 또 말했다. "로마의 야만적인 법률은 중세사의 화석이 되었습니다. 지금 이후로 세계의 진화의 운세는 날로 달라져서, 아마 이처럼 짐승 같은 거짓 문명 종족이 대명천지에 횡행하는 것을 허용하지 않을 것입니다. 나는 월남의 인심을 보고 그리 믿으며, 나는 월남의 인재를 보고 그리 믿습니다."[31]

---

31 《신민총보》 제67호(광서 31년 3월 1일), 77~86쪽.

장근과공 일화

張勤果公佚事

근과공 장야오[1]는 함풍제와 동치제[2] 연간에 공을 세웠고 동치 중흥의 명장으로 명성이 자자했지만, 그 일화에 대해서는 아는 사람이 적다. 공은 어렸을 적에 집안이 가난하여 품삯을 받고 쌀을 찧었는데, 힘이 좋아 몇 가마니의 쌀을 둘러맬 수 있었다. 성품이 강직하고 의협심이 있어서 공평하지 못한 처사를 듣게 되면 크게 격분했다. 하루는 쌀을 지고 밖으로 나갔는데, 울면서 죽고자 하는 어린 부인을 사람들이 에워싸고 바라보는 것을 목격했다. 사정을 물어보았더니, 지아비 될 사람이 죽었기에 시집가지 않겠다고 하는데 시어머니 될 사람이 괴롭히고 있다고 했다. 공은 크게 화내며 "천하에 어찌 이런 경우가 있단 말인가!"라고 했다. 그때 시어머니가 근처에 있었다. 공이 곧 지고 있던 쌀가마니로 시어머니를 누르자 그녀는 죽어버렸다. 무리지어 있던 사람들은 함성을 지르며 좋아했고, 공은 기회

---

1 장야오張曜(1832~1891)는 청나라의 관료로, 자는 양신亮臣이고 호는 낭재朗齋이며 시호는 근과勤果다. 염군捻軍과의 전투에서 쌓은 무공으로 관직에 진출했고 계속된 공훈으로 지현知縣, 지부知府, 포정사布政使, 순무巡撫 등의 관직을 제수 받았으며 두 차례 기도위騎都尉와 운기위雲騎尉의 세직世職(세습관직)을 받았다. 특히 염군의 2차 고시성 공격을 70여 일에 걸쳐 막아낸 공훈으로 '곽흠파도로霍欽巴圖魯'(만주어로 '용사')라는 호칭을 하사받았다. 사후에 태자태보太子太保로 추증되었다.

2 함풍제는 청나라 9대 황제(재위 1850~1861)이며, 동치제는 10대 황제(재위 1861~1875)로 함풍제의 독자로서 어머니는 서태후다.

를 틈타 자리를 피하여 허난으로 도망쳤다.

당시 허난 지역에는 염군捻軍[3]의 반란이 발생하여 주민들은 모두 단결해 스스로를 보호하고 있었다. 공은 무용武勇이 뛰어났기에 여러 사람이 그를 따르게 되어 단장으로 추대되었다. 사람들은 직책에 걸맞게 공을 '장 대형'이라 불렀고, 이 이름은 허난 일대에 알려졌다. 마침 염군이 구스 현[4]을 포위했고, 그곳의 지현知縣은 아무개[5]로서 유자儒者였으며 미색과 재능을 갖춘 딸이 있었다. 그는 성이 함락되면 따라 죽어도 무익하다고 생각했기에 방을 붙여 사람들에게 "이 성을 지켜낼 수 있는 자에게 나의 딸을 주겠다"고 했다. 당시에는 염군의 세력이 강하여 모두들 감히 나서지 못했고 장 대형을 추천하며 "지현님의 영애는 장 대형이 아니면 맞이할 수 없습니다"라고 했다. 공이 웃으며 일어나 지현 앞으로 나아가 방어 계책을 아뢰었는데, 속으로 생각하기를 '적군은 많고 아군은 적으니 특별한 방법이 아니면 승리할 수 없다'고 했다. 곧 장사 300인이 성 밖으로 나가 매복했다. 밤 12시가 되자 순식간에 기동하여 적군의 야영지를 급습했고, 성벽 위에서는 북을 치고 나팔을 불며 호응하여 우렁찬 소리가 천지에 진동했다. 적군은 크게 놀라 전열이 무너졌으며 날이 새도록 맹렬한 전투가 끊이지 않았다.

---

3 염구捻寇, 염당捻黨이라고도 하며, 본래 백련교 계열의 비밀조직이었고, 1853년부터 1868년까지 안후이·장쑤·산둥·허난 성 일대에서 활동한 민간 무장세력이다. 초기에는 장뤄씽張洛行(1811~1863) 등이 이끌었으며 기병 중심의 게릴라 전술을 이용하여 청군에 크게 피해를 입혔다. 청조가 적극적인 진압정책을 시행하여 결국 쭤쭝탕左宗棠과 리훙장 등에 의해 진압당했다.

4 구스 현固始縣은 허난 성河南省 동남쪽에 있으며, 남쪽으로 다볘 산大別山에 의지하고 북쪽으로는 화이허淮河에 인접하고 있다.

5 콰이허쑨蒯賀蓀(1806~1875)을 말한다. 문관 출신이지만 용병술에 능해 염군과의 전투에서 상당한 전과를 기록했으며 일찍부터 장야오의 재능에 주목하여 휘하 장수로 기용했다. 염군과의 전투에서 공적을 쌓아 관직이 허난·저장 안찰사에 이르렀다《청사열전淸史列傳》, 중화서국, 1987, 6299~6301쪽). 《청사열전》에 따르면, 장야오는 그의 처조카다(6300쪽 참조).

이때 충친왕 셍게린친[6]이 비로소 대군을 이끌고 지원하러 왔는데 몇 리 밖에 이르러 공이 불빛 속에서 왕래하며 필사적으로 싸우는 모습이 매우 힘찬 것을 멀리서 보고는 놀라서 "저 장사는 누구인가?"라고 했다. 성에 도착하여 노고를 치하하면서 곧 공의 뛰어난 무용을 칭찬했다. 이에 현의 일을 관청에 아뢰었고, 아울러 공을 위해 중매를 섰고 지현은 드디어 딸을 공에게 시집보내어 곧 부인으로 삼게 했다.

부인은 고금에 널리 통하고 관아의 업무에 익숙했다. 공을 위해 관부의 문서를 읽고서 중요한 사항을 지적해주었기에 노련한 부하 관리들을 놀라게 했다. 공은 본디 글을 몰랐는데, 허난 포정사로 임관되었을 때 어사 류위난[7]은 공이 "낫 놓고 기억자도 모른다"며 탄핵했고 그는 끝내 총병으로 좌천되었다[8]. 공은 크게 분노하여 부인에게서 글을 배웠다. 그 배우는 태도가 제자와 같아서 부인이 꾸짖을 때면 공은 기뻐했고 뒤에 드디어 문사文史에 두루 통하게 되었다. 공은 관직이 바뀐 이후 자못 불평하며 수차례 조정의 명령에 거만하게 굴었다. 쭤쫑탕[9]이 독사督師의 직책으로 신장新疆

---

6 셍게린친Sengge Rinchen(僧格林沁, 1811~1865)은 청조 당시 다수의 후궁을 배출한 보르지기트 Borjigit(博爾濟吉特) 가문 출신으로, 가경제의 외손이다. 청조의 명장으로 태평천국군·영불연합 군과의 전투에서 활약하여 혁혁한 전공을 세웠으며, 동치 4년 염군과의 전투에서 전사했다.

7 류위난劉毓楠(?~?)은 함풍 2년(1852)에 진사進士가 되었고, 함풍 11년(1861) 장난 도어사江南道 御使가 되어 허난 포정사이던 장야오를 탄핵했다.

8 허난 포정사를 제수 받은 해는 함풍 11년(1861)이고, 류위난의 탄핵은 동치 원년(1862)의 일이다. 포정사(문관 종2품)에서 총병總兵(무관 정2품)으로 강등된 장야오는 셍게린친의 휘하로 배속되었다(《청사열전》, 4342쪽 참조). 류위난으로부터 '목불식정目不識丁'이라는 평가를 받은 장야오는 이 네 글자를 도장으로 새겨 항상 지니고 다니며 스스로 경계했다고 한다(《청사고淸史稿》 41책, 중화서국, 1977, 12615쪽 참조).

9 쭤쫑탕左宗棠(1812~1885)은 청나라의 관료로, 자는 계고季高·박존朴存이고 호는 상상농인湘上 農人이며 시호는 문양文襄이다. 후난 성湖南省 상인湘陰 출신이다. 쩡궈판 휘하에서 상군湘軍을 이끌고 태평천국군·염군과의 전투 등에 참여했다. 이후 관영 조선소를 건설하는 등 양무운동의 일원으로 활동하고, 동각대학사東閣大學士·군기대신軍機大臣 등을 역임했다.

지역을 정벌하려 할 때 공이 군대를 이끌도록 주청했지만, 공은 응하지 않았다. 이에 준엄한 교지가 공에게 내려왔고, 문객들이 갖은 방법으로 공을 설득했으나, 어느 하나에도 응하지 않았다. 이에 부인이 공에게 말하기를, "당신은 공이 있다고 자부한다지만 수차례 상부의 명령에 불복하고서도 조정이 당신을 죽일 수 없다고 말하는 것입니까?" 공은 그 말을 듣고 벌떡 일어나서는 곧바로 쭤쭝탕을 따랐다. 큰 소리로 말하기를, "부인의 말이 두렵소, 부인의 말이 두렵소"라고 했다. 쭤쭝탕은 공에게 문관의 직책을 줄 것을 다시 주청했고, 나중에 산둥 순무가 되었다. 부하 관리들에게 자주 자기 부인의 재능을 말하면서 "자네들은 부인을 두려워하지 않는가?"라고 물었고, 누군가 두려워하지 않는다고 답하자, 공은 정색하며 "자네는 매우 담대하구나, 감히 부인을 두려워하지 않다니!"라고 했다. 공은 부인을 매우 두려워했다.[10]

---

10 《자유서》, 《음빙실합집 6·전집 2》, 110~111쪽. 이와 별도로 후반부에서 원문이 조금 다른 글이 《청대야사대관清朝野史大觀》 권7(상하이 서점上海書店, 1981; 중화서국, 1936년의 복인본復印本)과 《청대야사淸代野史》 3권(파촉서사巴蜀書社, 1987)에 '장근과외처張勤果畏妻'라는 제목으로 수록되어 있으며, 왕시눙汪詩儂의 《소문록所聞錄》에도 이 제목으로 실려 있다. 또 간체로 출판된 《량치차오 전집梁啓超全集》(베이징 출판사北京出版社, 1999)과 《음빙실문집점교飮冰室文集點校》(윈난 교육출판사雲南敎育出版社, 2001)에도 이 글이 '장근과공일사張勤果公佚事'라는 제목으로 수록되어 있다. 언해본에는 수록되어 있지 않다.

손문정공 식종지전

孫文正公飾終之典[1]

　　선통宣統 원년(1909) 10월 대학사 쑨자나이[2]가 죽었다. 황제의 특별 교지에 따라 '문정文正'이라는 시호가 내려졌으며, 고인에게 영예를 주는 은전恩典이 아주 슬프고 영광스러웠다. 청조에서 문정 시호를 받은 사람은 저주雎州 사람 탕빈[3], 제성諸城 사람 유통훈[4], 대흥大興 사람 주규[5], 흡현歙縣 사람 조진용[6], 빈주濱州 사람 두수전[7], 상향湘鄕 사람 쩡궈판, 가오양

1　"식종지전飾終之典"은 귀인이 죽을 때 내리는 영예로운 은전이다. 《순자》〈예론禮論〉에 "送死, 飾終也"라는 구절이 있고, 육유陸遊(1125~1210)는 〈왕성지급사만가사王成之給事挽歌辭〉에서 "贈極文昌貴, 君恩厚飾終"이라 했다.

2　쑨자나이孫家鼐(1827~1909)는 청대의 관료로 공부工部·예부·이부상서吏部尙書를 거쳐 문연각대학사文淵閣大學士, 학무대신學務大臣 등을 역임했다. 안후이安徽 서우저우壽州 사람으로, 자는 섭신燮臣이다.

3　탕빈湯斌(1627~1687)은 청초의 학자, 관료로 공부상서를 지냈다. 자는 공백孔伯이고 호는 형현荊峴, 잠암潛庵이다. 문묘文廟에 배향되었다.

4　유통훈劉統勳(1698~1773)은 청대의 학자, 관료로 형부상서刑部尙書, 공부상서, 내각대학사內閣大學士, 한림원장원학사翰林院掌院學士, 군기대신軍機大臣 등을 지냈다. 자는 연청延淸이고 호는 이둔爾鈍이다.

5　주규朱珪(1731~1807)는 청대의 학자, 관료로 대학사大學士, 진태부晉太傅 등을 지냈다. 자는 석군石君이고 호는 남애南崖, 반타노인盤陀老人이다.

6　조진용曹振鏞(1755~1835)은 청대의 학자, 관료로 공부상서, 이부상서, 체인각대학사 겸 공부상서, 군기대신, 진태자태부晉太子太傅 등을 지냈다. 자는 여생儷生이고 호는 역가懌嘉이다.

7　두수전杜受田(1788~1852)은 청대의 학자, 관료로 한림원편수翰林院編修, 예부좌시랑禮部左侍郎 등을 지냈다. 자는 지농芝農이다.

高陽 사람 리훙자오[8], 그리고 쑨자나이까지 여덟 명이다. 송대를 살펴보면 문정 시호를 받은 사람은 왕증[9]·범중엄[10]·사마광[11] 세 명뿐이며, 명나라는 이동양[12]과 사천[13] 두 명뿐이다. 청조의 흥성이 대체로 다른 왕조를 훨씬 능가한다.

이 여덟 사람 중 탕빈은 대신의 지위에 오르지 못하여 사후 수십 년이 지난 뒤에 시호가 추증되었다. 쩡궈판은 공이 컸는데 본래는 응당 문성文成이라고 칭해야 하나 선종[14]의 존엄한 시호를 삼가 피해 문정으로 시호를 바꾸었다. 유통훈은 황제의 사부가 되지 못했다. 이것이 모두 쑨자나이와 다른 점이다. 나머지 다섯 사람 중 주규는 인종의 스승, 조진용은 선종의 스승, 두수전은 문종의 스승, 리훙자오는 목종의 스승, 쑨자나이는 덕종의 스승이었다. 모두 같은 길을 갔고 의발을 서로 전수했다. 조정은 학식 있는 신하에게 추숭하는 은전을 논할 때 거의 문정이라는 시호로 예를 갖추었다.

한번 따져보자. 상국相國이라 불린 주규, 두수전, 리훙자오 세 사람은 모

---

8 리훙자오李鴻藻(1820~1897)는 청말 조정에서 '청류淸流'의 영수로, 동광同光 연간에 대내외의 중요한 사건에 관여했다. 자는 난손蘭孫이고 호는 석손石孫, 연재硯齋다.

9 왕증王曾(978~1038)은 송대의 학자, 관료로 한림학사翰林學士 등을 지냈다. 998~1003년 사이에 해시解試, 성시省試, 전시殿試에서 잇달아 장원하여 '삼원三元'이라 불렸다. 자는 효선孝先이다.

10 범중엄范仲淹(989~1052)은 송대의 저명한 정치가, 사상가, 문학가다. 경력慶曆 3년(1043) 부필富弼, 한기韓琦 등과 함께 '경력신정慶曆新政'에 참여했다. 자는 희문希文이다.

11 사마광司馬光(1019~1086)은 송대의 정치가, 문학가, 사학가로 최초의 편년체 통사인《자치통감資治通鑑》을 편찬했다. 자는 군실君實이고 호는 우수迂叟다.

12 이동양李東陽(1447~1516)은 명대 중엽의 중신으로 시강학사侍講學士, 동궁강관東宮講官, 예부시랑 겸 문연각대학사文淵閣大學士 등을 역임했다. 자는 빈지賓之이고 호는 서애西涯다.

13 사천謝遷(1449~1531)은 명대의 관료로 태자태보太子太保, 병부상서 겸 동각대학사 등을 지냈다. 자는 어교於喬이고 호는 목재木齋다.

14 선종宣宗은 청조의 6대 황제로 이름은 아이신기오로 민닝愛新覺羅 旻寧(1782~1850)이며 통상 도광제道光帝라 불린다. 선종은 묘호廟號다.

두 궁중이 위태롭고 신임받지 못할 때 교육으로 보좌한 공이 있다. 그 사정은 매우 비밀스러워 세간에서는 그 시말을 상세히 알지 못한다. 사후에 임금으로부터 시호를 받는 은전이 특히 매우 두터운 까닭은 반드시 저마다 이유가 있다. 조진용은 태평하고 한가로운 시기에 몸 바쳐 임금을 섬겼으니 그 절조를 말로 다할 수 없고, 임금과 무릎을 맞대고 비밀리에 일을 도모했으니 아마 조정에서 공이 있는 자도 여기에는 다 미치지 못할 것이다. 명나라 선조 때의 사휼조서賜卹詔書[15]를 공손히 읽어보면 "임금에게 좋은 일을 하고 악한 일을 하지 않도록 권하면서도 원한 사는 것을 꺼리지 않았다. 짐이 깊이 의지하나 다른 사람은 그것을 모른다"는 말이 있으니, 그가 군주의 마음을 독차지한 것은 참으로 특별한 점이 있다.

쑨자나이가 강옥講幄[16]에 들어갔을 때 같은 서열은 모두 네 사람이었다. 상숙常熟 사람 웡퉁허[17]가 실질적인 영수였다. 나머지 두 사람은 근현鄞縣[18] 사람 시랑 장쟈샹[19]과 전당錢唐[20] 사람 시랑 쑨이징[21]이다. 장쟈샹은 일찍 죽었고 쑨이징은 다른 이유로 일을 그만두었으니, 처음부터 끝까지 그 일을 한 사람은 웡퉁허와 쑨자나이 두 사람이었다. 웡퉁허는 황제로부터 특별대우를 가장 두텁게 받았고 흉금을 털어놓고 황제에게 말하는 정도도

---

15 임금이 형벌을 감면해주는 조서다.
16 천자나 태자가 강관講官의 진강進講을 듣는 곳을 가리킨다.
17 웡퉁허翁同龢(1830~1904)는 청대의 학자, 관료로 협판대학사協辦大學士, 호부상서, 참기무參機務 등을 지냈다. 서법에 뛰어나 동광同光 연간에 최고로 꼽혔다. 자는 숙평叔平이고 호는 송선松禪, 천방한인天放閑人, 병암거사瓶庵居士이며 시호는 문공文恭이다.
18 오늘날의 닝보寧波다.
19 장쟈샹張家驤(1827~1885)은 청말의 학자, 관료다. 동치제와 광서제의 스승으로 광서제가 변법유신사상을 수용하는 데 영향을 미쳤다. 자는 자등子騰이다.
20 오늘날의 항저우다.
21 쑨이징孫詒經(1826~1890)은 청말의 학자, 관료로 동치 연간에 한림원시강, 국사관찬수國史館纂修, 푸젠 학정福建學政 등을 지내고 광서 연간에는 공부, 형부, 호부, 예부의 좌시랑左侍郎 및 이부우시랑吏部右侍郎 등을 역임했다. 자는 자수子授다.

가장 깊었다. 황제는 비밀스러운 논의를 할 때 늘 쑨자나이를 제쳐두고 윙 통허에게 자문을 구했다. 그래서 붕당의 질투가 윙통허에게는 깊었지만 쑨자나이에게는 약간 덜했다.

덕종[광서제]은 친정을 하던 초기에 육경궁毓慶宮 생활을 마감하고 윙통 허를 군기처로 들게 했다.[22] 대개 군기처에는 매일 가서 만나고 항상 함께 있었지만 육경궁에 있을 때만큼 독대해서 편안히 앉아 의논할 수 없었기 에 거듭 만날수록 소원해졌다. 이때부터 불신이 날로 심해져 윙통허는 결 국 고향으로 보내지고 관직을 박탈당했다. 그리고 쑨자나이는 원로대신들 과 어울리기를 즐겨서 그를 싫어하는 사람들에게 미움을 사지 않았다. 결 국 나이가 들어 관직에서 물러나게 해달라고 청했지만[23] 도리어 황실[24] 이 시안西安으로 피난 가는 상황[25]을 맞게 되자, 군주의 어려움을 외면한 채 자신만의 안일을 탐하지 않고 천자가 있는 곳으로 달려 나아가 책임을 다해서 결국 대신의 자리까지 올랐다. 그러나 최근 몇 년간은 중요한 자리 에 앉지 못하고 한직에만 머무르면서 수차례 임명되다 물러나기를 반복했 다. 이때의 소식은 최근 30년 동안의 일에 대해 잘 알지 못해서 자세한 사 정은 말할 수 없다. 이제 그가 죽은 뒤 그를 특별히 후하게 대하는 것으로 써 또한 죽은 영혼을 약간이나마 위로할 수 있을 것이다. 그러나 윙통허의 사례로 보면 다행이기도 하고 불행이기도 하다.[26]

---

22 윙통허는 광서 8년(1882) 군기대신에 임명되었다.

23 원문은 "걸해골乞骸骨"로, 나이든 관리가 퇴직해서 뼈를 고향에 묻을 수 있도록 해달라고 청하 는 데서 유래한다.

24 원문은 "육비六飛"로, 황권 또는 황위를 비유하는 말이다. 황제의 수레를 끄는 여섯 마리 말이 나는 듯이 빨리 달린다는 데서 유래한다.

25 원문은 "서수西狩"로, 광서 26년(1900) 8개국 연합군이 베이징을 포위하자 서태후가 광서제와 왕공대신들을 이끌고 시안으로 피난 간 사건을 가리킨다.

26 《청의보》 제98책(광서 27년 10월 11일), 5~6쪽.

수에즈 운하의 옛길

蘇彝士運河故道

    동치 8년(1869) 프랑스인 레셉스[1]가 수에즈 운하를 개통하자 전 세계에서 일제히 길이 남을 성대한 업적을 이루었다고 여겼다. 이는 수에즈 운하가 옛사람의 유적임을 알지 못했기 때문이다. 이집트 19대 왕조 2대 왕 세티Seti 1세가 운하를 개통해서 나일 강과 홍해를 이으려고 했지만 이루지 못하고 죽었다. 그 아들 람세스Ramses 2세가 뒤를 이어 그 일을 마무리지었다. 26대 왕조 네카우Nekau 2세 시대에 와서는 옛길이 잠기자, 길을 보수해서 예전보다 넓고 깊어졌다. 공사에 동원된 인력은 12만 명이었으며, 당시 세 척의 전함이 통과할 수 있도록 하려 했지만, 예기치 못한 전란으로 끝내 중지되었다. 70여 년 후 페르시아 왕 다리우스Darius 1세가 그 길을 보수해서 공사가 마무리되었다. 그리스의 역사가 헤로도토스가 그 일을 목격했다. 그의 기록에 따르면, 그 운하는 오늘날 수에즈에서 1.5마일 떨어진 곳에 위치해 있고 서북쪽으로 흘러 나일 강 동부 지류와 맞닿는다. 전체 길이는 92마일이고 사람의 힘으로 이룬 것은 64마일이라고 한다.

---

1 페르디낭 마리 레셉스Ferdinand Marie Lesseps(1805~1894)는 프랑스의 외교관으로, 이집트의 여러 곳에서 외교관으로 근무하며 수에즈 운하의 개발을 착상하여, 1854년 이집트의 부왕 사이드 파샤의 초청을 받고 그에게 운하 개발안을 제출, 국제기술자위원회의 승인을 얻어 1859년 기공, 1869년 완공했다.

그 후 토사가 쌓여 막혔고 서기 200년 로마 황제 셉티미우스[2]가 다시 개통했지만 역시 오래 지나지 않아 막혔다. 서기 600여 년 아랍인이 이집트를 정복하고 그 추장 아만이 다시 개통했다. 100여 년 후 다시 막혔고, 끝내 다시 개통되지 않은 채 레셉스에 이르렀다. 이에 따르면, 오늘날 유럽인이 세상을 뒤흔들 업적이라고 칭송하는 일은 이미 수천 년 전 선조들이 이미 해놓은 일이며, 그것도 한두 번에 그치지 않았다. 고금의 사람이 어찌 멀리 떨어져 있겠는가마는 땅으로 아프리카 사막의 미려尾閭[3]를 이으면 막히기가 가장 쉽다. 선대의 이 위대한 업적은 따라서 후세에 영원히 전해지기 어렵다. 그래서 오늘날의 수에즈 역시 늘 이것이 걱정이다. 레셉스라는 이름이 이 운하와 함께 사라지지 않을지 여부는 알 수 없다. 오늘날 기계 사용이 크게 진보하여 인간의 힘이 자연을 이길 수 있게 되었다. 그렇다면 레셉스가 마침내 사라지지 않을 수도 있을 것이다.[4]

---

2 서기 200년 로마 황제로 재위한 인물은 셉티미우스 세베루스Lucius Septimius Severus Pertinax(재위 193~211)다. 그는 세베루스 왕조의 시조로, 황제 마르쿠스 아우렐리우스 밑에서 재무관, 집정관을 역임하고 판노니아 및 알제리 주둔군 사령관으로 있다가 병사들에 의해 황제로 추대되었다.

3 바닷물이 끊임없이 새어나간다고 전해지는 곳으로, 《장자》〈추수秋水〉에 나온다. "天下之水, 莫大於海, 萬川歸之, 不知何時止而不盈, 尾閭泄之, 不知何時已而不虛."

4 〈세만독서록歲晚讀書錄〉, 《국풍보國風報》 제1기(1910년 2월 20일).

민병과 용병의 득실
民兵與傭兵之得失

국가에서 병역제도는 매우 중요하다. 병사가 의무를 위해 싸운다면, 병사가 많을수록 더욱 강해진다. 병사가 보수報酬를 위해 싸운다면, 병사가 많을수록 더욱 약해진다. 이는 중국에서 당나라 부병제府兵制[1]와 광기曠騎[2]를 통해 증명할 수 있고, 근세 영국과 독일 두 나라의 육군을 비교해 보면 알 수 있고, 고대 로마와 쟈다즈加達治[3]의 승패로도 알 수 있다. 전례 가운데 가장 오래되고 가장 분명한 것은 이집트만 한 나라가 없다. 이집트는 목왕牧王을 물리치고 옛 땅을 회복한 이후로 사방으로 정복과 토벌을 하면서 무력을 멈추지 않았다. 병역에 복무하는 자는 모두 나라의 명망가였다. 이때 정예병 50만이 있었는데 마침내 무사 계급을 형성했고, 그

---

1 중국 수나라와 당나라, 고려 말 조선 전기에 실시된 병농일치兵農一致의 군사제도다. 당나라는 전성기 때 전국에 430개 이상의 절충부折衝府를 두고 절충부 관내에서는 정남丁男(21~59세) 중에 신체가 강건한 자를 세 사람에 한 사람의 비율로 3년에 한 번씩 징집했다. 평상시에는 집에서 농경에 종사하지만 동절의 농한기에는 절충부에서 군사훈련을 받았다. 당나라의 부병제는 749년 조칙詔勅으로 군부軍府의 기능이 정지된 이래 완전히 무너지고 그 뒤 병농 분리의 모병제募兵制가 채택되었다.
2 당나라 현종 때 경사의 방위를 위해 시행한 모병제도다.
3 중국명 '쟈다즈'는 현재의 튀니지를 중심으로 발전했던 국가인 카르타고이다. 지중해의 상업과 무역에 큰 영향력을 발휘했고, 성립 이후 계속해서 그리스 및 로마와 경제적, 군사적 갈등 관계에 있었다. 세 차례의 포에니 전쟁에서 결국 패배하면서 로마의 북아프리카 속주가 되었다.

지위는 일반 백성과 달리 우세를 차지했다. 논자는 이것이 이집트가 고착하게 된 원인으로 간주하기도 한다. 그렇기는 하지만, 이집트가 세계의 맹주가 된 까닭 또한 여기에 있다.

제26대(중국의 전국시대에 해당함)에 이르러 이집트로 들어온 그리스인이 날로 증가했다. 이집트 왕이 널리 병사를 모으자 이집트의 무사 귀족들이 울분을 이기지 못하여, 서로 이끌어 나라를 떠나는 자가 수만이었다. 마침내 이집트는 이때부터 다시 발전하지 못하고 속국으로 전락하게 되었다. 그리스 군인의 자격이 이집트에 미치지 못했다 할 것인가? 그리스인은 이 시대로부터 순식간에 세 대륙을 휩쓸었고 아무도 막을 수 없었다. 그렇지만 자신들을 위해 싸울 땐 용감했지만, 이집트인을 위해 싸울 때는 비겁했다. 어찌 다른 이유겠는가? 나의 동생은 사랑하고 진나라 사람의 동생은 사랑하지 않기 때문이다.[4] 이는 진실로 고금에 걸쳐 득실에 관한 이야기를 모아 놓은 것이다.[5]

---

4 《맹자》〈고자 상告子上〉에 나오는 말이다. 고자는 '인내의외仁內義外' 논변에서 '인내仁內'에 대해 "吾弟則愛之, 秦人之弟則不愛也, 是以我爲悅者也, 故謂之內"라고 했다.
5 〈세만독서록〉, 《국풍보》제1기(1910년 2월 20일).

다스림의 도구와 다스림의 도리
治具與治道

　태사공太史公[1]은 "법령은 다스림의 도구이지, 청탁淸濁을 통치하는 근원이 아니다"[2]라고 말했다. 지당한 말이다. 근세 입헌국을 학자들은 또한 법치국가라고 부른다. 우리나라 사람은 그 이름을 사모하여 흥미진진하게 그것을 말한다. 마치 나라 안에 법 이외에는 곧 통치의 방법이 없는 듯이 말하지만, 법이 다스림의 도구일 뿐이며 이러한 도구를 쓸 수 있는 근거로서 별도로 다른 도리가 있다는 것을 모른다. 그러한 도리가 없다면 법이 쇠털같이 많더라도 시렁에 가득한 쓸모없는 문서에 지나지 않을 뿐이다. 그러므로 온 세계에서 입헌국은 수십 개이지만, 명성을 높이 빛내고 끝없이 날로 발전해가는 것은 겨우 몇 개 나라일 뿐이다.

　방법은 무엇인가? 관방官方[3]이요, 선비의 풍습, 국민의 기풍일 뿐이다. 이 말은 노인들이 늘 하는 말과 같아 듣는 자가 대체로 실질적이지 않다고 여기지만, 이것 외에는 실제로 나라를 안정되게 할 수 있는 방도가 없다. 진실로 나라를 구하고자 한다면 이보다 급한 일은 없을 것이다. 가의賈誼[4]도 이렇게 말했다. "지금 세상은 사치를 서로 경쟁하면서 예의를 버리

1　'사마천'의 다른 이름으로, 사마천이 태사 벼슬을 한 데서 유래한다.
2　원문은 "法令者治之具, 而非制治淸濁之源也"로, 《사기》〈혹리열전酷吏列傳〉에 나온다.
3　관리가 직무를 관장할 때 지켜야 하는 법규나 규율을 말한다.
4　한나라 문제文帝 때의 학자, 정치가다. 유학과 오행설에 기초한 새로운 제도의 시행을 주장했

고 염치를 모르는 일이 날로 심해지고 있으니 달마다 달라지고 해마다 같지 않다. 대신은 특히 조정회의에 공문서가 보고되지 않는 것을 큰일로 여기고 있을 뿐이며, 풍속이 유실되고 세상의 도리가 무너지는데도 편안히 여기고 괴이하게 여길 줄 모른다. 풍속을 순화하고 천하로 하여금 마음을 돌려 도道로 향하게 하는 것은 대체로 견식이 부족한 관리가 할 수 있는 일이 아니다. 견식이 부족한 관리가 힘쓸 일은 문서 작성이나 문서 상자 관리일 뿐이며, 근본은 모르고 있다."[5] 아! 이것이 어찌 오늘을 위해 말한 것이 아니겠는가?[6]

으나 원로대신들의 미움을 사서 좌천되었다가 33세로 요절했다. 저서에 《신서新書》 10권과 《가장사집賈長沙集》이 있다. 진秦나라가 망한 까닭을 논한 〈과진론過秦論〉이 유명하다. 가태부賈太傅, 가장사賈長史, 가생賈生으로도 불린다.

5 이 말은 가의의 《신서新書》 〈속격俗激〉에 나오는데, 그 내용을 발췌한 것이다. 《신서》에 실린 원문은 다음과 같다. "대신들의 풍속은 특히 공문서가 보고되지 않는 것과 [서로 만나자는] 사소한 약속에 답변이 없는 것을 큰일로 간주하는데, 불가한 것입니다.…… 올바른 습속이 사라지고 세상이 무너지고 있는데, [대신들은] 편안하게 생활하기에 그런 상황을 이상하게 여기지 않는 것은 큰일입니다. 게다가 문서를 작성하는 관리들은 그저 공문서에만 관심이 있기에 이러한 상황을 알지 못합니다.…… 지금 세상은 사치를 서로 경쟁하는데 조정에서는 [이를 규제할] 제도가 없기에, 예의를 방기하고 염치를 버리는 날이 심해져서 달마다 달라지고 해마다 같지 않다고 말할 수 있습니다.…… 대개 풍속을 바꾸는 것은 천하 사람들의 마음을 옮겨서 올바른 도로 향하게 하는 것이지 아마도 속리가 할 수 있는 것이 아닐 것입니다(大臣之俗, 特以 牘書不報, 小期會不答耳, 以爲大故, 不可矣.…… 俗流失, 世壞敗矣, 因恬弗知怪, 大故也. 如刀筆之吏, 務在筐箱, 而不知大體.…… 今世以侈靡相競, 而上無制度, 棄禮義, 捐廉恥魁日甚, 可謂月異而歲不同矣.…… 夫移風易俗, 使天下移心而向道, 類非俗吏之所能爲也)."

6 〈세만독서록〉, 《국풍보》 제4기(1910년 3월 21일).

학문과 관료의 길

學問與祿利之路

태사공은 〈유림열전儒林列傳〉을 지어 "내가 조정의 법령을 읽다가 학관學官을 널리 장려하는 길에 이르러 책을 덮고 탄식하지 않을 수 없었다"라고 말했다. 독자가 이를 제대로 이해하지 못해 태사공이 당시 유학의 흥성을 찬미한 것이라고 하지만, 이는 잘못이다. 《사기》 책에서 "책을 덮고 탄식했다"고 말한 것은 세 곳이다. 첫째는 〈십이제후연표十二諸侯年表〉에서 춘추의 역보첩歷譜諜을 읽다가 주 여왕厲王에 이르러서다. 둘째는 〈맹자순경열전孟子荀卿列傳〉에서 《맹자》 책을 읽다가 양혜왕이 어떻게 우리나라를 이롭게 할 것인가 질문함에 이르러서다. 이 글과 더불어 세 번 모두 세상 운세의 오르고 내리는 큰 원리에 탄식한 것이다. 옛날 학자는 학문을 위해 학문을 닦았지만 학관을 장려하는 제도를 진흥하면서 이때부터 학자들이 관직을 위해 학문을 하기 시작했다. 관직을 위해 학문하면서, 이로 인해 학문이 몰락했다. 그래서 태사공은 육국과 초한 시기 제齊와 노魯의 유생이 도를 품고 자중한 것을 거론했고, 다시 숙손통叔孫通과 공손홍公孫弘 이후 공경사대부들이 시류를 쫓는 것을 거론하면서, 이 둘을 비교하여 한없이 격한 감정을 절제하지 못하고 언외의 뜻을 드러냈다. 반고[1]는 그 뜻을

---

1 반고班固(32~92)는 중국 후한 초기의 역사가, 문학가로 자는 맹견孟堅이다. 아버지 표彪의 유지를 받아 기전체 역사서인 《한서》를 편집했다. 작품에 〈백호통의〉, 〈양도부兩都賦〉 등이 있다.

깊이 알고서 "봉록의 길이 그렇게 한 것이다"[2]라고 직접 거론했다. 진실로 부끄러워하고 진실로 염려한 것이다.

일본인 고토 신페이[3]는 타이완 통치로 명성을 날렸다. 내가 타이완 교육의 현황에 관해 물어본 적이 있었다. 그는 "타이완 사람들은 관직에 나아가고자 하지 않으면 배우고자 하지 않아, 교육을 보급하고자 해도 결코 쉬운 일이 아니다"라고 대답했다. 나는 그 말을 듣고서 스스로 탄식을 멈추지 못했다. 타이완 사람들의 이러한 사상은 고국으로부터 물려받은 것이다. 나라 전체의 이런 사상은 한나라가 녹봉의 길을 연 이후로 지금까지 서로 전해져 병이 고황[4]에 들어 고질병이 된 것이다. 그래서 과거제가 폐지되자 전국에서 학문으로 향하는 사람이 거의 없어지고 학당에 입학하거나 외국으로 유학하는 학생이 이어졌다. 이것은 변형된 과거제도로 인해 유지되고 있는 것이다. 유럽과 미국, 일본에서는 거의 모든 사람이 학문을 하지만, 문관 시험에 응하는 자는 백에 하나도 되지 않는다. 이것이 곧 학문이 융성하게 된 원인이다. 우리 중국이 학문과 봉록을 서로 다른 일로 구분하지 못한다면, 나는 학문의 단절이 멀지 않으리라 생각한다.[5]

---

2 《한서》〈유림전儒林傳〉에 나오는 구절이다. "한무제가 오경 박사를 세우고 제자원을 열어 사책을 학과로 설립하고 관리의 녹봉으로 [학문을] 권면하고서부터 평제平帝에 이르기까지 100여 년 사이, 학업을 전승한 사람이 점차 많아졌고 결가지 역시 증가했다. 하나의 경전에 대한 해석이 100여만 자에 이르렀고, 대사들의 무리는 1000여 명에 이르렀다. 대체로 녹봉의 길이 이러했다(自武帝立五經博士, 開弟子員, 設科射策, 勸以官祿, 訖於元始, 百有餘年, 傳業者浸盛, 支葉蕃滋, 一經說至百餘萬言, 大師衆至千餘人, 蓋祿利之路然也)."

3 고토 신페이後藤新平(1857~1929)는 근대 일본의 식민주의 관료다. 타이완 총독부에서 1898년 민생국장이 되어 일본의 식민지 정책을 추진했고, 1906년에는 만철滿鐵의 초대 총재를 지냈다. 타이완 총독부가 편찬한 《청국행정법淸國行政法》 작성을 주도했다.

4 고황膏肓은 심장과 횡격막 사이의 부분을 가리키는데, 이곳에 병이 들면 쉽게 낫지 않기 때문에 잘 낫지 않는 고질병을 가리킨다.

5 〈세만독서록〉, 《국풍보》 제4기(1910년 3월 21일).

학문을 좋아하지 않음의 폐해
不悅學之弊

《춘추좌전》소공 18년 조에 다음과 같은 기록이 있다.

노나라 사람 중에 주나라의 원백로原伯魯[1]를 만난 사람이 있었는데, 더불어 이야기를 나누었으나 학문을 좋아하지 않았다. [노나라 사람이] 돌아와 민자마[2]에게 고하자, 민자마가 말했다. "주나라는 어지러워질 것이다. 대저 반드시 이런 통설이 많은 데다, 나중에는 이런 기풍이 대부들에게까지 미치고 있다. 그래서 대부들이 인기를 잃을까 염려하고 그런 기풍에 홀려 또 말하기를 '학문은 필요가 없다. 배우지 않아도 해로울 것이 없다'고 하게 되었다. 해로움이 없다고 해서 배우지 않으면 구차해져서 이에 아래에서는 윗사람을 능멸하고 위에서는 해이해지게 될 것이니, 어지러워지지 않을 수 있겠는가?"[3] 아아, 이 말은 어찌도 마치 오늘에 대해 말한 것 같은가! 우리나라에서 수천 년 이래 학문을 좋아하지 않는 기풍이 오늘보다 심한 적은 거의 없었다. 육경은 장서각에 묶어두고 《논어》는 땔감이 되었다. 이렇게 다시 10년이 지나면 모든 성인과 성왕의 학문이 정화와 찌

---

1 춘추 시기 주나라의 대부로, 원국原國의 국군國君이다. 민자마閔子馬의 예측대로 그의 아들이 소공昭公 29년 경사京師에서 소백영召伯盈, 윤씨고尹氏固와 함께 살해되었다.
2 민자마閔子馬는 공자의 제자 민자건閔子騫의 아버지다.
3 《춘추좌전》에서는 "대저 학문은 덕을 기르는 것으로, 배우지 않으면 장차 몰락할 것이다. 그러니 원씨는 망할 것이다(夫學, 殖也. 不學, 將落. 原氏其亡乎)"라는 구절이 이어진다.

꺼기를 막론하고 완전히 없어질 것이다.

혹자가 말했다. "오늘날 신학이 바야흐로 흥기하므로 구학이 쇠락하는 것은 또한 부득이한 일이다. 일본 메이지 초년의 선례가 있다." 그렇지만 일본에서 이전에 신학에 힘쓴 것은 진실로 즐거워할 수 있어서, 배운 것으로 일가를 이루고 적절한 사람에게 전수한 이들이 연달아 배출되었다. 일본에 오늘이 있는 것은 대체로 학자의 공이 가장 높다. 우리는 어떤가? 신학을 하는 자들은 그것으로 과거에 응시하는 대문을 두드리는 벽돌로 삼을 따름이다. 문이 열리면 벽돌은 버린다. 그것을 이용하는 것이 마치 이전에 과거 공부와 다르지 않다. 무릇 이전에 배우는 자들은 모두 과거 공부에 시달렸지만, 과거 공부 외에 반드시 따로 배우는 것이 있었다. 배운 것이 쓸모 있는지 여부는 묻지 않았다. 요컨대 육체적 욕망은 내버려두고 다시 이것으로 정신상의 즐거움을 얻어, 이에 선비의 인격을 유지해서 너무 심하게 타락하지 않도록 하고 국가의 원기가 은연중에 왕왕 그 은덕을 입었다. 오늘날 구학은 쓸모없다고 여겨 내버리고, 이른바 쓸모 있는 신학은 그 가치가 단지 과거 공부에 견줄 수 있을 뿐이다. 우리나라에 이런 변형된 과거 공부가 무엇 때문에 필요하겠는가? 맹자는 "위에서는 예가 없고 아래에서는 배움이 없으면, 나라가 곧 망할 것이다"[4]라고 말했다. 이 어찌 한심하지 않은가?[5]

---

4 "성곽이 완전하지 않고 군사가 많지 않은 것이 나라의 재난이 아니며, 밭과 들이 개간되지 않고 재물이 모이지 않는 것이 나라의 해가 아니다. 위에서 예가 없고 아래에서 배움이 없으면 세상을 어지럽히는 백성이 일어나 나라가 금방 망할 것이다(城郭不完, 兵甲不多, 非國之災也; 田野不辟, 貨財不聚, 非國之害也. 上無禮, 下無學, 賊民興, 喪無日矣)"(《맹자》〈이루 상〉).

5 〈세만독서록〉, 《국풍보》 제4기(1910년 3월 21일).

구차함을 경계함

警偸

《춘추좌전》 문공 17년 조에 다음과 같은 대목이 있다.

양중¹이 제나라에 갔다가 돌아와 다음과 같이 복명復命했다. "저는 제나라 사람들이 장차 노나라의 보리를 먹으려 한다고 들었습니다. 그러나 제가 보기에는 그렇게 할 수는 없을 것입니다. 제나라 군주는 말씨가 구차했습니다. 장문중²은 '군주 된 자가 말씨가 구차하면 반드시 죽는다'고 했습니다." 이듬해 제나라 사람들이 자신의 군주 상인商人을 시해했다.

소공 원년 조에는 다음과 같은 대목이 있다.

천왕이 유정공³을 사신으로 보내어 영穎⁴ 땅에서 조맹을 위로했다. 유정공이 말했다. "그대는 어찌 멀리 우임금의 공적을 이어 백성을 크게 보호하지 않는가?" [조맹이] 대답했다. "노부老夫의 죄과가 두려운데 어찌

---

1 양중襄仲(?~BC 601)은 춘추시대 노나라의 정치가로, 장공莊公의 아들이자 희공僖公의 동생이다. 성은 희姬이고, 이름은 수遂다. 노나라의 동문東門에 거주했으므로 '동문양중東門襄仲', '동문수東門遂'라고 불렸다. 시호는 양襄이다.

2 장문중臧文仲(?~BC 617)은 춘추시대 노나라의 경卿으로, 세습 사구司寇를 지냈다. 성은 희姬이고, 이름은 진辰이다. 장애백臧哀伯의 차남인데 시호는 문文이므로 사후에 장문중臧文仲이라 불렸다. 아랫사람에게 묻는 것을 부끄러워하지 않고 요직에 있으면서 상벌을 분명히 하고 공적을 자랑하지 않아서 세인의 존경을 받았다.

3 유정공劉定公은 춘추시대 유劉나라의 군주다. 성은 희姬이고 이름은 하夏다.

4 본래 주나라 읍이었는데 나중에 정나라에 귀속되었다. 오늘날의 허난 성河南省 덩펑 현登封縣 동쪽에 있다.

먼 앞날을 생각하겠습니까? 우리는 먹고사는 데 급급하여 아침에 저녁을 걱정할 겨를이 없으니 어찌 오래갈 수 있겠습니까?" 유정공이 돌아와 왕에게 이렇게 말했다. "조맹은 장차 죽을 것입니다. 진나라의 정경이 되어 제후를 모시면서 노비와 마찬가지로 아침에 저녁을 걱정하지 않으니 신을 버리고 인간을 버린 것입니다." 이해 겨울에 조맹이 죽었다. 무릇 말속에 사람 수명이 길고 짧은 이치가 걸려 있으니, 그 이치가 매우 신묘하여 믿기 어려운 듯하다. 그러나 실은 그렇지 않다. 사람이 하늘과 땅에서 명命을 받으면 정신이 그 주인이 된다.

　구차함이란 아침저녁으로 편안함을 도모할 뿐 훗날을 생각하지 않는 것이다. 훗날을 생각지 않는 것은 그 정신이 고갈된 것이다. 정신이 고갈되어 있으면서 혼백이 살아 있을 수 있다는 말은 들어보지 못했다. 이는 심리와 생리가 서로 연계되어 있는 지극한 이치다. 어찌 개인의 심리에만 그런 것이 있겠는가? 사회의 심리도 그러하다. 전 국민이 구차하게 아침에 저녁을 생각하지 않는 마음을 가진다면, 망하지 않을 나라가 없을 것이다. 그러므로 오나라 계찰[5]은 정나라 음악을 듣고 나라가 망할 것을 미리 점쳤으며, 시시뤄錫西羅[6]는 서로마 제국 말엽에 나라를 결코 구할 수 없다고 했으니, 이 또한 인민의 심리에서 헤아린 것이다. 그러므로 공자는 인민이 구차하지 않은 것을 귀하게 여겼다. 이제 우리나라가 내치가 대단히 어렵고 외침으로 모욕당하는 것은 하나같이 두려워할 만하지 않지만, 오직 군주와 신민이 위아래로 구차함에 젖어 있는 것은 두려워할 만하다. 참으로 경계할 생각을 하지 않는다면, 어떻게 10년을 버틸 수 있겠는가?[7]

5　계찰季札(BC 576~484)은 춘추시대 오나라 공자로, 성은 희姬이고 이름은 찰札이며 공자찰公子札, 계자季子, 연릉계자延陵季子라고도 불렸다. 오왕 수몽壽夢의 막내아들이다. 노魯·제齊·정鄭·위衛·진晉나라에서 관직을 역임했다. 박학博學으로 유명하며, 춘추시대의 현자로 꼽힌다.
6　신원 미상이다.
7　〈세만독서록〉,《국풍보》제4기(1910년 3월 21일).

설랑 스님의 어록 두 단락

雪浪和尙語錄二則

매장공[1]이 설랑[2] 스님에게 물었다. "세계와 인심이 이처럼 극심하게 무너졌으니, 부처와 보살은 어떤 자비로운 가르침으로 세상을 구제하시렵니까? 청컨대 선문답하지 말고 명백하게 말씀해주십시오."

스님이 손으로 동그라미 형상을 그리며 대답했다. "나라 초기에 대원보大元寶[3]를 만드는 것과 유사합니다."

장공이 다그쳐 말했다. "첫 말씀부터 묘하십니다. 속히 말씀해주십시오."

스님이 말했다. "은 화폐는 10성成이 가장 순도가 높은데, 자르고 부수어서 사용해도 은덩이가 순정합니다. 사람들은 그것이 아주 좋은 것을 보

---

1 명대의 관료, 정치가, 시인인 매지환梅之煥(1575~1641)으로, 자는 빈보彬父, 호는 장공長公·신천거사信天居士다. 만력萬曆 32년 진사에 합격하여 서길사庶吉士가 되었다가 이과급사중吏科給事中으로 옮겼다. 숭정崇禎 초년에 관직이 우첨도어사순무감숙右僉都御史巡撫甘肅에 이르렀다. 청군淸軍이 입관하자 봉조입위奉詔入衛했다. 저술에 《중승유문中丞遺文》, 《중승유시中丞遺詩》 등이 있다.

2 명나라 때의 승려 홍은洪恩(1548~1608)으로, 속성俗姓은 황씨黃氏고, 자는 삼회三懷·설랑雪浪이다. 응천부應天府 상원上元 사람이며 열두 살 때 장간사長干寺로 출가했다. 경사經史에 두루 통하고 시를 잘 지었으며 서예에 뛰어났다. 저서에 《설랑집雪浪集》이 있다.

3 명대의 은자銀子다. 원대에 은원보가 통용되기 시작했는데, 명대에 들어서면서 백은이 본격적으로 수입되어 은자가 전국적으로 유통되기 시작했다. 이때 발행된 것이 말안장 형태의 은괴銀塊로, 50냥짜리와 500냥짜리가 발행되었다.

고서 한 번 화로에 넣어 구리를 한 푼 섞으면 9성이 됩니다. 9성은 아직 쓸 만하니, 다시 두 번째 조치를 취해 또 구리 한 푼을 섞으며 8성이 됩니다. 8성은 만들어진 뒤에 세 번, 네 번 내지 일곱 번, 여덟 번의 조치를 거치니, 지금에 이르러서는 오로지 구리만 남고 은은 사라지게 되었습니다."

장공이 말했다. "그렇다면 어찌해야 합니까?"

스님이 말했다. "이 일은 하늘이 싫어하고 사람도 싫어합니다. 반드시 몽땅 쓸어 모아 큰 화로에 넣고 제련하여 구리, 납, 철, 주석을 모두 녹여버린 뒤에야 은의 온전한 본색이 드러날 것입니다."

장공이 말했다. "그런 방법이라면 조물주 또한 지독한 방법을 쓴다고 하겠군요."

스님이 말했다. "만약 지독한 방법을 쓰지 않는다면, 천지가 자애롭지 못하고 조화의 공덕이 없어져 천지의 마음이 거의 사라진다고 하겠습니다."

스님이 일찍이 제자들에게 말했다. "고금 천지에 의미 없는 사람이 없고, 의미 없는 일이 없고, 의미 없는 이치도 없다. 자고로 성인은 마음을 어기면서 때를 택하지 않았고 일을 버려두고서 이치를 구하지 않았다. 천하의 일을 자기 자신의 일로 삼았고 고금의 일을 자신이 당연히 해야 할 일로 삼았다. 그래서 치란길흉治亂吉凶에 처했을 때 모두 마음이 대중지정大中至正한 도에서 노닐었다. 그러나 지금 사람들은 태어나 때를 만나지 못하고 권한이 내게 없다고 한탄하곤 한다. 시험 삼아 묻노니, 하늘이 어느 때에 너를 낳으면 좋고 하늘이 어떤 권한을 너에게 주면 좋겠는가? 나는 때를 한탄하고 권한을 한탄하는 사람들은 모두 자기 마음을 모르는 사람들이고, 그래서 하늘에 어긋나고 스스로를 저버리는 한탄이 있게 된다고 말한다. 끊임없이 태어나 죽고 승강부침하는 것이 모두 자신의 업보임을 어찌 알겠는가? 너는 자기 마음의 업력의 강약을 모르고 자신의 종성種

性[4]과 복덕福德[5]을 모르고 지혜와 재능과 학행과 조예와 인연이 중정中正하지 않아서, 세상을 한탄하고 때를 한탄하고 다른 사람을 한탄하고 일을 한탄하는 것이다. 또한 하늘이 너를 세간에 낳음에 무슨 일을 하든 많은 좋은 제목題目을 너에게 주어 시행하도록 분명하게 분부했을 것이라고 말한다. 그러나 너는 본래의 능력을 잃어버리고 스스로 행하지 못했다. 이는 마치 용렬한 의사가 자기 의술이 정치하지 못한 것을 한탄하지 않고 사람이 얻은 병이 나쁘다고 탓하는 것과 같다. 하늘은 어떤 병이 생겨날 때 네게 의술을 주어 업적을 성취하게 했고 부처와 성현은 좋은 맥결脈訣[6], 약, 처방, 조제법을 네게 주었다. 네 마음이 거칠어서 병세를 잘 살펴 진맥하고 약을 헤아려 처방하지 못하면서, 도리어 괴이한 병이므로 잘 치료할 수 없다고 한다면, 어찌 신통한 의사라 하겠는가? 네가 의술이 능하지 못하면 마땅히 자신에게서 원인을 찾을 것이다. 이 책을 정밀하게 읽고 이 도를 깊이 깨달으면 자연히 신의神醫의 경지에 이를 것이다. 참으로 정성과 믿음으로 실력의 향상과 굳건한 실행에 힘쓸 수 있다면, 성현과 부처의 경지에 오르지 못한 자가 없고 장차 영웅호걸의 경지에는 도달하지 못할 자도 없을 것이다. 지금 사람들이 과연 이 이치를 안다면 감히 '때를 만나지 못하고 권한이 내게 없다'고 한탄하며 헛되이 자포자기하는 사람이 되지는 않을 것이다."

창강주인滄江主人[7]은 말한다. "스님의 말씀은 사자후獅子吼라 할 수 있다.

---

4 하늘로부터 부여받은 선천적인 본성을 말한다.
5 선행善行으로 인해 얻은 복리福利를 말한다. 《무량수경無量壽經》에서는 '복덕자연福德自然'이라 했다.
6 진맥의 비결로, 주로 송나라 최가언崔嘉彦이 편찬한 맥학서脈學書를 가리킨다. 이 《맥결》은 '최씨맥결崔氏脈訣', '최진인맥결崔眞人脈訣', '자허맥결紫虛脈訣'이라고도 한다.
7 량치차오의 필명이다. 이 밖에도 량치차오는 음빙실주인飮冰室主人, 음빙자飮冰子, 애시객哀時

'커다란 화로에서 제련하자'고 하신 말씀은 '떨쳐 일어나 얽맴을 깨뜨리자. 가시밭길을 태우고 수렁을 없애자'[8]라는 육구연[9]의 말과 다름없다. 우리 마음이 퇴락한 지 오래니 한번 힘쓰지 않으면 고명한 곳으로 나아갈 수 없고, 온 세상의 인심이 퇴락한 것을 구제하고자 한다면 이 길이 아니고서는 다른 방도가 없다. 그러나 어떤 수단을 써서 제련할 것인가에 대해서는 나는 아직까지도 방법을 얻지 못했다. 그런데 때를 핑계 삼고 권한을 한탄하는 세상의 잘못된 풍조에 대한 스님의 잠언은 실로 한마디 한마디가 정곡을 찌른다. 지금 나라에서 완악하고 염치없는 소인배는 족히 책망할 것도 없지만, 애국하는 선비로 불리는 이들조차 '때를 만나지 못하고 권한이 나에게 없다'는 말로 자기를 마냥 합리화하여 마침내 서로 국사를 묻지 않는 지경에 이르렀다. 나는, 거센 바람이 불어야 꼿꼿한 풀을 알 수 있고 일이 어려워져봐야 예리한 도구가 드러나니 시세가 어려울수록 영웅호걸은 더욱 자신의 역량을 발휘할 방도를 생각해야 한다. 우리가 이때 태어난 것은 하늘이 우리를 지극히 후대하는 것이다. 만약 권한을 말하는 것이라면, 어찌 반드시 임금과 재상의 지위에 있어야만 비로소 그것이 있다고 하겠는가? 한갓 선비라도 모두 권한이 있을지니, 다만 종류와 작용이 다를 뿐이다. 시세와 지위가 사람을 곤란하게 한다고 말한다면, 그런 일은 없다. 곤욕을 받는 것은 모두 자포자기한 결과일 따름이다. 온갖 시련과 난관을 모두 벗어날 수 있으나 온 나라 사람들이 모두 자포자기한다면 진실로 어찌

客, 중국지신민中國之新民, 자유재주인自由齋主人, 소년중국지소년少年中國之少年 등 30여 개의 필명을 사용했다.

8 원문은 "激厲奮迅, 決破羅網, 焚燒荊棘, 蕩夷汙澤"(《상산전집象山全集》 권34)으로, 학문적 권위에 대한 맹목적 추종을 반대한다는 뜻이다. "학문을 연구하면서 진실로 근본을 알면, 육경은 모두 나의 주석이다(學苟知本, 六經皆我注脚)"(《상산전집》 권34)와 같은 맥락의 말이다.

9 육구연陸九淵(1139~1192)은 남송의 유학자로, '심즉리心卽理'를 주장하여 주희와 논쟁을 벌였고, 훗날 왕수인王守仁이 양명학을 건립하는 데 영향을 미쳤다.

할 수가 없다. 어째서인가? 이미 잘못된 행위를 했다면 이에 따르는 업보가 상응하지 않았던 경우가 없기 때문이다."

비난하는 자가 말했다. "지금 나라 사람들이 모두 이 나쁜 행위를 했으니 한두 사람이 항거하려 한들 한 줌의 흙으로 황하의 나루를 막는 것과 다를 바 없다. 또 무엇을 하겠는가? 그러므로 시세가 사람을 곤핍하게 하지 못한다는 말은 잘못이다."

나는 이에 대답한다. "불법은 훈습[10]의 뜻을 가장 잘 밝혔다. 나쁜 품성은 좋은 품성에 교화되어 점차로 좋아지고, 좋은 품성 또한 나쁜 품성으로 인하여 더욱 맑아진다. 대저 훈습된 것이 일부는 개인 업보가 되고 일부는 사회 업보가 된다. 인과응보의 느림과 빠름, 크고 작음은 그 훈습력의 강약과 대소가 어떤가에 달려 있으니, 누가 한두 사람이 천하를 바꾸기에 부족하다고 말할 수 있겠는가? 저 성인과 부처가 어찌 때를 가지고 저울질한 사람이겠는가? 설령 당장 광포狂暴한 흐름을 막지는 못하더라도 또한 미래에 공효功效를 기대해야 한다. 사회의 생명은 면면하여 끝이 없다. 자고로 가장 혼란한 세상에서도 한두 어진 군자가 있어 세속에서 벗어나 자신이 배운 것으로 천하를 교화시켜 세상의 도리가 끊어지지 않게 했다. 우리가 끝내 금수가 되지 않은 것은 모두 이 한두 어진 군자의 마음 씀에 힘입은 것이다. 국가의 일에서 나의 능력 발휘를 전혀 허락지 않는다 해도 만약 내가 여기에서 스스로 능력을 발휘한다면, 누가 그것을 금지할 수 있겠는가? 그리고 진실로 여기에서 스스로 능력을 발휘한다면, 그 능력 발휘는 이미 위대한 것이다. 그러므로 사람을 세상에 태어나 끝내 자포자기할 수 있는 시절은 없으며, 무릇 염세주의를 견지하는 자는 모두 사회의 죄인이요 천지의 죄인인 것이다."

---

10 불교에서는 사람이 몸과 말을 통해 업을 짓고 그것이 사람의 마음속에 남는 것을, 향기가 의복에 배는 것에 비유하여 '훈습熏習'이라 부른다.

설랑 스님은 명나라 말기의 고승으로, 감산 대사[11]와 더불어 불문의 쌍벽으로 명성이 높았다.[12]

11 명나라의 고승(1546~1623)으로, 속성은 채蔡이며 이름은 덕청德淸이다. 자는 징인澄印이고, 호는 감산憨山이며 감산 대사憨山大師라 불렸다. 재주가 탁월하여 역사서에 밝고 불경을 깊이 이해했으며 서법書法에 뛰어나고 시사詩詞에 능했다. 저서에 《법화경통의法華經通義》, 《원각경직해圓覺經直解》, 《대승기신론직해大乘起信論直解》 및 《장자내편주莊子內篇注》, 《노자도덕경주老子道德經注》 등 여럿이 있다. 문인門人이 편찬한 저술로는 《감산몽유집憨山夢遊集》과 《감산어록憨山語錄》이 있다.

12 〈세만독서록〉, 《국풍보》 제9기(1910년 5월 9일).

법은 반드시 행해지는 법이 되어야 한다

使法必行之法

《상군서商君書》[1] 〈획책畫策〉 편에 이르기를, "나라가 어지러워지는 것은 법이 어지러워서도 아니고 법이 쓸모없어서도 아니다. 나라에는 모두 법이 있지만, 법으로 하여금 반드시 행해지게 하는 법은 없다"[2]고 했다. 아, 이것이 어찌 오늘에만 해당하는 말이겠는가? 수년 동안 새로 반포한 법령 또한 이미 쇠털처럼 많다. 그 법의 선악을 막론하고 요컨대 여러 가지 법이 모두 있지만 오직 법으로 하여금 반드시 행해지게 하는 법은 없다. 무릇 법이 반드시 행해지지 않을 수 있다면, 이는 법이 없는 것과 마찬가지다. 법치의 근본이 이미 뽑혔는데, 가지와 잎이 다시 어디에 의지할 것인가? 중국이 이후로 변하지 않는다면, 법이 많아질수록 혼란이 더욱 가속화될 것이다. 그러므로 법으로 하여금 반드시 행해지게 하는 법은 무엇인가? 군주와 인민이 함께 지키는 헌법이 그것이며, 그 내용은 반드시 국회에 의지해야 한다.

그렇다면 전제국가에는 마침내 법으로 하여금 반드시 행해지게 하는 법

---

1 《상군서》는 춘추전국시대 법가의 초기 인물이며 진秦나라의 개혁을 이끈 상앙商鞅과 그를 추종한 진나라 법가 사상가들의 공동 저작으로 평가받는 책이다. 제목만 전하는 2편을 합해 모두 26편이다.

2 원문은 "國之亂也, 非其亂法也, 非法無用也"인데, 《상군서》에는 "國之亂也, 非其法亂也, 非法不用也"로 되어 있다.

은 결코 없는 것인가? 그렇지 않다. 위로 영민한 군주가 있으며 공정하고 충성스럽고 명민한 재상이 보좌한다면, 또한 법이 반드시 행해지게 할 수 있다. 군주와 재상이 적절한 인물이 아니고 더욱이 국회가 없다면, 모든 법이 다 더욱 어지럽게 하는 것일 뿐이다.[3]

---

3 〈세만독서록〉,《국풍보》제9기(1910년 5월 9일).

다스림을 다스리지, 어지러움을 다스리지 않는다
治治非治亂

순자가 말했다. "군자는 다스림을 다스리지 어지러움을 다스리지 않는 다. 그렇다면 나라가 어지러운데도 다스리지 않는 것인가? 나라가 어지러 운데 다스린다는 것은 어지러움을 따라서 다스리는 것을 말하는 것이 아 니라 어지러움을 제거하고 거기에 다스림을 편다는 것이다. 사람에게 더 러움이 있어서 닦는다는 것은 더러움을 따라서 닦는 것을 말하는 것이 아 니라 더러움을 제거하고 닦아서 바꾼다는 것이다. 그러므로 어지러움을 제거하는 것이지 어지러움을 다스리는 것이 아니며, 더러움을 제거하는 것이지 더러움을 다스리는 것이 아니다"[1](〈불구不苟〉 편). 아, 다스림의 원 리가 완전히 이와 같다. 오늘날 중국에서 다스림을 말하는 사람은 모두 어 지러움을 따라서 다스리는 자들이다. 수백 년 동안 누적된 폐해를 모두 아 끼고 보존하면서 조금도 제거하려 하지 않으니, 날마다 신정新政을 시행해 도 미칠 겨를이 없다. 이는 마치 병을 치료하는 자가 한기나 열기 혹은 사 감邪感을 제거하지 못하고 경솔하게 인삼과 복령을 복용한다면, 환자는 필 시 인삼과 복령에 의해 죽을 것이다. 동중서[2]는 말했다. "거문고와 비파가

---

1 이 원문은 《순자》〈불구〉에 실린 원문과 조금 다르다. "君子治治, 非治亂也. 曷謂邪? 曰, 禮義 之謂治, 非禮義之謂亂也. 故君子者, 治禮義者也, 非治非禮義者也. 然則國亂將弗治與? 曰, 國亂而 治之者, 非案亂而治之之謂也, 去亂而被之以治. 人汚而修之者, 非案汚而修之之謂也, 去汚而易之以 修. 故去亂而非治亂也, 去汚而非修汚也. 治之爲名, 猶曰君子爲治而不爲亂, 爲修而不爲汚也."

심하게 조율이 맞지 않으면 반드시 해체하여 다시 매어야 비로소 탈 수 있다. 정치가 심하게 시행되지 않으면 반드시 변화시켜 다시 교화시켜야 비로소 다스려질 수 있다."[3] 이는 어지러움을 제거하고 거기에 다스림을 편다는 설이다.[4]

---

2 동중서董仲舒(BC 176?~BC 104)는 중국 전한前漢의 유학자로, 호는 계암자桂巖子다. 춘추공양학春秋公羊學을 수학하여 하늘과 사람의 밀접한 관계를 강조했다. 무제武帝로 하여금 유교를 국교로 삼도록 설득했다. 저서에 《춘추번로春秋繁露》가 있다.

3 원문은 "琴瑟不調甚者, 必解而更張之, 乃可鼓也. 爲政而不行甚者, 必變而更化之, 乃可理也"인데, 량치차오는 동중서의 말이라고 인용했지만, 이와 유사한 구절은 《한서》〈예악지禮樂志〉에 나온다. "辟之琴瑟之調, 甚者必解而更張之, 乃可鼓也. 爲政而不行, 甚者必變而更化之, 乃可理也."

4 〈세만독서록〉, 《국풍보》 제9기(1910년 5월 9일).

군주는 책임이 없다는 학설
君主無責任之學說

'군주는 임무가 없다'는 것이 근세 입헌정체의 대의지만, 이는 중국의 주대周代·진대秦代에 여러 학자가 이미 밝혔다. 신자愼子[1]는 말했다. "군신의 도리는 신하는 일을 맡고 군주는 일을 맡지 않는 것이다. 군주는 한가로이 즐기고 신하는 수고를 자임한다. 신하는 지력을 다해서 일을 잘 처리하고 군주는 일을 함께 하지 않고 달성하게 할 뿐이다. 그리하여 다스려지지 않는 일이 없으니 다스림의 바른 도리가 그러하다. 군주가 스스로 일을 맡고 앞서서 힘쓰길 잘하면 아랫사람이 애쓸 일을 대신하는 것이니 신하가 도리어 한가롭게 된다. 그러므로 군주가 아랫사람보다 앞서기를 좋아하면 아랫사람이 감히 군주와 함께 경쟁해서 군주보다 먼저 하려고 할 수 없다는 것이다. 모두 알고 있는 도리가 자연히 뒤집어지고 문제가 생기면 신하가 도리어 군주를 질책하니, 반역에 이르는 길이다. 군주의 지혜가 반드시 여럿보다 가장 현명한 것은 아니다. 가장 현명하지 않으면서 아랫사람이 최선을 다하길 바란다면 다하지 않을 것이다. 만약 군주의 지혜가 가장 현명해서 한 명의 군주가 아랫사람을 다 도와주면 수고롭다. 수고로우면 피로하고, 피로하면 쇠약해지고, 쇠약하면 다른 사람에게 되돌아가니, 도움

---

1 전국시대 조趙나라의 법가 사상가인 신도愼到(BC 395?~BC 315?)다. 그가 지은 것으로 알려진 《신자愼子》는 도가의 무위자연 사상을 원용하여 법가사상을 해설한 책으로, 12편 가운데 5편만 전한다.

이 없는 방식이다. 이런 까닭으로 군주 된 자가 자임해서 몸소 일하면 신하는 일을 맡지 않는다. 이는 군주와 신하의 자리가 바뀐 것이니 전도라하고, 전도는 즉 반란이다"(〈민잡民雜〉 편).

시자尸子[2]는 말했다. "여럿이 공동으로 경작하게 하면 더디고 땅을 분할해서 경작하게 하면 빠르니, 이는 무엇 때문인가? 그 죄를 숨길 수가 없기 때문이다. 말에도 지위가 있으니, 나누지 않을 수 없다. 군주와 신하가 지위가 같으면 신하는 죄를 숨길 곳이 있다"(〈발몽發蒙〉 편). 관자管子[3]도 말했다. "심장은 오규五竅[4]를 위하지 않지만 오규가 다스려지고, 군주는 오관을 수행하지 않지만 오관이 다스려진다"(〈구수九守〉 편). 또 말하기를, "윗사람이 아랫사람의 일에 참견하는 것을 '바른다(矯)'라고 한다". 또 말하기를, "군주 된 자가 관리의 일에 참견하면 담당자가 일을 하지 않는다"라고 했다(〈군신君臣〉 편). 금일 중국의 우환은 전적으로 담당자가 일을 맡지 않고, 그 죄를 숨길 곳이 있는 데 있다. 단지 그 죄를 숨길 뿐만 아니라 도리어 군주에게 허물을 물으니, 이렇게 된 까닭은 군주와 신하가 지위를 같이하고 군주가 아랫사람이 애쓸 일을 대신하기 때문이다. 세 분 선생의 말은 군주가 임무가 없어야 하는 필수적인 이유를 남김없이 밝힌 것이다.[5]

---

2 전국시대 진晉나라의 사상가인 시교尸佼(BC 390?~BC 330?)다. 일설에는 노魯나라 사람이라고도 한다. 진秦나라의 재상 상앙의 스승으로, 사상적으로는 유가·묵가·법가 사상을 아우르는 경향을 보인다. 저서에 《시자尸子》 20편이 있었다고 하나, 송나라 때 없어졌다.
3 춘추시대 제齊나라의 사상가, 정치가인 관중管仲(?~BC 645)이다. 환공桓公을 도와 군사력의 강화, 상공업의 육성을 통하여 부국강병을 꾀했으며, 환공을 중원中原의 패자霸者로 만들었다.
4 위胃와 통하는 출입구로 《영추靈樞》〈창론脹論〉에서는 인문咽門, 분문賁門, 유문幽門, 난문闌門, 백문魄門을 들었다. 인문은 목구멍이고, 분문은 식도와 위의 경계이고, 유문은 위와 십이지장의 경계이고, 난문은 소장과 대장의 경계이고, 백문은 항문을 가리킨다.
5 〈세만독서록〉, 《국풍보》 제9기(1910년 5월 9일).

명령과 바람

所令與所好

《대학》에서 "요순이 인仁으로 천하를 다스리자 백성이 그를 좇았고, 걸주가 천하를 포악함으로 다스리자 백성이 그를 좇았다. 군주의 명령이 백성의 바람에 반하면 백성은 좇지 않는다"[1]고 했으니, 지극한 말이라 할 수 있다. 지금의 정부가 명령하는 것은 모두 바람에 반한다. 대체로 지금 말하는 '입헌', '행정개혁' 내지 이른바 일체의 '신정新政' 등은 하나같이 정부 관리들이 깊이 미워하고 통렬하게 거부하지 않는 것이 하나도 없는데, 도리어 이를 아전에게 명령하고 인민에게 명령한다면 명령을 받는 자가 일찌감치 숨을 기회를 엿볼 것이다. 그러므로 명령을 따른 자는 보상받지 못하고 명령을 따르지 않는 자도 벌할 수가 없다. 이만해도 다행이련만, 명령을 따르지 않은 자가 도리어 상을 받고 명령을 따른 자가 반대로 벌을 받는 경우가 때때로 발생한다. 이렇게 하면서 천하가 따라주길 바라니, 어찌 가능하랴? 요순은 인으로 천하를 다스렸고 선善을 고집했다. 걸주의 경우는 포악함으로써 천하를 다스렸으나, 마치 근본 취지를 내걸고 다스리며 잘못을 바로잡는 데 기준이 있는 듯했다. [그러나] 반발하는 움직임이 일어난 데는 오히려 원인이 있을 것이다. 만약 명령이 바람에 반한다면, 옳은 일을 추진하려 해도 옳은 것이 다른 사람의 추진을 기다리지 않

---

1 《대학》 원문은 다음과 같다. "堯舜帥天下以仁, 而民從之, 桀紂帥天下以暴, 而民從之, 其所令反其所好, 而民不從."

고, 그릇된 일을 바꾸려 해도 그릇된 것이 교체를 감당할 수 없으리니, 어찌할 수 없을 것이다. 노나라 자가자子家子[2]는 "아! 나는 희망이 없구나"[3]라고 했다.[4]

2 중국 춘추시대 노나라의 정치가로, 자가子家는 성이고 이름은 기羈다. 자가의백子家懿伯 또는 자가자子家子라고 불렀다. 노나라 장공莊公의 현손玄孫으로, 공손귀부公孫歸父의 손자이고 자가 문백子家文伯의 아들이다. 노나라 소공昭公 때 대부大夫를 지내며, 소공에게 삼환三桓 세력의 제어를 권유했다.

3 원문은 "嗚呼! 吾爲無望也夫"로, 《춘추좌전》 소공昭公 37년 조에 나온다. 《춘추좌전》에는 "嗚呼! 爲無望也夫"로 되어 있다.

4 〈세만독서록〉, 《국풍보》 제10기(1910년 5월 19일).

수양을 좋아함

好修

《초사楚辭》에서는 "어찌 어제의 방초가 오늘은 곧장 이처럼 쑥이 되었는가? 어찌 다른 이유가 있으리, 수양을 좋아하지 않아 입은 해가 아니겠는가?"[1]라고 했다. 내가 근래에 본 인사들 중에 일찍이 기대했던 자들이 왕왕 몇 년이 지나지 않아 곧 타락했다. 그 타락한 행태에는 또한 두 가지가 있다. 시대에 맞춰 출세하고 재화와 여색에 탐닉하며 그것을 세상에 최고의 즐거움으로 삼아 배우고 뜻한바 고귀한 것들을 저버리는 자가 한 부류다. 실의하여 뜻을 얻지 못하면 낙담하여 자신을 잃으며 희망을 잃고 이미 죽어버린 벌레처럼 다시는 생기가 없이 아침저녁으로 죽기만을 기다리는 자가 또 한 부류다. 그 원인을 따져보면 어찌 본성이 악해서 그러겠는가? 또한 스스로를 기르는 데 방법이 없기 때문일 뿐이다. 무릇 사람은 육체 외에 반드시 또한 정신상의 유쾌함을 추구해야 비로소 기를 수 있다. 이것이 바로 굴원의 '수양을 좋아한다'는 설이다.

수양을 좋아하는 데 두 가지 길이 있다. 하나는 덕을 닦는 것이요, 다른하나는 학문을 닦는 것이다. 덕을 닦는 것은 종교·도덕에서 확고하게 체험한 바가 있어서 스스로 자득하면 호연지기가 종신토록 쇠약해지지 않아서 스스로 부귀에 굴하지 않고 빈천으로 인해 뜻을 굽히지 않는 것이니,

---

1 원문은 "何昔日之芳草兮, 今直爲此蕭艾也. 豈其有他故兮, 莫好修之害也"로, 굴원의 〈이소〉에 나온다.

이것이 최상이다. 그러나 위대한 호걸이 아니라면 이러한 경지에 도달하기 쉽지 않으므로 또한 마땅히 학문을 닦아 스스로 기르기를 추구해야 한다. 구학이든 신학이든 만약 내가 그 안으로 들어가 조금이라도 자득한 바가 있다면 자연히 장구하게 되어 나의 몸과 마음이 따로 귀착한 곳이 있게 된다. 복잡다단한 속세의 번뇌 가운데 서 있지만 외부 세계가 [수양을 통해 기른 마음을] 빼앗을 수 없고, 조금 빼앗기더라도 또한 성벽을 비워두고 전리품을 쫓는[2] 자가 적에게 완전히 본영을 점거당하여 나아가거나 물러날 길이 없게 된 것과는 같지 않게 된다. 그 방법은 무엇인가? 또한 수양을 좋아하는 것일 뿐이다.

오늘날 중국의 인심과 풍속이 부패한 것은 실로 수천 년 동안 없던 일이다. 이 혼탁한 사회는 바로 하나의 큰 용광로처럼 금, 은, 동, 철과 자갈이 들어오면 모두 녹여낸다. 또한 급하게 흐르는 소용돌이와 같아서 들어오는 것은 모두 함몰시켜 가라앉힌다. 나는 방초가 쑥으로 변하는 것을 다만 가엽게 여길 뿐이다. 어찌 차마 질책하겠는가? 더욱이 내 자신이 그 용광로에 녹아버리지 않고 소용돌이에 함몰되어 가라앉지 않을 수 있는지 여부를 오히려 스스로 감히 장담할 수 없는데, 어찌 다른 사람을 질책할 수 있겠는가? 오직 우리가 바로 이 사회에 속해 있기 때문에 그 위험한 상태가 불가사의해도 더욱 시시각각 맹렬하게 성찰하여 스스로를 보위하고자 하지 않을 수 없는 것이다. 스스로를 보위하는 길은 수양을 좋아하는 것 외에는 다른 방법이 없다. 우리 가운데 한두 사람이 용광로에 녹아버리거나 소용돌이에 함몰되어 가라앉는 것은 깊이 안타깝게 여길 만하지 않다

---

2 원문은 "공벽축리空壁逐利"로, 《사기》〈회음후열전淮陰侯列傳〉에 나오는 말이다. 조나라 군대가 성벽을 비워놓고 전리품을 쫓는 틈을 엿보아("共候趙空壁逐利") 한신韓信이 미리 보낸 기습병 2000명으로 하여금 조나라의 성벽 안으로 들어가 조나라의 깃발을 모두 뽑아버리고 한나라의 붉은 깃발 2000기를 꽂아 조나라 병사들을 놀라게 하여 승리를 거둔 고사에서 유래한다.

고 여기는 듯한데, 이는 국가의 명운이 실로 우리 몇 사람의 손에 달려 있음을 모르는 것이다. 하나가 약해지면 국가의 원기가 한 푼 손상되고, 이 손상된 것은 회복할 수 없다. 아, 우리가 어찌 두려워하지 않겠는가? 굴원은 말했다. "참으로 시속을 좇아 따르면, 누가 변하지 않을 수 있으리."[3] 또한 "사람들 삶에 각기 좋아하는 것이 있지만, 나는 홀로 수양 좋아하는 것을 법도로 삼네"[4]라고도 말했다.[5]

---

3 원문은 "固時俗之從流兮, 又孰能無變化"로, 〈이소〉에 나온다.
4 원문은 "人生各有所樂兮, 吾獨好修以爲常"으로, 〈이소〉에 나온다.
5 〈세만독서록〉, 《국풍보》 제10기(1910년 5월 19일).

하늘을 원망하는 자는 뜻이 없는 것이다

怨天者無志

《순자》〈영욕榮辱〉 편에 "자신을 아는 사람은 남을 원망하지 않고, 명命을 아는 사람은 하늘을 원망하지 않는다. 남을 원망하는 사람은 곤경에 처하고, 하늘을 원망하는 사람은 뜻이 없는 것이다. 자신이 잘못하고서 남에게 전가하니, 어찌 우원하지 않은가?"라고 했다. 아, 군자가 이 구절을 읽으면 스스로 처신할 바를 헤아릴 수 있을 것이다. 사람이 곤경에 처하고 국가가 쇠약해진 것은 모두 자신의 업보로 말미암은 것이다. 그것을 구제하고자 하면 오로지 선한 업을 쌓도록 노력해야 한다. 순자는 하늘을 원망하는 데 대해 달리 질책하지 않고 곧장 뜻이 없다고 했으니, 깊이 분석하여 심오한 데까지 이르렀다[1]고 할 만하다. 혹자가 말하기를, "이미 명을 아는 사람은 하늘을 원망하지 않는다 하고, 또 하늘을 원망하는 자는 뜻이 없는 것이라고 했다. 대저 명이란 본디 정해져 있어서 바뀌지 않는 것이다. 비록 뜻이 있다 해도 어찌할 것인가? 이 두 가지 주장이 모순되지 않을 수 있는가?"라고 했다. 내가 대답했다. "그렇지 않다. 하늘 또한 어떻게 모든 사람에게 일일이 명을 정해줄 수 있겠는가? 명이란 것은 각자가 이전에 지은 업력으로써 스스로 조성한 것이다. 업력이 이미 조성되면 마땅

---

1 원문은 "편벽근리鞭辟近裏"로, 《이정전서二程全書·유서遺書 12》에서는 "학문은 그저 [자신을] 내면에 가깝도록 채찍질하여 자신에게 가깝게 하려는 것일 뿐이다(學只要鞭辟近裏, 著己而已)"라고 했다.

히 업보를 받아야 하며 추호도 도피하거나 빌릴 수 없으니, 정해져 있다고 하는 것이다. 참으로 그렇다면, 바뀌지 않는다고 하면 안 된다. 왜냐하면 조성하는 것도 나이고 바꾸는 것 또한 오로지 나이기 때문이다. 그러므로 맹자도 '스스로를 닦고서 기다리는 것이 명을 세우는 길이다'[2]라고 말했다. 명을 세우는 이치를 알면 순자가 말한 뜻(志)을 알 수 있을 것이다."[3]

---

2 원문은 "修身以俟之, 所以立命也"로, 《맹자》〈진심 상〉에 나온다.
3 〈세만독서록〉, 《국풍보》 제10기(1910년 5월 19일).

좋아하고 싫어함과 버리고 취함

欲惡取舍

　《순자》〈불구不苟〉 편에 "좋아하고 싫어하며 취하고 버리는 기준에 대하여 하고 싶은 것을 보면 반드시 그 싫어할 것을 앞뒤로 잘 생각해보고, 이로운 것을 보면 반드시 그 해가 될 것을 앞뒤로 잘 생각해보고, 아울러 저울질해보고 깊이 헤아린 다음에 그 좋고 싫고 취하고 버릴 것을 결정할 일이다. 그리하면 언제나 결함이 생기지 않을 것이다"라고 했다. 지금 사람들이 부귀영달을 추구하는 행태는 오로지 좋아할 만하고 이로운 것만을 보고 나중에 싫어할 만하고 해로운 것이 있음을 알지 못한다. 이러면 지혜로운 사람일 수 있겠는가?[1]

1　〈세만독서록〉, 《국풍보》 제10기(1910년 5월 19일).

··· 원문 ···

敍言

自東徂以來, 與彼都人士相接, 誦其詩, 讀其書, 時有所感觸, 與一二賢師友傾吐之, 過而輒忘. 無涯生曰, "盍最而記之?"自惟東鱗西爪, 竹頭木屑, 記之無補於天下. 雖然可以自驗其學識之進退, 氣力之消長也. 因日記數條以自課焉. 每有所觸, 應時援筆, 無體例, 無次序, 或發論, 或講學, 或記事, 或鈔書, 或用文言, 或用俚語, 惟意所之. 莊生曰, "我朝受命而夕飲冰, 我其內熱歟." 以名吾室. 西儒約翰彌勒曰, "人羣之進化, 莫要於思想自由言論自由出版自由. 三大自由皆備於我焉", 以名吾書. 己亥七月一日. 著者識.

成敗 [1]

凡任天下大事者, 不可不先破成敗之見. 然欲破此見, 大非易事. 必知天下之事, 無所謂成, 無所謂敗. 參透此理而篤信之, 則庶幾矣.

何言乎無所謂成? 天下進化之理, 無有窮也, 進一級更有一級, 透一層更有一層. 今之所謂文明大業者, 自他日觀之, 或笑爲野蠻, 不値一錢矣. 然則所謂成果何在乎? 使吾之業能成於一國, 而全世界應辦之事復無限, 其不成者正多矣. 使吾之業能成於一時, 而將來世界應辦之事復無限, 其不成者正多矣. 況即以一時一國論之, 欲求所謂美滿圓好, 毫無缺憾者, 終不可得. 其有缺憾者, 即其不成者也. 蓋世界之進化無窮, 故事業亦因之無窮, 而人生之年命境遇聰明才力則有窮. 以有窮者入於無窮者, 而欲云有成, 萬無是處.

何言乎無所謂敗? 天下之理, 不外因果. 不造因則斷不能結果, 既造因則無有不結果, 而其結果之遲速遠近, 則因其內力與外境而生種種差別. 淺見之徒, 偶然未見其結果, 因謂之爲敗云爾, 不知敗於此者或成於彼, 敗於今者或成於後, 敗於我者或成於人. 盡一分之心力, 必有一分之補益, 故惟日孜孜. 但以造因爲事, 則他日結果之收成, 必有不可量者. 若怵於目前, 以爲敗矣敗矣, 而不復辦事, 則遂無成之一日而已. 故辦事者, 立於不敗之地者也, 不辦事者, 立於全敗之地者也. 苟通乎此二理, 知無所謂成, 則無希冀心. 知無所謂敗, 則無恐怖心. 無希冀心, 無恐怖心, 然後盡吾職分之所當爲, 行吾良知所不能自已, 奮其身以入於世界中, 磊磊落落, 獨往獨來, 大丈夫之志也, 大丈夫之行也!

日本維新之首功, 西鄉乎, 木戶乎, 大久保乎? 曰, 唯唯否否. 伊藤乎, 大隈乎, 井上乎, 後藤乎, 板垣乎? 曰, 唯唯否否. 諸子皆以成爲成者也. 若以敗爲成者, 則吉田松陰其人是也. 吉田諸先輩造其因, 而明治諸元勳收其果. 無因則無果, 故吉田輩當爲功首也. 考松陰生平欲辦之事, 無一成者. 初欲投西艦逃海外求學而不成, 既欲糾志士入京都勤王而不成, 既欲遣同志阻長藩東上而不成, 事事爲當道所抑壓, 卒坐吏議就戮, 時年不過三十, 其敗也可謂至矣. 然松陰死後, 舉國志士, 風起水湧, 卒傾幕府, 成維新, 長門藩士最有力焉, 皆松陰之門人也. 吾所謂敗於今而成於後, 敗於己而成於人, 正謂是也. 丈夫以身任天下事, 爲天下耳, 非爲身也. 但有益於天下, 成之何必自我? 必求自我成之, 則是爲身也, 非爲天下也.

吉田松陰曰, "今之號稱正義人, 觀望持重者, 比比皆是, 是爲最大下策. 何如輕快捷速, 打破局面, 然後徐圖占地布石之爲勝乎?" 又曰, "士不志道則已, 苟志道矣, 而畏禍懼罪, 有所不盡於言, 取容當世, 貽誤將來, 豈君子·學者之所爲哉?" 又曰, "今日事機之會, 朝去夕來, 使有志之士, 隨變喜怒於其間, 何能有爲?" 又曰, "當今天下之事, 有眼者皆見而知之. 吾黨爲任甚重, 立志宜大, 不可區區而自足." 又曰, "生死離合, 人事倏忽, 但不奪者志, 不滅者業, 天地間可恃者獨是而已. 死生原是開闔眼, 禍福正如反覆手. 嗚呼! 大丈夫之所重, 在彼不在此也." 又曰, "今世俗有一說曰, 時尚未至, 輕動取敗, 何如浮沈流俗, 免人怪怒, 乘時一起, 攫取功名耶? 當今所謂有志之士, 皆抱持此說. 抱持此說者, 豈未思今上皇帝之宸憂乎? 宸憂如彼, 猶抱持此說, 非士之有志者也." 以上各條, 吾願以書諸紳, 亦願我同志以書諸紳.

讀松陰之集, 然後知日本有今日之維新者, 蓋非偶然矣. 老子曰, "不爲天下先." 蓋爲天下先者, 未有不敗者也. 然天下人人皆畏敗而憚先, 天下遂以腐壞不可收拾. 吉田松陰之流, 先天下以自取敗者也. 天下之事, 往往有數百年夢想不及者, 忽焉一人倡之, 數人和之, 不數年而遍於天下焉. 苟無此倡之之一人, 則或沈埋隱伏, 更歷數十年·數百年而不出現, 石沈大海雲散太虛而已. 然後嘆老氏之學之毒天下, 未有艾也.

俾士麥與格蘭斯頓

歐洲近世大政治家, 莫如德之俾士麥, 英之格蘭斯頓. 俾士麥之治德也, 專持一主義, 始終以之. 其主義云何, 則統一德意志列邦是也. 初以此主義要維廉大帝而見信用, 繼以此主義斷行專制擴充軍備, 終以此主義挫奧蹶法. 排萬難以行之, 畢生之政略, 未嘗少變. 格蘭斯頓則反是. 不專執一主義, 不固守一政見. 故初時持守舊主義, 後乃轉而爲自由主義. 壯年極力保護國敎, 老年乃解散愛爾蘭敎會. 初時以强力壓鎮愛爾蘭, 終乃倡愛爾蘭之當自治. 凡此諸端, 皆前後大相矛盾. 然其所以屢變者, 非爲一身之功名也, 非行一時之詭遇也, 實其發自至誠, 見有不得不變者存焉. 夫世界者, 變動不居者也. 一國之形勢與外國之關系, 亦月異而歲不同者也. 二三十年前所持之政見, 至後日自覺其不適用而思變之, 智識日增之所致乎. 庸何傷焉? 故能如格蘭斯頓者, 可謂之眞維新, 亦可謂之眞守舊矣. 俾公堅持其主義, 而非剛愎自用者所得藉口. 格公屢變其主義, 而非首鼠兩端者所可學步. 曰惟至誠之故.

凡任天下大事者, 不可無自信力. 每處一事, 旣見得透, 自信得過, 則出一往無前之勇氣以赴之, 經百折不回之耐力以持之. 雖千山萬嶽一時崩坼而不以爲意, 雖怒濤驚瀾幕然號鳴於腳下而不改其容. 猛虎舞牙爪而不動, 霹靂旋頂上而不驚. 一世之俗論, 囂囂集矢, 而吾之主見如故. 平生之政黨, 紛紛離合, 而吾之主見如故. 若此者, 格蘭斯頓與俾士麥正其人也. 格公倡議愛爾蘭自治之時, 自黨分裂, 腹心盡去, 昨日股肱, 今日仇敵, 而格公不少變. 乃高吟曰, "捨茲子兮涕滂沱, 故舊絕我兮涕滂沱. 嗚呼, 綿綿此恨兮, 恨如何爲. 國家之大計兮, 我終自信而不磨." 俾公爲謀德國之合邦, 或行專斷之政策, 或出壓制之手段, 幾次解散議院而不顧, 幾次以身爲輿論之射鵠而不懼. 嘗述懷曰, "以我身投於屠肆, 以我首授於國民, 我之所以謝天下蒼生者盡於是矣, 雖然, 我之所信者終不改之, 我之所謀者終不敗之." 嗚呼, 此何等氣槪, 此何等肩膀. 非常之原, 黎民懼焉, 非有萬鈞之力, 則不能守一寸之功.

自由祖國之祖

北亞美利加洲有一族之人民焉, 距今二百七十餘年前, 其族之先人百有一人, 苦英苛

政, 相率辭本國. 去而自竄於北美洲蓬艾藜蒿之地, 櫛風沐雨, 千辛萬苦, 自立之端緒,
稍萌芽焉. 其初至之地曰菩利摩士, 遺跡至今猶有存者. 爾後有志之士, 接踵而來. 避秦
而覓桃源者, 所在皆是, 積百有餘年, 戶口漸繁, 財政漸增, 至千七百七十五年, 旣瀰漫
於十三州之地. 遂建義旗, 脫英羈軛, 八年苦戰, 幸獲勝利, 遂爲地球上一大獨立國, 卽
今之美國是也. 回憶此一百有一之先人, 於千六百二十年十二月二十二日, 冽風陰雪中,
舍舟登陸, 繭足而立於太平洋岸石上之時, 其胸中無限塊壘抑塞, 其身體無限自由自在,
其襟懷無限光明俊偉. 殆所謂本來無一物者, 而其一片獨立之精神, 遂以胚胎孕育今日
之新世界, 天下事固有種因在千百年以前, 而結果在千百年以後者. 今之人有欲頂禮華
盛頓者乎, 吾欲率之以膜拜此百有一箇也.

地球第一守舊黨

有地球第一守舊黨, 曰梅特涅, 奧大利之宰相也, 自千八百九年至千八百四十八年,
凡四十年間, 掌握歐洲之大權. 初爲意外部大臣, 自千八百廿一年, 勝奧大利之後, 晉兼
首相. 乘當歐洲全局外面和平無事上恬下嬉之時, 弄其小智小術, 收全歐之霸權, 歸其
掌中. 旣以其簡單武斷之制度, 操縱繁雜文明之奧國, 猶以爲未足, 又干涉日耳曼意大利
之內政, 欲待普魯士以屬邦之禮, 其政策專以愚黔首爲宗旨, 其行事專以模稜兩可爲長
技. 其於演說文章, 務爲浮泛曖昧之旨, 以掩蔽其淺薄固陋之智識. 其待人民也, 不許有
參與政事之權, 以爲民者惟當供納租稅以奉其上耳, 舍此更無他權利. 其意以爲欲使奧
國之威, 加於歐洲, 惟當注意外交之事務, 銳敏熟練而已, 又當到處設警察間諜, 以施臨
機之策.

故其全副精神, 皆用於此, 專執鎖國主義, 禁他國之智識技藝器械, 不使入奧境, 猶畜
牧者之防豺狼焉也. 乃先禁止奧國臣民子弟留學於他邦之大學者, 又禁國內大小學校之聘
外國人爲教師, 及十歲以上外國人子弟之入學者. 又國中民間自立之學校, 待之極爲嚴
酷, 其設立僅限期六年之久, 又非經警察官之稽查, 不許開學. 就中如政治學如近世歷
史尤其所最厭忌也. 故當時日耳曼諸邦, 哲學歷史格致政治諸學大盛, 而奧國闃然無聞,
其學校所授者, 惟東方之語言文字詩歌等學而已. 又授以柔人精神止人不平之音樂. 所
授之學, 惟以呆板之器械而已, 毫不言其所以然之地, 恐人因窮理而生智慧也.

其於人民也, 軟弱者則壓制之, 憤激者則籠絡之, 或引致諸貴顯, 以消其不平之氣. 曾屢次見民情洶湧, 出奸智以了事, 乃造假憲法, 名爲許民權, 實則壓抑民權. 加以當時俄普奧三帝, 設立神聖同盟, 欲以專制民賊之政, 大施於各國, 梅特涅利用之, 獻媚各君主, 以經行其鬼蜮之計. 日耳曼南部, 屢次獨立, 以兵力壓制之, 意大利屢次獨立, 亦以兵力壓制之, 蓋不獨爲奧國之罪人而已. 當十九世紀上半紀, 使歐洲各國黑暗於上, 而硿巍於下者, 皆梅特涅一人之爲也. 至千八百四十八年歐洲中原, 各國革命之運, 已臻其極, 奧國勢不能以孤木立於洪濤巨漲之中, 於是三月十三日, 人民數萬, 群集於議事堂前, 謂改革制度. 眾怒如火, 激昂義憤之聲, 遍於國中, 卒乃不可壓抑. 以人民之公議, 而流梅特涅於英國, 於是奧人始得復見天日, 而全歐洲之大魔王乃摧滅矣.

飲冰子曰, 梅特涅之禁絕外國學問也, 非禁形式上之學問, 而禁精神上之學問也. 精神上之學問者何? 民權自由是也. 人民一知民權自由之理, 則其操縱駕馭苟且粉飾之術, 將無所用. 故不得不以死力挫其鋒也. 當時歐洲之民智, 既已大開, 自治獨立之聲, 遍於全歐, 而梅特涅出其陰謀詭計, 猶能彌縫而掩飾之者, 殆四十年, 可不謂才士也夫! 雖然民權自由者, 天下之公理也. 世界自然之進步, 積其資格以及於今日, 既已磅礴鬱積, 持滿而必發. 譬之經嚴冬沍寒以後, 春風一度, 勾出萌達, 萬綠齊茁, 夫寧可壓制耶? 夫寧可壓制耶? 譬之奔流, 壅之愈甚, 則決之愈烈. 吾甚悲夫以梅特涅之才, 執歐洲中原四十年之牛耳, 費盡心計, 擔盡驚恐, 徒博得身敗名裂, 爲天下萬世指笑而唾罵之. 噫嘻, 是亦不可以已乎! 抑世有才不及梅特涅, 而欲學其愚民武斷模稜兩可之術, 以固寵沽名於一時者, 吾益不知其所終極矣.

孔子曰, "惡紫之奪朱也, 惡鄭聲之亂雅樂也!" 其南皮張公之謂乎? 彼張公者, 豈曾知中國爲何狀? 豈曾知西國爲何物? 豈曾知西人爲何學? 而貿貿然號於眾曰, "吾知西法者", 世人亦貿貿然推之曰, "是知西法者." 夫天下無一人知西法者, 吾猶有望焉. 何也? 彼其一旦知之, 而進步之驟, 將不可限量也. 今天下知西法之人如張公者, 不下千萬, 而中國之亡眞不可救矣. 張公著勸學篇, 以去歲公於世, 夾朝廷之力以行之, 不脥而遍於海內. 其聲價視孟的斯鳩之萬法精理, 盧梭之民約論, 彌勒約翰之自由公理, 初出世時, 殆將過之. 噫嘻, 是囁囁嚅嚅者何足道! 不三十年將化爲灰燼, 爲塵埃野馬, 其灰其塵, 偶因風揚起, 聞者猶將掩鼻而過之. 雖然, 其於今者二三年中, 則儼然金科玉律, 與四書六經爭運矣. 天下事凡造因者必有結果. 今張公復造此一層惡因, 其謬見浸染於蚩蚩者之腦中, 他日抵制其結果, 固不得不費許多力也.

偉哉! 南海何沃生三水胡翼南之二君者, 廓清而辭闢之, 如鑄禹鼎, 圖罔兩之形狀, 如然溫犀, 照百怪之癥結. 勸學篇書後一卷, 排中國文明之阻力, 其功不在禹下. 張公見之, 如以爲莠言亂政乎. 吾願其集幕府中理學經學氣節文章之士, 更爲書勸學篇書後後一書, 則距邪說扶正學之功, 不益多乎! 雖然, 吾有知張公之能怒而不能言也.

文野三界之別

泰西學者, 分世界人類爲三級. 一曰蠻野之人, 二曰半開之人, 三曰文明之人. 其在春秋之義, 則謂之據亂世升平世太平世. 皆有階級, 順序而升. 此進化之公理, 而世界人民所公認也. 其軌度與事實, 有確然不可假借者. 今略臚列之如下.

第一, 居無常處, 食無常品. 逐便利而成群, 利盡則輒散去. 雖能佃漁以充衣食, 而不知器械之用. 雖有文字, 而不知學問. 常畏天災, 冀天幸, 坐待偶然之禍福. 仰仗人爲恩威, 而不能操其主權於己身. 如是者謂之蠻野之人.

第二, 農業大開, 衣食頗具, 建邦設都, 自外形觀之, 雖已成爲一國, 然觀其內, 實則不完備者甚多. 文學雖盛, 而務實學者少. 其於交際也, 猜疑之心雖甚深, 及談事物之理, 則不能發疑以求眞是. 摹擬之細工雖巧, 而創造之能力甚乏. 知修舊而不知改舊. 交際雖有規則, 而其所謂規則者, 皆由習慣而成. 如是者謂之半開之人.

第三, 範圍天地間種種事物於規則之內, 而以己身入其中以鼓鑄之. 其風氣隨時變易, 而不惑溺於舊俗所習慣. 能自治其身, 而不仰仗他人之恩威. 自修德行, 自闢智慧, 而不以古爲限, 不以今自畫. 不安小就, 而常謀未來之大成. 有進而無退, 有升而無降. 學問之道, 不尚虛談, 而以創闢新法爲尙. 工商之業, 日求擴充, 使一切人皆進幸福. 如是者謂之文明之人.

論世界文野階級之分, 大略可以此爲定點. 我國民試一反觀, 吾中國於此三者之中居何等乎. 可以瞿然而興矣.

國之治亂, 常與其文野之度相比例. 而文野之分, 恆以國中全部之人爲定斷, 非一二人之力所能强奪而假借也. 故西儒云, 國家之政事, 譬之則寒暑表也. 民間之風氣, 譬之則猶空氣也. 空氣燥濕冷熱, 而表之升降隨之, 絲毫不容假借. 故民智民力民德不進者,雖有英仁之君相. 行一時之善政, 移時而掃地以盡矣. 如以沸水浸表, 雖或驟升, 及水冷而表內之度仍降至與空氣之度相等. 此至淺之理, 而一定之例也. 故善治國者必先進化其民, 非有孟的斯鳩法國人, 著萬法精理一書, 言君主民主君民共主三種政體之得失盧梭法國人, 著民約論, 言國家乃由民間契約而成者則法國不能成革命之功. 非有亞丹斯密之徒英國人, 爲資生學之鼻祖則英國不能行平稅之政. 故曰英雄之能事在造時勢而已.

英雄與時勢

或云英雄造時勢, 或云時勢造英雄. 此二語皆名言也. 爲前之說者曰, 英雄者, 人間世之造物主也 人間世之大事業, 皆英雄心中所蘊蓄而發現者. 雖謂世界之歷史, 即英雄之傳記, 殆無不可也. 故有路得然後有新教, 有哥侖布然後有新洲, 有華盛頓然後有美國獨立, 有俾士麥然後有德國聯邦. 爲後之說者曰, 英雄者乘時者也, 非能造時者也. 人群之所漸漬積累旁薄蘊蓄, 旣已持滿而將發於斯時也. 自能孕育英雄, 以承其乏. 故英雄雖有利益及於人群, 要不過以其所受於人群之利益而還付之耳. 故使路得非生於十六世紀西人以耶穌紀年一百年爲一世紀而生於第十世紀, 或不能成改革宗教之功, 使十六世紀即無路得, 亦必有他人起而改革之者. 其他之實例亦然. 雖無歌白尼, 地動之說終必行於世, 雖無哥侖布, 美洲新世界終必出現.

余謂兩說皆是也. 英雄固能造時勢, 時勢亦能造英雄. 英雄與時勢, 二者如形影之相隨, 未嘗少離. 旣有英雄, 必有時勢, 旣有時勢, 必有英雄. 嗚呼, 今日禹域之厄運, 亦已極矣. 地球之殺氣, 亦已深矣. 孟子不云乎. "以其數則過矣, 以其時考之則可矣." 斯乃舉天下翹首企足喁喁焉望英雄之時也. 二三豪俊爲時出, 整頓乾坤濟時了. 我同志, 我少年, 其可自菲薄乎.

意大利當羅馬久亡, 教皇猖披, 奧國干涉, 岌岌不可終日之時, 而始有嘉富爾. 普魯士當日耳曼列國散漫積弱, 見制法人, 國體全失之時, 而始有俾士麥. 美利堅當受英壓制民不聊生之時, 而始有華盛頓. 然則人特患不英不雄耳. 果爲英雄, 則時勢之艱難危險何有焉. 暴雷烈風, 群鳥戢翼恐懼, 而蛟龍乘之飛行絶跡焉. 驚濤駭浪, 儵魚失所錯愕, 而鯨鯤御之一徙千里焉. 故英雄之能事, 以用時勢爲起點, 以造時勢爲究竟. 英雄與時勢, 互相爲因, 互相爲果. 造因不斷, 斯結果不斷.

近因遠因之說

凡天下事, 無論大小, 必有其所由來. 中國學者謂之爲'所以然之故', 省而言之, 謂之曰'原因'. 論事者必求得其原因, 然後下斷案, 則斷案必不謬. 治事者必針對其原因, 然後施方法, 則方法必有功. 朱子曰, "能求所以然之故, 方是第一等學問, 第一等事業", 此之謂也.

雖然, 原因之中, 又分近因遠因兩者. 近因易見, 遠因難知. 試擧一例而明之. 譬有酒客, 墮馬傷腰, 遂得半身不遂之症. 其治之之法當如何? 尋常庸醫必曰, 病之原因在墮馬, 當以跌打之藥熨貼腰際. 如此療法, 必不可愈. 何也? 蓋墮馬者不過其近因耳, 實則由多年飮酒過度, 脊髓旣衰, 正當蓄病將發之時, 適以墮馬, 激動全體, 故遂痺痿耳. 善醫者則必先使戒酒, 斷其病之遠因, 使脊髓復原, 則瘳之易易矣. 夫醫國亦何莫不然? 今之口言經濟者, 輒曰, "中國之患, 貧也弱也, 官吏不忠也, 亂民徧地也, 外國凌逼也." 其救之之法則曰, "練兵也, 辨團也, 籌餉也, 勸商也." 其尤高識者則曰, "變舊法也, 興民權也." 彼其持論, 誰謂不然? 以吾觀之, 雖其所見有高下大小之不同, 要之皆治近因之方法, 而非治遠因之方法. 不治遠因而欲治近因, 則必不可得治.

且猶有一說, 近因者常繁多混雜, 而使人難覓其頭緒; 遠因則不然, 一旦尋得之, 則顚撲不破, 可依之而定辨事之方向. 蓋近因者每一事必有一因, 遠因者常合數因以爲一因. 故遞而推之愈推愈遠, 則其原因之數愈減少, 而據原因以定方法, 乃若網在網, 有條而不紊. 更擧一例以明之. 譬諸水之沸騰, 由薪火而起, 人之呼吸, 由空氣而生, 此近因也. 更進一層以求之, 則薪之所以燃者, 由薪中所含炭氣, 與空中之養氣相和合而生熱也. 人之所以呼吸者, 由引空中之養氣入肺, 與血中留存之炭氣相和合而吐納也. 然則薪火也, 空氣也, 皆近因也, 而其遠因則同出於養氣. 水之沸與人之呼吸, 其外形絕異, 而其原因之相同乃如此. 苟知其故, 則欲止沸歟, 息喘歟, 或欲揚沸歟, 順氣歟, 皆可以同理之法而治之. 所謂通其一萬事畢. 其爲道雖似迂遠, 其爲法實甚簡易. 然則求遠因者, 論事之秘訣, 治事之捷法也. 夫所謂治遠因者何? 曰造時勢而已.

草茅危言

曩讀亞東時報有題草茅危言者, 日本深山虎太郎君所撰. 爲篇凡三, 曰民權, 曰共治, 曰君權, 皆源本泰西碩儒政體之論. 切中中國時病者, 因錄其全文於下.

民權篇

民受生於天, 天賦之以能力, 使之博碩豐大, 以遂厥生, 於是有民權焉. 民權者, 君不能奪之臣, 父不能奪之子, 兄不能奪之弟, 夫不能奪之婦. 是猶水之於魚, 養氣之於鳥獸, 土壤之於草木, 故其在一人, 保斯權而不失, 是爲全天, 其在國家, 重斯權而不侵, 是爲順天. 勿能保, 於天則爲棄, 疾視而侵之, 於天則爲背. 全順者受其福, 而背棄者集其殃, 何者.

民與權俱起, 其源在乎政府以前. 彼憲法云, 律令云, 特所以維持之, 使無失墜, 非有憲法律令而後有民權也. 故國人皆曰政府可設, 而後政府設, 國人皆曰政府可廢, 而後政府廢. 國人皆曰憲法律令可行, 而後憲法律令行, 國人皆曰憲法律令可革, 而後憲法律令革. 國家大事措施得失, 闔四境之民平議而行, 其權盛矣. 唯人心之不同, 利害交錯, 莫能畫一. 且各有生產作業, 不能親政, 爲古今通患. 於是立賢者, 以爲之王, 以爲之輔相, 假之以柄, 以整齋天下, 故君相之權, 固假[1]之萬民, 非自有其權也.

柳宗元曰, 吏於上者, 民之役而非以役民而已. 西人之諺曰, 官吏者天下之公僕也. 若以民之役役民, 以奴僕鞭笞其主人, 則不倫孰大於是. 余竊觀中國古聖賢創業垂訓, 具合於泰西民權之宗旨. 蓋公理無東西, 而大道無古今, 凡有血氣, 其積思所至均也. 堯舜官天下, 求賢禪讓, 何與美利堅合衆國公舉總統之制類也. 湯武順天應人, 以放伐獨夫, 代膺大位, 何與歐洲列國之民迫其政府更革政治類也. 孔子對哀公曰, 百姓足, 君孰與不足. 孟軻以君爲輕, 民爲貴. 發明民權, 豈有彰明較著於此者哉. 意者孔孟之時, 距三代不遠, 堯舜之道, 布在方策. 令[2]夫一聖一賢, 得志於當時, 有所成就, 蓋有難測者矣.

惜乎, 後世昧於聖哲本旨, 不能擴充闡明以成太平, 至於大道晦冥, 冠履倒置, 自秦漢以降, 淪胥至今. 風氣之不開, 紀綱之不肅, 國本之不固, 宮閨之不清, 民力之不厚, 士

1　중화서국본은 "假", 광지서국본·언해본은 "借"로 되어 있다. 의미는 같다.
2　중화서국본은 "令", 광지서국본·언해본은 "今"으로 되어 있다. 번역은 중화서국본을 따랐다.

氣之不振. 是由上有背天之政府, 而無順天之君, 下有棄天之人, 而無敬天之民. 今欲舉秦漢以來積敝, 摧陷而廓清之, 以舉自强維新之政, 則必自恢復民權始.

共治篇

古今東西, 一治一亂, 盛衰之變, 不能百年. 今歐美諸邦日躋富强隆治之域, 國運蒸蒸乎不知其艾期, 是其故何也. 不治民而與民共治也. 曷言乎治民也, 專制爲治, 獨裁爲政. 有賢明之君在上, 則國富兵强, 有暗愚之君在上, 則國貧兵弱. 所謂其人存則其政舉, 其人亡則其政息. 盛衰興亡之幾繫在一人, 自古賢君少而暗主多, 此所以東洋諸國常不振也. 曷言乎與民共治也, 公議爲治, 集思爲政. 舉國中之良, 選而委以政焉, 故雖有幽厲不能行其暴, 雖有管蔡不能逞其奸. 盛衰興亡, 與一國人心相表裏, 此所以泰西諸國近大振也.

夫人情靡弗好强而惡弱, 愛治而忌亂焉, 而東洋諸國之逢不免夫亂與貧者, 獨有尚古薄今之弊, 根柢人心, 牢乎不拔也. 中國儒者開口輒言許身稷契, 致君堯舜. 嗚呼, 周漢以來, 論治道者, 疇不以堯舜禹湯爲指歸哉, 而唐虞三代之隆治, 竟不可得者, 非特民心日澆, 風氣日薄故也. 彼唯貌似聖人而忽聖人本旨, 故汲汲然揭三代以爲旗幟, 而三代之治愈遠也.

余嘗讀史, 漢以下歷朝帝王不下數百人, 而求其聰明叡知, 爲天下眞主者, 百中僅得一二耳, 中材之君則百五六, 庸劣之主則百九十矣. 故天下百年而無十年之治, 天災人禍, 接踵而至, 生靈魚肉肝腦塗地, 宗社亦隨而亡, 歷朝相襲, 如環之無端. 天下搢紳章甫之士, 獨不能鑑於前轍, 沈溺二典, 歌頌三代, 以待聖人之出, 其愚豈止待河清之比哉. 若有人於此, 其力能擺脫三千年宿弊, 變專制獨裁之治, 作衆思公議之政, 中國之天下不足治也.

君權篇

或難余說曰, 民權說頗善, 然似不與君權相容, 爲之何如. 曰君依民爲重, 民依君爲重, 上下一德, 君臣一體, 無相侵之理, 是爲共治之要道. 今世界諸國重民權者莫英國若焉, 國中四民皆仰英王如父母, 君臣之間, 無纖芥之嫌. 去年政府舉女王即位五十年慶節, 舉國歡騰, 皆祈王之萬年, 以至神明, 忠愛之忱, 淪浹於民心, 未聞民權之侵害王權也. 世界諸國崇君權者莫突厥若焉, 箕斂頭會以貪民利, 箝口結舌以禁謗言, 國民視王如仇讎, 寇亂數起, 上[3]下解體. 彼以君權爲維持尊嚴之具, 而不知啓民心渙散之漸. 今以英國比突厥, 其王室之崇卑相距以爲何如乎.

自古一國之主, 親裁萬機, 權不旁落, 名實兩爲天子者, 唯創業垂統之君爲然. 至乎中材以下, 則皆以政柄委其臣下, 有君權之名而無君權之實, 況於庸劣之主乎. 故權不歸宰輔則歸外戚, 不歸外戚則歸宦寺, 不歸宦寺則歸藩鎭, 君唯垂拱雍虛器耳. 令[4]宰輔爲伊周, 外戚爲霍光竇武, 宦寺爲張承業張永, 藩鎭爲郭子儀田弘正, 猶有專權之嫌, 若令宰輔爲莽操卓懿, 外戚爲賈充武三思, 宦寺爲仇士良魏忠賢, 藩鎭爲李師道朱全忠, 其爲禍將不勝言矣. 故其末造有繞柱而走者, 有飮鴆投繯者, 有比山雀者, 有以世世不生天家爲禱者, 以萬乘之貴, 求爲匹夫而不可得也.

英國儒士彌兒曰, 獨裁國無愛國之人, 有一人, 乃其君是耳. 夫獨裁專制之君, 以天下爲家, 宜愛其國, 旣愛其國, 宜擧其國之賢者委以政事, 今顧偏信左右, 聽於佞倖, 以至喪其宗祀者何也, 則明有所不見而聰有所不聞也. 昔唐德宗謂李泌曰, 人皆以盧杞爲姦, 而朕遂不知杞之爲姦也. 德宗非下材之主, 猶有此言, 難哉人主知人之智乎. 若能以所聽於左右者聽於國中, 以所選於寡者選於衆, 以所分於宰輔外戚宦寺藩鎭者分於億兆, 與之共治天下, 何患其不治也. 夫從衆君德也, 雖專制獨裁之主, 其初非得衆心, 則無以取大位, 況於發憤自强與歐美爭雄者乎, 何以削君權爲介介哉.

養心語錄

人之生也, 與憂患俱來. 苟不爾, 則從古聖哲, 可以不出世矣. 種種煩惱, 皆爲我練心之助, 種種危險, 皆爲我練膽之助. 隨處皆我之學校也. 我正患無就學之地, 而時時有此天造地設之學堂以餉之, 不亦幸乎. 我輩遇煩惱遇危險時, 作如是觀, 未有不洒然自得者.

凡辦事必有阻力. 其事小者其阻力亦小, 其事愈大其阻力亦愈大. 阻力者乃由天然,

3　중화서국본은 "上", 광지서국본·언해본은 "天"으로 되어 있다. 번역은 중화서국본을 따랐다.
4　중화서국본은 "令", 광지서국본·언해본은 "今"으로 되어 있다. 번역은 중화서국본을 따랐다.

非由人事也. 故我輩惟當察阻力之來而排之, 不可畏阻力之來而避之. 譬之江河, 千里入海, 曲折奔赴, 遇有沙石則夾之而下, 遇有山陵則繞越而行. 要之必以至海爲究竟. 辦事遇阻力者, 當作如是觀, 至誠所感, 金石爲開, 何阻力之有焉. 苟畏而避之, 則終無一事可辦而已. 何也? 天下固無無阻力之事也.

理想與氣力

普相士達因曰, "無哲學的理想者, 不足以爲英雄. 無必行敢爲之氣力者, 亦不足以爲英雄." 日本渡邊國武述比語而引申其義曰, "今人之弊, 有理想者無氣力, 立於人後以冷笑一世. 有氣力者無理想, 排他人以盲進於政界." 飮冰子曰, "理想與氣力兼備者, 英雄也. 有理想而無氣力, 猶不失爲一學者. 有氣力而無理想, 猶不失爲一冒險家. 我中國四萬萬人, 有理想者幾何人, 有氣力者幾何人, 理想氣力兼備者幾何人? 嗟乎! 國於天地, 必有與立. 一念及此, 可爲寒心."

自助論

日本中村正直者, 維新之大儒也. 嘗譯英國斯邁爾斯氏所著書, 名曰西國立志編, 又名之爲自助論. 其振起國民之志氣, 使日本靑年人人有自立自重之志氣, 功不在吉田·西鄕下矣. 原書十三編, 有序者凡七. 今將其各編之序錄出,[5] 雖嘗鼎一臠, 猶足令讀者起舞矣.

其總論曰,[6] "國所以有自主之權者, 由於人民有自主之權, 人民所以有自主之權者, 由於其有自主之志行. 今夫二三十家之民相團則曰村, 數村相聯則曰縣, 數縣相會則曰

---

5 중화서국본은 "原書十三編, 有序者凡七. 今將其各編之序錄出", 광지서국본은 "今將其原序錄出"로 되어 있다. 언해본은 광지서국본을 따랐다.

6 중화서국본은 "其總論曰", 광지서국본은 "其首編之序曰"로 되어 있다. 언해본은 광지서국본을 따랐다. 《서국입지편》(칠서옥장판七書屋藏板)에는 〈자조론〉 제1편 서문이 5면에 먼저 나오고 상기 내용은 29면에 "論曰"로 시작하고 총 324장 전체 목차가 39~69쪽에 실려 있으며, 제1편 본문은 71면에 나온다.

郡, 數郡相合則曰國. 故如曰某村風俗純實, 則某村人民之言行純實者爲之也, 曰某縣多出貨物, 則某縣人民之力農勤工者爲之也, 曰某郡藝文蔚興, 則某郡人民之嗜學講藝者爲之也, 曰某國福祚昌盛, 則某國人民之志行端良克合天心者爲之也. 蓋總稱曰國, 分言曰民, 殆無二致也.

試揭輿地圖而觀之. 自主之國幾何, 半主之國幾何, 羈屬之國幾何. 如印度古爲自主之國, 今則盡統於英矣, 安南古爲自主之國, 今則半屬於法矣, 如南洋中諸國, 今莫不爲西國之屬者. 人或祇謂西國有英主良輔, 故勢威加遠方, 殊不知西國之民, 勤勉忍耐, 有自主之志行, 不受暴君污吏之羈制, 故邦國景象, 駸駸日上, 蓋有不期然而然者.

且不獨此也. 西國之君, 大用其智, 則其國大亂, 小用其智, 則其國小亂, 載在史冊, 歷歷可徵. 方今西國之君, 不得以己意輒出一令, 不得以己命輒囚繫一人, 財賦之數, 由民定之, 軍國大事, 非民人公許, 不得舉行. 蓋西國之君, 譬則御者也, 民人, 譬則乘車者也. 其當向何方而發, 當由何路而進, 固乘車者之意也, 御者不過從其意施控御之術耳. 故君主之權者, 非其私有也, 闔國民人之權, 萃於其身者是已. 唯然. 故君主之所令者, 國人之所欲行也, 君主之所禁者, 國人之所不欲行也. 君民一體, 上下同情, 朝野共好, 公私無別, 國之所以昌盛者, 其不由此歟.

余尚記童子時, 聞清英交兵, 英屢大捷, 其國有女王曰維多利亞. 則驚曰, 眇乎島徼, 出女豪傑乃爾, 堂堂滿清, 反無一個是男兒耶. 後讀清國圖志, 有曰英俗貪而悍, 尚奢嗜酒, 惟技藝靈巧, 當時謂爲信然. 及前年游於英都, 留二載, 徐察其政俗, 有以知其不然. 今女王不過尋常老婦, 含飴弄孫耳, 而百姓議會權最重, 諸侯議會亞之. 其被選於眾, 爲民委官者, 必學明行修之人也, 有敬天愛人之心者也, 有克己慎獨之工夫者也, 多更世故長於艱難之人也, 而權詐傈薄之徒不與焉, 慢神欺心之人不與焉, 酒色貨利之徒不與焉, 喜功生事之人不與焉.

其俗則崇尚德義. 慕仁慈. 守法律. 好賙濟貧病者. 國中所設仁善之法規. 不遑殫述. 姑舉其一. 貧家子女所往學之學院. 通計三萬有餘所. 學徒二百萬人. 晝間有職務者所往學之學院. 名夜學院者. 二千有餘所. 學徒八萬人. 凡此係民人公同捐銀而設者. 官府不與焉. 凡百之事. 官府之所爲. 十居其一. 人民之所爲. 十居其九. 然而其所謂官府者. 亦唯爲民人之利便而設之會所耳. 如貪權勢擅威刑之事無有也. 抑以通國之廣. 人民之多. 豈一無姦宄不法之徒乎. 然審其大體. 則稱曰政教風俗擅美西方. 可也. 而魏氏之

書. 徒稱其貪悍尚奢嗜酒. 是蓋見西國無賴之徒居東洋者而槪言之耳. 何其謬哉.

余又近讀西國古今俊傑之傳記. 觀其皆有自主自立之志. 有艱難辛苦之行. 原於敬天愛人之誠意. 以能立濟世利民之大業. 益有以知彼土文敎昌明. 名揚四海者. 實由於. 其國人勤勉忍耐之力. 而其君主不得而與也. 嘗聞善馬有駕車者. 不加鞭策. 而自能行. 不待控御. 而自能馳. 及御者妄引繮繩. 多加撻責. 而其馬扞格牴牾. 頓致不能行. 嗚呼. 坤輿之內. 何國不善. 何民不良. 由於御者之喜功滋事. 而致不遂其性. 不能存其天良者. 蓋亦多哉."

第一編序 論邦國及人民之自助

余譯是書. 客有過而問者曰. 子何不譯兵書. 余曰. 子謂兵强則國賴以治安乎. 且謂西國之强由於兵乎. 是大不然. 夫西國之强. 由於人民篤信天道. 由於人民有自主之權. 由於政寬法公. 拿破崙論戰曰. 德行之力. 十倍於身體之力. 斯邁爾斯曰. 國之强弱. 關於人民之品行. 又曰. 眞實良善. 爲品行之本. 蓋國者人衆相合之稱. 故人人品行正. 則風俗美. 風俗美. 則一國協和. 合成一體. 强何足言. 若國人品行未正. 風俗未美. 而徒汲汲乎兵事之是講. 其不陷而爲好鬪嗜殺之俗者幾希. 尙何治安之可望哉.

且由天理而論. 則欲强之一念. 大悖於正矣. 何者. 强者. 對弱之稱也. 天生斯民. 欲人人同受安樂. 同修道德. 同崇知識. 同勉藝業. 豈欲此强而彼弱. 此優而彼劣哉. 故地球萬國. 當以學問文藝相交. 利用厚生之道. 互相資益. 彼此安康. 共受福祉. 如此則何有乎較强弱競優劣哉. 夫人知天命之可畏. 以眞實之心. 行良善之事. 一人如此. 一家如此. 一國如此. 天下如此. 愛日仁風. 四海含驩. 慈雲和氣. 六合呈祥. 如此則亦何有乎甲兵銃礮之用哉.

古不云乎. 兵者凶器. 戰者危事也. 仁者無敵. 善戰者服上刑. 一人之命. 重於全地球. 匹夫之善行. 有關係於邦國天下者. 乃以貪土地之故. 使至貴至重之人命. 橫罹極慘極毒之禍. 其違皇天之意. 負造化之恩. 罪不可逭矣. 西國近時大省刑罰. 然獨未能全戢干戈. 豈其敎化有未洽者耶. 抑宇宙泰運之期未至耶. 嗚呼. 六合之際. 體敎盛而兵刑廢. 當有日也. 恨余與子未及見之而已. 客唯唯而退. 遂書以弁卷首.

第四編序 論用心之勤勉及作業之耐久

真正學士, 不恥爲賤業, 恥之者非真正學士, 真正文人, 不嫌爲俗務, 嫌之者非真正文人. 昔者趙岐賣餠於北海市中, 沈麟士織簾讀書, 手口不輟, 天下後世, 不啻不賤之, 而反更重之. 程明道僉書鎭南判官, 筦庫細務, 無不盡心, 屢平反重獄, 蘇子瞻僉書鳳翔府, 判官意其文人, 不以吏事責之, 子瞻盡心其職, 老吏畏服, 二公之賢, 於是滋見焉. 今之讀書者, 或恥以賤業治生, 又不屑爲俗務, 及不得已而賣履販繒, 或折腰五斗, 則一切束書不觀, 曰我無暇矣. 嗚呼! 人病無志耳, 果有志矣, 不病乎無暇也.

試思子瞻在鳳翔, 何等繁劇, 而是時所作, 如鳳翔八觀詩, 鍛鍊敲推, 亦何其綽綽有餘暇也. 且學問之功, 貴乎循序漸進, 經久不輟, 故一日不必要多時也. 嘗有一官, 謂某先生曰, 予職務鞅掌, 患讀書少暇. 對曰, 君讀書如走馬看燈, 雖每日二六時中, 一意從事, 積至於十年, 不能成業也. 其人怫然, 先生曰, 君每日只讀要書二三枚, 深思牢記, 十年之後, 必博議超衆矣, 旨哉言乎. 如茲編所載德留斯格的, 一爲理學名家, 而以造鞋爲職業, 一爲詩文鉅匠, 而畢生不廢吏務, 大有足砥礪後人之志行者焉, 予深望讀者之反覆致思也.

第五編序 論機會及勉修藝業之事

天下之事, 不止千萬. 然察其成敗得失之機, 一皆決於誠僞之二字而已矣. 以發於國政, 則公私之別也, 以見於人品, 則善惡之別也, 以顯於學術, 則邪正之別也, 以著於工藝, 則巧拙之別也. 今夫木之大者, 凌霄漢, 戰風雨, 蒼皮黛色, 千年尙新. 然溯其始, 則一粒種子, 託根於地中而已. 川之洪者, 漑田野, 汎艨艟, 百折不絕, 萬古不息. 然探其源, 則一道活泉, 坌湧而出耳. 是知種子者木之誠也, 活泉者川之誠也. 唯其有是誠, 所以成其大. 物尙然, 況於人乎.

人苟有一片之誠存於胸中, 則雖若甚微不可見, 而實爲萬事之根源, 可以修藝事, 可以植學識, 可以治民人, 可以交神明. 此編曰勉强忍耐, 曰善乘機會, 曰不忽小事, 曰偶然解悟者, 不一而足, 是皆人之所以成其業也. 然而推其本, 則不外於一誠之發爲此數者而已矣. 是故讀書學問者, 及學工事者, 當自問於己曰, "果然發於誠心否." 苟發於誠心矣, 則自能勉强忍耐, 自能善乘機會, 自能不忽小事, 自能偶然解悟, 蓋有不期然而然者焉. 呂新吾曰, "才自誠出, 才不出於誠, 不得算箇才, 誠了自然有才, 今人不患無才, 只是討一誠字不得." 斯言也, 可爲世間才子頂門一針.

第八編序 論剛毅

或曰, 泰西多出剛毅之人, 蓋一由於天氣沍寒, 軀幹堅實, 一由於土地磽确, 非勤勉不得食. 余曰, 此事容或有之, 然其大本, 不在此區區者. 曰何也. 曰泰西人所以多有剛毅之行者, 由於有剛毅之原質也. 曰何謂剛毅之原質. 曰慈也信也. 不觀雜未耶 · 維廉士之事乎. 確信其道愛人如己, 痛苦不避, 死生不易. 不觀翰回 · 沙泊之事乎. 多救嬰兒之命, 永脫黑奴之苦, 千艱萬阻, 不挫不折, 必達其志而後已. 蓋如此數人, 肝脾骨肉, 毛髮爪甲, 皆由慈與信而成, 故此身苟存, 此心不喪, 欲不剛毅, 奚可得乎. 以是可見剛毅者心志之力, 而慈與信實其原質也. 或曰, 世固有强忍有力者, 亦可謂剛毅之人乎. 曰非也. 如李斯 · 呂惠卿, 豈不見强忍有力者, 然其所爲, 不根於慈信之心, 而出於嗜欲之私, 故弊害所極, 身喪國敗. 宣尼不云乎, 棖也慾, 焉得剛.

第九編序 論務職事之人

或謂余曰, 西國之事理, 大概盡於是書. 余曰否, 此不過一人一家之書耳. 若以此爲盡其概略, 則大謬, 且與余譯之之意, 甚相徑庭矣. 夫天下之事理, 日出而不窮. 古人之所是, 而今人非之者有矣, 今人之所是, 烏知不爲後人之所非乎. 古人之所不言, 而今人言之者有矣, 今人之所不言, 烏知不有後人之言之者乎. 天下盡以爲非, 而一人獨是之, 在當時則受絏泄之辱, 在後世則得泰斗之名, 如加利列窩者有矣. 天下之同論豈必是, 而一人之異見豈必非乎. 天下之所未言, 而一人獨言之, 在當時則見戮爲罪人, 在後世則見尊爲聖人, 如蘇格拉底者有矣.

天下通行之說豈必是, 而一人創始之論豈必非乎. 是故縱擧宇宙間千百之意見識論, 而猶未足以盡天下之事理. 況此區區一小冊, 何足以窺其萬一乎. 且余所以譯是書, 欲使人進而習讀西籍, 謙虛其心, 容受新見異說, 務集衆人之智識, 而不妄執一已以論斷也. 乃不然, 而讀此隔靴搔痒之譯書, 遽以爲盡其概略. 豈子心哉.

或又曰, 是書所說, 合於孔子之旨, 故可取. 余曰, 然則子豈謂孔子之所不言, 則概不足取乎. 此與孔子之意悖矣. 不曰 '子絶四, 毋意毋必毋固毋我'乎. 不曰 '發憤忘食, 樂以忘憂, 不知老之將至'乎. 使孔子而生於今日, 則其務聽納新見異說者, 果何如也. 若死讀孔子之書, 留滯而不化, 以此規天下之事理, 一言不合, 駭以爲怪, 如此則與孔子好學如不及之意, 正相反矣. 夫學問之事, 貴乎集衆異以備思察, 濯舊見以冀新得. 譬如貯書, 若子擁萬卷而皆同一書也, 則奚貴於多. 譬如食大餐, 邨府侯鯖, 五味八珍, 衆異并備, 然後美於口, 不然而食前方丈, 所陳唯一種物, 則其同也, 豈不可厭乎.

掛眼鏡之紅色者而觀物, 森羅萬象, 莫不紅者, 掛碧色者, 則乾坤一碧, 掛黃色者, 則宇宙皆黃. 若先執一己之見, 以聽他人之論, 則其所謂同, 亦非其眞也. 舜好察邇言, 舍己從人, 孔子問禮於老聃, 問樂於萇弘. 古人之好學, 汲汲不倦, 虛以受人者如此. 豈若後人之先入爲主, 好異同而妄相是非哉. 如是書, 子特宜收爲萬卷中之一部可也, 以此自足不可也. 以經此自是大不可也, 或以是律他人之議論, 更大不可也. 天下之事理, 浩如巨海, 豈得以升斗之量槪之哉.

第十一編序 論自修之事及其難易

余讀此編, 始知西國所以興也. 西國之民, 事神敬天, 利用厚生之類, 其事不可一二數, 而皆專心一意, 死生不移[7], 國安得不興. 或曰, 國之興衰, 與氣數相表裏, 非人力所能也. 曰不然. 聖人[8]於泰之彖釋之曰, "君子道長". 泰之爲卦, 陰陽相半, 君子之道, 獨何以能長也. 蓋當泰之時, 氣數與陰陽不相下. 然君子於我職分, 自强不息, 日進一日, 則氣數不復足道, 故曰 "裁成輔相以左右民", 孰謂國家之興, 非人力所能哉. 雖然, 自非專心一意, 死生不移者, 安能得盡我職分. 艮之上九, 聖人系之曰 '敦艮', 西國之所以興, 亦不是過已.

偉人訥耳遜軼事

人苟無名譽心則已, 苟有名譽心, 則雖有千百難事, 橫於前途, 以遮斷其進路, 而鼓舞勇氣, 終必能排除之, 英之偉人訥耳遜者, 五洲所共聞也, 幼時與兄同在一學校, 當冬季休暇終而歸校之時, 與兄幷轡適校, 途中風雪大作, 寒徹骨不可支, 其兄乃約訥耳遜同

---

7 언해본은 "至死不移"로 되어 있다.
8 언해본은 "聖人"이 아니라 "人"으로 되어 있다.

歸家, 見其父, 父曰, 歸校與否, 吾聽汝等之自由, 雖然, 凡發念欲做一事, 必做成之而後已, 此大丈夫之舉動, 而榮譽之事也, 半塗而廢, 而目掃地之事也, 汝等試兩者比較而擇所從, 訥耳遜聞言, 即促兄更上歸校之途, 兄猶有難色, 訥耳遜厲聲曰, 阿兄忘榮譽之一言乎, 卒相俱以去, 嗚呼訥公, 其後造赫赫之偉業, 轟風雲於大地, 雖有器量膽略, 超軼尋常, 抑豈不以此名譽心旁薄而宣洩矣乎.

飮冰子曰, 訥耳遜者何人乎, 其人棲息於海上者三十五年, 中間經大小百二十四回之戰鬪, 而赫然爲世界歷史之一大人物者也, 當十八世紀之末, 以威如雷霆猛如虎豹之拿破侖, 蹂躪馬蹄於歐洲全土, 各國之帝王將相, 膝行莫敢仰視之時, 而有鬼神之算, 鐵石之膽, 電光之手腕, 訥耳遜其人者, 率英國艦隊, 屢決死戰於海上, 卒剿滅法國及其同盟國之海軍, 使不能再立, 而地中海之海上權, 遂全歸英國之手, 至今歐洲有井水飮處, 莫不知其名焉, 嗚呼, 榮矣, 人人知其榮, 而抑知其冒險犯難, 遇敗受挫, 百折不回, 萬死一生, 而以易之者乎.

百川學海而至於海, 或直行, 或曲行, 或顯流, 或伏流, 遇有山陵之障, 則繞而避之, 遇有沙石之阻, 則夾而赴之, 要之必奔流到海而後已, 任事者可以鑒矣.

放棄自由之罪

西儒之言曰, "天下第一大罪惡, 莫甚於侵人自由, 而放棄己之自由者, 罪亦如之." 余謂兩者比較, 則放棄其自由者爲罪首, 而侵人自由者乃其次也. 何以言之? 蓋苟天下無放棄自由之人, 則必無侵人自由之人. 此之所侵者, 即彼之所放棄者, 非有二物也. 夫物競天擇優勝劣敗, 此二語群學之通語. 嚴侯官譯爲物競天擇適者生存, 日本譯爲生存競爭優勝劣敗. 今合兩者並用之, 即欲定以爲名詞焉. 此天演學之公例也. 人人各務求自存則務求勝, 務求勝則務爲優者, 務爲優者則擴充己之自由權而不知厭足. 不知厭則侵人自由必矣. 言自由者必曰, "人人自由而以他人之自由爲界." 夫自由何以有界, 譬之有兩人於此, 各務求勝, 各務爲優者, 各擴充己之自由權而不知厭足, 其力線各向外而伸張, 伸張不已, 而兩線相遇, 而兩力各不相下, 於是界出焉. 故自由之有界也, 自人人自由始也. 苟兩人之力有一弱者, 則其强者所伸張之線, 必侵入於弱者之界. 此必至之勢, 不必諱之事也. 如以爲罪乎, 則宇宙間有生之物, 孰不爭自存者. 充己力之所能及以爭自存, 可謂罪乎. 夫孰使汝自安於劣, 自甘於敗, 不伸張力線以擴汝之界, 而留此餘地以待他人之來侵也. 故曰, "苟無放棄自由者, 則必無侵人自由者." 其罪之大原, 自放棄者發之, 而侵者因勢利導不得不强受之. 以春秋例言之, 則謂之罪首可也.

國權與民權

今天下第一等議論, 豈不曰國民乎哉. 言民事者, 莫不瞋目切齒怒髮曰, 彼歷代之民賊, 束縛馳驟, 磨牙吮血, 以侵我民自由之權, 是可忍孰不可忍. 言國事者, 莫不瞋目切齒怒髮曰, 彼歐美之虎狼國, 眈眈逐逐, 鯨呑蠶食, 以侵我國自由之權, 是可忍孰不可忍. 飲冰子曰, 其無爾. 苟我民不放棄其自由權, 民賊孰得而侵之. 苟我國不放棄其自由權, 則虎狼國孰得而侵之. 以人之能侵我, 而知我國民自放自棄之罪不可逭矣, 曾不自罪而猶罪人耶. 昔法蘭西之民, 自放棄其自由, 於是國王侵之, 貴族侵之, 教徒侵之, 當十八世紀之末, 黯慘不復親天日. 法人一旦自悟其罪, 自悔其罪, 大革命起, 而法民之自由權完全無缺以至今日. 誰復能侵之者. 昔日本之國, 自放棄其自由權, 於是白種人於交涉侵之, 於利權侵之, 於聲音笑貌一一侵之, 當慶應明治之間, 蹐天蹐地於世界中. 日人一旦自悟其罪, 自悔其罪, 維新革命起, 而日本國之自由權完全無缺以至今日. 誰復能侵之者. 然則民之無權, 國之無權, 其罪皆在國民之放棄耳. 於民賊乎何尤, 於虎狼乎何尤. 今之怨民賊而怒虎狼者, 盍亦一旦自悟自悔而自擴張其固有之權, 不授人以可侵之隙乎. 不然, 日日瞋目切齒怒髮胡爲者.

破壞主義

日本明治之初, 政府新易, 國論紛糅, 伊藤博文·大隈重信·井上馨等共主破壞主義, 又名突飛主義, 務摧倒數千年之舊物, 行急激之手段. 當時諸人皆居於東京之築地, 一時目築地爲梁山泊云. 飲冰子曰, 甚矣破壞主義之不可以已也. 譬之築室於瓦礫之地, 將欲命匠, 必先荷鍤. 譬之進藥於痞疳之夫, 將欲施補, 必先重瀉. 非經大刀闊斧, 則輪囷無所效其能. 非經大黃芒硝, 則參苓適足速其死. 歷觀近世各國之興, 未有不先以破壞時代者. 此一定之階級, 無可逃避者也. 有所顧戀, 有所愛惜, 終不能成.

破壞主義何以可貴? 日, 凡人之情, 莫不戀舊, 而此戀舊之性質, 實阻關進步之一大根原也. 當進步之動力旣發動之時, 則此性質不能遏之. 雖稍參用, 足以調和而不致暴亂. 蓋亦未嘗無小補焉. 至其未發動之時, 則此性質者, 可以堵其原關其機, 而使之經數十年數百年不能進一步. 蓋其可畏可恨至於如此也. 快刀斷亂麻, 一拳碎黃鶴, 使百千萬億蠕蠕戀舊之徒, 瞠目結舌. 一旦盡喪其根據之地, 雖欲戀而無可戀. 然後驅之以上進步之途, 與天下萬國馳驟於大劇場. 其庶乎其可也.

歐洲近世醫國之國手, 不下數十家. 吾視其方最適於今日之中國者, 其惟盧梭先生之民約論乎. 是方也, 當前世紀及今世紀之上半, 施之於歐洲全洲而效. 當明治六七年至十五六年之間, 施之於日本而效. 今先生於歐洲與日本旣已功成而身退矣. 精靈未沫, 吾道其東. 大旗舢舢, 大鼓鼕鼕, 大潮洶洶, 大風蓬蓬, 捲土夾浪, 飛沙走石, 雜以閃電, 趨以萬馬, 尚其來東. 嗚呼, 民約論, 尚其來東. 東方大陸, 文明之母, 神靈之宮. 惟今世紀, 地球萬國, 國國自主, 人人獨立, 尚餘此一士以殿諸邦. 此士一通, 時乃大同. 嗚呼. 民約論兮, 尚其來東. 大同大同兮, 時汝之功.

自信力

任天下者當有自信力. 但其事當行者, 即斷然行之. 囁囁嚅嚅, 瞻前顧後, 是小丈夫之所爲也. 日本明治初年, 伊藤大隈二人, 謀設東海道鐵路. 井上馨澀澤榮一, 以時機尚早止之, 不聽. 遽建議於太政官, 借洋債又興之. 朝議囂囂不謂然. 或問其辨法如何, 或問其工費如何. 伊限二人相顧呆然, 不知所對. 乃日, "其詳細章程, 俟諸明日." 退而訪前島密氏, 託其擬章程, 並作豫算表. 前島亦毫不知鐵路之事. 雖然, 二人固乞不已, 前島乃算其大槪, 草一稿. 名日, 橫濱京都鐵路臆測書. 翌日二人攜之以示於朝, 議遂決.

當時政府之財力甚薄弱, 無資本以經營此等新事業. 又未知公債之法. 會英人有姓訥耳遜名里者, 自香港上海至日本. 當時東京未有西洋大客寓, 故寓英使館中, 以英使之介紹而來謁伊限二人. 日, "聞諸公欲設鐵路而無資力. 若果有所命, 僕當效力." 二人未知阿里爲何如人, 以爲必英國史上著名海軍提督訥耳遜, 即前篇所論者之族也. 又見其寓使館中, 以英使之紹介而來, 謂必是貴族. 今其人肯貸金與我, 眞天賜也. 乃遽與貸一百萬磅, 計利九分, 以橫濱海關稅作抵.

伊藤大隈當時未知洋債之性質如何, 以爲必訥耳遜里以己之資本而貸之也. 其後倫敦泰晤士報來, 忽見登有告白, 招人購買日本公債票. 二人驚愕失措. 蓋初時以爲借金之事必秘密無人知, 今忽揭於新報上, 恐政府之守舊黨見之, 罵爲賣國也. 乃急遣前島密上野景範二人往英國, 將收回借券作罷論. 二人到倫敦, 則見公債票早散布已盡, 而其所謂阿里者, 實與偉人訥耳遜毫無瓜葛, 不過一經紀賣買之人耳. 二人大驚, 無法收回借券, 乃議出金買回已散出之債票. 其事一旦傳布市上, 日本公債忽每百磅騰價二三磅. 不得已, 仍以所借債歸, 卒以成京濱鐵路.

飮冰子曰, "伊藤大隈, 鐵路之辨法不知, 鐵路之經費不知, 公債之性質不知, 賈人之情態不知, 何其陋也. 不知而貿然倡辨之, 貿然訂借之, 何其鹵莽也. 雖然, 使待其一一知之然後辨之, 則京濱鐵路恐無成之一日. 而彼技師岸賈, 於此等事一一知之者何限? 然其事必待成於伊隈之手而不成於此輩, 何也? 有自信力也. 苟信此事之不可不辨, 斯辨之矣. 陋也, 鹵莽也, 固可以敗事. 然事事而辨之, 敗者雖九, 而成者猶有一矣. 事事而不辨之, 則幷此一成者而無有焉. 然則孰爲敗而孰爲成矣乎? 吾記二公軼事, 使人知日本赫赫如二公者其陋也鹵莽也固如此矣. 苟能有其自信力, 天下事何有焉? 雖千萬人, 吾往矣.

善變之豪傑

吉田松蔭, 初時主公武合體之論. 公者王室也, 武者武門也, 即指大將軍也. 當時日本通行語. 其後乃專主尊王討幕. 幕府者大將軍也. 非首鼠兩端也, 其心爲一國之獨立起見. 苟無傷於平和, 而可以保獨立, 則無寧勿傷也. 旣而深察其腐敗之已極, 雖欲已而無可已, 乃決然衝破其羅網, 摧壞其基礎, 以更造之. 其方法雖變, 然其所以愛國者未嘗變也.

加布兒, 意大利之偉人. 近人所譯泰西新史攬要稱爲嘉富洱者. 初時入秘密黨, 倡革命下獄. 其後佐撒的尼亞王爲大宰相, 卒成大功, 統一意國. 非反覆變節也, 其心爲一國之獨立起見, 旣主權者無可與語, 不得不投身激湍以圖之. 旣而見撒王之可以爲善, 而乘時藉勢, 可以行其所志, 爲同胞造無量之福, 故不惜改絃以應之. 其方法雖變, 然其所以愛國者未嘗變也.

語曰, "君子之過也, 如日月之食焉, 人皆見之. 及其更也, 人皆仰之." 大丈夫行事磊磊落落, 行吾心之所志, 必求至而後已焉. 若夫其方法隨時與境而變, 又隨吾腦識之發達而變, 百變不離其宗. 但有所宗, 斯變而非變矣. 此乃所以磊磊落落也.

加布兒與諸葛孔明

偉哉加布兒! 吾求諸中國數千年歷史上之豪傑, 可與駢肩頡頏者, 其惟諸葛孔明乎! 劉備以屢敗屢陷漂泊無所依之勢, 而諸葛夾之以取益州, 卒成三分之局, 南面稱帝. 加布兒挾撒的尼亞蕞爾之小朝廷, 而創意大利統一之業. 其地位與時勢, 皆有相若者. 諸葛之遇先主, 猶加布兒之遇維克杜爾王也. 加布兒既相, 毅然以國家安危自任, 整頓內治, 首理財政, 興工業, 盛教育. 此孔明治蜀之成規, 而陳壽所最稱者也. 其與法國拿破侖第三相結以抗奧國, 一孔明結孫權以圖魏之成算也. 弱小新造之國, 而欲與強國爲難, 非助之外交之敏腕, 不能爲功也. 其使全國民皆爲兵, 日日磨煉而鼓舞之, 即孔明欲爲北征而先入南之政略也. 雖然, 諸葛出師未捷, 齎志以亡, 加布兒卒能成功, 輝意大利之國威於天壤, 殆諸葛之才不及加布兒耶, 非也? 劉備非維克杜爾王之比也.

加布兒之大政略在聯法, 諸葛之大政略在和吳, 而劉備不能用諸葛之謀, 所以敗也. 凡天下一事之成, 必有許多事與之相因, 然後成焉. 如機器然, 合全機以成體, 旣廢其一, 則他與俱敗矣. 吾讀加布兒之傳, 而不能不重爲孔明悲也. 抑猶有一義焉. 加布兒謀意大利一統, 未竟而卒, 卒後而一統之業終成, 諸葛謀弱漢之一統, 未竟而卒, 卒後而漢遂亡. 此其故何歟. 蜀漢之國民, 又非意大利國民之比也. 意大利之企畫一統者, 全國之國民也, 而蜀漢之企畫一統者, 諸葛一人而已. 凡事而專屬於一人者, 此一人去而大事皆去矣, 故善謀國者, 必自養國民之氣, 開國民之智始.

論強權

一. 強權之界說

強權云者, 強者之權利之義也, 英語云THE RIGHT OF THE STRONGEST. 此語未經出現於東方, 加藤氏譯爲今名. 何云乎強者之權利. 謂強者對於弱者而所施之權力也. 自吾輩人類及一切生物世界乃至無機物世界, 皆此強權之所行. 故得以一言蔽之曰, 天下無所謂權利, 只有權力而已. 權力即利也.

凡動植物世界及人類世界, 當强弱二者大相懸隔之時, 則强者對於弱者之權力, 自不得不强大, 因强大之故, 自不得不暴猛. 譬之獸類, 虎獅其最强者, 故其於弱獸任意自由而捕食之. 是獅虎之權力, 所以大而猛也, 惟强故也. 於人類亦然. 昔者野蠻世界, 强大之民族, 對於弱小之民族, 其所施之權力必大而猛. 又同一民族之中, 强者對於弱者, 其所施之權力, 必大而猛. 不寧惟是. 文明人民對於半開及野蠻之人民, 其所施之權力, 必大而猛. 是無他故, 皆自强弱之懸隔而生. 强也弱也, 是其因也. 權力之大小, 是其果也. 其懸隔愈遠者, 其權愈大而猛. 此實天演之公例也.

在動物至野蠻世界, 其所謂强者全屬體力之强也. 至半文半野世界(又有稱爲半開世界), 所謂强者體力與智力互相勝也. 文明世界, 所謂强者即全屬知力之强也. 自文明人以觀半開野蠻之人, 其强者對於弱者所施權力之大而猛, 實有可驚者. 如酋長國王之制其人民也, 貴族之制平民也, 男子之制女子也, 其權力所行, 殆非同類相待之所宜有. 是無他, 其懸隔大故也. 至文明人民, 則治者與被治者之間, 貴族與平民之間, 男子與女子之間, 其强弱之懸隔不甚大. 以故治者對於被治者之權力, 貴族對於平民, 男子對於女子之權力, 不得行其暴猛, 漸改而就溫良. 是蓋由强弱之懸隔不甚遠, 其昔之所謂强者, 不得任意振其權力. 譬如以獅遇羊, 則其權力必大至無限, 以獅遇虎豹, 其權力不能大至無限. 然則文明之世, 非治者與貴族與男子肯甘心自減殺其强者之權力. 實則被治者與平民與女子, 其智力旣已漸進, 不復安於前此弱者之地位, 而前者之强者遂不得不變其暴猛之權力而爲溫良之權力. 然則直謂前此之弱者漸出其强權, (因弱者已漸爲强故有强權) 以壓制前此之强者, 使不得不稍弱, 殆無不可也.

由此觀之, 强權有兩種. 一曰大而猛者, 一曰溫而良者. 雖然, 等之爲强權也. 尋常學者, 驟聞强權二字, 輒以爲專屬於大而猛者, 而不包有其溫而良者. 此實誤也. 猛大與溫良, 視乎他力與本力相對之强弱, 而本力所現之象, 隨而異云爾. 若本力之原質, 則固非有異也. 此吾所以統括猛大與溫良兩種之權力, 而概名之爲强權也.

二. 論强權與自由權之關系

曰强權, 曰權力, 聞者莫不憎而厭之, 謂此乃上位施於下位, 無道之舉動也, 人群之蟊賊也. 曰自由權, 曰人權, 聞者莫不愛而貴之, 謂此乃人民防拒在上之壓制, 當然之職分也, 人群之祥雲也. 雖然, 就前章界說之定義言之, 而知强權與自由權, 其本體必非二物也. 其名雖相異, 要之, 其所主者在排除他力之妨礙, 以得己之所欲, 此則無毫釐之異者也. 不過因其所遇之他力而異其狀, 因以異其名云爾. 彼野蠻與半開之國, 統治者之知識, 遠優於被治者, 其駕馭被治者也甚易, 故其權力勢不得不猛大. 至文明國則被治者之智識, 不劣於統治者, 於是伸張其權力以應統治者, 兩力相遇, 殆將平均. 於是各皆不得不出於溫良, 若是者謂之自由.

昔康德氏最知此義. 其言曰, "統治者對於被治者等, 貴族對於賤族, 所施之權力, 即自由權也." 蓋康氏之意, 以爲野蠻之國, 惟統治者得有自由. 古代希臘羅馬, 則統治者與貴族得有自由. 今日之文明國, 則一切人民皆得有自由. 又李拔爾氏之說, 亦大略相同. 其意謂專制國之君主, 與自由國之人民, 皆熱心貪望自由權者也, 故自由權可謂全爲私利計耳云云. 康氏李氏皆日耳曼大儒也. 其論如此, 可謂中時矣. 要而論之, 前此惟在上位者有自由權, 今則在下位者亦有自由權. 前此惟在上位者有强權, 今則在下位者亦有强權. 然則强權與自由權, 決非二物昭昭然矣. 若其原因, 則由前此惟在上位者乃爲强者, 今則在下位者亦爲强者耳. 故或有見人民伸其自由權以拒壓制之强權, 以爲此强弱迭代也. 不知乃兩强相遇, 兩權並行, 因兩强相消, 故兩權平等. 故謂自由權與强權同一物. 驟聞之似甚可駭, 細思之實無可疑也.

諸君熟思此義, 則知自由云者平等云者, 非如理想家所謂天生人而人人畀以自由平等之權利云也. 我輩人類與動植物同, 必非天特與人以自由平等也. 康南海昔爲强學會序有云, 天道無親, 常祐强者. 至哉言乎! 世界之中, 只有强權, 別無他力. 强者常制弱者, 實天演之第一大公例也. 然則欲得自由權者, 無他道焉, 惟當先自求爲强者而已. 欲自由其一身, 不可不先强其身. 欲自由其一國, 不可不先强其國. 强權乎, 强權乎, 人人腦質中不可不印此二字也.

三. 論强權之發達

凡一切有機之生物, 因其內界之遺傳, 與外界之境遇, 而其體質心性, 生强弱優劣之差, 此體質互異這各物, 並生存於世界中, 而各謀利己, 即不得不相競爭, 此自然之勢也, 若是者名之爲生存競爭, 因競爭之故, 於是彼遺傳與境遇, 優而强者, 逐常占勝利, 劣而弱者, 逐常至失敗, 此亦當然之事也, 若是者名之爲優勝劣敗.

生存競爭優勝劣敗, 此强權之所由起也, 生存競爭與天地而俱來, 然則强權亦與天地俱來, 固不待言, 雖然, 其發達之次序, 亦有可言焉, 在禽獸世界, 其强權之所施, 惟在此種屬與他之種屬之間(如虎與羊貓與鼠之間是也)而已, 若其同一種屬之間, 則其强權不甚發達, 野蠻人亦然, 當草昧未開之時, 同一人群內之競爭, 而出其强權者甚稀, 其始惟人類對於動植物而施其强權, 其繼則此群對於彼群而施其强權, 其後乃一群之中之各人, 甲對於乙乙對於丙而有强權, 蓋由人群進步發達, 而生存競爭之趨向, 日漸增加, 而强者之權利, 乃日漸加大, 於何證之, 如一人群之初立, 其統治者與被治者之差別殆無有, 故君主對於人民之强權, 亦幾於無有, 是爲第一界, 亦謂之據亂世, 其後差別日積日顯, 而其强權亦次第發達, 貴族之對於平民亦然, 男子之對於婦人亦然, 是爲第二界, 亦謂之升平世, 至世運愈進步, 人智愈發達, 而被治者與平民與婦人, 昔之所謂弱者亦漸有其强權與昔之强者抗, 而至於平等, 使猛大之强權, 變爲溫和之强權. 是爲强權發達之極則. 是爲第三界, 亦謂之太平世.

或問曰, "旣已相消矣, 旣已平等矣, 則世界無復有强權之跡, 謂之爲强權消滅則可矣, 謂之爲强權發達何耶? 且此第三界者與第一界何以異乎?" 答之曰, "不然. 第一界之時, 人人皆無强權(惟對於他族而有之耳), 故平等. 第二界之時, 有有强權者, 有無强權者, 故不平等. 第三界之時, 人人皆有强權, 故復平等. 要之, 以强權之有無多寡, 以定其位置之高下文野, 百不失一. 如專制主義, 自今日視之, 誠爲可笑可憎. 然要之彼一群之中, 尚有有强權者若干人, 則勝於前此之絶無强權者矣. 貴族政治, 神官政治, 亦其有權强之人日漸加增之徵驗也. 近世經一次革命, 則有强權之人必增多若干, 而人群之文明必進一級. 前此經過者如宗教革命政治革命皆是也. 今日歐洲各國有强權之人, 增於二百年前不知凡幾矣. 然則今日西人之强權發達已極乎? 曰未也. 今日資本家之對於勞力者, 男子之對於婦人, 其階級尚未去. 故資本家與男子之强權, 視勞力者與婦人尚甚遠焉. 故他日尚必有不可避之二事, 曰資生革命(日本所謂經濟革命), 曰女權革命. 經此二革命, 然後人人皆有强權, 斯爲强權發達之極, 是之謂太平. 雖然, 此就一群之中言之耳. 若此群對於他群, 而所施之强權之大小, 又必視兩群之强權以爲差. 必待群群之强相等, 然後群群之權相等. 夫是謂太平之太平."

豪傑之公腦

世界者何？豪傑而已矣. 舍豪傑則無有世界. 一國雖大, 其同時並生之豪傑, 不過數十人乃至數百人止矣. 其餘四萬萬人, 皆隨此數十人若數百人之風潮而轉移奔走趨附者也. 此數十人若數百人, 能合爲一點, 則其力非常之大, 莫之與敵也. 若分爲數點, 則因其各點所占數之多寡以爲成敗比例差. 兩虎相鬪, 必有一斃. 夫一斃何足惜? 而此並時而生者, 只有此數十數百人, 而斃其半焉. 或斃其三之一焉, 則此世界之元氣旣已□喪不知幾許, 而世界之幸福所滅旣已多矣. 然則求免其鬪可乎? 曰是必不能. 蓋生存競爭, 天下萬物之公理也. 旣競爭, 則優者必勝, 劣者必敗. 此又有生以來不可避之公例也. 夫旣曰豪傑矣, 則必各有其特質, 各有其專長, 各有其獨立自由不肯依傍門戶之氣槪. 夫孰肯舍己以從人者? 若是夫此數十數百之豪傑, 其終無合一之時乎, 其終始相鬪以共斃矣乎? 信如是也, 此世界之孼罪未盡劫, 而黑暗之運未知所終極也. 吾每一念及此, 未嘗不嘔血拊心而長歎也.

合豪傑終有道乎? 曰有. 豪傑者服公理者也, 達時勢者也. 苟不服公理, 不達時勢, 則必不能厠身於此數十人數百人之列. 有之不足多, 無之不爲少也. 旣服公理矣, 達時勢矣, 則公理與時勢即爲聯合諸群之媒. 雖有萬馬背馳之力, 可以鐵鑠鍊之, 使結不解也. 是故善謀國者, 必求得一目的適合於公理與其時勢, 沁之於豪傑人人之腦膜中, 而皆有養養然不能自已者存. 夫然後全國之豪傑可以歸於一點, 而事乃有成.

法國人之言自由平等也, 意大利人之言統一獨立也, 日本人之言尊王攘夷也. 一國之豪傑, 其流品不一, 其性情不一, 其遭際不一. 然皆風起水湧, 雲合霧集, 不謀而自同, 不招而自來, 以立於成此一目的之旗下. 若是者謂之豪傑之公腦. 豪傑有公腦, 則數十數百人如一人. 且豪傑之公腦, 即國民之公腦也. 國民有公腦, 則千百億萬人如一人. 千百億萬人如一人, 天下事未有不濟者也.

譚瀏陽遺墨

瀏陽之學, 出乎天天, 入乎人人. 其大端具於仁學一書, 我支那四千年未有之盛業, 不待論矣. 其零墨碎金, 散於人間者, 隨時裒錄之, 以廣其傳. 左三則爲同志書箋之語也,其書在著仁學之後.

靜觀斷念, 動成匠心. 靜觀斷念者何也. 業識流注, 念念相續. 惟餘般若, 無不能緣. 由此之彼, 因牛及馬. 如樹扮枝, 枝又成幹. 忽遇崎撓, 中立亭亭, 懸旌無薄, 是名暫斷. 乘此微隙, 視其如何復續, 若竟不復續, 意識斷矣. 動成匠心者何也. 道絕言思, 遇識成境. 境無違順, 遇心成理. 聞歌起樂, 見泣生悲. 非歌泣之足憑, 有爲悲樂之主者也. 然則苟變其主, 必得立地改觀. 所謂三界惟心, 卽匠心也.

曾重伯言, 舟中聞槳擊水, 心之知識卽逐聲而往. 槳自槳, 水自水, 聲自聲, 心自心, 何以遽相湊泊. 因有悟於中陰入胎之理. 余謂中陰湊泊之機, 信是如此. 所可懼者, 非具甚深智慧, 轉世之後, 德業一時墜失. 何其無記性也. 及重思之, 知識本來無記性. 後境而思前境, 今日而思昔日, 似有記性矣. 然必置此思彼而後得, 非不待更端而同時並得也. 然則知中識中, 僅能容得一事, 其餘皆謂之遺忘可也. 生人知識, 有體魄之可寄, 尙自無有記性, 復何論於憑虛無著之中陰. 此成大圓鏡智者, 所以無後無前, 無今無昔, 容則並容, 得則同得, 一多無礙, 不在兩時.

夫萬善之首心曰信, 萬惡之首必曰不信. 於耳目所不及接而生疑想者, 是爲不信. 於過去未來而生久遠想者, 是爲不信. 於大小長短多寡而生容積想者, 是爲不信. 於一念頃而自放逸者, 是爲不信. 於常精進而生退轉想者, 是爲不信. 於少有所得而生自足想者, 是爲不信. 於一乘中而生二想者, 是爲不信. 廣說雖累大萬不能盡也. 譬如盲人而與說日, 彼終不信, 以不信故. 雖佛盛神力, 終無能使彼知日.

精神敎育者自由敎育也

陸羯南語任公日. 君等今熱心於敎育之事, 其目的所在, 有不可不熟審者. 勿徒謂文明之可貴而已. 卽如我日本之大學謂摹仿[9]文明, 成效卓著, 但自其表面觀之則然爾. 至於裏面, 其腐敗有不可勝言者. 當局者一依德國主義, 其所以爲敎者, 則以服從政府爲之精神也. 遂使全國少年, 缺獨立自重之氣, 成卑污劣下之俗夫.[10] 孰知假文明之名, 以

---

9 광지서국본은 "摹倣"으로 되어 있다.

10 중화서국본에는 "成卑污劣下之俗. 夫孰知假文明之名"으로 되어 있다. 본문은 광지서국본의 분절에 따랐다.

行焚書坑儒之術者, 其禍更慘秦於政十倍乎.

任公瞿然曰. 有是哉. 此吾疇昔所以深慨痛恨於我中國, 而不意日本之猶未能免是也. 以日本教育之進步比諸吾中國, 其相去何啻千萬. 而日本愛國之士, 猶以比諸秦政之坑焚, 然則如吾中國者, 又將何擬也. 法國大儒孟德斯鳩曰, 凡半開專制君主之國, 其教育之目的, 惟在使人服從而已. 日本大儒福澤諭吉曰, 支那舊教, 莫重於禮樂, 禮者所以使人柔順從是也. 樂者所以調和民間勃鬱不平之氣, 使之恭順於民賊之下也. 任公曰, 此二氏之言, 然耶, 否耶, 我國民試一自省之. 嗚呼, 亡天下者, 豈必八股, 豈必楷法, 豈必考據, 豈必詞章. 苟無精神, 雖日手西書, 口西法, 其腐敗天下, 自速滅亡, 或更有甚焉耳.

中國自數年以來, 學校之議蜂起. 或官立, 或私立, 各省所在多有. 雖然, 吾不知其所以設校之意. 將以智之乎, 抑以愚之乎, 將欲養之使爲國家禦侮之用乎, 抑將爲此侁侁衿纓, 謀他日衣食富貴之路乎. 彼設校者豈不曰. 吾將智之, 使爲國家禦侮之用也. 雖然, 吾見彼入學者, 日益以愚. 而叩其來學之心, 有不爲他日一身之食富貴而來者, 殆萬中不得其一也. 以此言之, 學堂其有愈於書院乎, 西學其有愈於八股乎. 吾烏從而言之.

凡一統專制之國, 値承平無事之時, 但求輯和其民, 使無反側, 而政府之能事畢矣. 若是者以服從爲教可也. 若夫處於萬馬奔逸,[11] 萬流激湍, 鬪智鬪力之世界, 立於千鈞一髮, 孤注一擲, 累卵岌岌之地位, 非瀹一國之智, 鼓一國之力, 則奄奄殘喘, 豈復有救. 夫所以瀹之鼓之之具何也. 自由者精神發生之原力也. 嗚呼, 日本之國家教育, 尚未克語於此. 吾於中國更何責焉.

雖然, 以日本之教育, 於秦西文明之事物, 幾於具體而微, 而有識之士, 其憂之也, 猶且如是. 況吾中國者, 固無精神, 並無形質, 而擧世所謂志士者, 以此不完不具無可比擬之事, 以相夸耀, 若以此爲盡我維新之天職者然. 彼靡靡肉食者, 自甘爲奴隷, 又欲奴隷我民, 固不足責矣. 顧我國民, 其終不悟耶, 其終不悟耶.

祈戰死

冬臘之間, 日本兵營士卒, 休憩瓜代之時. 余偶信步游上野, 滿街紅白之標幟相接. 有

---

11 광지서국본과 언해본에는 "奔軼"로 되어 있다.

題曰歡迎某師團步兵某君, 某隊騎兵某君者. 有題曰送某步兵某君, 某礮兵某君入營者. 蓋兵卒入營出營之時, 親友宗族相與迎送之以爲光寵者也, 大率每一兵多者十餘標, 少者亦四五標. 其本人服兵服, 昂然行於道, 標則先後之, 親友宗族從之者率數十人. 其爲榮耀則雖我中國入學中舉簪花時不是過. 其標上僅書歡迎某君送某君等字樣, 無甚讚頌祝禱之語. 余於就中見二三標, 乃送入營者, 題曰祈戰死三字, 余見之矍然肅然, 流連而不能去.

日本國俗與中國國俗有大相異者一端, 曰尚武與右文是也. 中國歷代詩歌皆言人從軍苦, 日本之詩歌無不言從軍樂. 吾嘗見甲午乙未間, 日本報章所載贈人從軍詩, 皆祝其勿生還者也. 杜甫兵車行, "車轔轔, 馬蕭蕭. 行人弓箭各在腰, 爺娘妻子走相送. 塵埃不見咸陽橋, 牽衣頓足攔道哭, 哭聲直上干雲霄." 以視此標上所謂祈戰死者, 何相反之甚耶.

中國魂安在乎

日本之恆言, 有所謂日本魂者, 有所謂武士道者. 又曰, "日本魂者何, 武士道是也." 日本之所以能立國維新, 果以是也. 吾因之以求我所謂中國魂者, 皇皇然大索之於四百餘州, 而杳不可得. 吁嗟乎, 傷哉! 天下豈有無魂之國哉? 吾爲此懼.

或曰, "尚武之風, 由激厲而成也. 朝延以此爲榮途, 民間以此爲習慣, 於是武士道出焉. 吾中國向來薄視軍士, 其兵卒不啻奴隸, 則謂從軍苦也固宜." 自由主人曰, "此固一義也, 然猶有未盡者. 尚武之風, 由人民之愛國心與自愛心, 兩者和合而成也. 人人皆有性命財產. 國家之設兵以保人之性命財產, 故民之爲兵者, 不啻各自爲其性命財產而戰也. 以此爲戰, 猶不勇者, 未之聞也. 不觀兩鄉之械鬪者乎? 其子弟相率衝鋒陷陣, 其老弱相率饋飲食. 雖欲禁之而不能焉, 彼固各自爲其剝膚之利害與切己之榮辱也. 故吾觀於械鬪, 而知吾中國所謂武士道之種子在於是矣."

今中國之有兵也, 所以鈐制其民也. 奪民之性命財產, 私爲己有, 懼民之知之而復之也, 於是乎有兵. 故政府之視民也如盜賊, 民之視政府亦如盜賊. 兵之待民也如草芥, 民之待兵也亦如草芥. 似此者, 雖日日激厲之, 獎榮之, 以求成所謂武士道者, 必不可得矣. 爾來當道者, 知兵之不可以已也, 相率而講之練之獎之勸之. 榮祿·張之洞之徒, 則其人也. 吾見其每年糜數千萬之餉, 而兵之不可用如故也, 何也. 方且相視以盜賊, 相待以草芥, 雖欲振之, 孰從而振之. 夫是之謂無魂之兵. 無魂之兵者, 猶無兵也.

今日所最要者, 則製中國魂是也. 中國魂者何, 兵魂是也. 有有魂之兵, 斯爲有魂之國. 夫所謂愛國心與自愛心者, 則兵之魂也. 而將欲製造之, 則不可無其藥料與其機器. 人民以國家爲己之國家, 則製造國魂之藥料也. 使國家成爲人民國家, 則製造國魂之機器也.

答客難

客難任公曰, "非祖述春秋無義戰, 墨子非攻之學者乎? 今之言, 何其不類也." 任公曰, 有世界主義, 有國家主義. 無義戰非攻者, 世界主義也. 尚武敵愾者, 國家主義也. 世界主義, 屬於理想. 國家主義, 屬於事實. 世界主義, 屬於將來. 國家主義, 屬於現在. 今中國岌岌不可終日, 非我輩談將來道理想之時矣. 故坐吾前此以淸談誤國之罪, 所不敢辭也. 謂吾今日思想退步, 亦不敢辭也. 謹謝客.

抑吾中國人之國家主義, 則雖謂之世界主義可也. 何也? 今日世界之事, 無有大於中國之強弱興亡者. 天下萬國大政治家, 所來往於胸中之第一大問題, 即支那問題是也. 故支那問題, 即不啻世界問題. 支那人言國家主義, 即不啻言世界主義. 然則吾今日思想, 決非退步也. 謹謝客.

不寧惟是. 吾之所言兵, 與榮祿·張之洞所言兵, 有大異之點. 彼所言者, 民賊之兵也. 吾所言者, 國民之兵也. 民賊之兵, 足以亡國. 國民之兵, 足以興國. 吾特謂興國之兵之不可以已云爾. 若夫亡國之兵, 則吾之惡之如故也. 與吾前數年所論, 實無矛盾. 謹謝客.

憂國與愛國

有憂國者愛國者. 愛國者語憂國者曰, 汝曷爲好言國民之所短? 曰, 吾惟憂之之故. 憂國者語愛國者曰, 汝曷爲好言國民之所長? 曰, 吾惟愛之之故. 憂國之言, 使人作憤激之氣, 愛國之言, 使人厲[12]進取之心, 此其所長也. 憂國之言, 使人墮頹放之志, 愛國之言, 使人生保守之思, 此其所短也. 朱子曰, 教學者如扶醉人, 扶得東來西又倒, 用之不

---

12 언해본에는 "勵"로 되어 있다.

得其當, 雖善言亦足以誤天下. 爲報館主筆者, 於此中消息, 不可不留意焉.

今天下之可憂者, 莫中國若, 天下之可愛者, 亦莫中國若. 吾愈益憂之, 則愈益愛之. 愈益愛之, 則愈益憂之. 旣欲哭之, 又欲歌之. 吾哭矣, 誰歟踊者. 吾歌矣. 誰歟和者.

日本靑年有問任公者曰, 支那人皆視歐人如蛇蝎, 雖有識之士亦不免, 雖公亦不免, 何也? 任公曰, 視歐人如蛇蝎者, 惟昔爲然耳. 今則反是, 視歐人如神明, 崇之拜之, 獻媚之, 乞憐之. 若是者, 比比皆然, 而號稱有識之士者益甚. 昔惟人人以爲蛇蝎, 吾故不敢不言其可愛, 今惟人人以爲神明, 吾不敢不言其可嫉. 若語其實, 則歐人非神明非蛇蝎, 亦神明亦蛇蝎, 卽神明卽蛇蝎. 雖然, 此不過就客觀的言之耳, 若自主觀的言之, 則我中國苟能自立也, 神明將奈何, 蛇蝎又將奈何. 苟不能自立也, 非神明將奈何, 非蛇蝎又將奈何.

保全支那

歐人日本人動[13]曰保全支那, 吾生平最不喜聞此言. 支那而須藉他人之保全也, 則必不能保全, 支那而可以保全也, 則必不藉他人之保全.

言保全人者, 是謂侵人自由, 望人之保全我者, 是謂放棄自由.

或問曰, 孟子者, 中國民權之鼻祖也. 敢問孟子所言民政, 與今日泰西學者所言民政, 同乎異乎? 曰異哉異哉. 孟子所言民政者謂保民也, 牧民也, 故曰若保赤子. 曰天生民而立之君, 使司牧之. 保民者, 以民爲嬰也, 牧民者, 以民爲畜也, 故謂之保赤政體, 又謂之牧羊政體. 以保牧民者, 比之於暴民者, 其手段與用心雖不同, 然其爲侵民自由權則一也. 民也者, 貴獨立者也, 重權利者也, 非可以干預者也. 惟國亦然, 曰保全支那者, 何以異是.

傳播文明三利器

犬養木堂語余曰, 日本維新以來, 文明普及之法有三, 一曰學校, 二曰報紙, 三曰演

---

13 한글본에는 "輒"으로 되어 있다. 번역은 한글본을 따랐다.

說. 大抵國民識字多者, 當利用報紙, 國民識字少者, 當利用演說. 日本演說之風, 創於福澤諭吉氏, (案福澤氏日本西學第一之先鋒也今尚生存爲一時之泰斗) 在其所設之慶應義塾開之, 當時目爲怪物云. 此後人嚶鳴社者, 專以演說爲事, 風氣旣開, 今日凡有集會, 無不演說者矣. 雖至數人相集讌飲, 亦必有起演者, 斯實助文明進化一大力也. 我中國近年以來, 於學校報紙之利益, 多有知之者, 於演說之利益, 則知者極鮮. 去年湖南之南學會, 京師之保國會, 皆西人演說會之意也, 湖南風氣驟進, 實賴此力, 惜行之未久而遂廢也, 今日有志之士仍當著力於是.

自强學會之後, 三年以來, 各省倡立會名者, 所在皆是, 可謂極一時之盛. 然不知外國人所謂會者, 有種種之類別, 故將學會與政黨與協會與演說會混而爲一, 因宗旨不定, 條理錯雜. 故辦之難有成效, 而守舊媢嫉之徒, 又視之與秘密結社同類, 故一舉而芟薙之矣. 實則此數者之間, 自有絶異之形式, 一望可分識者, 中國此風, 正在萌芽, 亦無怪其然也.

於日本維新之運有大功者, 小說亦其一端也. 明治十五六間, 民權自由之聲, 徧滿國中, 於是西洋小說中言法國羅馬革命之事者, 陸續譯出. 有題爲自由者, 有題爲自由之燈者, 次第登於新報中, 自是譯泰西小說者日新月盛.

其最著者則織田純一郎氏之花柳春話, 關直彦氏之春鶯囀, 藤田鳴鶴氏之繫思談, 春窗綺話, 梅蕾餘薰, 經世偉觀等, 其原書多英國近代歷史小說家之作也. 翻譯旣盛, 而政治小說之著述亦漸起, 如柴東海之佳人奇遇, 末廣鐵腸之花間鶯, 雪中梅, 藤田鳴鶴之文明東漸史, 矢野龍溪之經國美談(矢野氏今爲中國公使日本文學界之泰斗進步黨之魁傑也)等. 著書之人, 皆一時之大政論家, 寄託書中之人物, 以寫自己之政見, 固不得專以小說目之. 而其浸潤於國民腦質, 最有效力者, 則經國美談, 佳人奇遇, 兩書爲最云. 嗚呼, 吾安所得如施耐菴其人者, 日夕促膝對坐, 相與指天畫地, 雌黃今古, 吐納歐亞, 出其胸中所懷魂砠磅礴錯綜繁雜者, 而一一鎔鑄之, 以質於天下健者哉.

傀儡說

優孟之場, 有所謂傀儡者焉. 其奏伎也, 設帷以蔽場, 帷之上有似人形者, 官體畢省, 衣服畢備. 有人居帷下, 徉徉焉持而舞之, 啁哳焉爲之歌. 此劇場中最劣下而最曖昧者也. 人而傀儡, 時日, 不人, 國而傀儡, 時日, 不國. 哀時客曰, 嗚呼! 夫何使我國至於此極也.

八月六日以後, 聖主幽廢, 國旣無君. 然錄京鈔則仍曰恭奉上諭, 上奏摺則仍曰皇上聖鑒. 我皇上口之所言, 不能如其心, 身之所行, 不能以自主. 然而引見召見, 朝儀依然, 如絲如綸, 王言仍舊. 是西后以皇上爲傀儡也.

西后不過一婦人, 所眈者, 娛樂耳. 非必簒位幽主然後快於心也. 榮祿蓄異志, 覬非常, 憚於動天下之兵, 乃借后勢以箝人口. 其實所頒僞詔, 未必皆西后之言, 所行暴政, 未必盡西后之意. 榮祿自積操莽之威, 而西后代任牛馬之勞. 是榮祿以西后爲傀儡也.

俄人以甘言噢咻舊黨, 嗾之使糜爛其民, 助之使斷喪其國. 彼等有恃無恐, 頑固之氣益壯, 革新之機益絶. 迫於魚爛已極, 而俄人坐收漁人之利. 自尋斧柯, 爲人驅除. 是俄人以中國政府爲傀儡也.

嗚呼. 國之不振, 誰不得而侮之? 今之以我爲傀儡者, 豈獨一國而已? 全國關稅, 握於人手, 關道關督, 一傀儡也. 全國鐵路, 握於人手, 鐵路大臣鐵路公司, 一傀儡也. 全國礦務握於人手, 礦務大臣, 一傀儡也. 沿江釐金, 握於人手, 委員一傀儡也. 洋操訓練, 握於人手, 將弁一傀儡也. 無端而膠州割, 無端而旅大割, 無端而威海廣灣割, 無端而海門灣又將割, 土地之權, 一傀儡也. 一言而劉秉璋免, 一言而李秉衡黜, 一言而董福祥退, 用人之權, 一傀儡也.

嗟夫. 今之滅國者與古異. 古者滅人國, 則瀦其宮虜其君. 今也不然, 傀儡其君, 傀儡其吏, 傀儡其民, 傀儡其國. 英人之滅印度, 土酋世其職者尙百數十年, 傀儡其土酋也. 六國之脅突厥, 突厥之政府不廢, 傀儡其政府也. 埃及傀儡於英, 越南傀儡於法, 高麗傀儡於俄. 中國者, 傀儡之顢而碩者也. 一人之力不足以舉之, 則相率而共傀儡之. 此蚩蚩者猶曰, "我國尙存, 我國尙存", 而豈知彼眈眈者, 已落其實而取其材, 吸其精而鹽其腦? 官體雖具, 衣冠雖備, 豈得目之曰人也哉?

嗟呼! 必自傀儡, 然後人傀儡之. 中國之傀儡固已久矣. 及今不思自救, 猶復傀儡其君, 傀儡其民, 竭忠盡謀, 爲他人效死力. 於是我二萬方里之地, 竟將爲一大傀儡場矣. 夫目人以傀儡, 未有不色然怒者. 今坐視君父之傀儡於奸賊, 國土之傀儡於强鄰. 還顧我躬, 亦已成一似人形而傀傀於帷間者. 此之不羞, 此之不憤, 尙得爲有人心哉, 尙得爲有人心哉?

動物談

梁啓超隱几而臥, 鄰室有甲乙丙丁四人者, 呫呫爲動物談, 乃傾耳聽之.

甲曰, 吾昔游日本之北海道, 與捕鯨者爲伍. 鯨之體不知其若干里也, 其背之凸者, 暴露於海面, 面積且方三里. 捕鯨者剜其背以爲居, 食於斯, 寢於斯, 日割其肉以爲膳, 夜然其油以爲燭, 如是者殆五六家焉. 此外魚蝦鼈蟲貝蛤, 緣之嘬之者, 又不下千計, 而彼鯨者冥然不自知, 以游以泳, 偃然自以爲海王也. 余語漁者, "是惟大故, 故旦旦伐之, 而曾無所於損, 是將與北海比壽哉." 漁者語余, "是惟無腦氣筋故, 故旦旦伐之, 而曾無所於覺, 是不及五日, 將陳於吾肆矣."

乙曰, 吾昔游意大利, 意大利之歷睥多山, 有巨壑厥名曰尤子. 壑黑暗不通天日, 有積水方十數里. 其中有盲魚, 孳乳充斥. 生物學大儒達爾文氏解之曰. "此魚之種非生而盲者. 蓋其壑之地, 本與外湖相連, 後因火山迸裂, 坼而爲壑. 溝絶而不通, 其湖魚之生於壑中者, 因黑暗之故, 目力無所用, 其性質傳於子孫, 日積日遠, 其目遂廢. 自十數年前, 以開礦故, 湖壑之界忽通, 盲魚與不盲者復相雜處, 生存競爭之力, 不足以相敵, 盲種殆將絶矣."

丙曰, 吾昔游於巴黎之市, 有屠羊爲業者. 其屠羊也, 不以刀俎, 不以笠縛, 置電機, 以電氣吸群羊. 羊一一自入於機之此端, 少頃自彼端出, 則已伐毛洗髓, 批窾析理, 頭胃皮肉骨角, 分類而列於機矣. 旁觀者無不爲群羊, 而彼羊者, 前追後逐, 雍容雅步, 以入於機, 意甚自得, 不知其死期之已至也.

丁曰, 吾昔游倫敦, 倫敦博物院, 有人製之怪物焉. 狀若獅子, 然偃臥無生動氣. 或語余曰, "子無輕視此物. 其內有機焉. 一撥捩之. 則張牙舞爪. 以搏以噬. 千人之力. 未之敵也. 余詢其名. 其人曰. 英語謂之佛蘭金仙. 昔支那公使曾侯紀澤. 譯其名之睡獅. 又謂之先睡後醒之巨物. 余試撥其機. 則動力未發. 而機忽坼. 螫吾手焉. 蓋其機廢置已久. 旣就銹蝕. 而又有他物梗之者. 非更易新機. 則此佛蘭金仙者. 將長睡不醒矣.

惜哉. 梁啓超歷歷備聞其言, 默然以思, 愀然以悲, 瞿然以興, 曰, "嗚呼, 是可以爲我四萬萬人告矣."

惟心

　　境者心造也. 一切物境皆虛幻, 惟心所造之境爲真實. 同一月夜也, 瓊筵羽觴, 清歌妙舞, 繡簾半開, 素手相攜, 則有餘樂, 勞人思婦, 對影獨坐, 促織鳴壁, 楓葉繞船, 則有餘悲. 同一風雨也, 三兩知己, 圍爐茅屋, 談今道故, 飲酒擊劍, 則有餘興, 獨客遠行, 馬頭郎當, 峭寒侵肌, 流潦妨轂, 則有餘悶. "月上柳梢頭, 人約黃昏後", 與 "杜宇聲聲不忍聞, 欲黃昏, 雨打梨花深閉門", 同一黃昏也, 而一爲歡愎, 一爲愁慘, 其境絕異. "桃花流水杳然去, 別有天地非人間", 與 "人面不知何處去, 桃花依舊笑春風", 同一桃花也, 而一爲清淨, 一爲愛戀, 其境絕異. "舳艫千里, 旌旗蔽空, 釃酒臨江, 橫槊賦詩", 與 "潯陽江頭夜送客, 楓葉荻花秋瑟瑟, 主人下馬客在船, 舉酒欲飲無管絃", 同一江也, 同一舟也, 同一酒也, 而一爲雄壯, 一爲冷落, 其境絕異. 然則天下豈有物境哉, 但有心境而已! 戴綠眼鏡者, 所見物一切皆綠, 戴黃眼鏡者, 所見物一切皆黃, 口含黃連者, 所食物一切皆苦, 口含密飴者, 所食物一切皆甜. 一切物果綠耶, 果黃耶, 果苦耶, 果甜耶? 一切物非綠非黃非苦非甜, 一切物亦綠亦黃亦苦亦甜, 一切物即綠即黃即苦即甜, 然則綠也黃也苦也甜也, 其分別不在物而在我, 故曰三界惟心.

　　有二僧因風颺刹幡, 相與對論. 一僧曰, "風動", 一僧曰, "幡動", 往復辨難無所決. 六祖大師曰, "非風動, 非幡動, 仁者心自動." 任公曰, "三界惟心之真理, 此一語道破矣." 天地間之物一而萬萬而一者也. 山自山, 川自川, 春自春, 秋自秋, 風自風, 月自月, 花自花, 鳥自鳥, 萬古不變, 無地不同. 然有百人於此, 同受此山此川此春此秋此風此月此花此鳥之感觸, 而其心境所現者百焉. 千人同受此感觸, 而其心境所現者千焉. 億萬人乃至無量數人同受此感觸, 而其心境所現者億萬焉, 乃至無量數焉. 然則欲言物境之果爲何狀, 將誰氏之從乎? 仁者見之謂之仁, 智者見之謂之智, 憂者見之謂之憂, 樂者見之謂之樂, 吾之所見者, 即吾所受之境之真實相也. 故曰惟心所造之境爲真實.

　　然則欲講養心之學者, 可以知所從事矣. 三家村學究得一第, 則驚喜失度, 自世冑子弟視之何有焉? 乞兒獲百金於路, 則抉持以驕人, 自富豪家視之何有焉? 飛彈掠面而過, 常人變色, 而自百戰老將視之何有焉? "一簞食, 一瓢飲, 在陋巷, 人不堪其憂", 自有道之士視之何有焉? 天下之境, 無一非可樂·可憂·可驚·可喜者, 實無一可樂可憂可驚可喜者. 樂之憂之驚之喜之, 全在人心. 所謂 "天下本無事, 庸人自擾之", 境則一也. 而我忽然而樂, 忽然而憂, 無端而驚, 無端而喜, 果胡爲者? 如蠅見紙窗而競鑽, 如貓捕楂撧而跳擲, 如犬聞風聲而狂吠, 擾擾焉送一生於驚喜憂樂之中, 果胡爲者? 若是者, 謂之知有物而不知有我, 知有物而不知有我, 謂之我爲物役, 亦名曰心中之奴隷. 是以豪傑之士, 無大驚, 無大喜, 無大苦, 無大樂, 無大憂, 無大懼. 其所以能如此者, 豈有他術哉? 亦明三界唯心之眞理而已, 除心中之奴隷而已. 苟知此義, 則人人皆可以爲豪傑.

慧觀

同一書也, 考據家讀之, 所觸者無一非考據之材料, 詞章家讀之, 所觸者無一非詞章之材料, 好作燈謎酒令之人讀之, 所觸者無一非燈謎酒令之材料, 經世家讀之, 所觸者無一非經世之材料. 同一社會也〈即人羣〉, 商賈家入之, 所遇者無一非錙銖什一之人, 江湖名士入之, 所遇無一非咬文嚼字之人, 求宦達者入之, 所遇無一非諂上凌下衣冠優孟之人, 懷不平者入之, 所遇者無一非隴畔輟耕·東門倚嘯之人. 各自占一世界, 而各自謂世界之大, 已盡於是, 此外千形萬態, 非所見也, 非所聞也. 昔有白晝攫金於齊市者, 吏捕而詰之曰, "衆目共視之地, 汝攫金不畏人耶?" 其人曰, "吾彼時見有金, 不見有人." 夫一市之人多, 非若秋毫之末之難察也, 而攫金者不知之, 此其故何哉? 昔有傭一蠢僕執爨役者, 使購求食物於市, 歸而曰, "市中無食物." 主人曰, "嘻, 魚也, 豕肉也, 芥也, 薑也, 何一不可食者?" 於是僕適市, 購輒得之. 旣而互一月, 朝朝夕夕所食者, 皆魚也, 豕肉也, 芥也, 薑也. 主人曰, "嘻, 盍易他味?" 僕曰, "市中除魚與豕肉與芥與薑之外, 無他物." 夫一市之物之多, 非若水中微蟲, 必待顯微鏡然後能睹者, 而蠢僕不知之, 此其故何哉?

任公曰, 吾觀世人所謂智者, 其所見, 與彼之攫金人與此之蠢僕, 相去幾何矣? 李白·杜甫滿地, 而衣襚褲攜鋤犂者, 必不知之, 計然范蠡滿地, 而摩禹行效舜趨者, 必不知之, 陳涉吳廣滿地, 而響五鼎鳴八騶者, 必不知之. 其不知也, 則直謂世界中無有此等人也, 雖日以此等人環集於其旁, 而彼之視爲無有固自若也. 不此之笑, 而惟笑彼之攫金者與此之蠢僕, 何其蔽歟?

人誰不見萍果之墜地, 而因以悟重力之原理者, 惟有一奈端, 人誰不見沸水之騰氣, 而因以悟汽機之作用者, 惟有一瓦特, 人誰不見海藻之漂岸, 而因以覓得新大陸者, 惟有一哥俞布, 人誰不見男女戀愛, 而因以看取人情之大動機者, 惟有一瑟士丕亞. 無名之野花, 田夫刈之, 牧童蹈之, 而窩儿哲窩士於此中見造化之微妙焉. 海灘之殭石, 漁者所淘餘, 潮雨所狼藉, 而達爾文於此中悟進化之大理焉. 故學莫要於善觀. 善觀者, 觀滴水而知大海, 觀一指而知全身, 不以其所已知蔽其所未知, 而常以其所已知推其所未知, 是之謂慧觀.

無名之英雄

日本德富蘇峰所著《靜思餘錄》中有一篇, 題曰「無名之英雄」者, 余甚愛之. 今摘譯一二以實我自由書. 其文曰,

余今尚記憶, 余兒時常伴親屬出鄉赴熊本, 於其途間, 忽見巍城聳空, 有睥睨天地之概. 余驚喜欲狂. 當時余惟知其高大耳, 問其何以高大之由, 不能知也. 余今尚記憶, 余昔在學校, 愛英雄, 仰英雄, 夢英雄, 心醉英雄, 當時余惟信英雄之為英雄耳, 問英雄之何以得為英雄, 不能知也.

嗟乎, 余乃今始有所悟, 彼一片之石雖大, 不足以築高城, 一箇之人物雖中偉, 不足以為英雄. 使高城如彼其高者, 有無名之礎石為之也, 使英雄如彼其大者, 有無名之英雄為之也. 爾勿以英雄事業為一人一箇之事業, 又豈直事業而已. 即彼英雄之自身, 亦非一人一箇所得而成也. 城樓之聳於霄, 據樓下無數之礎石而聳. 彼高城者, 代表此無名之礎石云爾. 英雄之秀出世界, 賴無數絕不知名之英雄而秀. 彼英雄者, 代表此無名之英雄云爾.

華盛頓英雄也, 使彼為宇宙一閑人, 果能成就十三州獨立乎! 格林空英雄也, 使不在於清教徒之社會, 果能奏英國革命之績乎! 路得英雄也, 使彼不立於十六世紀歐洲之中心, 則宗教之改革, 果成於彼之手乎! 是決不可. 是故華盛頓之下, 有無名之華盛頓無量數焉, 格林空之下, 有無名之格林空無量數焉, 路得之下, 有無名之路得無量數焉. 彼英雄者, 恰如金剛石, 看來雖僅一塊, 分析之則實由多數之同質同角度分子的阿屯體而成者也. 人孰不曰"造天下者英雄也." 雖然, 造英雄者誰乎? 若以彼英雄為世界之恩人, 然則英雄之恩人誰乎? 曰, 是非賴此無名之英雄不可.

有一英雄, 必有一無名之英雄扛而負之. 有一無名之英雄, 又有他無名之英雄扛而負

之. 譬之一水車之大輪, 必與他之小輪合力而動, 而動此大小車輪之水勢, 又何自處來乎? 今日洶洶轉磨千萬匹馬力之水, 即昨日深山幽谷中流觴咽石游魚清淺之水也. 由此觀之, 世界之運動, 眞不可思議. 其運者在於此處, 而運此動者卻在於彼處. 然則世界之大動機, 果在何處乎? 吾知其在於世界, 而不知其在於世界之何處. 彼之聳立於世界上而建大旒搖大鼓捉大風弄大潮者, 皆所謂有名之英雄也. 若無名之英雄何有焉? 彼無名非惟人不知我, 即我亦不自知, 夫是之謂眞無名.

不觀爾懷中之時辰表乎? 自外面觀之, 不過長短二針, 轉去轉來, 其簡單也如彼. 自裏面窺之, 則有如毛髮之螺線, 如比櫛之小輪, 其繁雜也如此. 世界運動之機關, 亦若是焉耳.

立於表面者不過二三之英雄. 雖然, 世界之事業, 即英雄之事業也. 英雄者不過其長短二針而已. 若論事業, 爲英雄獨力所能至, 是無異謂時表爲長短針獨力所能行, 不亦傎乎? 夫彼之造英雄運動英雄者, 即隱於世中之農夫·職工·役人·商賈·兵卒·小學教師·老翁·寡婦·孤兒等, 恒河沙數之無名英雄也. 彼等固非欲驅使英雄. 雖然, 世之英雄, 未有不甘心下氣俯首而願受其驅使者, 莫或爲之, 若或致之. 所謂無冠之皇帝, 非此輩而誰?

嗟乎, 彼等者, 國之生命也, 世之光也, 平和之泉也, 福之源也, 世界之大恩人也. 世若有愛英雄之人, 請先愛此無名之英雄. 若有欲頂禮於英雄脚下之人, 請先頂禮此無名英雄之脚下. 若有望英雄出世之人, 請先望此無名英雄之出世. 豈不聞一株之樹雖大, 不足以成森林, 一片之石雖崇, 不足以爲山岳. 無名之英雄眞英雄哉.

飲冰子[14]曰, 德富氏此論, 所謂時勢造英雄之說也. 今日中國之所以不振, 患在無英雄. 此義人人能知之能言之, 而所以無英雄之故, 患在無無名之英雄. 此義則能知之能言之者蓋寡矣. 夫我中國今日果有英雄乎, 無英雄乎? 吾不得而斷之. 寢假有一二之英雄焉, 有三數之英雄焉, 而全國之人能許其卒成英雄與否, 非吾之所敢言也. 譬之一軍於此, 其能成大功者繫乎將帥, 然使將師能成大功者, 又繫乎兵卒. 雖以拿破侖惠靈吞之能, 而使之率中國之緣營防勇, 吾知其必無能爲役也. 一軍如是, 一國亦何莫不然? 國也者, 非一二人之國, 千萬人之國也. 國事也者, 非一二人之事, 千萬人之事也. 以一國之

14 광지서국본은 "飲冰主人"으로 되어 있다.

人, 治一國之事, 事岡不治. 若欲以一二人而治一國之事, 其餘千萬人皆委之而去, 或從而掎齕之, 雖聖賢未能治者也. 世有望治者乎? 願勿望諸一二人, 而望諸千萬人. 質而言之, 即勿望諸他人, 而望諸自己云爾. 勿曰我不能爲英雄. 我雖不能爲有名之英雄, 未必不能爲無名之英雄. 天下人人皆爲無名之英雄, 則有名之英雄, 必於是出焉矣.

雖然, 時勢固造英雄, 英雄亦造時勢. 助將帥之成功者兵卒也, 而訓練此兵卒使能爲我助者, 又在將帥也. 世有欲爲英雄者乎? 盡先用力以造出此無名之英雄哉!

志士箴言

一昨讀某報, 有文一首, 題曰志士箴言. 吾讀之肅然下襟, 流汗浹背, 深自愧, 抑不敢不自勵也. 因亟寫一通, 置諸座右, 並以諗我同志, 咸使自愧自勵, 以冀不負作者棒喝之苦心焉. 原稿自隱姓名, 秋水兼葭, 徒使我想望不盡, 惆悵何極. 若作者不以某爲不可教而辱覿之, 請惠一短簡, 自述蹤跡, 許其納交, 是又某之所願也. 謹錄其文曰:

天下事至易莫如死, 一得其死, 則萬世有生氣矣. 天下事至難莫如死, 一言及死, 則盡人有餒心矣. 今設執四萬萬人以問之, 果有死而復死者乎? 無有也. 又試執四萬萬人以問之, 果有終至不死者乎? 無有也. 然則此呱呱墜地之時, 即有渺渺還空之日, 夢夢數十寒暑間, 爲聖賢, 爲豪傑, 爲庸愚, 爲污賤, 爲大奸巨滑, 爲志士仁人, 無不同歸於盡. 但其所以盡而不盡, 與盡而即盡, 直至與恆河沙數, 同作野馬也, 塵埃也, 蛻此臭皮囊, 還諸大地, 而大地之中, 遂永不知有是人也. 此其中非有他故也. 人人有必死之日, 而人人偏有畏死之心. 終日儌倖於有生不死, 而絕不思夫雖死猶生. 以故生則未可知, 而死則竟死.

平心而論, 留此數十年枉立天地有憾生成無稱孫子之身, 以朝斯夕斯, 饘斯粥斯, 直待老病死疾以至泯然漸滅. 並其形影姓名, 槪歸諸無何有之鄕曠漠之野. 自顧與朝菌螻蛄爲伍, 則亦無事深論矣. 儼然以覺世救民開化進步之豪傑自命, 乃於生死之故, 尚不洞明, 一遇疾風板蕩, 而即局促如轅駒, 無聲如反舌, 低眉如菩薩, 衰頹如屈子, 即有百鍊之鋼, 竟化爲繞指之柔, 荊軻之氣, 亦變作舞陽之面. 彼其人者, 豈眞易其素志悔其初心, 而大失本來之面目哉. 毋亦曰畏死之情勝, 遂不惜屈心抑志, 遵時養晦, 以待天日重見, 風雲復會, 而留身命以有待耳. 嗟乎, 成則任掀天動地之美名, 敗則惟天昏地黑之坐視, 脫令大局終窮, 長此終古, 其將佯狂以沒世歟, 抑別立功名以自見歟. 姓名雖未樹黨人之碑, 罪名已入爰書之券, 發跡飛騰之有日, 終必與刀鋸鈇革爲緣.

今之所謂志士仁人, 其終窮也必矣. 與其除著作等身垂空文以自見外, 別無可傳可法之名, 何若行吾初服, 再起而爲四百兆同胞力爭身家性命之大權. 不濟則以死繼之, 一死不足, 則群起而引頸就之, 剖心明之. 但使令天下萬世, 咸知爲吾種吾敎起見, 而並非爲一身之富貴利達計, 則今日以身命爲犧牲之人, 必他年享犧牲而永不死之人也. 況各國文明之治, 無不從流血而成, 有志者類能言之. 今以四萬萬人, 喪元者不過六人, 流血者不及十步, 乃欲翻數千年之舊根, 振二十一省之新象, 竊恐死者爲其易而易者自易, 生者爲其難而難者終難耳.

東南數省, 熱心時變者, 號稱數萬人, 若爲茅焦, 若爲豫讓, 若爲劉章, 若爲敬業, 若爲聶政, 若爲朱亥, 若爲鐵鉉, 若爲景淸, 若爲朱雲, 若爲陳東, 爭之, 抗之, 摧之, 撼之, 夾之, 聲罪而致討之, 一波未平, 一波復起, 前者伏誅, 後者執簡, 缺彼荣市之刀, 而再接再厲, 叢疊?街之首, 而亦步亦趨. 彼黨雖素稱極頑極固極狠極兇, 而其下手愈辣者, 人心愈不平, 人心愈不平, 則天下莫不欲飮刃於其腹. 此日本長野君所謂舍身命以作犧牲, 即忠之謂也, 勇之謂也.

今以思君自命勇於變法之人, 而即未盡其忠未見勇若此, 爲程嬰者既難其人, 爲杵臼者豈易償其志也. 昔張巡被執, 謂南霽雲曰, "南八, 男兒死耳, 不可爲不義屈." 每誦斯言, 未嘗不凜凜有生氣, 謂其得死所而絕無餒心矣. 今一摧敗而即羣焉皆餒, 莫敢再興, 天下事寧有轉機乎. 嗟嗟, 生遇聖明, 不才見棄, 德行不登諸里巷, 姓名未達乎天聽, 引鏡窺形, 頭顱空負, 乃欲以仰首伸眉, 論列是非, 固已自慚不類耳, 而復以不諒之意, 妄惋惜乎豪傑有志之流. 嗚呼, 不重滋之戚歟.

朝從屠沽游, 夕拉騶卒飮. 此意不可道, 有若茹大鯁.
傳聞智勇人, 驚心自鞭影. 蹉跎復蹉跎, 黃金滿虛牝.
匣中龍光劍, 一鳴四壁靜. 夜夜輒一鳴, 負汝汝難忍.
出門何茫茫, 天心隔其逞. 旣窺豫讓橋, 復瞰軹深井.
長跪奠一卮, 風雲撲人冷.

此龔自珍氏詩也, 吾錄志士箴言已. 感慨終夕, 更錄此以寫我心.

天下無無價之物

西諺曰, "天謂衆生曰, 一切物皆以畀汝, 但汝須出其價錢." 可謂至言.

任公乃自呵曰, "革新者天下之偉業也. 汝欲就此偉業, 而可以無價得之乎. 糴一斗之粟, 尚須若干之價值, 捕一尾之魚, 尚須若干之苦勞. 汝視邦家革新之大事, 其所值曾一斗粟一尾魚之不若乎. 嘻!"

舌下無英雄筆底無奇士

吾之愛友韓孔菴有詩曰, "慶忌焚七族, 要離沈妻子. 人生苟虛生, 不如其死矣. 舉目覽八荒, 誰爲眞男子, 舌下無英雄, 筆底無奇士." 吾每誦其言.

乃復自呵曰, "汝儼然爲此四百兆神明種族之一人, 汝之責任何在乎. 今日世界何. 鐵血世界也. 而可以筆舌了汝責任乎. 汝以筆舌浪竊虛名, 汝有何功德於世界, 而靦然被人呼汝爲先覺乎. 虛名日高一日, 則責任日重一日, 而汝曾不自知乎. 筆乎舌乎, 其遂斷送汝一生乎."

嗚呼, 蹉跎髀肉, 驚中歲之催人, 如此頭顱, 求天涯之善價. 志士乎, 志士乎, 胡不自箴!

世界最小之民主國

國於世界之兩半球者, 其數何限. 雖然, 有龐然擁數千萬里之地數千百兆之人, 而不能謂之爲國者, 亦有眇然地不滿十里人不滿百數, 而不能不謂之爲國者何也? 國也者, 對於內而有完備之行政機關, 對於外而無缺之獨立主權者也. 苟二者不備, 國雖大猶謂之無國. 苟二者具備, 國雖暗小猶謂之有國. 今列擧世界最小之民主國數四, 以供戰國者之考鑑焉, 不徒爲茶餘酒後之談資而已.

一. 達窩拉拉國

在撒爾尼亞即意大利之母國之西北, 長五英里, 廣不及半英里, 亭然一島國也. 居民合計不及六十人, 每六年公舉大統領一名, 議官六名, 皆不受俸銀, 報效國事. 選舉之際, 舉國男女皆有投票之權. 自千八百八十六年成爲獨立國以來, 國內靜謐, 從無選舉紛爭之事, 西人稱爲南歐之一大樂土云. 此國之歷史, 自一千八百三十六年, 撒爾尼亞王封其親族某氏爲島主, 未及五十年, 島民厭君主體. 經數次之戰爭, 至千八百八十六年, 逐制定憲法, 爲一箇之民主國. 爾來著著改進國政, 意大利首認之, 列國相繼認之, 逐成爲完全無缺之獨立國. 此國民之生業, 以漁業爲重, 農業次之, 其生計極豐裕. 無外敵之虞, 雖無海陸之軍備, 一朝有事, 六十名之國民皆爲兵去.

二. 俄德爾國

在法國之南, 皮歷尼山巓, 面積僅方一英里半, 人口僅百四十, 以幅員論, 爲世界最小之國也. 然其行民主政體, 實在美國之前, 當一千六百四十八年, 旣經法國及西班牙之承認, 儼然爲歐洲中一個獨立國. 其大統領自元老官中推選. 元老官凡十二名, 皆國內之老農也. 每十二年改選一次. 大統領兼收稅吏行政官裁判官之職, 若其所裁決之事, 不愜民望, 則人民下山而請西班牙僧正處決之云.

三. 加郎撒布國

在美國北方, 仟羅利拿之西部, 國內分爲二州. 雖除英國之外, 未有他國認其獨立, 然其行政自由自主, 不受他國轄治. 其位置在於谷地, 而積八十英方里, 土地最爲肥沃. 大統領四年一任, 每年受五百元之薪俸, 議員半之. 其政府有國務大臣三名, 每人民百口舉議員一名云.

四. 桑瑪里國

在意大利中部, 而世界民主國中最有名者也. 面積有三十三英方里, 人口八千五百, 其京都在距海面二千英尺之高地, 京都人口約一千二百. 風景絕佳, 世界列國, 罕見其比. 其法律由立法院議員所制定, 議員凡六十名, 皆終身任期. 又自此議員中選十二人爲議官, 裁決各種之問題. 此議官中, 又二人爲國務卿, 代表國家, 統率內務外務大藏等諸大臣. 兵額有九百五十名. 財政年年皆有豫算表. 此國與意大利訂條約, 凡自意國入口貨物收關稅, 自本國出口而往意國之貨物則免之.

維新圖說

蓬蓬哉! 鬱鬱哉! 數月以來, 維新云維新云之語, 彌漫磅礴於國中. 無論爲帝爲后爲吏爲士爲紳爲商, 但使稍有腦氣筋者, 苟上以「守舊鬼」三字之徽號, 度無不瞋目相視, 斷斷然鼓舌以自辨其非. 嗚呼! 以視去年今日, 何其異也! 其所以得此者非他, 乃譚嗣同, 楊深秀, 楊銳, 劉光第, 康廣仁, 林旭, 唐才常, 林圭, 裕祿, 毓賢, 啟秀, 徐承煜, 趙舒翹, 英年, 德公使, 日本書記生與夫千數之自立會員, 千數之義和團黨, 千數之外國教士中國教民之血, 相注射, 相攙雜成一種不貲之價值而購得之者也. 舉事不成而非不成, 流血無益而非無益, 嗚呼! 噫嘻! 吾欲爲中國賀!

雖然, 吾昔見中國言維新者之少也而驚, 吾今見中國言維新者之多而益驚. 試略舉維新者之種類, 有欲奉西后以維新者, 有欲奉今上以維新者, 有欲傾滿洲以維新者, 有欲緩緩以維新者, 有欲急急以維新者, 有欲用溫和手段以維新者, 有欲用激烈手段以維新者, 有欲行全國集權之維新者, 有欲行分立自治之維新者, 有排外以行維新者, 有媚外以行維新者, 有爲保朝廷之基業而不得不維新者, 有爲保國民之權利而不得不維新者, 有爲保一己之權勢聲名富貴而不得不維新者. 其種類千差萬別, 而又非一人歸一種類, 大抵參伍錯綜, 攙雜散亂, 而各具一奇異之色相, 試列圖以明之.

第一 維新種別圖
維新 (甲) 官吏 (乙) 遷客(隱者) (丙) 學生 (丁) 商人 (戊) 士子 (變科舉後之維新者) (己) 會黨

第二 維新黨派圖
維新 (甲) 后黨 (乙) 勤王黨 (丙) 革命黨 (丁) 無黨: (一) 不偏倚者 (二) 不任事者

第三 維新目的圖
維新 (甲) 保持現狀: (子) 全保持: 后黨 無黨 (丑) 半保持: 后黨 勤王黨 無黨

(乙) 破壞現狀: (寅) 半破壞－勤王黨 (卯) 全破壞－革命黨

第四 維新辨法圖

維新 (甲) 緩辨: 后黨 革命黨

(乙) 急辨: 后黨 勤王黨 革命黨

(丙) 口辨 (實不辨)：后黨 勤王黨 革命黨 無黨

第五 維新主義圖

維新 (甲) 全國集權: (甲) 君主專制政體: 后黨 勤王黨 — 保持現狀

(乙) 君主立憲體: 勤王黨

(丙) 民主立憲政體

(乙) 分立自治: (丁) 聯邦立憲政體 ⎫ 革命黨 — 破壞現狀

第六 維新動力圖

維新 (甲) 自動力: (子) 積學識而維新者 (丑) 感境遇而維新者: (一) 憤外國之侵陵

(二) 憤政府之腐敗

(乙) 他動力: (寅) 被運動而維新者 (卯) 趁風潮而維新者

第七 維新變相圖

維新 (甲) 進化之變相: (一) 由守舊而維新 (二) 由吏黨而民黨 (三) 由革命而勤王

(四) 由勤王而革命

(乙) 趨勢之變相: (一) 由革命而勤王 (二) 由勤王而革命 (三) 由民黨而吏黨

第八 維新心術圖

維新 (甲) 爲公－爲國民

(乙) 爲私 (一) 爲一姓 (二) 爲一己: (甲) 爲權勢 (乙) 爲聲名 (丙) 爲衣食

以上八圖略舉大槪, 雖不足以盡其形相, 雖然, 亦旣已繁賾殽雜, 千聲萬色矣. 吾以爲其種別如何, 不必問. 其黨派如何, 不必問. 其目的如何, 不必問. 其辨法如何, 不必問. 其主義如何, 不必問. 其動力如何, 不必問. 乃至其變相如何, 亦不必問. 所最當辯者, 惟心術而已. 使其心而爲國民也, 公也, 無論何種別, 何黨派, 何目的, 何辨法, 何主義, 何動力, 何變相, 而必終歸於一致. 使其心而爲一姓也, 自以爲公而實私也, 其志愈誠, 其行愈勇, 而其病天下也愈甚. 使其心而爲一己也, 私也, 且假公以濟其私也, 吾寧願擧四百兆人皆爲「守舊鬼」, 而必不願我國有此等人也. 嗚呼! 噫嘻! 蓬蓬哉! 鬱鬱哉! 數月以來, 維新云維新之語, 彌漫磅礴於國中, 吾欲以第八圖鑑天下之言維新者, 且欲吾儕言維新者之一自鑑也. 嗚呼! 噫嘻! 吾其賀耶? 吾其弔耶?

俄人之自由思想

於二十世紀中, 有可以左右世界之力量者, 三國焉. 曰俄國, 曰美國, 曰中國是已. 而此三國者, 又必將大變其前此之情狀, 然後可成大業. 變之之道奈何? 則美國由共和主義而變爲帝國主義, 俄國中國由專制主義而變爲自由主義是已. 中國與俄國相類似之點頗多. 其國土之廣漠也相類, 其人民之堅苦也相類, 其君權之宏大而積久也相類. 故今日爲中國謀, 莫善於鑑俄.

倭兒可士鳩者, 俄國革命黨之鉅子也. 英京倫敦有俄羅斯自由同志會, 而倭氏實爲其會報主筆. 於今年二十世紀之初開幕, 著錄閎論一篇, 名曰「俄人之自由思想」. 今譯錄之, 俾我國民知俄國之輿情, 及其將來變遷之種子, 而因以自擇焉. 其言曰,

俄羅斯國民之改革思想, 五年以來, 進化甚驟. 蓋初時國民之希望, 全注於新皇之一身, 今則逐漸遷移, 而國民中有新智識者, 漸爲一國之代表焉. 不觀夫俄國之學問家與學生乎. 其自重之態度, 不屈之精神, 眞有令人起敬者. 今皇尼古刺之初即位也, 有非常之人望. 蓋俄國國民, 未知新君主義若何, 人物若何. 故抱各種之希望, 以歡喜熱心而迎之. 此其故何歟? 蓋先帝亞力山第三, 壓制之化身也. 其十四年間之政治, 使國民疲倦, 殆如經半世紀憔悴於虐政者. 故亞力山第三得「大鞭撻者」之綽號, 非偶然也. 此大鞭撻者一旦崩殂, 國民之眼, 咸注於二十六歲之新皇, 以爲此年少英敏之君, 必能貴自由, 順民望, 行寬大之政. 故當時俄民, 如釋重負. 雖然, 聞喪而喜, 恐傷新帝之感情也, 故其歡喜之情, 隱秘而不敢發露. 大行之歸喪於莫斯科也, 葬儀之盛, 前古罕聞, 悉索賦稅, 民

不堪命. 雖然, 俄民不敢怨焉. 蓋將忍其困難, 以達來者之希望云爾.

吾俄無國會, 其代表民意之機關, 惟有州會XEMSTUOS而已. 此舉世之所聞知也. 故新帝即位之際, 州會爲民代表上書, 表其忠義之心以悼先帝, 又以最謙恭之語, 瀝述民情, 請准以後俄國人民, 得以所欲所苦直達朝延, 不經官吏之手. 此其所請, 可謂不失於禮, 不悖於理, 最平和正當之請求也. 使新皇而有幾微之新思想, 不以家畜視人民, 則此等上書, 必無害其感情, 有斷然者.

千八百九十五年一月十七日, 行即位及大婚禮, 市邑軍隊州會及各種團體之代表者六百人集於殿前, 舉行祝典. 皇帝尼古剌乃宣言曰, "今全國各階級之代表者, 爲表白忠愛之心, 咸集此處, 朕之所深喜也. 古來俄國臣民, 皆抱至誠之忠義心, 故今日卿等之所表, 朕深信之. 雖然, 頃者州會連名上書, 欲得全國人民參與國事之權, 朕今有不得不質言者. 朕於國民有益之事, 必以全力赴之. 雖然, 至於先帝所行獨裁主義, 朕必率由之, 罔敢或墜. 一言以蔽之, 則朕之政治, 一無以異於先帝之政治也. 云云." 此演說一出, 全國人民, 不勝失望. 實則人民之所希望者, 非欲限制君權, 乃欲求得眞正之獨裁政治而已. 彼等於先帝在位之歷年, 惡官史之跋扈, 不能堪其殘忍暴戾, 而欲以君主一人之直接據法律以施政治. 其義甚正, 而其情亦甚誠. 其奈新皇不悟此意, 反因沿前皇腐敗之業, 以左祖官吏. 此則俄國民所爲意外失望者也.

雖然, 彼等無聊之極思, 終戀戀然有餘望, 以爲皇帝不過少年少閱歷, 而思想混雜未決定云爾. 待至加冕之時, 或更示其眞意以利我民, 未可知也. 故當時全國國民之聲, 莫不企踵以望日, 加冕期至矣, 加冕期至矣. 乃自此後, 而國民之失望, 有更甚於前者. 加冕一役, 其費用爲俄國建國以來未有之巨額, 而慶祝之日, 警察失職, 至使人民來祝者, 死四千餘人. 屍血狼藉, 徧於莫斯科之野, 而皇帝曾無一毫哀悼之色, 欣欣然以赴跳舞會. 於是人民不勝憤慨, 遂衝乘輿之前衛, 投石於皇帝之馬車, 毀跳舞會場之陳設, 暴言暴行, 不一而足. 雖警察官極力鎭之, 不能禁也. 嗚呼, 吾俄人民非故與帝室爲仇也, 其所以致此者, 誰之過歟, 誰之過歟?

使皇帝自經此役以後, 知民嵒之可畏, 察官吏之無狀, 則補牢顧菟, 猶未爲遲. 乃人民出種種方法, 訴其疾苦, 皇帝一無所顧, 而束縛馳驟, 殆更甚焉. 民有所請, 則輒以下吏議, 彼官吏者, 人民之蟊賊, 盜憎主人. 古今通例, 欲行民政而下吏議, 是何異與虎謀其皮也. 於是人民所請, 不惟無效, 而反以此獲罪官吏, 罹法綱者道相屬焉. 迨乎今年,學生之騷動起, 皇帝乃使壓制黨首領威安挪鳩將軍, 案驗其事, 更下嚴詔以脅學生, 謂以後復有此等舉動, 當以嚴法使服兵役. 於是乎俄國人民幾度之希望, 於茲盡矣.

外國人不知俄國之眞相, 惟俄國之炯眼而能知之. 新皇自倡萬國平和會議之後, 聲望隆隆日上, 洋溢寰宇, 而俄國人民, 則竊竊然笑之以鼻, 不見乎口血未乾, 而俄國政府已先自破其誓, 違悖憲法, 而强芬蘭人使服兵役, 使負擔加重之經費乎. 昔林肯有言, "汝欲愚弄一時之人民可也, 欲愚弄一部分之人民可也, 若欲時時永遠愚弄全部分之人民, 恐其不可." 嗚呼, 凡爲君主者, 爲國民者, 皆不可不深鑑此言也.

吾今欲爲我俄民進一言, 自古未有倚賴一二人, 而能成國家維新之業者, 全國人民知前所倚賴者之一無足恃, 是即吾國民政治發達之期至矣.

俄羅斯人, 大可自重之國民也. 雖合多數之種族以成國, 其間言語不通, 習俗不同, 然其實皆同出於斯拉夫之總族, 共建此國以求文明之進步. 俄國之起原, 在第九世紀, 遠後於歐洲列國, 加以建國後僅四百年, 爲蒙古所侵掠, 瀕於滅亡. 雖然, 我强健之人種, 終克大敵, 驅而放之, 以勢力而自發達. 故就外面觀之, 俄國民於政治上於社會上, 雖視列國有遜色, 然其實際必非劣於他之文明國. 試觀其文學界, 其藝術界. 其音樂詩歌科學之社會, 決不在英德諸國之下. 至俄人之繁殖力, 及其採用文明之速, 凡稍解俄國內情者, 所共知也. 且俄國人之政治社會, 所以進步遲遲者, 非我國民不適於文明之政治文明之社會也, 實由吾國今日之境遇, 全爲官吏所壓抑, 而破壞其本有之良性也. 使一旦除其豐葑, 去其羈絆, 任俄民以自然之力自圖進步, 則其成效之速, 必有聳全球觀聽者. 嗚呼, 我國民與壓制政體相戰, 旣非一日. 四十年前, 青年革命之事, 其若何勇敢, 若何壯劇, 世之所聞也. 彼等之血不虛流, 今者機會殆將熟矣.

爾來因工商社會之變動, 工價下落, 工人愈加困難, 不平之氣, 愈益增長. 千八百九十六年, 聖彼得堡之同盟罷工起, 凡三萬五千人之勞動者, 倡議制限每日勞動時刻, 而十萬人之土木工作應援, 其勢力浩大, 遂使政府不得不於翌年而發布新法律.

此次之同盟罷工, 其所得雖少, 然其結果實有重且大者. 何則, 以民意而使政府改作法律, 實起點於茲役也. 彼工人所以能結此大團隊, 而爲文明之運動者, 實由有學識之人士, 爲之盡力, 而大學生實其中心點也. 全國之法律家, 及報館主筆, 凡有識之青年, 走集而助之, 爲之草章程, 爲之作捐啓, 爲之通聲氣於外國之同志者. 聲援旣厚, 組織旣完, 乃始發手. 故能成得未曾有之功. 自茲以往, 俄國各大都會, 皆有工人同盟. 至千八百九十八年, 合各都會之同盟爲一大同盟, 稱爲俄國共和黨. 其範圍若何之廣, 其勢力若何之强, 雖可不計, 然俄政府雖極力與之戰, 而不能滅之.

民智既開, 則專制政治, 自不得不顚覆. 故愚民之術, 凡專制政府一定之方針也. 雖然, 時勢者常動者也, 日進者也. 俄政府雖有萬鈞之力, 亦安能與時勢敵. 故政府雖出種種方法以禁窒民智, 而民間亦自有種種方法以開通之. 即如著述一道, 政府之壓制愈烈, 而言論亦愈盛. 凡俄國民之曾受敎育者, 政治思想大發達, 革命精神, 蓬蓬勃勃, 而近者學生同盟罷業, 其最顯著也. 本年二月二十日, 聖彼得堡大學紀念會之日也, 校中學生之一隊, 以嫌疑而受警察官之凌辱. 此事一起, 凡全都中之大學生, 及稍有學識之人士, 咸大激昂, 處處集會, 爲政治上之運動. 於是大學生共議, 向於政府有所要求, 所求不遂, 則相率不受業於大學. 既而海軍士官四十人, 首與此學生通殷勤, 既而醫學校之生徒, 亦同盟罷業. 既而全都諸種高等學校女學校凡十七所之學生, 咸加盟焉. 同時又派密使於全國諸學校, 凡各大都會之學生, 盡與首都桴鼓相應, 全國學校之敎室, 幾鍵戶闃無一人矣.

要而論之, 凡國民之自由思想, 必藉抑壓之勢力而後能勃興. 所謂壓力不甚, 則躍力不高. 此古今萬國所循之常軌也, 我俄國何莫不然? 今日競爭劇烈之世界, 苟民智不進步, 社會不發達, 則必不能保其地位於列雄之間. 雖然, 進步與發達, 專制政治之敵也. 此二者終不能兩立. 吾俄國之宗敎道德學術, 皆有精華美妙之芽, 含蕊而未展, 一旦除去政治之桎梏, 則滿園穠豔, 可立而待矣.

二十世紀之新鬼

二十世紀之開幕, 至今凡三百日有奇, 世界之巨人, 死於是者五人焉. 一曰英國女王域多利亞, 二曰日本政友會首領前遞信大臣星亨, 三曰伊大利左黨首領前宰相格里士比, 四曰美國合衆黨首領原任大統領麥堅尼, 五曰中國議和全權大臣直隷總督李鴻章. 楊朱有言, "生則堯舜, 死則腐骨, 生則桀紂, 死則腐骨." 雖復窮尊極貴, 殊俊奇傑, 亦豈能有與天地長久者耶. 環瀛萬里, 各自撒手, 四時之運, 成功者去, 碧落黃泉, 頗不寂寞.

以權勢地位論之, 則域多利亞與麥堅尼爲一類. 以聲名之久福命之高論之, 則域多利亞與李鴻章爲一類. 以民間之壓力論之, 則星亨格里士比麥堅尼爲一類. 以戰功之顯著, 外交之敏活論之, 則格里士比與李鴻章爲一類. 以早年之艱辛被窘被逐於官吏論之, 則星亨格里士比爲一類. 以晚年唾罵之多論之, 則星亨與李鴻章爲一類. 以現時常權一舉一動爲世界所注目論之, 則李鴻章與麥堅尼爲一類. 以享壽之高論之, 則域多利亞格里士比李鴻章爲一類. 以齎志未竟, 死事慘酷論之, 則星亨與麥堅尼爲一類.

域多利亞麥堅尼李鴻章之事實, 吾邦人多能知之, 茲不具述, 請略敍星亨與格里士比之所經歷.

星亨, 日本近來政界之雄也. 明治五年, 嘗爲橫濱稅關長, 以誤稱英皇爲英王, 觸英公使之怒, 不肯自屈, 罷職而遊學英國. 明治十年, 歸爲政府附屬律師, 未幾自由黨興, 彼此後進入黨. 崢嶸倔强, 爲先輩所器重, 卒乃握自由黨中獨一無二之權力. 星亨一生之歷史, 實日本自由黨始末歷史也. 當明治十五六年間, 彼率黨人, 攻擊政府, 鏖戰不遺餘力. 遂以明治十八年下獄, 二十年被放逐於外. 二十三年議院旣開, 擧爲議員, 旋任下議院議長. 因與改進黨相敵, 奪議長之職, 削議員之籍. 明治二十九年, 復任美國公使, 三十二年, 任滿歸, 値憲政黨(卽進步自由兩黨合倂改名者)政府之末運. 彼直揮大力闊斧, 散內閣, 散憲政黨. 三十三年, 改自由黨爲立憲政友會, 未幾政友會得政, 組織內閣, 星亨爲遞信省大臣. 星亨爲人, 雄才大略, 有不可一世之槪. 瞻智冠世, 日日與其政敵鏖戰, 所向披靡, 遂赫然爲日本現世第一人物. 而生平不謹小節. 好貨賂, 大爲國人所詬病, 爲大臣不數月, 以舊贓事牽連辭職. 然猶居議院, 指揮最多數之政黨焉. 本年七月, 爲一俠客所刺, 卒於市會議場.

格里士比, 以千八百十九年, 生於伊大利之西西里島. 早歲爲律師, 千八百四十八年, 伊大利革命之役. 格氏實爲其有力者, 事敗, 遁於法蘭西旣又被逐, 竄於英國. 飄蓬海島, 無以爲生, 時或凍餓經旬. 賣文於各報舘, 僅得充饘粥. 如是者凡十餘年, 至千八百六十年, 始從革命軍大將雅里巴治入於西西島, 西西島遂自立, 及伊大利一統之業成. 擧爲議員, 尋任下議院議長, 屢爲政府大臣, 嘗兩度爲宰相. 伊大利有左右黨, 而格氏實左黨之首領也. 其內治政策, 恆與敎會權力相反對, 其外交政策, 務親德意志以抑法蘭西. 歐洲三國同盟(德奧伊三國)格氏最有功焉. 後以事爲反對黨所扼, 遂於千八百九十六年辭職, 自脫於政海之風波, 優遊林下以終餘年, 伊大利建國之日雖尙淺, 而能屹然立於歐洲居一等國之位置, 實格氏與嘉富爾雅里巴治三雄之功居多云. 以本年八月卒, 年八十有三.

嗚呼, 若星氏格氏, 可不謂曠世之豪傑也哉. 此五人者, 於其國皆在絕大之關係. 除域多利亞爲立憲政治國之君主, 君主無責任, 不必論斷外, 若格里士比, 若麥堅尼, 皆使其國一新焉, 若星亨則欲新之而未能竟其志者也. 以此論之, 則李鴻章之視彼三人, 有慚德矣. 李鴻章每自解曰, 吾被擧國所掣肘, 有志而未逮也. 斯固然也. 雖然以視星亨格里士比之冒萬險忍萬辱排萬難以卒達其目者何如. 夫眞英雄恆不假他之勢力, 而能自造勢力, 彼星氏格氏之勢力, 皆自造者也. 若李鴻章則安富尊榮於一政府之下而已. 苟其以强國利民爲志也, 豈有以四十年之勳臣耆宿, 而不能結民望以戰勝舊黨者. 惜哉李鴻章之學識不能如星亨, 其熱誠不能如格里士比. 所憑藉者十倍於彼等, 而所成就乃遠出彼等下也. 質而言之, 則李鴻章實一無學識無熱誠之人也. 雖然以中國之大, 其人之有學識有熱誠, 能愈於李鴻章者幾何. 十九世紀列國皆有英雄, 而我國獨無一英雄, 則吾輩亦安得不指鹿爲馬. 聊自解嘲. 翹李鴻章以示於世界曰, 此我國之英雄也. 嗚呼, 適成爲我國之英雄而已矣. 亦適成爲我國十九世紀以前之英雄而已矣. 域多利亞之君英國也, 六十餘年. 李鴻章之相中國也, 四十餘年. 以一身而當國之久, 近世中未有及此兩人者也. 雖然, 域多利亞六十年中, 英國擴土, 徧於五洲, 遂至有 "THE SUN CONTINUALLY SHINES ON OUR BRITISH FLAG"(譯言太陽常照我英國旗也意謂英國屬土徧於兩半球也) 之驕語, 何其榮也. 李鴻章四十年中, 中國日蹙百里, 試一披亞細亞東部輿圖, 其改渲顏色者殆十餘處矣, 何其恥也.

夫英國之榮, 固不能爲域多利亞一人功, 中國之恥, 亦不能爲李鴻章一人罪. 嗚呼, 十九世紀往矣, 而二十世紀方將來. 曾國藩常言, 已往種種, 譬如昨日死, 未來種種, 譬如今日生. 吾輩於十九世紀之代表人無歆焉無責焉, 亦視二十世紀之新人何如耳.

麥堅尼非十九世紀美國之代表人, 而二十世紀美國之代表人也. 美國自華盛頓創業, 門羅昌言, 皆務保疆, 不務攻取, 經營美洲, 不及他洲. 自麥堅尼就任以來, 一舉而縣古巴, 再舉而吞夏威夷, 三舉而擴菲律賓. 共各主義, 一變爲帝國主義, 遂使西半球新世界, 與東亞大陸忽相接近. 自今以往, 美國將飛五洲, 主盟群雄, 而中美之交, 亦自此多事, 是皆麥堅尼所以貽後人也. 李鴻章結舊中國之終, 而麥堅尼開新美國之始. 麥堅尼死, 而將來爲麥堅尼繼志者, 當不止千萬. 李鴻章死, 而將來爲李鴻章幹蠱者誰耶.

嗟夫, 望八荒這寥廓, 何地無才. 送九原之沈冥, 問天不語. 陳陳代謝, 去日疏而來日親. 咄咄逼人, 後視今猶今視昔. 青燈有味, 逝水無情, 聊附長吟以代信史.

旗翻日所出入處, 功到天爲歌泣時. 五大洋中海水靜, 群龍齊唄挽歌詩.

右一首域多利亞

一生自獵知無敵, 百中爭能恥下韝(用杜老詠鷹句). 今日江山忽寂寞, 飛鷹卸箭墮寒秋.

右一首星亨

纍纍六度蘇子印, 咽咽十載吳市簫. 國自少年吾老矣(格氏嘗與瑪志尼創一會名曰少年伊大利), 莵裘人去雨瀟瀟.

右一首格裏士比

壯夫生奪門羅席(門羅前美國總統嘗宣言美國不幹預他洲之事他洲亦不得幹預美洲之事世稱門羅主義), 雄鬼死傍林肯墳(林肯前美國總統爲放黑奴開南北美之戰戰後繼任被刺卒者). 無賴商風海西警, 半旗蔽地弔天民.

右一首麥堅尼

陽秋未定蓋棺論, 病國能成豎子名. 如此江山且休去, 夕陽黃葉送君行.

右一首李鴻章

難乎爲民上者

民氣弱之國, 爲民上者最易, 而國恒替. 民氣昌之國, 爲民上者最難, 而國恒强. 故今日爲文明之首長者, 旣不可無非常之勇氣, 常立於戰場, 冒險決死以伸政策, 尤不可不以非常之公心. 順揣輿情, 著著爲公利公益著想, 乃可以安其位保其身. 吁, 其難哉!

星亨與麥堅尼, 皆死於刺客者也. 而星與麥之所以遇刺者不同. 麥則全由敵黨之忌嫉, 而星則不爾. 星則多由於平昔之自取, 而麥則不爾. 要之各難其難則一也. 日本之興, 俠客與有功焉. 所謂武士道, 所謂大和魂, 皆拔劍擊柱一瞑不視之徒也. 井伊直弼死於是, 大久保利通死於是, 森有禮死於是. 今星亨復死於是. 雖曰害社會之秩序. 而旱地霹靂. 往往使天地爲之昭蘇者. 日本之精神. 其在是歟.

若夫歐洲十九世紀各國首長, 遭此厄者尤數見不鮮. 以俄國論之, 一八〇一年保羅帝被殺, 一八八一年亞歷山大第二爲炸藥所斃. 而先帝亞歷山第三, 自言終日若在幽囚, 一夕九遷, 曾靡寧息. 今皇尼古刺第一[15]當游日本時, 亦幾不免矣. 俄羅斯爲地球第一專制

---

15 중화서국본에는 '니고자尼古刺'로, 광지서국본에는 '니고라尼古喇'로 되어 있다.

之國. 其現狀若此. 無足怪者.

至於美國, 則一八六五年大統領林肯遇害, 一八八一年大統領雅里非兒遇害. 至本年麥堅尼復踏前軌焉, 即最近三十六年間, 大統領之死於毒手者三人矣. 夫以專制政體出産地別俄國之帝王之生命, 與自由政體出産地別美國之統領之生命, 兩者比較, 孰危孰安. 似不待問, 即向人壽燕梳公司買保險, 則其價率自當俄增而美減. 固其當也. 乃其比較之實際如此, 豈有他哉. 民氣愈昌之國, 爲民上者愈難. 此公例之不可逃者也.

吾爲此言, 吾非左袒無政府黨也. 無政府黨者, 不問爲專制國, 爲自由國, 而惟以殺其首長爲務. 彼等之目的, 在破壞秩序. 若夫專制秩序與自由秩序, 皆非所問也. 彼等秩序之敵也, 文明之敵也. 雖然, 必有文明, 然後有文明之敵, 故民氣弱之國. 非惟求文明不可得, 即求文明之敵亦不可得也.

嗚呼. 使移今日中國之爲民上者以居歐美日本, 吾見星亨麥堅尼之事, 月接於目而日觸於耳矣.

煙士披里純(INSPIRATION)

人常欲語其胸中之秘密者. 或有欲語而語之者, 或有欲勿語而語之者. 雖有有心無心之差別, 而要之胸中之秘密, 決不長隱伏於胸中. 不顯於日, 則顯於舉動, 不顯於舉動, 則顯於容貌. 記曰, "夫微之顯, 誠之不可揜如此乎." 吁, 可畏哉. 蓋人有四肢五官. 皆所以顯人心中之秘密. 即肢官者, 人心之間諜也, 告白也, 招牌也. 其額蹙蹙, 其容顇顇者, 雖强爲歡笑, 吾知其有憂. 其笑在渦, 其軒在眉者, 雖口說無聊, 吾知其有樂. 蓋其胸中之秘密, 有欲自抑而不能抑, 直透出此等之機關以表白於大廷廣衆者. 述懷何必三寸之舌, 寫情何必七寸之管. 乃至眼之一閃, 顏之一動, 手之一觸, 體之一運, 無一而非導隱念述幽懷之絶大文章也.

西儒哈彌兒頓曰, "世界莫大於人, 人莫大於心." 諒哉言乎! 而此心又有突如其來, 莫之爲而爲, 莫之致而至者. 若是者我自忘其爲我, 無以名之, 名之曰, 「煙士披里純」INSPIRATION. 「煙士披里純」者, 發於思想感情最高潮之一刹那頃. 而千古之英雄豪傑孝子烈婦忠臣義士以至熱心之宗教家美術家探險家, 所以能爲驚天地泣鬼神之事業, 皆起於此一刹那頃. 爲此「煙士披里純」之所鼓動, 故此一刹那間不識不知之所成就, 有遠過於數十年矜心作意以爲之者. 嘗讀史記李廣烈傳去. 「廣出獵, 見草中石, 以爲虎, 射之. 中石, 沒羽視之, 石也. 因復更射之, 終不能復入石矣.」由此觀之, 射石沒羽, 非李將軍平生之慣技, 不過此一剎那間, 如電如火, 莫或使之, 若或使之. 曰惟「煙士披里純」之故. 馬丁路得云, 我於怒時, 最善祈禱, 最善演說. 至如玄裝法師之一鉢一錫, 越葱嶺犯毒瘴, 以達印度. 哥侖布之一帆一楫, 凌洪濤, 賭生命, 以尋美洲. 俄兒士蔑之唱俚謠彈琵琶以乞食於南歐. 摩西之鬪蠻族逐水草以徘徊於沙漠. 雖所求不同, 所成不同. 而要之皆一旦爲「煙士披里純」所感動所驅使, 而求達其目的而已. 盧騷嘗自書其懺悔記後. 曰. 「余當孤節單步旅行於世界之時, 未嘗知我之爲我. 凡旅行中所遇, 百事百物, 皆一一鼓舞發揮我之思想. 余體動, 余心亦因之而動. 余惟飢而食, 飽而行. 當時所存有於余之心目中者, 惟始終有一新天國. 余日日思之, 日日求之而已. 而余一生之得力, 實在於此.」云云. 嗚呼. 以盧騷心力之大. 所謂放火於歐洲億萬人心之火種, 而其所成就, 乃自行脚中之「煙士披里純」得來. 「煙士披里純」之動力, 誠不可思議哉.

世之歷史家議論家往往曰, 英雄籠絡人, 而其所謂籠絡者, 用若何之手段, 若何之言論, 若何之顏色. 一若有一定之格式, 可以器械造而印板行者. 果爾, 則其術旣有定, 所以傳習其術者亦必有定, 如就冶師而學鍛冶, 就土工而學搏埴. 果爾, 則習其術以學爲英雄, 固自易易. 果爾, 則英雄當車載斗量, 充塞天壤. 而彼刻畫英雄之形狀, 傳述英雄之伎倆者, 何以自身不能爲英雄. 噫嘻, 英雄之果爲籠絡人與否, 吾不能知之. 藉曰籠絡, 而其所謂籠絡者, 決非假權術, 非如器械造而印板行, 蓋必有所謂「煙士披里純」者. 其接於人也, 如電氣之觸物, 如磁石之引鐵, 有欲離而不能離者焉. 趙甌北廿二史劄記[16]論劉備曰「觀其三顧諸葛, 咨以大計, 獨有傳嚴爰立之風. 關張趙雲, 自少結契, 終身奉以周旋, 卽羈旅奔逃, 寄人籬下, 無寸土可以立業. 而數人者患難相隨, 別無貳志, 此固數人者之忠義, 而備亦必有深結其隱微而不可解者矣.」豈惟劉備. 雖曹操, 雖孫權, 雖華盛頓, 雖拿破侖, 雖哥郎威兒, 雖格蘭斯頓, 莫不皆然. 彼尋常人刻畫英雄之行狀, 下種種呆板之評論者, 恰如冬烘學究之批評古文, 以自家之胸臆, 立一定之準繩. 一若韓柳諸大家作文, 皆有定規, 若者爲雙關法, 若者爲單提法, 若者爲抑揚頓坐法, 若者爲波瀾擒縱法. 自識者視之, 安有不噴飯者耶. 彼古人豈嘗執筆學爲如此之文哉. 其氣充乎其

---

16 전집본에는 "二十"으로, 광지서국본에는 "廿"으로 표기되어 있다.

中, 而溢乎其貌, 動乎其言, 而見乎其文, 而不自知也. 曰惟「煙士披里純」之故.

然則養此「煙士披里純」亦有道乎. 曰,「煙士披里純」之來也如風, 人不能捕之. 其生也如雲, 人不能攫之. 雖然, 有可以得之之道一焉. 曰至誠而已矣. 更詳言之, 則捐棄百事, 而專注於一目的, 忠純專一, 終身以事之也. 記曰"至誠所感, 金石爲開. 精神一到, 何事不成." 西儒姚哥氏有言"婦人弱也, 而爲母則强(WOMAN IS WEAK, BUT MOTHER IS STRONG)." 夫弱婦何以能爲强母? 唯其愛兒至誠之一念, 則雖平日嬌不勝衣, 情如小鳥, 而以其兒之故, 可以獨往獨來於千山萬壑之中, 虎狼吼咻魍魎出沒, 而無所於恐, 無所於避. 蓋至誠者人之真而目面通於神明者也. 當生死呼吸之頃, 弱者忽强, 愚者忽智, 無用者忽而有用. 失火之家, 其主婦運千鈞之笥, 若拾芥然. 法國奇女若安, 以眇眇一田舍青春之弱質, 而能退英國十萬之大軍, 曰惟「煙士披里純」之故.

使人之處世也, 常如在火宅, 如在敵圍, 則「煙士披里純」日與相隨. 雖百千阻力, 何所可畏, 雖擎天事業, 何所不成. 孟子曰"至誠而不動者未之有也, 不誠未有能動者也." 書此銘諸終身, 以自警戒, 自鞭策, 且以告天下之同志者.

無欲與多欲

頃讀日本國民新聞, 有德富蘇峰氏所著論, 題曰無欲與多欲. 其論頗有精深透拔者, 故錄之而演其義. 蘇峰子曰: 人無無欲者, 或好色, 或好貨, 或好名, 或好學. 要之無有無欲者, 即如禪寂之徒, 以槁木死灰自命. 然終不免有槁木死灰之欲. 淺見者流, 往往謂彼多欲也. 此無欲也皆妄生差別相而已.

近世之豪傑, 如西郷南洲者, 殆可謂無欲人矣. 其詩云, "家遺法君知否, 不爲兒孫買美田." 世欲之欲, 殆皆淨盡. 雖然. 彼一旦聞薩兒之暴發, 忽犧牲其一身, 甘與其子弟爲情死, 遂歌曰: "白髪衰顔非所意, 壯心橫劍愧無勳." 蓋彼視其一身輕如鴻毛, 而以不能立蓋世之功爲一生大憾事. 果然, 則南洲可謂全無欲乎.

吾以爲世俗之所謂無欲者, 未必無欲, 所謂多欲者, 未必多欲. 要而論之, 則欲之有無多少, 惟視其所欲之性質與種類何如耳. 彼西郷南洲之眼中, 或以平沼專藏輩爲無欲之極, 亦未可知也. 貪夫徇財, 烈士徇名, 哲人徇道. 其趨向不同, 則其欲念之所生亦自不同耳.

人莫不欲其最上之物. 若以美人爲最上之物, 則美人以外, 一切屏棄以求之, 不惜焉. 若以金錢爲最上之物, 則金錢以外, 一切屏棄以求之, 不惜焉. 以至他物他事, 莫不例是. 是故吾人不必求無欲. 無欲者, 決非吾人之所能及也. 無寧先自審擇決定, 以何物爲最上. 而集注一切之欲念以向之. 究之無欲云者, 無世俗之欲云爾. 彼之所欲者, 視世俗之欲, 有加高焉, 有加大焉. 以此之故, 故無暇日以顧俗欲. 然則無欲云者, 雖謂之以大欲克小欲, 以高欲克卑欲, 以清欲克濁欲焉, 可也.

飲冰子曰: 孟子曰: "養心莫善於寡欲". 荀子曰: "凡人所欲多, 其可用必多". 斯二者各明一義, 有並行而不相悖者焉. 物質上之欲, 惟患其多, 精神上之欲, 惟患其少. 而欲求減物質上之欲, 則非增精神上之欲. 不能爲功, 其消息之間, 殆有一定之此例. 釋迦所以舍淨飯太子之貴, 而苦行六年. 摩西所以棄埃及職官之安, 而漂流萬里. 路得所以辭教皇不次之賞, 而對簿大廷. 哥侖布所以拋里井優游之樂, 而投身遙海. 曰惟有欲之故. 燕雀烏知鴻鵠志? 陳涉芥夫, 猶能此言, 而況於互古萬國之聖賢豪傑乎.

孔子不云乎? "我欲仁, 斯仁至矣". 今試問孔子有欲乎. 曰, 孔子天下之多欲而大欲者也. 故曰, "知之者不如好之者. 好之者不如樂之者." 孔子之於救天下利生民也. 視之如流俗人之好飲食好男女好金錢好名譽. 豈惟孔子! 凡古今來之聖賢豪傑. 彼其畢生之所經營所貫注, 旁觀人觀之, 爲驚天動地, 能人所難. 百世之下, 震駭之, 膜拜之, 而返諸彼聖賢豪傑之本心, 亦不過視爲縱欲之具而已. 人見有男女之爲情而死者, 輒笑之曰, "嘻! 抑何其癡", 而不知聖賢豪傑之爲道而死, 爲國而死, 爲民而死. 其與彼情死者, 分量之大小, 關係之重輕, 雖有不同, 至其專注一欲而斷棄他欲, 則一而已. 夫是之謂至誠, 嗚呼! 安得有以寶玉黛玉之癡情癡欲, 以餉於國民者乎. 吾將執鞭以從之.

佛弟子問佛曰: "何謂如來種." 佛言無明有愛. 是如來種. 無明有愛者, 多欲之謂也.

說悔

語曰, "君子之作事也無悔." 悔也者, 殆非大賢豪傑之所當有乎. 雖然, 佛敎曰懺悔, 耶敎曰悔改, 孔子曰過則勿憚改, 凡古今大宗敎敎育之主旨, 無不提倡此義, 以爲立身進德不二法門, 則又何也?

大易四動曰, "吉凶悔吝, 吝者凶之原, 而悔者吉之本也." 悔何以爲吉之本? 凡人之性惡也. 自無始以來, 其無明之種子, 久已熏習於藏識中. 故當初受生始, 而無量迷妄, 既伏於意根矣. 及其住世間也, 又受現生惡業熏習所成的社會之熏習. 彼此相熏, 日習日深, 雖有善根, 而常爲惡根所勝, 不克伸長, 不克成熟. 於是乎欲進德者不可以不以戰勝舊習爲第一段工夫. 大學曰, "作新民." 能去其舊染之污者謂之自新, 能去社會舊染之污者謂之新民. 若是才非悔末由. 悔也者, 進步之原動力也.

子張, 吳之駔儈也, 顏涿聚, 魯之大盜也, 而能愛學孔子, 爲大儒. 曰惟悔之故. 大迦葉, 富樓那, 皆頑空之外道也, 而能深通佛乘, 列於十八大弟子數. 曰惟悔之故. 保羅, 與耶穌爲難最力者也, 而能轉心歸依, 弘通彼教, 功冠宗門. 曰惟悔之故. 至如衛之賢大夫遽伯玉, 行年五十而知四十九年之非. 晉之名士周處, 幼年爲三害之一, 後乃刻厲自新, 爲世名儒. 以子夏大賢, 而喪子喪明, 慇天痛哭, 自訴無罪, 及聞會子之面責, 乃投杖而起曰, "吾過矣, 吾過矣. 吾離群索居亦已久矣." 彼其心地何等磊落, 其氣象何等俊偉. 百世之下, 如見其精神焉, 下至文章雕蟲小技, 而楊子雲猶稱, 每著一書, 悔其少作, 曹子建言, "好人譏彈其文, 有不善者, 應時改定." 茲事雖小, 然彼等所以能在數千年文界卓然占一席者, 亦豈不以是耶? 魏武帝自言, "曹操做事, 從來不悔." 曹操之所以能爲英雄者以此, 曹操之所以不能爲君子者亦以此, 悔之時義大矣哉.

悔之發生力有二途, 一曰自內, 二曰自外. 自內發者, 非有大智慧不能. 否則如西語所謂煙士披里純, 有神力以爲之助也. 自外生者, 或讀書而感動焉, 或閱事而感動焉, 或聽哲人之說法而感動焉, 或聞朋友之規諫而感動焉. 要之, 當其悔也, 恆皇然凜然有今是昨非之想, 往往中夜瞿省, 汗流浹背, 自覺其前者所爲, 不可以立於天地. 所謂一念之間, 間不容髮, 非獨大賢豪傑有之, 即尋常人亦莫不有焉, 特視其既悔後之結果何如耳.

凡言悔者, 必曰悔悟, 又曰悔改. 蓋不悟則其悔不生, 不改則其悔不成. 易曰, "不遠復, 無祇悔, 元吉." 孔子繫之辭曰, "顏氏之子, 其殆庶幾乎. 有不善未嘗不知, 知之未嘗復行也." 是故非生其悔之難, 而成其悔之難. 曾文正曰, "從前種種, 譬猶昨日死, 從後種種, 譬猶今日生." 故眞能得力於悔字訣者, 常如一新造之人立於世界, 大學所謂日日新者耶. 一人如是, 則一身進步, 國民如是, 則一國進步.

悔改之與自信, 反對之兩極端也. 佛法既言懺悔, 又言不退轉, 今欲以悔義施諸教育, 得無導人以退轉之路耶? 抑彼信道不篤, 異懦畏事, 半途棄其主義者, 豈不有所藉口耶? 曰, 是又不然. 孟子曰, "自反而縮, 雖褐寬博, 吾不惴焉. 自反而不縮, 雖千萬人, 吾往矣." 大學曰, "所謂誠其意者, 毋自欺也. 如惡惡臭, 如好好色, 此之謂自慊." 凡人之行事, 善不善, 合於公理不合於公理, 彼各人之良心, 常自告語之, 非可以假借者也.

是故昔不知其爲善而棄之, 昔不知其爲惡而蹈之. 或雖知之而偶不及檢, 遂從而棄之蹈之. 及其旣悟也, 旣悔也, 則幡然自新焉. 是之謂君子之悔. 若乃前旣已明知之矣, 躬行之矣, 而牽於薄俗, 怵於利害, 溺於私欲, 忽然棄去, 艾己尤人, 是之謂小人之悔. 君子之悔, 其旣悔旣改也, 常泰然釋重負, 神明安恬. 小人之悔, 其旣悔旣改也, 常覘然若背有芒, 夜夜忐忑. 君子之悔, 一悔而不復再悔, 小人之悔, 且又將有大悔之在其後也. 然則真能悔者, 必真能不退轉者也. 何也? 悔也者, 進步之謂也, 非退步之謂也.

機埃的格言

偶閱德富蘆峰所著書, 有譯機埃的氏格言數則, 輒重譯之以實自由書.

古人所思索之外, 亦無足供我輩今日之思索者, 我輩惟務反覆思之重思之耳.

蘇峰案: "天地間無新事物"一語, 實不易之真理. 欲舉萬物萬事而自我發明之, 蓋妄人耳. 熟路雖熟, 若重來而加以視察, 則清新之景, 常在目前.

任案: 學者求新知識, 固屬要事. 然於當前陳腐之事物, 決不可輕看而吐棄之. 吾今日每讀中國理學家之書, 常覺其於國民教育上有一大部分之關係, 每讀中國歷史, 覺其趣味濃深, 應接不暇.

淤泥之耀, 限於日光所照之間.

蘇峰案: 日光不照, 則淤泥惟淤泥耳.

任案: 是故人必嘗有所獨得, 不可依附末光. 無論任事, 無論講學, 皆常爾爾.

善也, 美也, 不能自知者也.

蘇峰案: 善美之所以爲善美, 惟在不自知其善美而已. 若自覺其如是, 則善美之香味, 立即消散. 蓋無邪者, 善美之最要原質也. 桃李不言, 下自成蹊, 其愛絕情絕, 在於不自知其芬馥也.

忘恩者, 一種之弱性也. 吾未見有能之士, 不感謝他人也.

蘇峰案: 常認識自己之負債, 了了不忘者, 英雄兒之有真骨頭者也. 管仲豈忘鮑叔哉.

有愛與己同臭味之人而求者, 有愛與己異臭味之人而尋之者.

蘇峰案: 人有種種, 世界有種種, 以此之故.

任案: 愛同己者, 常人性也. 愛異己者, 求益之道也. 電氣必合正負兩電而後生力, 生物必和陰陽兩性而後發榮, 人不可不務以反比例之事物, 自鑑自進.

吾人當因其性之所近, 以講求世界有形無形之學. 世界者常有光明之方面, 則有暗黑之方面也.

蘇峰案: 樂天家常覺世界爲極樂, 厭世家常覺世界爲極苦, 極苦極樂, 惟在一心.

任案: 世界無論何等社會, 皆含有種種色相, 不親入其社會, 不能知也. 一旦入之, 別有天地, 別有國土, 一蜂也, 一蟻也, 一土也, 一石也, 物理學家終身研究之, 不能盡焉. 政治社會, 宗教社會, 學者社會, 商業社會, 勞動社會, 盜賊社會, 乞丐社會, 苟入其一而以慧眼觀察之, 無往而不可得最眞最大之原理. 雖然, 通其一, 萬事畢. 有光明之方面, 則黑暗之方面, 亦光明矣. 生也有涯, 知也無涯. 故因性之所近, 可以知世界.

希望者, 失意人之第二靈魂也.

蘇峰案: 有希望則可轉失意爲得意.

任案: 有希望則雖失意亦得意, 希望愈遠愈大者, 無入而不自得也.

熱心者最大之價値也. 雖然, 吾人不爲其所驅遣, 乃得其眞價値.

蘇峰案: 人若爲熱心之奴隷, 則熱心如狂氣一般, 其價値復何有焉.

任案: 人莫患爲他人之奴隷, 尤莫患爲自己之奴隷. 爲人奴隷猶可解脫, 爲己奴隷, 則永無解脫之時. 所謂爲己奴隷者, 心爲形役是也. 故吾常言心爲形役者, 奴隷之魁而最可哀憐者也. 據此言, 則心爲心役, 猶且不可, 況於形役乎.

無論何人, 必不於其僕隷之前逞英雄. 無他, 惟英雄能識英雄, 若施之於僕隷輩, 則亦惟得其同輩的僕隷之良月旦耳.

任案: 凡欲博聲名於流俗人者, 可懸此語爲當頭棒喝.

智者愚者俱無害, 最危險者, 惟在半智半愚之人.

蘇峰案: 生兵法者, 大敗之基也.

凡作事, 將成功之時, 其困難最甚.

蘇峰案: 此閱歷世途者所無異辭也.

任案: 行百者半九十. 有志當世之務者, 不可不戒, 不可不勉.

勿以知而自足, 宜應用之, 勿以欲而自足, 宜實行之.

蘇峰案: 此乃驅吾人使百尺竿頭進一步之金言也. 惟此一步實人之所以爲人也.

富國强兵

有貧國弱兵者, 有貧國强兵者, 有富國弱兵者, 有富國强兵者. 若葡萄牙, 若希臘, 貧國弱兵也. 若意大利, 若日本, 貧國强兵也. 若比利時, 若荷蘭, 富國弱兵也. 若英吉利, 若法蘭西, 若德意志, 富國强兵也. 此十九世紀世界舞臺之大槪也. 有可以富國强兵, 今則兵雖强而國未富者, 俄國是也. 有可以富國强兵, 今則國雖富而兵未强者, 美國是也. 有可以富國强兵, 今則國亦未富兵亦未强者, 中國是也. 此三國者二十世紀世界舞臺第一等重要之國也.

俄國之必將富, 美兵之必將强, 是可懸定之問題也. 中國之將以貧弱終乎否乎? 是難定之問題也. 中國之地不貧而國貧, 中國之民不弱而兵弱, 是世界一怪現象. 然則其貧之弱之者, 必有一魔鬼實作梗作弄於其間. 吾國民但當求得魔鬼所在而祓除之, 則二十世紀之舞臺, 將爲吾國民所專有, 未可知也.

世界外之世界

諸葛孔明初與石廣元徐元直孟公威等俱遊學, 三人務精熟, 諸葛獨觀大略, 常抱膝長嘯. 而謂三人曰, "卿等仕進可至刺史郡守." 三人問其所至, 但笑而不言. 日惟躬耕隴畝, 好爲梁父吟. 嗚呼, 此何等心胸, 何等氣象. 彼其於群雄憂攘四海鼎沸之頃, 泊然置其一身於世界外之世界, 而放炯眼以照世界, 知自己之爲何人, 知世界之爲何狀, 己與世界有如何之關係, 知己在世界當處如何之位置. 蓋其所以自審自擇者, 固已夙定, 必非欲以苟全性命於亂世終其身也. 蓋知彼三人者, 隨時勢之人, 而己乃造時勢之人也. 嗚呼, 眞人物, 眞豪傑, 其所養有如此者.

人也者, 好羣之動物也此西儒亞里士多德之言. 近自所親, 遠及所未見, 相交互而成世界. 雖然, 日處於城市雜遝之地, 受外界之刺激熏染, 當不復自識我之爲我. 故時或獨處靜觀, 遁世絕俗, 然後我相始可得見. 顧所謂遁世絕俗者, 其種類亦有數端. 一則旁觀派者流, 僞爲堅僻詭異之行, 立於世外, 玩世嘲俗, 以爲韻事佳話, 所謂俗中笑俗, 毫無取焉. 次則以熱心之極, 生一種反動力, 抱非常之才, 睹一世之瞶瞶, 不忍揚波醨醨, 乃甘與世絕, 不以泯泯汨汩淖察察, 不以騏驥任駑駘, 此三閭大夫之徒也. 君子哀之, 且深敬之. 亦有性本恬淡, 獨稟清淑, 不樂與人間世交涉, 而放浪形骸之外者, 古今高流之詩人, 往往有之. 如李白之詩, 所謂問余何事栖碧山, 笑而不答心自閑, 桃花流水醨醨杳然去, 別有天地非人間. 其天才識想, 自相高出於凡俗者, 但此等人於世界無甚關係, 吾甚愛之不願學之.

尋常人能入世界而不能出, 高流者能出世界而不能入. 最高流者, 旣入之, 復出之, 旣出之, 復入之, 即出即入, 非出非入, 复哉尚乎. 望之似易, 行之甚難, 雖不可强而致, 顧不可不學而勉. 無論如何尋常之人, 日爲尋常界所困, 如醉如夢, 及其偶遇一人獨居更無他事之時, 時或有翛然灑然, 與天地爲伴侶, 而生不可思議之思想者. 英國某小說所載一段, 有足描寫此情態者. 其言曰,

狄西將軍之征埃及也, 有一騎士爲亞剌伯人所擒. 深夜伺隙竊逃, 沿尼羅河上流. 急鞭挟驅, 盡馬力所及, 馬卒疲斃, 遂獨遣一身於浩浩沙漠之中. 欲進不能, 欲退不得, 惟啜咀椰子以自活. 萬籟無聲, 乾坤寂寥, 極目一望, 渺茫無涯, 惟見地平線盡處, 如畫如綴, 絕望之極, 抱椰樹痛哭. 時鼓無聊之勇氣, 大聲而呼, 其聲惟遠消散於沙際, 曾無反響. 偶覺有之, 則惟心所幻造而已. 寂寥之餘, 萬感累動. 遠想故國之天地, 車如流水, 馬如遊龍, 雜遝繁華之境, 歷歷在目. 過此數日, 每日必有無量數之新感想, 涌起陡落, 欲禁而不能自禁. 於孤身隻影人聲全絕之間, 忽開出自然之秘密藏, 得不可思議之感悟, 見太陽之出又沒, 沒又出, 覺有無限莊嚴之象, 隱於人界. 或見一二怪禽之高翔, 數片旱雲之掩空. 紅黃碧綠, 種種色相, 凡映於眼簾者, 則其心藏必緣之而浮一新想. 一輪孤月, 透破夜色, 光閃沙上, 四望燦爛, 涼風簸沙, 自成波線, 動漾無息. 時或暴風怒號, 峨峨沙柱, 挺立寥空者, 殆百十數, 俄然風息, 星斗闌干, 爽氣頓生, 恍如聽空中皇矞微妙之天樂. 自謂此中樂趣, 爲生平所未遇, 以後欲追之而無計可得. 蓋其愉快有不足爲外人道者.

夫以彼騎士不過尋常一濁物, 非能有道心眞自得者. 而處於此境, 尚能發爾許之思想, 增爾許之智慧, 物之移情, 固如是乎.

畫師之作畫也, 往往舐筆伸紙, 注全身之力於隻手, 其心惟在畫上, 不及其外. 然時或退兩三步若五六步, 凝視之, 更執筆向紙如初, 如是者數次, 而畫乃完成. 詩家亦然,

常有苦思力索, 撚斷髭莖, 終不得就, 時而擲筆遊想, 不見有詩, 惟見有我, 妙手偶得, 佳句斯搆. 故成連學琴, 導之海上, 飛衛教射, 視蝨如輪. 天下事固有求之於界線之內而不得, 求之於界線之外然後得之者. 鄭裨諶善謀, 謀於野則獲, 謀於邑則否. 無論何人何事, 常有此一段境界, 善用之者, 斯爲偉人.

俾士麥稍有休暇, 則退舍於田園, 或單身入夜, 行散步, 其所計畫國事, 多在此時. 彼雖非理想家, 然其所經營, 常超越凡人, 不好爲規矩所束縛, 故常脫羈絆而住於惟我獨尊之境. 彼嘗在福郎克戈寄一短牋於其夫人云, "舟以某日泛來因河, 予乘明月, 泳乎中流, 浮露水面, 僅鼻與眼, 梟浴時許, 直達濱涇, 徹夜悄靜. 循流徐行, 仰視惟見月星娟娟, 橫睨兩崖, 巒巘重疊, 如迎如送, 墓布平原, 惟古戰場, 耳根所接, 僅有水聲冷然, 恍兮乃似幽夢. 噫嘻, 一年三百六十日, 安得嘗嘗有此游." 格蘭斯頓亦然, 退食之暇, 屏妻子, 去婢僕, 一人退於後園, 伐木丁丁然. 自餘大宗教家, 更多斯蹟, 摩哈默德在覓加爲商, 單身遁於寂寞之地者數次, 其悟道也, 實在希拉之一淺洞. 釋迦牟尼苦行六年, 乃起於菩提樹下, 哲人傑士, 罔不如是.

何以故. 清明在躬, 則志氣如神, 天下固未有昏濁營亂之腦質, 而可以決大計之大業者. 而凡大人物大豪傑, 其所負荷之事愈多愈重, 則其與社會交接也愈雜愈繁. 非常有一世界外之世界, 以養其神明, 久而久之, 將爲尋常人所染, 而漸與之同化, 卽不爾, 而腦髓亦炙涸, 而智慧亦不得不倒退. 故欲學爲大人物者, 在一生中, 不可無數年住世界外之世界, 在一年中, 不可無數月住世界外之世界, 在一日中, 不可無數刻住世界外之世界. 嗚呼, 風雨如晦, 雞鳴不已, 雖不能至, 心嚮往之.

輿論之母與輿論之僕

凡欲爲國民有所盡力者, 苟反抗於輿論, 必不足以成事. 雖然, 輿論之所在, 未必爲公益之所在. 輿論者, 尋常人所見及者也, 而世界貴有豪傑, 貴其能見尋常人所不及見, 行尋常人所不敢行也. 然則豪傑與輿論常不相容若是, 豪傑不其殆乎. 然古今爾許之豪傑, 能爛然留功名於歷史上者踵相接, 則何以故?

赫胥黎嘗論格蘭斯頓曰, "格公誠歐洲最大智力之人. 雖然, 公不過從國民多數之意見, 利用輿論以展其智力而已." 約翰摩禮英國自由黨名士, 格公生平第一親交也. 駁之曰, "不然. 格公者, 非興論之僕, 而興論之母也. 格公常言, '大政治家不可不洞察時勢之眞相, 喚起應時之興論而指導之, 以實行我政策.' 此實格公一生立功成業之不二法門也. 蓋格公每欲建一策行一事, 必先造興論, 其事事假借興論之力, 固有誣也. 但其所假之興論, 即其所創造者而已."

飮冰子曰, "謂格公爲興論之母也可, 謂格公爲興論之僕也亦可. 彼其造興論也, 非有所私利也, 爲國民而已. 苟非以此心爲鵠, 則興論必不能造成. 彼母之所以能母其子者, 以其有母之眞愛存也. 母之眞愛其子也, 恆願以身爲子之僕. 惟其盡爲僕之義務, 故能享爲母之利權. 二者相應, 不容假借. 豪傑之成功, 豈有僥倖耶?"

古來之豪傑有二種. 其一以己身爲犧牲, 以圖人民之利益者. 其二以人民爲芻狗, 以遂一己之功名者. 雖然, 乙種之豪傑, 非豪傑而民賊也. 二十世紀以後, 此種虎皮蒙馬之豪傑, 行將絕跡於天壤. 故世界愈文明, 則豪傑與興論愈不能相離. 然則欲爲豪傑者如之何? 曰, 其始也, 當爲興論之敵, 其繼也, 當爲興論之母, 其終也, 當爲興論之僕. 敵興論者, 破壞時代之事業也. 母興論者, 過渡時代之事業也. 僕興論者, 成立時代之事業也. 非大勇不能爲敵, 非大智不能爲母, 非大仁不能爲僕. 具此三德, 斯爲完人.

文明與英雄之比例

世界果藉英雄而始成立乎? 信也. 吾讀數千年中外之歷史, 不過以百數十英雄之傳記磅礴充塞之. 使除出此百數十之英雄, 則歷史殆黯然無色也. 雖然, 使其信也, 則當十九世紀之末葉, 舊英雄已去, 新英雄未來, 其毋乃二十世紀之文明, 將隨十九世紀之英雄以墜於地. 此中消息, 有智慧者欲一參之.

試觀英國. 格蘭斯頓去矣, 自由黨名士中, 可以繼起代興者誰乎? 康拔乎, 班拿曼乎, 羅士勃雷乎? 殆非能也. 試觀德國. 俾士麥去矣, 能步其武者, 今宰相秘羅乎, 抑阿肯羅乎, 抑阿肯羅乎, 抑亞那特乎? 殆非能也. 試觀俄國, 峨查伋去矣, 能與此肩者, 謨拉比埃乎, 謨拉士德乎? 殆非能也. 然則今日歐洲之政界, 殆冷淸淸地, 求如數十年之大英雄者, 渺不可睹, 而各國之外交愈敏活, 兵制愈整結, 財政愈充溢, 國勢愈進步, 則何以故?

吾敢下一轉語曰, 英雄者不祥之物也. 人群未開化之時代則有之, 文明愈開, 則英雄將絕跡於天壤. 故愈在上古, 則英雄愈不世出, 而愈見重於時. 上古之人之視英雄, 如天如神, 崇之拜之, 以爲終非爲類之所能及. 中國此風亦不少, 如關羽岳飛之類皆是. 若此者, 謂之英雄專制時代, 即世界者英雄所專有物而已. 降及近世, 此風稍熄, 英雄固亦猶人, 人能知之. 雖然, 常秀出於萬人之上, 鳳毛麟角, 爲世界珍. 夫其所以見珍者, 亦豈有僥倖耶? 萬人愚而一人智, 萬人不肖而一人賢, 夫安得不珍之? 後世讀史者, 嘖嘖於一英雄之豐功偉烈, 殊才奇識, 而不知其沈埋於蚩蚩蠕蠕渾濁黑暗之世界者, 不知幾何人也.

二十世紀以後將無英雄. 何以故? 人人皆英雄故. 英雄云者, 常人所以奉於非常人之徽號也. 疇昔所謂非常者, 今則常人皆能之. 於是乎彼此皆英雄, 彼此互消, 而英雄之名詞, 遂可以不出現. 夫今之常人, 所以能爲昔之非常人, 而昔之非常人, 只能爲今之常人者, 何也? 其一由於教育之普及. 昔者教法不整, 其所教者不足以盡高才人腦筋之用, 故往往逸去, 奔軼絕塵. 今則諸學大備, 智慧日平等, 平等之英雄多, 而獨秀之英雄自少. 其二由於分業之精繁. 昔者一人而兼任數事, 兼治數學, 中才之人, 力有不及, 不得不讓能者以獨步焉. 今則無論藝術, 無論學問, 無論政治, 皆分勞赴功. 其分之日細, 則專之者自各出其長, 而兼之者自有所不逮, 而古來全知全能之英雄, 自不可復見. 若是乎, 世界之無英雄, 實世界進步之徵驗也. 一切衆生皆成佛, 則無所謂佛, 一切常人皆爲英雄, 則無所謂英雄.

古之天下所以一治一亂如循環者何也? 恃英雄也. 其人存則其政舉, 其人亡則其政息, 即世界藉英雄而始成立之說也. 故必到人民不倚賴英雄之境界, 然後爲眞文明, 然後以之立國而國可立, 以之平天下而天下可平. 雖然, 此在歐美則然耳. 若今日中國, 則其思想發達文物開化之度, 不過與四百年前之歐洲相等. 不有非常人起, 橫大刀闊斧以闢榛莽而開新天地, 吾恐其終古如長夜也. 英雄乎, 英雄乎, 吾夙昔夢之, 吾頂禮祝之.

干涉與放任

古今言治術者不外兩大主義, 一曰干涉, 二曰放任. 干涉主義者, 謂當集權於中央, 凡百皆以政府之力監督之助長之. 其所重者在秩序. 放任主義者, 謂當散權於個人, 凡百皆聽民間自擇焉自治焉自進焉. 其所重者在自由. 此兩派之學者, 各是其所是, 非所非, 皆有顚撲不破之學理, 以自神明其說. 泰西數千年歷史, 實不過此兩主義之迭爲勝負而已. 於政治界有然, 於生計界亦有然. 大抵中世史純爲干涉主義之時代, 十六七世紀爲放任主義與干涉主義競爭時代, 十八世紀及十九世紀之上半爲放任主義全勝時代, 十九世紀之下半爲干涉主義與放任主義競爭時代, 二十世紀又將爲干涉主義全勝時代.

請言政界. 中世史之時, 無所謂政治上之自由也. 及南歐市府勃興, 獨立自治之風略起. 爾後霍布士陸克諸哲漸倡民約之論. 然霍氏猶主張君權, 及盧梭興, 而所以掊擊干涉主義者, 不遺餘力, 全世界靡然應之, 演成十九世紀之局. 近儒如約翰彌勒, 如斯賓塞, 猶以干涉主義爲進化之敵焉, 而伯倫知理之國家全權論, 亦起於放任主義極盛之際, 不數十年已有取而代之之勢. 疇昔謂國家恃人民而存立, 寧犧牲凡百之利益以爲人民者, 今則謂人民恃國家而存立, 寧犧牲凡百之利益以爲國家矣. 自今以往, 帝國主義益大行, 有斷然也, 帝國主義者, 干涉主義之別名也.

請言生計界, 十六七世紀, 重商學派盛行, 所謂哥巴政略者, 披靡全歐, 各國相率倣效之, 此爲干涉主義之極點, 及十八世紀重農學派興, 其立論根據地, 與盧梭等天賦人權說同出一源, 斯密亞丹出, 更取自由政策, 發揮而光大之, 此後有門治斯達派者, 益爲放任論之本營矣, 而自由競爭之趨勢, 乃至兼并盛行, 富者益富, 貧者益貧, 於是近世所謂社會主義者出而代之, 社會主義者, 其外形若純主放任, 其內質則實主干涉者也, 將合人群使如一機器然, 有總機以紐結而旋掣之, 而於不平等中求平等, 社會主義, 其必將磅礴於二十世紀也明矣, 故曰二十世紀爲干涉主義全勝時代也.

然則此兩主義者, 果孰是而孰, 非耶, 孰優而孰劣耶, 曰皆是也, 各隨其地, 各隨其時, 而異其用, 用之而適於其時與其地者則爲優, 反是則煙劣, 曰, 今日之中國, 於此兩主義者, 當何擇乎, 曰, 今日中國之弊, 在宜干涉者而放任, 宜放任者而干涉, 竊計治今日之中國, 其當操干涉主義者十之七, 當操放任主義者十之三, 至其部分條理, 則非片言所能盡也.

不婚之偉人

老子曰, "人不婚宦, 情欲失半." 此其言殆有至理焉. 頃讀某報, 列舉近世不婚之偉人. 如史學家之吉朋·謙謨·柏格兒, 哲學家之笛卡兒·巴士卡爾·斯賓挪莎·康德·霍布士·陸克·盧梭·邊沁·斯賓塞, 科學家之奈端·斯密亞丹, 文學家之福祿特爾·格黎, 政治家之維廉繁特·加富爾·梭馬, 皆終身獨居之人也. 此外尚多不能枚舉, 舉其最知名者耳. 文豪索士比亞·擺倫, 皆有妻而極言有妻之害, 謂天才與妻不能兩立者也. 而近世大政治家, 若格蘭斯頓, 若俾士麥, 若的士黎里, 則自謂生平之成功, 得於賢內助者居多云. 兩才孰爲正理? 吾以爲欲不婚率天下, 非可行也, 而早婚與多婚二者之陋俗不除, 則國民之聰明才力, 消沮於是者, 不知幾許. 有志改良群治者, 其勿以爲一私人之事而忽之.

嗜報之國民

今世文明國國民, 皆嗜讀報紙如食色然, 而發達最速者, 莫如美國. 美國當五十年前, 即西曆一千八百五十年, 全國報館僅有二百五十四種, 讀報者七十五萬八千人, 至今年〈一千九百二年〉有報一萬一千二百二十六種, 讀報者一千五百十萬人. 五十年前, 全國報館印出報紙總數四萬萬零二千六百四十萬部, 今年增至八十一萬萬零六千八百五十萬部. 今年統計全國報館平均支出費用, 美銀一萬萬零九千二百四十四萬元, 內主筆訪事及司理人等, 共二萬七千五百餘名, 支出薪俸美銀二千七百萬元, 職工共九萬四千人, 支出薪俸美銀五千萬元, 其餘機器紙料雜費等, 支出美銀五千萬元. 全國報館平均收入金, 美銀二萬萬零二千三百萬元, 收支相消, 實每年贏餘總額美銀三千萬元.

据美國最近人口統計, 凡七千六百五十餘萬人, 以此比例, 是六人中必有一人讀報者也. 中國民數, 五倍美國, 以此比例, 應有讀報人八千萬有奇, 每年印出報紙總數, 當在四百五十三萬萬零四千萬有奇. 嗚呼! 吾中國何日始能有此盛況乎! 不禁慨歎. 然美國五十年中, 增率二十倍有奇, 安知中國五十年後, 其盛大不有更驚人耳目者乎, 是在造時勢之英雄焉矣.

以今日金值計之, 美銀一元, 當中國口岸通用銀二元. 是美國全國報館每年總支出數, 將近四萬萬元, 其總收入數, 將近四萬萬零五千萬元, 視今日中國國帑出入總數, 且三倍矣, 嗚呼, 人之度量相越乃至如是耶.

奴隸學

偶讀顏氏家訓有云, "齊朝一士夫, 嘗謂吾曰, '我有一兒, 年已十七, 頗曉書疏. 教其鮮卑語, 及彈琵琶, 稍欲通解, 以此伏事公卿, 無不寵愛', 吾時俯而不答." 嗚呼! 今之學英語法語者, 其得毋鮮卑語之類耶, 今之學普通學專門學者, 其得毋彈琵琶之類耶. 吾欲操此業者一自省焉, 毋爲顏之推所笑.

希望與失望

希望者靈魂之糧也, 而希望常與失望相乘, 失望者希望之魔也.

今日我國民全陷落於失望時代. 希望政府, 政府失望, 希望疆吏, 疆吏失望, 希望民黨, 民黨失望, 希望漸進, 漸進失望, 希望暴動, 暴動失望, 希望自力, 自力失望, 希望他力, 他力失望. 憂國之士, 溢其熱血, 絞其腦淨漿, 於彼乎, 於此乎, 皇皇求索者有年, 而無一路之可通, 而心血爲之倒行, 而腦筋爲之瞀亂. 今日青年界中多少連犴佅詭之現象, 其起因殆皆在失望.

失望之惡果有二, 其希望而不甚誠者, 及其失望也, 則退轉, 其希望而甚誠者, 及其失望也, 則發狂. 今之志士, 由前之說者十而七, 由後之說者十而三.

國民之自殺

發狂之極, 其結果乃至於自殺. 自殺之種類不一, 而要之皆以生命殉希望者也, 故凡能自殺者, 必至誠之人也. 一私人有自殺, 一國民亦有自殺, 何謂國民自殺. 明知其道之足以亡國, 而必欲由之, 是也. 夫人苟非有愛國心, 則胡不飽食以嬉焉, 而何必日以國事與我腦相縈. 故凡自殺之國民, 必其愛國之度, 達於極點者也. 既愛之則曷爲殺之. 彼私人之自殺者, 固未有不愛其身者, 惟所愛之目的不得達, 故發憤而殉之. 痛哉自殺! 苦哉自殺!

一私人之自殺, 於道德上法律上皆謂之有罪. 私人且然況乃一國. 死者不可復生, 斷者不可復續. 嗚呼! 我國民其毋自殺.

不自由毋寧死, 固也. 雖然, 當以死易自由, 不當以死謝自由. 自殺者, 志行薄弱之表徵也. 嗚呼! 我強毅之國民, 其毋自殺.

有無意識之自殺, 有有意識之自殺. 今擧國行尸走肉輩, 皆冥冥中日操刃以殺吾國者也, 故惟恃彼輩以外之人, 庶幾拯之, 浸假別出一途以實行自殺主義, 是我與彼輩同罪也. 嗚呼! 我有意識之國民, 其毋自殺.

成敗 [2]

吾於五年前始爲自由書, 而以成敗章託始焉. 今吾將復論成敗.

天下無必成之事, 而有必敗之事. 治事者量其事之必成而後爲之, 則終無一事之可治也. 若量其事之必敗而故爲之, 則治事亦更何取也? 孔子曰, "必也臨事而懼, 好謀而成." 嗚呼, 閱歷稍久之後, 其必有感於斯言矣. 吾昔持無成無敗之理想, 以謂造一因必有一果, 而其結果之遲速遠近, 非淺見者所得論定. 由今思之, 吾爲一事而誠能造出一因, 以冀百數十年以後若數千萬里以外之結果者, 則固謂之成, 不謂之敗焉矣. 而天下事固有糜多少之日力, 絞多少之腦漿, 及其一敗塗地, 乃如煙消雲散, 渺然無復微痕薄跡之可尋, 問於將來世界有絲毫影響乎? 共事一二人, 和血呑而已, 而他更何有也. 傷哉失敗.

且持雖敗不敗之理想者, 少年初入世初任事之人, 類多能之. 雖然, 此不過客氣耳. 失敗者最易墮人志氣也. 一敗再敗之後, 而最初一往無前之概已萎喪而無復存. 吾見此者數矣. 非其人之中變, 而根器實有所不任也. 上等根器, 固非磨涅之所能懼, 其奈芸芸衆生. 具中等以下之根器者, 十而七八也. 嗚呼, 此其所以往而不返也歟!

問者曰, "子爲此言, 其阻人辦事之心, 不亦甚乎?" 答之曰, "不然. 辦事者有成有敗者也, 而不辦事則全敗者也. 知成敗之義者, 其必知所擇矣. 惟當其辦事也, 雖不能要以必成, 而必盡其智力所及以期於可成. 雖不能保其不敗, 而必謀定後動而毋或立於必敗. 此豈徒爲達救世之目的而已. 抑亦自養其氣勿使天絶之一法門也." 曾文正曰, "多條理而少大言." 又曰, "紮硬寨, 打死仗." 善哉善哉! 吾師夫. 吾師夫. 雖然, 天下豈有終身不經失敗之人哉. 粵諺有之, "做過不如錯過, 錯過不如錯得多." 失敗者, 實天惠之學校也. 能受此天惠與否, 則亦視人也已矣.

加藤博士天則百話

日本文學博士加藤弘之, 德國學派之泰斗也. 專主進化論, 以愛己心爲道德法律之表

準, 其言固多偏激有流弊. 然持之有故, 言之成理, 故其影響及於日本學界者甚大焉. 余
夙愛讀其書, 故不欲紹介其學術於中國, 蓋慮所益不足償所損也. 雖然今日學術思想勃
興之時代, 終非可以人力阻止某種學派, 不使輸入我國. 苟强阻止之, 是又與頑固之甚者
也. 況能成一家之言者, 必自有其根柢條理, 苟其能理會其全體, 而不藉口其一端, 則不
論何學派而皆有裨於羣治. 且天下之方術多矣, 擇而從焉, 淘而棄焉, 豈不在我? 故今取
其天則百話, 謹譯以詒同學焉. 雖東鱗西爪, 而博士學術之大概, 亦在是矣.

實學空理之辨(原話一)

論者或以直接有效用於實業之學科, 謂之實學, 反此者謂之空理空論. 如機器製造礦
學電學工程等應用科學, 最有益於實業者, 謂之實學. 其他物理學化學者, 雖純正科學,
然以其爲應用學之根柢, 故亦謂之實學. 至如哲學心理學羣學等, 專主理論, 不依物質
者, 則動詬爲空理空論. 此實謬見也. 學科之虛實眞僞, 不在其所研究之客體, 而在其能
研究之主體. (按: 主客能所等字, 乃佛典通用語, 日人亦常用之. 此處原文不如此, 特因其措詞複
雜, 故以此二語譯意代之.) 若哲學心學羣學者, 並所研究之客體而亦非空也. 雖然, 此等無
形之學科, 其發明眞理, 固自不易. 以故前此之治此業者, 其所持論, 自往往類於空漠無
朕, 然其中含眞理者, 亦已不尠矣. 況在今日思想勃興, 治此等學科者, 必非空搆揣測而
自滿足, 往往依嚴格的科學法式以求其是. 然則論者之妄生分別, 其陋亦甚矣. 羣治開
化, 決非徒恃有形之物質也, 而更賴無形之精神. 無形有形, 相需爲用, 而始得完全圓滿
之眞文明. 徵諸今日之歐洲, 有彰明較著者矣.

自由研究(原話十三)

人羣一切之事物, 與天然界一切之事物, 同皆緣物競天擇優勝劣敗之作用, 逐漸進化.
雖學問宗教, 亦循此天則, 而不可逃避者也. 故無論言學言教, 皆宜一聽研究者之自由,
毫無他界以爲之束縛, 然後教學乃可以發達. 釋迦脫婆羅門之束縛而興佛教. 耶穌脫猶
太教之束縛而興景教. 歐洲近世諸碩學, 脫景教之束縛而興新學問. 皆其明效大驗矣. 惟
其研究之自由也, 故能排其舊者以興其新者. 一興一廢之間, 皆天演學所謂自然淘汰之
作用也. 苟無此作用, 則學問宗教, 終不得作用進步.

乃或旣用自由研究之力, 排他人以自立矣, 及其旣立之後, 又怙自己之勢力, 轉以妨

害他人之自由, 是所不可解也. 若耶穌教徒是也. 耶氏之所以能立新政, 豈不賴此自由力乎哉. 迫勢旣成, 又用世俗的權力, 以侵來者之自由, 何其不思也? 雖然耶教之迂腐虛妄, 固終不可抵抗新學問. 至於今日勢力漸墜, 固已不得不曁降幡新學界之轅門矣. 夫彼迷信宗教之徒, 固執法誠, 惟其教祖之忠僕, 猶可言也. 若乃教門以外之人, 猶或設種種口實, 以壓制思想自由, 識見之陋劣, 實可驚矣. 如倫理道德一科, 蓋最受其毒者也. 俗論者流, 動謂古昔相傳之倫理道德, 必非容後人之擬議其得失, 雌黃其是非者也. 苟其有此, 則害名教也, 壞風俗也. 設此等種種虛漠之口實, 而曾不能依學理以相辯難. 嗚呼, 持論不依於學理, 而欲學問之進步, 亦難矣.

我輩九百九十年前之祖宗(原話十四)

人莫不有父母, 是曰雙親. 父亦有其父母, 母亦有其父母, 是爲吾之祖父母者, 其數四人. 祖父亦有其父母, 祖母亦有其父母, 是爲吾之曾祖父母者, 其數八人. 曾祖父母亦各有其父母, 是爲吾之高祖父母者, 其數十六人. 如是遞推之, 而三十二人, 六十四人, 百二十八人. 祖先之數, 逐漸加增, 至不可思議. 今試以三十年爲一代計之, 積三十三代, 九百九十年, 則其祖宗祖之多, 有令人失驚者. 其表如下.

父母 二

祖父母 四

曾祖父母 八

高祖父母 十六

第五祖 三十二

第六祖 六十四

第七祖 一百二十八

第八祖 二百五十六

第九祖 五百十二

第十祖 千零二十四

以上凡三百年

第十一祖 二千零四十八

第十二祖 四千零九十六

第十三祖 八千一百九十二

第十四祖 一萬六千三百八十四

第下五祖 三萬二千七百六十八

第十六祖 六萬五千五百三十六

第十七祖 十三萬一千零七十二

第十八祖 二十六萬二千一百四十四

第十九祖 五十二萬四千二百八十八

第二十祖 一百零四萬八千五百七十六

以上凡六百年

第二十一祖 二百零九萬七千百五十二

第二十二祖 四百十九萬四千三百零四

第二十三祖 八百三十八萬八千六百零八

第二十四祖 一千六百七十七萬七千二百十六

第二十五祖 三千三百五十五萬四千四百三十二

第二十六祖 六千七百十萬八千八百六十四

第二十七祖 一億三千四百二十一萬七千七百廿八

第二十八祖 二億六千八百四十三萬五千四百五十六

第二十九祖 五億三千六百八十七萬零九百一十二

第三十祖 十億七千三百七十四萬一千八百二十四

以上凡九百年

第三十一祖 廿一億四千七百四十八萬三千六百四十八

第三十二祖 四十二億九千四百九十六萬七千二百九十六

第三十三祖 八十五億八千五百九十三萬四千五百九十二

以上九百九十年

然則十代三百年間祖先之數, 應有千零二十四人, 二十代六百年間, 應有一百零四萬八千五百七十六人, 三十代九百年間, 應有十萬萬零七千三百七十四萬一千八百二十四人. 再加三代, 共三十三代, 九百九十年間, 應有八十五萬萬八千八百九十三萬四千五百九十二人. 表而出之, 實有令人可驚可笑者. 雖然, 此就親族血統不相婚嫁者言之耳. 然古來親族間婚嫁, 實繁有徒, 故其實數, 並不若是其夥也.

按此條無關實學, 不過以其有趣, 譯之資談助耳.

利己心之三種(原話九十四)

自昔學者, 皆謂人類有利人利己兩心, 同立並存. 吾以爲爲此說者, 皆由其眼光局促, 未能及於人類以外者也. 自昔學者, 皆以人爲一種特別之生物, 本爲萬物之靈, 故其研究種種性質, 眼界全限於人類範圍之內, 而不能及於其外. 至於今日進化之學理大明, 人類由動物進變之說, 旣已若鐵案之不可動. 故研究人類身心之現象, 皆不可不並下等動物而研究之. 此近世學者所同認矣. 故吾今日論利己利人兩心, 亦不得不推本於是.

試觀下等動物之心性, 則惟見其利己心耳, 無更所謂利他心者存. 舍己之欲, 以爲他謀, 概乎未有聞也. 其漸進步而爲高等動物, 稍帶羣性, 則於自利之外, 亦微有利他之意. 但不能眞爲他謀也, 不過不妄害他而已. 蓋旣相聚以爲生存, 則專謀自己之利者, 終不可保自己之安全. 故不利他而亦不敢妄害他, 此即利他心之發端. 進化以至人類, 則無論若何野蠻種族, 其合羣之性, 綜比諸高等動物, 愈加確固. 故利他之行爲, 亦隨而進步. 及至大文明大開化之社會, 而利他心亦更盛大矣. 此實天演大圈轉移變化之情狀也. 夫論一人身心之現象, 不可不徵其遺傳於父母. 然則論人羣身心之現象, 亦不可不徵其遺傳於遠祖之動物, 明矣. 而自昔學者, 未嘗能依此例以爲論据焉. 此所以誤認後起之利他心, 以爲固與利己心並存而俱來也. 由是言之, 則利他心, 不過爲利己心之一變體, 明矣.

吾今得區利己心爲三種類. 第一「無限純全之利己心」, 第二「有限純全之利己心」, 第三「變形之利己心」. 所謂無限純全之利己心者, 即下等動物之利己心, 惟盡己力所及以謀自利, 毫不顧其他者也. 所謂有限純全之利己心者, 即稍帶羣性之高等動物, 雖謀自利而稍有限制, 不妄害其他者也. 所謂變形之利己心者, 即尋常人所稱爲利他心者也. 此種利己心, 高等動物雖稍有之, 然至人類界而始進步. 蓋其目的本非爲他人計, 但欲自謀眞實之利(或利於身或利於心), 則非先謀他人之利不可. 其利他也, 不過其一利己之手段也, 故謂之變形之利己心.

此三種之利己心, 自有高下之別, 顯而易見者也. 即第一種行於普通動物界, 第二種行於高等動物界, 第三種行於人類界也. 雖然人類者又兼此三種而有之也. 大抵第二種, 其最通行, 人人同具者也. 至於第一第三兩種, 則因各人特別之性質而有所偏, 而偏於第一種者甚多. 第三種之利己心(即利他心), 其別亦有二. 一曰唯物的, 二曰唯心的. 謀他人之利, 而我因得物質上實益之報償, 所謂唯物的也. 謀他人之利, 而我之本心因以愉快焉, 順適焉, 所謂唯心的也. 此二者, 其利害竟歸於我, 故名爲利他心, 而實則爲利己心, 無可疑矣.

凡人於其所親愛之人, 視之每如與己之同體. 若父子兄弟夫婦朋友之間, 往往形異體同, 幾無復彼我之別. 故相互視其幸福, 而憂其災害. 以尋常論之, 此可謂利他心, 全非由己心而出者也. 雖然實乃不然. 彼以其一體同情之故, 見彼之幸福, 而我已不勝愉快, 見彼之災害, 而我已不堪其痛苦. 此其中殆有莫之爲而爲, 莫之致而至者焉. 故其利他也, 畢竟自爲心上之利益謀也. 然此等心在本人, 亦並不見其利己計也者. 故以意識論, 可謂之利他, 以本源論, 實仍爲利己也. 夫利益之高等者, 不在軀殼之樂而在心魂之樂. 故此種心, 實利己心中之最高尚最優美者也. (譯者案: 唯物的利己心, 本文未有明說, 博士別有所著道德法律進化之理一書言之最詳. 他日當擇譯之. 參觀邊沁學說之案語亦見其概.)

宗教家言, 道德家言, 常教人以利他之爲務. 此乃利用吾人心性上之快樂, 以使人勉爲善人, 爲君子, 爲孝子, 爲名婦者也. 吾人但從其教, 則可以得此美名, 而吾心亦以大快. 此實普渡衆生之妙法門也, 而溯其本源, 乃不出於利己心之外. 苟無利己之心, 則雖聖賢亦無從施其教也. 然則利他心, 亦非能離利己心而自發生也, 明矣. 雖然此種高尚之利己心, 自吾人之意識自觀之, 則已爲利他而非利己也. 故此種意識, 漸遺傳於子孫, 而日以發達, 久而久之, 則若與生俱來者然. 學者所以誤認利他心爲離利己心而能獨立者, 皆坐此焉耳. 由此觀之, 則利己心必非可惡可賤者, 若其第三種第二種, 實人類生存所不可缺之具也, 唯第一種之利己心, 則害羣莫大焉. 苟僅有此一而無彼二者, 是則非人而禽獸也.

(譯者案) 此加藤博士學說之要點也. 其他種著述, 發明此義, 動累萬言, 反覆詳盡, 盛水不漏. 日人推尊之者, 以爲發泰西學者未發之蘊, 其反對之者, 則以爲正義之公敵, 人道之蟊賊. 蓋日本學界諸先輩中, 其受毁譽最劇烈者, 未有若加藤氏之甚者也. 平心論之, 則所謂愛他心者, 乃人羣所以成立之大原, 日培植而滋長之, 猶懼其不殖, 而何必抹而殺之, 使並爲利己心之附庸. 倡此說者, 是不啻恐人類之不知自私自利, 而復教猱升木也. 故此等學理, 最不宜行於今日之中國.

雖然加藤氏之意, 則亦有在焉. 彼見夫今日之人類, 其於利他之事業, 終不能安而行之也. 故與其逆而節焉, 不如順而道焉, 大發明欲利己不可不先利他之義, 以爲卿等所謂利, 非眞利也. 苟其眞欲自利, 則請求之於自利之外. 此加藤氏所以雖蒙一國之非難, 而卒堅持其說, 不少變也. (吾於日本各報中見他人攻難加藤及加藤答客難之論文已不下百數十通.)

夫人苟能將其「唯心的變形愛己心」, 擴充而光大之, 則始焉視一家所親爲一體者, 浸假而視一鄉爲一體矣, 浸假而視一國爲一體焉可矣, 浸假而視天下爲一體焉可矣, 浸假而視一切衆生爲一體焉可矣. 此特視其以太之感覺力何如耳. (此其義劉陽仁學發之最透.) 夫旣視一鄉一國天下衆生皆爲一體, 將見其苦, 則吾無端而忽生大苦, 見其樂, 則吾無端而忽生大樂. 易所謂"吉凶與民同患", 維摩經所謂"衆生病, 是故我病." 審如是也, 則吾不欲利己則已. 苟欲利己, 則吾不可不爲一鄉一國天下衆生, 思所以去其苦而生其樂. 蓋不如是, 則吾將痛苦而無極也. 審如是也, 雖利己何病? 加藤氏立論之本意, 雖未必有得於是, 然吾人讀其書者, 不可不作如是觀也. 大抵凡成一家之言者, 其中必含有眞理者存. 苟善讀之, 無不可以爲進德之助. 孔子不云乎? "三人行, 必有我師焉." 而何以加藤氏之言之爲病也. 若夫耳食其一二, 而因以之自恣焉, 抱持彼第一等禽獸利己心, 而自託於加藤之徒, 卽加藤亦有不任受者矣.

記斯賓塞論日本憲法語

日本近出之雜誌《太陽》有一文, 題曰《故斯賓塞氏與日本憲法》者, 博士金子堅太郎所撰, 自述其十五年前斯氏對話之語, 斯氏曾與彼約, 謂當生前不許宣布, 故金子氏之筆記, 藏之篋中者十五年, 今斯氏旣逝, 乃發表云. 此亦有一讀之價值也.

金子氏記初見斯氏時, 以伊藤博文所撰日本憲法義解贈彼, 乞其批評.

斯氏未讀其書, 先發問曰, "余有所最疑者一事, 憲法之爲物, 始自英國, 美國繼之,其後各國又繼之, 大牽皆由國民要求逼迫, 或購之以血, 而始得制定, 獨日本者, 建國以來, 一系相承, 爲專制獨裁之國體, 民樂其化, 未聞有要夾强逼之事, 今乃平地湧現, 生出此憲法, 其故何由?" 金子氏乃詳告以日本建國以來之歷史, 更及明治維新以後之事, 若何而廢積年沿習之封建制, 若何而採興論爲改制之方針, 以定開國之國是, 若何而於太政官之下置三職八局, 若何而設待詔院諸機關, 若何而置元老院大審院以劃行政司法之範圍, 若何而開地方官會議以啓自治之端緒, 如是者旣二十年, 而乃有憲法之成立, 決非突然而生者云云. 斯氏乃曰, "得之矣, 得之矣, 吾向以此問題質諸貴國多人, 莫能答也. 今聞吾子言, 吾知其與進化公例不謬矣." 越數日, 斯氏讀憲法義解卒業, 乃函招金子氏於其家, 有所語其言如下.

余以爲一國之憲法及其附屬法律, 必須與本國之歷史及國體有同一之精神, 同一之性質. 苟不爾者, 則當其憲法法律實施之時, 其困難必不可思議, 終不能達立憲之目的而已. 余懷此意見旣久, 故曩者曾與駐英之日本公使森有禮氏有所語, 謂日本若欲制定憲法, 必當採漸進保守主義, 以本國之歷史習慣爲基礎, 而旁採歐美各國之所長, 使日本遺傳之政禮與歐美立憲主義相調和, 此其最要也. 若破壞舊體, 而創設新制, 則殊非我之所望. 何則? 以物質界論之, 凡齎外國之草木, 以移殖於本國者, 勢不能與外國結同一之花實, 此植物學之原理也. 惟憲法亦然. 歐美諸國之憲法, 各各因其國體歷史及習慣而成立, 決非取他國之法文, 翻譯之而執行之也. 余當時所以語森氏者若此. 今見足下所示之日本憲法, 讀其註解, 知一本於日本古來之歷史習慣, 以漸進保守主義爲宗, 此余之所最贊成也.

顧吾更有一言, 欲爲日本政府告者, 則將來實行此憲法, 此於制定憲法時, 尤爲困難, 此不可不深察也. 制定憲法者, 不過以少數人士之精勤而可以成就. 若實行憲法, 則國民全體之大事業, 其難有什佰倍於其初者. 試以美國之實例證明之. 美國憲法之精神, 在人民平等, 上下皆有同一之權利. 乃行之數十年, 而美之憲法政治, 漸集於政黨之掌握中, 其政黨亦多由政治家之利己主義, 良民不勝其苦. 質而言之, 美國人於憲法之空文上, 得有平等之權利, 其在事實上, 乃不得享之也. 以政治學之原理論之, 政府之事業當漸次輕減, 使人民各以個人自營之. 故政府最終之目的, 則放任主義也. 此論爲余生平所最主張, 君之所知也.

雖然, 以今日社會之實際, 未足語於是. 放任主義者, 不過立乎今日以指將來, 謂具足

圓滿之世界當如是耳. 故論政府權力範圍之廣狹, 必使國民人人皆養成自立自動之精神,
無需政府之誘導, 而自能各守其義務, 又無須政府之禁遏, 而自能不侵他人之權利, 不
害社會之安寧. 夫如是, 則政府之事業, 可以縮至極狹隘之區哉. 於是乎政治學之原理乃
實行. 誠以埃及金字塔譬之, 則未開化國之政府, 猶塔之初階也, 余所主張放任主義之政
府, 猶塔之絶頂也. 政治之進路, 由初階漸次以達絶頂, 其進步程度, 一依其國民智德力
之程度以爲定. 欲不經初級二級三級之順序, 一躍而達於絶頂, 勢固不可得達, 即達矣
亦隨而躓耳. 故吾所望於貴國政府者, 依此學理而熟察日本國現時之地位, 在金字塔之
第幾級, 據現在所立之地而漸升焉. 苟欲爲躐等之進步, 不特於憲法之實行, 諸多窒礙,
而其不利於國家及國民者, 更遠且大也. (下略)

案斯氏所論, 可謂博深切明. 昔天演學者通用語, 皆曰物競天擇, 優勝劣敗, 而斯氏則
好用"適者生存"一語, 誠以天下事無所爲優, 無所爲劣, 其不適於我也, 雖優亦劣, 其適
於我也, 雖劣亦優. 夏之裘, 冬之葛, 美非不美, 而服之皆足以生病, 則不適之爲害也.
不解此義, 而以之掌持議論國家事, 其危亦甚矣. 斯氏所忠告於日本政府者, 曰自審其國
民地位在第幾級, 吾以爲凡自愛其國者, 皆不可不三復斯言矣. 斯氏又斷斷然以本國之
歷史習慣爲言, 毋亦以進化之公例, 從無突然發生之物, 皆循其遺傳而遞變焉. 經若十
年, 而其狀態乃大異耶. 然則吾國民之所以愛吾國者, 其亦自道矣. 苟不審吾之歷史若何
習慣若何, 而曰是物者現時各國行之而最優者也, 吾攫而取之, 夫如是, 則吾亦可以自
厠於優勝之林, 豈知一切事物, 固有在彼爲優, 而在我反爲劣者耶. 乃知不健全之理想,
非徒無益, 而又害之. 吾願我政論家平心靜氣以一聽前賢之遺訓也.

中國之社會主義

社會主義者, 近百年來世界之特産物也. 㮣括其最要之義, 不過曰: 土地歸公, 資本
歸公, 專以勞力爲百物價值之原泉. 麥喀士曰: 現今之經濟社會, 實少數人掠奪多數人
之土地而組成之者也. 拉士梭爾曰: 凡田主與資本家皆竊也盜也. 此等言論, 頗聳聽聞.

王莽始建國元年下令曰:「漢氏減輕田租, 三十而稅一, 而豪民侵淩, 分田劫假. 厥名
三十稅一, 實十稅五也. 父子夫婦終年耕耘, 所得不足以自存. 故富者犬馬餘菽粟, 驕而
爲邪; 貧者不厭糟糠, 窮而爲姦.」所謂分田劫假者, 注云:「分田, 謂貧者無田, 取富人之

田耕種, 共分其所收. 假者, 如貧人賃富人之田也. 劫者, 富人劫奪其稅, 欺凌之也.」此卽以田主資本家爲劫盜之義也.

又宋蘇洵曰:「自井田廢, 田非耕者之所有, 而有田者不耕也. 耕者之田, 資於富民, 富民之家, 地大業廣, 阡陌連接, 募召浮客. 分耕其中, 鞭笞驅役, 視以奴僕, 安坐四顧指麾於其間. 而役屬之民, 夏耨秋穫, 無有一人違其節度以嬉. 而田之所入, 已得其半, 耕者得其半. 有田者一人, 而耕者十人. 是以田主日累其半以至於富強, 耕者日食其半以至於窮餓而無告.」此等言論, 與千百六十六年[17]萬國勞力黨同盟之宣言書, 何其口吻之逼肖耶! 中國古代井田制度, 正與近世之社會主義同一立腳點, 近人多能言之矣. 此不縷縷.

記日本一政黨領袖之言

某日某與吾友某某, 會日本某政黨領袖某君於某所, 叩以政黨初立時之情形, 所言有深足令我輩感動者, 歸而記之.

某君曰, "我日本之有政黨, 本起於維新時代, 薩長土肥四藩及東北人士咸有功於王室, 而薩長二藩憑藉尤厚, 遂據要津行藩閥專制政治. 蓋武門秉政, 實我日本八百年來歷史之遺傳性, 且夕未能驟革也. 於是土佐及東北人士, 感懷不平, 思起而抗之, 此政黨所由起也."

某君曰, "時則福澤諭吉先生, 其德性最與平民主義相近, 雖一度受幕府命游歷歐美, 及歸則不復宦遊, 而惟設一慶應義塾於三田, 專鼓吹英國學風, 國中不平之民, 咸就學焉. 慶應義塾者, 實政黨之製造場也."

某君曰, "政常與藩閥戰, 已卅餘年, 至今未休, 而初期之戰尤烈. 當時藩閥握政府之全權, 政黨無絲毫勢力, 無一寸立足之地, 而政府之所以對我者, 其嚴辣之手段, 至今言之猶有餘痛也. 政府之偵探, 至密且嚴, 凡民黨中有力之人, 一舉一動, 一言一話, 皆纖悉偵之, 而一一報告於當道. 若起居注焉, 數人密室之會談, 被偵得者十而七八也. 茶亭

---

17 1866년의 오기로 보인다(吳海龍, 〈梁啓超對社會主義運動的迎拒〉, 《上海黨史與唐建》, 2008~2009, 14쪽; 王小平, 〈馬克思學說在中國傳播的述評〉, 《黑龍江史志》, 2009~2010, 13쪽).

飯店, 無所容議論之地, 無論矣. 乃至私宅賃舟, 一無所逃. 嘗有政府所派偵探, 自匿於某家疊敷(日本席地坐其室中之席名曰疊)之下, 七日夜, 持辨當(日本有以小薄木匣盛冷飯宿饌以備旅行及工人用者名曰辨當)以充飢, 探聽隱事, 洪纖不遺者. 我輩又嘗蕩舟中流, 密議大計, 自謂天神之外, 莫余覺也. 乃壯語方酣忽有突起水中而捕縛余者, 則政府警吏, 梟以相隨, 其伏我舷側, 詞我於水中者, 蓋已半日也. 其他手段, 大率類是."

某君曰, "某嘗與黨員某某至橫濱, 同購炸藥, 已購得, 歸而密庋之待用. 乃笑相語曰, 警吏手段, 精矣密矣, 而猶未也. 使我輩爲政府, 必將置一攝影器於販賣炸藥者之室, 使往購者無術以逃其影, 則我輩今日, 不已殆乎. 方睥睨自鳴得意, 乃翌日而政府逮捕之命下, 引至法廷, 法吏笑語曰, 吾儕不如公等能爲攝影器, 顧吾之攝聲器, 亦足以代耶. 其他手段, 大率類是."

某君曰, "當時政府及民黨, 皆各務蓄養壯士, 狹路逢動輒決鬪, 故吾儕出入, 必以劍自隋."

某君曰, "政府務絕我輩經濟之來源, 欲使我坐困, 凡我[18]輩或以團體之資格, 或以私人之資格, 欲營一實業者, 政府必多方以破壞之, 使不能自存. 不寧惟是, 凡地方實業家稍與我輩往來, 形亦嫌疑者, 政府亦必以對付吾黨之手段對付之. 故有力者避我輩惟恐不遠, 懼其浼己也. 我輩亦不欲累人, 茹茶嚼雪, 期以自力貫徹之而已. 內之旣須蓄養壯士, 外之復爲運動之費, 而全黨皆若涸轍之鮒焉. 其苦況豈復能以言語形容者. 勿論他人, 卽如鄙人者, 當時同志寄居舍下以十數, 往往欲寄一信, 而主客十餘人, 欲共湊兩錢購一郵政票而不可得. 一人出門, 則其他不得不居守. 何也? 主客十餘人, 而帽惟一, 帶惟一, 裙惟一, 履惟一也. 明治二十三年國會開, 鄙人被擧於議員, 而出席時所被之一禮服, 猶十餘人共釀之也."

某君曰, "政府之陽惡, 旣若是矣, 其陰謀之可畏, 則更甚焉. 吾黨旣在直接間接壓制之下, 無以謀生, 逼於飢寒, 政府瞯其至窘之頃, 則陰遣人貸以金錢, 訂期償還, 及期而拶之, 不稍假借, 瞯其益窘也. 又陰遣人別貸, 及期拶, 逼又如之, 而其目的要在有所誘脅以迫之使改節. 或初貸時誘脅焉, 或再貸三貸時誘脅焉, 雖有鐵漢, 不墮其[19]彀者鮮

18 중화서국본에는 "無"로 되어 있다.
19 중화서국본에는 "某"로 되어 있다.

矣. 嗚呼, 此吾黨最吃虧之一端也."

某君曰, "計當時政府專爲對付民黨, 其警察偵探壯士乃至種種陰謀所費, 蓋歲六百萬金云. 浪擲國民膏血, 其罪猶小, 而其摧壞國民志氣, 墮落國民名節, 至使今日政黨中猶帶腐敗之氣, 其影響及於全國民之道德, 則吾至今言之猶有餘痛也."

某君曰, "今者吾黨之對於藩閥政府, 以三十年血戰之結果, 雖未可云已獲全勝, 顧吾黨之目的, 其已達者則什八九矣. 終局之全勝, 在我不在彼, 又國人所同信也."

某君語竟, 某乃退而與吾友相語曰, "嗚呼, 我國民黨志節之委靡, 能力之脆薄, 有以夫, 有以夫. 孟子曰, '其操心也危, 其慮患也深, 故達.' 今之志士, 燕居談笑而道革命, 酒食徵逐而言破壞, 無惑乎其心不細, 機不警, 志不卓, 行不堅, 運動不進, 而條理不立也. 以若斯脆弱之政府, 吾黨猶不能動其毫髮, 吾黨尙何顏以語國事耶. 使吾黨處於日本政黨初立時之地位, 將若何也. 雖然, 能力以相搏而後鍊成, 使吾黨處於日本政黨初立時之地位, 則吾黨之能力, 或將有進乎. 吾未能決之."

記越南亡人之言

年月日, 主人兀坐丈室, 正讀日本有賀長雄氏之《滿洲委任統治論》, 忽有以中國式名刺來謁者, 曰, "□□□, 且以一書自介紹." 其發端自述云, "吾僑亡人, 南海遺族, 日與豺狼鷹鳶爲命, 每磨眼望天, 拔劍斫地, 輒鬱鬱格格不欲生. 噫, 吾且死矣, 吾不知有生之趣矣." 次乃述其願見之誠, 曰, "吾必一見此人而後死, 吾必一見此人而後死無憾." 且爲言曰, "落地一聲哭, 即已相知, 讀書十年眼, 遂成通家, 援此義以自信其無因至前之不爲唐突也." 得刺及書, 遽肅入, 則一從者俱. 從者蓋間關於兩粵二十年, 粗解粵語者也. 客容憔悴, 而中含俊偉之態, 望而知爲異人也. 相將筆談數刻, 以座客雜, 不能盡其辭. 蓋門弟子輩, 見有異客, 咸欲一睹其言論豐采, 侍左右者以十數也. 更訂密會後期行. 越二日, 復見於所約地, 蓋橫濱山椒監太平洋之一小酒樓也.

海天空闊, 風日麗美, 自由春氣, 充溢室內外, 而惡知其中乃有眼淚洗面之人在. 坐定, 叩客行程. 客曰, "自越之亡, 法政府嚴海禁, 私越境者罪且死, 減等亦錮者崑崙. 按崑崙越之南洋一小島也名見瀛涯勝覽. 用若僕者, 爲敵忌滋甚, 欲乞一通涉國內之關津券, 且不可得, 遑論出境. 僕之行, 改華服, 冒佛籍, 僞爲旅越華商之傭僕者, 僅乃得脫耳. 然一人逃亡, 五族繫夷, 僕蓋茹痛飮恨, 奉母以終其天年, 母之旣亡, 乃遺妻寄子於僻陬毗隷, 乃今始得自效於外." 余曰, "傷哉君也." 客曰, "豈惟鄙人, 國中貴族長老, 慘恫且倍徙." 乃解顒占懷小革囊, 出一物相際, 視之則其幾外侯乞給通行券之文也. 文曰,

東宮口口口口皇太子口口口口侯口口稟爲乞文批事緣. 卑竊聞貴國有口口口口口口口口口口口口等因, 卑竊揆卑係初生, 未識口口口口口, 如何事體, 玆卑乞帶邃家人二名, 一往恭瞻口口, 以委微情並便反回. 口口口口口, 收拾口口口骸骨, 口口埋葬, 庶免漂流. 伏乞住京貴欽使大臣恤及文批, 許卑便執通行以防別礙. 今肅稟成泰口口年口月口口日.

其紙用法政府印稅紙, 法總督署名簽印焉. 余讀一過, 泫然不知涕之承睫也. 曰, 傷哉傷哉. 腰下寶玦青珊瑚, 可憐王孫泣路隅. 問之不肯道姓名, 但道困苦乞爲奴. 亡國之貴胄, 其現狀乃如此哉. 宋代之稱姪稱子, 猶天上矣. 時則客淚如墮, 糜談紙濕漬.

余曰, "客哀止, 願畢其詞. 且吾聞越尙有君, 今何如矣?"

客曰, "乙酉之役, 法人遷我君咸宜帝於南非洲之阿爾熱城, 禁絕南人, 毋得通問訊, 於玆二十年, 生死誰卜. 今君號曰成泰, 昔之親王, 而法所擁立也. 卽位時纔十齡, 蓋不利吾有長君, 是以置之, 歲受俸六千, 木居士焉爾, 賞自從九品以上, 罰自杖十以上, 皆關白法吏, 贅虱於其間, 奚爲也."

余曰, "余誠哀客, 誠敬客, 顧貴邑中志客之志者, 幾何人矣? 抑相率奴隸於法人, 保一時殘喘以自適也."

客曰, "弟子沐甚風, 櫛甚雨, 間關奔走國中, 垂二十年, 山阤海澨, 所攀結殆遍, 今矢天日, 不敢爲讕言以欺長者. 簿計國人, 可分五等. 喬木世臣, 衣被國恩, 旣數百祀, 懷子房報韓之志, 有三戶亡秦之戚. 此中膏粱紈絝, 固其本性, 然錚錚佼佼, 蓋非絕無一二巨室, 爲世所宗, 乘雲易尊, 則亦有焉, 其可謀者, 二十得一. 若乃羽林孤兒, 丹穴孽子, 在昔乙酉之難, 勤王詔下, 薄海雲涌, 又安·河靜·北寧·山西諸轄安越南省名也. 飛蛾赴火, 驚蜂戀巢, 倡義最多, 拒持最久, 事後殲薙亦最烈. 今雖窮蹙帖屈, 而怨毒積心, 公仇私仇, 有觸卽發, 此輩無絲毫勢力, 而猛鷙之氣, 視死如飴, 舉國之中十有二焉. 次則生計路絕, 哀鴻嗷嗷, 不樂其生, 求死無路, 渴望勝廣, 有如雲霓, 絕無遠謀, 有呼斯應, 其若此者十人而五. 上則承學之子, 悲憫是與, 東馳西越, 餐血飮淚, 寧與國俱死, 不與敵同生, 所感非恩, 所愼非仇, 惟以血誠立於天地, 似此落落, 固無幾人. 然受創日深,

求伸日急, 雞鳴風雨, 聲聞於天, 百人之中亦一二焉. 以上四派, 其在國中, 占十之八. 此外爲倀爲狐, 蓋十一二, 但齷齪猥瑣, 全無才智, 彼寧忠於法, 忠於衣食耳. 一旦有事, 亦法內蠹也."

余曰, "哀哉, 偉哉, 客言信耶. 果爾爾者, 我國其猶慚諸, 有人如此, 國其能終亡?"

客曰, "當國之未夷也, 爲之倀者, 將謂有私利也, 從而導之, 其一則天主教徒, 其一則通寄之輩也. 寧知君俘社屋, 鳥盡弓藏, 法之視彼, 與常奴等耳. 前此未亡以前, 所像以特別利益, 剝奪靡子遺而西來教僧, 盆束縛魚肉之, 故景教徒, 怨毒逾倍. 十年以前, 曾有私邀英艦, 欲圖洩忿, 機露被逮, 火斃者百數焉, 皆教徒而昔之鷹犬也. 若其傭於官署爲輿臺者, 初則假以詞色, 以爲功狗, 獵弋所獲, 俾餕其餘, 及其將盈, 則一舉而攫之. 彼輩直法虜之撲滿耳. 奴顏婢膝二十年, 所贏者亦僅免凍餒, 他於何有? 彼輩即冥頑, 今亦知悔矣, 但噬臍而已."

余聞而憮然有間, 不復能置答, 竊自默念曰, "安得使我滿洲山東人聞此言, 安得使我舉國人聞此言."

客曰, "安南之國, 而積二十六萬三千英方里, 與日本埒, 全國人口, 據法人所籍身稅搜銀丁簿云二十五兆, 蓋西貢十兆, 東京順京及諸省共十五兆云. 實則不止此數, 蓋搜銀案此稱則之名穩指口算也甚重, 掩匿甚多. 法人行政法, 實非能密, 惟西貢爲大吏所駐, 搜括逾密, 所簿籍殆得實數. 四貢以外, 當尚三四十兆, 全國則四五十兆近人, 人數寧下於日本, 有豪傑興而用之, 亦霸王之資矣." 自茲以往, 余與客詰難應對甚詳, 余有固秘密之義務, 不能宣也. 惟中間客言法兵駐越者, 實數不逾五千, 而所練越兵殆四十萬, 守禦之役, 一任兵耳. 苟得間, 則遂人殲齋, 指顧間也.

余曰, "法人究以何道, 能夷然晏坐, 使四十萬越兵戢戢受範?"

客曰, "無外援而暴動, 能殲之於內, 不能拒之於外, 此奚待蓍龜者. 且前此既屢試矣, 事瀕之後, 株及鄰保, 夷及宗族, 豈無義憤. 不成則獨身坐, 無足者也. 如父母邱墓何? 蓋法人所恃以箝制吾越者, 無他道, 族誅也如進士宋維新以舉義旗拒法全家被戮, 發塚也如進士潘廷逢入山聚義十一年, 其父尚書潘廷選伯父潘延通之母墳俱被掘, 其子潘延迎梟斬, 然逢終不屈, 逢死火其屍, 此公於南國義人中最赫赫者, 以東方野蠻之法律, 還治東方之人, 如斯而已."

余矍然曰, "有是哉. 以世界第一等專制之中國, 近古以來, 此種野蠻法律, 且歲廢不用, 曾是覥然以文明人道自命之法蘭西, 而有是耶. 而有是耶. 嗚呼, 今世之所謂文明, 所謂人道, 吾知之矣."

余曰, "貴國人心, 憤發若是, 亦曾有組織團體以圖光復者乎? 抑客言貴國民氣有餘, 民智不足. 公等志士, 曾亦思所以遣子弟游學海外, 爲自樹立之遠計者乎?"

客曰, "昔晉惠帝聞民有飢者, 咄之曰, 何不食肉糜. 先生之言, 毋乃類是. 吾越今法律, 苟非一戶眷屬, 敢有四人集於一室, 則緹騎且至, 而尚何組織團體之可言. 人民在國中, 由此省適彼省, 猶須乞政府之許可, 由舟而車, 由車而舟, 皆易憑照以爲符信, 不則以奸諜論, 往往行百里而易券且至三四也, 而遑論適異國以遊學也. 即有一二欲冒險鑿空以出, 而父母爲戮, 墳墓暴骨, 誰非人子, 其能安焉. 嗚呼, 越南從茲已耳."

客又曰, "法人之所以朘削越南者, 無所不用其極. 其口算之率, 初每人歲一元, 十年前增倍之, 今且三之. 人民住宅, 梁有稅, 窗有稅, 戶有稅, 室增一窗一戶, 則稅率隨之. 其宅城市者, 茸一椽, 易一瓦, 鳴鼓一聲 案: 越人以銅鼓爲宗教品最重之典也, 故法吏限制之. 讌客一度, 皆關白山譚所, 乞取免許狀, 不則以違憲論. 山譚所者, 警察署之稱也, 免許狀, 則稅十分圓之三也. 畜牛一歲稅金五, 豕一歲稅金二三, 狗一歲稅金一, 貓亦如之, 雞則半貓狗之稅. 鹽者, 南人所最嗜也, 需要之額, 殆半於華人, 法人既征鹽地, 又征鹽市, 前此鹽一升值銅貨三四十文, 今非銀貨三四元, 不能得也. 人民之生產者, 納初丁稅二元, 死亡者納官驗稅五元. 一戶之中, 生死稍頻繁, 遂足以破產, 他更何論矣. 結婚者例以貲入教堂, 號曰欄街銀, 分三等徵之, 上者二百元, 次百元, 而下者亦五十也. 若乃普通生計, 若茶桂牙角以至林木藥口(砂仁豆蔲之類), 凡一切地貨與酒米諸通行品, 皆法人掌之, 南人莫得營業, 有所需則稟呈政府之買而已, 一言蔽之, 則法人之立法, 使吾越人除量腹而食之外, 更無一絲一粟之贏餘, 然後爲快也. 嗚呼, 知我如此, 不如無生. 彼蒼者天, 何生此五十兆之僇民爲哉."

客又曰, "往事不可追矣. 吾儕固不敢怨法政府, 蓋吾越人亦有自取亡之道焉. 但使法人務開民智, 滋民力, 爲吾越掃百年腐敗政教, 使有餘地可以自振拔, 則百年後, 有英雄起而復之, 未晚也. 其奈既困之, 又愚之. 嗚呼, 更數四年, 越人必亡者半, 更十餘年, 越無遺類矣. 此非過憂, 彼誠不以人道視吾族也." 客語至此, 淚涔涔不能仰.

飲冰室主人曰, "吾與客語, 自辰迄酉, 筆無停輟, 今擷其所述安南現狀之一部分者記之如右, 顧以吾寫哀之筆, 未能殫其什一也. 嗚呼, 近世憂憤之士, 往往懸擬亡國慘狀,播諸詩歌, 託諸說部, 冀以聳天下之耳目, 豈知此情此景, 固非理想所能搆, 更非筆舌所能摹. 誰謂荼苦, 其甘如薺? 今日吾輩所謂若何若何之慘酷者, 彼越南人猶望之如天上也. 我哀越南耶, 越南哀我耶? 請君且勿諠, 賤子進一言, 我不自哀, 豈待十年, 自有哀我者耳."

飮冰室主人又曰, "今歐洲各國文明, 皆濫觴羅馬. 羅馬全盛時代, 即略奪其殖民地人民之生命財產, 以莊嚴其都會, 以頤以使其左右, 羅馬文明, 實無數爲人類之冤血之苦淚所搆結品體也. 天道無親, 惟佑强者, 而羅馬之聲譽, 遂數千歲照耀天壤. 彼其嗣統之國, 若今世所謂歐洲某强某强者, 受其心法, 以踽張於大地. 施者豈惟一法蘭西, 受者豈惟一越南, 滔滔者天下皆是也. 自美國獨立以後, 而所謂殖民政策者, 其形式略一變, 前此以殖民地脂豪供母國揮霍者, 今略知其非計矣. 故英屬之澳洲之加拿大, 其人民權利義務, 與百年前之美國, 旣大有所異. 雖然, 此其同種者爲然耳, 若美之紅夷, 澳之黑蠻, 則何有焉. 吾未至印度, 不知印度人之權利義務, 視越南何如也. 若乃日本之在臺灣, 其操術又皆與此異. 彼之計畫, 蓋欲使十年以後, 擧臺灣人而皆同化於日本人也. 故恆思所以噢咻之, 除其患害而結其歡心, 則吾國古代所謂仁政者是也. 臺灣越南, 同一易主, 以表面論, 則臺灣若天上人矣. 但今之越南人, 求死不得死, 而將來世界上, 或猶有越南人. 今之臺灣人, 熙熙焉樂其生, 而十年以後, 世界上無復臺灣人. 孰禍孰福, 吾亦烏從知之. 抑莊生有言, '彼不材之木也, 無所可用, 故能若是之壽.' 臺灣區區數十萬人, 海賊山番, 十七八焉, 日本之力, 足以呑吐融化之而有餘, 其假借之而被納之宜爾. 若越南以五十兆半開化之國民, 其在內者旣有可畏之實, 然則豈惟法人任取一國易地以處, 其所以撫之者亦如是矣. 夫寧不見一年來日本之所以待朝鮮耶. 今戰事且未集, 而第二越南之現象已將見矣. 同一日本而待臺灣與待朝鮮, 何以異焉? 其故可思也. 越南且然, 朝鮮且然, 況乃其可畏什伯於越南朝鮮者, 又如何矣."

飮冰室主人又曰, "羅馬蠻律, 中世史之僵石. 自今以往, 世界進化之運, 日新月異, 其或不許此種披毛戴角之僞文明種橫行噬人於光天化日下. 吾觀越南人心而信之, 吾觀越南人才而信之."

張勤果公佚事

張勤果公曜, 立功咸同間, 爲中興名將, 勳名赫然, 然其佚事, 少有知者. 公少貧爲人賃春, 有奇力, 負米累數石. 性剛俠, 聞不平事, 怒眥欲裂[20]. 一日負米出, 見衆圍觀一少婦, 哭欲求死, 詢之, 則夫死不肯嫁, 而姑逼之也. 公奮曰, 天下豈有此事理者. 時姑方在旁, 公卽以所負米壓其上, 斃之. 衆閧然大快, 公乘間遁, 亡命河南.

時河南捻寇蜂起, 民都團結自保, 公以武勇爲衆所服, 推爲團長. 群以行次, 呼之曰'張大哥', 張大哥之名著汴宋間. 適捻圍固始, 其令某, 儒者也, 有女美而才. 度城且破, 隨死無益, 乃榜於衆曰, '有能守此城者, 吾以女妻之.' 當是時, 寇張甚, 咸莫敢應, 以推張大哥, 且曰, '豔福非張大哥無可消受者.' 公笑而起, 進謁令籌守禦, 陰念賊衆我寡, 非出奇, 不足取勝. 迺以壯士三百, 出伏城外. 夜三鼓, 突起潛襲賊營, 城上鳴鼓角應之, 呼聲震天地. 賊大驚潰, 終夜洶洶不絕. 時忠親王僧格林沁, 方以大軍來援, 未至數里, 遙見火光中公往來搏戰甚力, 驚曰, '是何壯士.' 及至勞問, 乃公也, 大加歎異. 因奏署縣事, 并爲公作伐, 令遂以女歸公, 卽夫人也.

夫人博通古今, 嫻吏事, 爲公閱案牘, 批竅導窾, 驚其老吏. 公固不知書, 任河南布政時, 御史劉毓楠劾公目不識丁, 遂改總兵. 公憤甚, 就夫人學, 執業如弟子, 夫人時訶罵之, 公怡然也, 後遂通知文史. 公自改官, 頗不平, 數偃蹇朝命. 左文襄督師勦回, 奏請公領兵, 公不應. 時嚴旨趣公, 門下客多方說公, 皆不應. 夫人乃謂公曰, '汝以功自負, 數逆上命, 將謂朝廷不能殺汝耶.' 公聞言蹶起, 卽往從左公. 咋曰, '夫人言可畏, 夫人言可畏.' 文襄復奏改公文職, 後遂巡撫山東. 對屬吏輒言其夫人之能, 且曰, '汝等畏妻否?' 或答以不畏者, 公正色曰, '汝好膽大, 妻乃敢不畏耶.' 蓋公之畏夫人甚也.

孫文正公飾終之典

宣統元年十月, 大學士壽州孫公家鼐薨於位, 特旨豫諡文正, 飾終之典, 備極哀榮. 國

---

20 "袋"는 '裂'의 오기다. 《청조야사대관淸朝野史大觀》7권 91쪽과 《청대야사淸代野史》3권의 330쪽에는 '裂'로 표기되어 있으며, 《음빙실문집교점飮冰室文集點校》의 2320쪽과 《량치차오전집梁啓超全集》의 397쪽 역시 '裂'로 표기되어 있다.

朝諡文正者, 自睢州湯公斌, 諸城劉公統勳, 大興朱公珪, 歙縣曹公振鏞, 濱州杜公受田, 湘鄉曾公國藩, 高陽李公鴻藻, 並壽州而八矣. 考宋代而諡文在者, 僅得三人. 曰王曾, 曰范仲淹, 曰司馬光. 明則僅得二人, 曰李東陽, 曰謝遷. 國朝之盛, 蓋遠過之.

是八人者, 睢州未登揆席, 且沒後數十年始追諡. 湘鄉豐功本應諡文成, 以敬避宣宗尊諡, 乃改作正. 諸城未嘗爲師傅. 是皆與壽州異撰者. 自餘五公, 大興爲仁宗師, 歙縣爲宣宗師, 濱州爲文宗師, 高陽爲穆宗師, 壽州則德宗師也. 重規疊矩, 衣缽相承. 朝廷所以追崇論恩典學之臣者, 殆以文正爲備禮耶.

顧嘗論之, 朱杜李三相國, 皆當宮府危疑之際, 具有維持調護之勳. 其事甚秘, 人間不能詳其始末. 身後易名之典, 所以特從優渥者, 夫固有所自來. 歙縣則值昇平暇豫之日, 身事長君, 無奇節可言, 而造膝密謨, 殆有爲外廷所不及悉者. 恭讀宣廟賜卹詔書, 有獻替不避嫌怨. 朕深倚賴而人不知之語, 則其得君之專, 固別有在矣.

壽州之入侍講幄也, 同列共四人. 常熟翁相國同龢實爲領袖. 其餘二人則鄞縣張侍郎家驤, 錢唐孫侍郎詒經. 鄞縣早喪, 錢唐以他故罷直, 始終其事者惟翁孫二人. 常熟恩遇最渥, 啓沃亦最深. 密勿之謀, 上常舍壽州而咨常熟. 故黨人嫉妒者, 憾常熟切骨, 而於壽州稍恕焉.

方德宗親政之初, 即罷毓慶宮而使常熟入軍機. 蓋軍機雖日日臨觀, 恆與同列偕, 不比毓慶宮獨對, 得以從容坐論. 重之適所以疏之也. 自此危疑日甚, 常熟卒放歸田里以至削職. 而壽州亦以甘盤舊臣, 常爲忌者所不慊, 遂乞骸骨, 旋值六飛西狩, 不忍君父難, 而自偷安, 乃奔詣行在供職, 遂正揆席. 而數年來卒不獲居樞要, 僅以閒曹, 累進累退. 此中消息, 非譜於三十年來掌故者, 莫能道其詳也. 今身後而優異之, 其亦足以稍慰崇陵在天之靈耶. 然以視常熟, 則有幸有不幸矣.

蘇彝士運河故道

同治八年法人李涉之開蘇彝士運河, 全世界共詫爲不朽之盛業. 不知此乃古人之陳跡也. 埃及第十九朝第二代之王曰西德者, 謀開一運河以溝通於尼羅河與紅海之間, 未成而殂. 其子拉密士繼之, 遂卒其業. 洎第二十六朝第二代之王匿克時, 故道已煙, 匿克踵而修之, 廣深皆過於昔. 凡役工徒十二萬, 人欲使當時之三檣戰艦可以通航, 偶因戰亂,遂爾中止. 後七十餘年, 波斯王大流士修之, 工遂竣. 時希臘史家海羅多德目擊之. 據其所記, 則彼運河所在, 距今之蘇彝士一英里有半, 西北行以溝接於尼羅東部之支流. 全徑九十二英里, 其成於人力者六十四英里云.

厥後爲土砂所淤, 至西曆紀元後二百年, 羅馬皇帝沙里查再興之, 亦不久而淤. 紀元後六百餘年, 亞剌伯人征服埃及, 其酋阿蠻再興之. 百餘年而淤, 遂不復開, 以迄於李涉. 由此言之, 今世歐人所詫爲掀天震地之偉烈者, 數千年前之先民已行之, 且不止一再焉. 古今人何遽不相及耶. 但其地承非洲沙漠之尾閭, 淤塞最易. 此前代之偉蹟, 所以不能永其傳於後也. 即今之蘇彝士, 亦常以此爲患, 則李涉之名能與此河共不朽與否, 正未可知耳. 今世機器之用大進, 人力可以勝天. 然則李涉其或遂不朽也.

民兵與傭兵之得失

兵制之於人國, 亦重矣哉. 其兵爲義務而戰者. 兵愈多則愈強. 其兵爲報酬而戰者. 兵愈多則愈弱. 此可於吾中國唐府兵與彍騎徵之. 可於近世英德兩國陸軍之比較徵之. 可於古代羅馬與加達治之勝敗徵之. 而先例之最古而最顯著者, 尤莫如埃及. 埃及自攘斥牧王光復舊物以後, 四征八討. 不戢其武. 而服兵役者皆國中望族. 當是時. 蓋常有勝兵五十萬, 遂孕出武族之一階級, 其位勢優異於齊民. 論者或以此爲埃及固室之一原因. 斯固然也. 然埃及之所以伯九有. 亦實在是.

及第二十六朝以後當我戰國間, 希臘人之僑於埃及者日衆. 埃王廣募以爲兵, 本國武族, 不勝憤懣, 相率而去國者數萬人. 埃及遂自茲不復振, 展轉而夷於附庸, 謂希臘軍人之資格, 不逮埃及耶. 彼希人固以此時代電掃三洲, 莫之能禦矣. 然自爲戰則勇, 而爲埃及人戰則怯. 豈有他哉? 吾弟則愛之, 秦人之弟則不愛也. 此眞古今得失之林也.

治具與治道

太史公曰: "法令者治之具, 而非制治清濁之源也." 可謂至言. 近世之立憲國, 學者亦稱之爲法治國. 吾國人慕其名, 津津然道之. 一若彼國中舍法之外, 卽無所以爲治者. 不知法乃其治具, 而所以能用此具者, 別有其道焉. 苟無其道, 則雖法如牛毛, 亦不過充架之空文而已. 故全世界中立憲國以數十計, 而其聲光爛然日進無疆者, 僅數國也.

道者何? 曰官方, 曰士習, 曰民風而已. 此其言雖若老生常談, 聞者鮮不以爲迂. 然舍此以外, 則實無可以厝國於不拔之途. 眞欲救國者, 可能無急哉. 賈子亦曰, "今世之以侈靡相競, 棄禮誼捐廉恥日甚, 可謂月異而歲不同矣. 而大臣特以簿書不報期會之間, 以爲大故, 至於俗流失. 世壞敗, 因恬而不知怪. 夫移風易俗, 使天下回心而鄉道, 類非俗吏之所能爲也. 俗吏之所務, 在於刀筆筐篋, 而不知大體." 嗚呼! 是不啻爲今日言之矣.

學問與祿利之路

太史公作「儒林列傳」曰: "余讀功令, 至於廣厲學官之路, 未嘗不廢書而歎也." 讀者不得其解, 謂是史公歎美當時儒學之盛, 此誤也.《史記》一書, 凡稱廢書而歎者三. 其一, 則十二諸侯年表稱讀春秋歷譜諜至周厲王. 其二, 則「孟子荀卿列」傳稱讀孟子書至梁惠王問何以利吾國. 並此文而三, 皆以歎息於世運升降之大原也. 蓋古之學者, 爲學而學, 自廣厲學官之制興, 於是學者始爲官而學. 爲官而學, 學自此湮矣. 故史公旣歷擧六國及楚漢之交齊魯儒生之抱道自重, 復擧叔孫通公孫弘以後公卿士夫之趨時承流, 兩兩比較, 而無限感慨, 係於言外. 班孟堅深知其意, 故直揭曰, "祿利之路然." 誠恥之誠傷之也.

日人後藤新平, 治臺有聲. 吾嘗詢以臺灣敎育之狀, 答曰: 臺人非欲仕進者, 則不願就學, 欲敎育之普及, 殊非易易. 吾聞其言而欷歔不能自禁. 夫臺人此種思想, 受諸故國者也. 而全國中此等思想, 則自漢開祿利之路以後, 相傳以迄今日, 而痼疾中之膏肓者也. 故科擧一廢, 而擧國幾無復嚮學之人, 學堂及外國留學生所以不絕者, 恃變形之科擧以維持之耳. 歐美日本幾於無人不學, 而應文官試驗者, 不及百之一. 此正乃學之所以盛也. 我中國若不能將學問與祿利分爲二事, 吾恐學之絕可計日而待矣.

不悅學之弊

左氏昭十八年傳, 魯人有見周原伯者, 與之語, 不說學. 歸以語閔子馬. 閔子曰, "周其亂乎. 夫必多有是說, 而後及其大人. 大人患失而惑, 又曰, '可以無學, 無學不害.' 不害而不學, 則苟而可. 於是乎下陵上替, 能無亂乎?" 嗚呼, 何其言之壹似爲今日言之也! 我國數千年來不悅學之風, 殆未有甚於今日者. 六經束閣, 論語當薪. 循此更閱十年, 則千聖百王之學, 精華糟粕, 擧掃地以盡矣.

或曰, "今者新學方興, 則舊學之銷沈, 亦非得已. 日本明治初年, 其前事也." 雖然, 日本前此之驚新學, 則眞能悅之而以所學名其家與傳其人者輩出焉. 日本之有今日, 蓋學者之功最高. 我則何有? 治新學者, 以之爲應擧之敲門磚而已. 門闢而磚旋棄. 其用恰與前此之帖括無以異. 夫前此學子雖囚不困於帖括, 而帖括以外, 必尚有其所學者. 其所學之致用與否勿具論. 要之, 舍肉慾外, 更有此以供精神上之愉快, 於以維繫士夫之人格, 毋使墮落太甚, 而國家元氣, 無形中往往受其賜. 今也, 舊學則視爲無用而唾棄之矣. 至其所謂有用之新學, 其價值乃僅得比於帖括. 吾國需此變形之帖括, 何爲也哉? 孟子曰, "上無禮, 下無學, 喪無日矣." 是豈可不爲寒心也.

警偸

左氏文十七年傳; 襄仲如齊, 復曰, "臣聞齊人將食魯之麥. 以臣觀之, 將不能. 齊君之語偸. 贜[21]文仲有言曰, '民主偸必死.'" 明年, 齊人弑其君商人. 昭元年傳; 天王使劉定公勞趙孟於潁. 劉子曰, "子盍遠績禹功而大庇民?" 對曰, "老夫罪戾是懼, 焉能恤遠? 吾儕偸食, 朝不謀夕, 何其長也?" 劉子歸, 以語王曰, "趙孟將死矣. 爲晉正卿, 以主諸侯, 而儕於隸人, 朝不謀夕, 棄神人矣." 是年冬, 趙孟卒. 夫於言語之間, 而以懸斷人壽命短長之數, 其理若甚幽眇不可憑. 實乃不然. 人之所以託命於天地者, 則精神爲之君.

偸也者, 苟且圖安於旦夕, 而不恤其後者也. 後之不恤, 其精神哀哉耗矣. 精神耗而營魄能存, 未之聞也. 此心理與生理相屬之至道也. 豈惟個人心理有之? 卽社會心理亦然. 擧國人而有偸食朝不謀夕之心, 國未有不亡者也. 故吳季札聽鄭樂而卜其先亡, 錫西羅於西羅馬之末葉, 而決其不可救, 亦於其人民之心理察之而已. 故孔子以民不偸爲貴. 今吾國內治之艱鉅, 外侮之憑陵, 壹不足懼, 而惟君民上下之習於偸爲足懼. 苟不思警, 其何以十稔.

---

21 "贜"은 "臧"의 오기다.

雪浪和尙語錄二則

梅長公問和尙, "如此世界壞極, 人心壞極, 佛菩薩以何慈悲方便救濟. 請明白提出, 勿以機鋒見示." 和尙以手作圓相曰, "國初之時, 如一錠大元寶相似." 長公疾呼曰, "開口便妙了, 速道速道." 和尙曰, "這一錠銀, 十成足色, 斬碎來用, 却塊塊是精的. 人見其太好, 乃過一爐火, 攙一分銅, 是九成了. 九成銀也還好用, 再過第二手, 又攙一分, 是八成了. 八成後攙到第三第四乃至第七八手, 到如今只見得是精銅無銀氣矣." 長公曰, "然則如何處置?" 和尙曰, "如此則天厭之, 人亦厭之, 必須一倂付與大爐火烹鍊一番, 銅鉛鐵錫銷盡了, 然後還他十分本色也." 長公曰, "如此則造物亦須下毒手也." 和尙曰, "不下毒手, 則天地不仁, 造化無功, 而天地之心, 亦幾乎息矣."

和尙嘗示諸門弟子曰, "天地古今, 無空闕之人, 無空闕之事, 無空闕之理. 自古聖人, 不違心而擇時, 捨事而求理. 以天下之事是吾本分之事, 以古今之事是吾當然之事, 所以處治處亂處吉處凶, 皆是心王遊衍大中至正之道. 今人動以生不逢時權不在我爲恨. 試問你, 天當生個甚麼時候處你纔好, 天當付個甚麼權與你纔好. 我道恨時恨權之人, 皆是不知自心之人, 故有悖天自負之恨. 又安知死死生生升升沈沈, 皆是自己業力哉. 你不知自心業力強弱, 不看自己種性福德, 智慧才力學行造詣機緣還得中正也無, 却恨世恨時恨人恨事. 且道天生你在世間, 所作何事, 分明分付許多好題目與你做. 你沒本事, 自不能做. 如世間庸醫, 不恨自己學醫不精, 却恨世人生得病不好. 天當生個甚麼好病, 獨留與你醫, 成你之功, 佛祖聖賢, 將許多好脈訣好藥性好良方好製法留下與你. 你自心粗, 不能審病診脈量藥裁方, 却怪病不好治, 豈神聖工巧之醫哉. 你不能醫, 則當反諸己. 精讀此書深造此道, 則自然神化也, 果能以誠仁信義, 勉強力行向上, 未有不造到聖賢佛祖地位, 向下未有不造到英雄豪傑地位. 今人果知此義, 則白不敢恨生不逢時權不在我, 白爲暴棄之人也."

滄江主人曰, "和尙可謂獅子吼也已. 其所謂大爐火烹鍊一番者, 卽陸象山所謂激厲奮迅抉破羅網焚燒荊棘蕩夷汗澤. 吾輩心境陷溺旣久者, 非用此一番工夫, 則無以自進於高明, 而欲救擧世人心之陷溺, 舍此亦更無其道. 但當用何種手段以行烹鍊, 則吾至今猶未能得其法耳. 其箴流俗恨時恨權之蔽, 眞乃一棒一條痕一摑一掌血. 今國中頑鈍無恥之小人不足責, 其號稱愛國之士君子, 殆莫不以生不逢時權不在我二語自飾, 遂相率委國事於不問. 吾以爲疾風知勁草, 盤錯別利器, 時勢愈艱, 則英傑愈當思所以自效. 吾儕生此時, 天之所以厚我者至矣. 若權之云者, 則豈必其尸君相之位乃始有之. 一介之士, 皆可有爲, 特其種類及其作用, 有不同耳. 謂時勢地位可以困人, 無有是處, 其見困者, 皆自暴自棄之結果耳. 萬險萬難, 皆可拯拔, 惟舉國人皆自暴自棄, 則眞無可言者, 何也. 以其既造此惡業力, 則所受之報, 未有不與之相應也."難者曰, 今既舉國人相率以造此惡業力, 欲以一二人與之抗, 無異捧土以塞孟津, 亦何能爲, 然則謂時勢不能困人之說非也. 應之曰, 佛法最明熏習之義, 惡根固能熏善根以隨染, 善根亦能熏惡根以向淨. 而凡所熏者, 以一部分成爲個人所得之業, 以一部分成爲社會所得之業. 而應報之遲速大小, 則視其熏力之强弱何如, 孰謂一二人不足以易天下也. 彼聖賢佛祖, 豈並時而斗量車載者哉? 就令未能立挽狂流, 亦當期效於方來. 蓋社會之生命, 賡續而無極者也. 自古雖極泯棼之世, 未嘗無一二仁人君子, 自拔流俗, 而以其所學風天下, 而乾坤之所以不息. 吾儕之所以不盡爲禽獸, 皆賴此一二仁人君子心力之賜也. 卽國家之事, 一切不許我自效, 若乃自效於此, 則誰能禁之. 夫苟能自效於此, 則所效者已大矣. 是故人生在世, 終無可以自暴自棄之時, 而凡持厭世主義者, 皆社會之罪人, 天地之罪人也.

雪浪和尚者, 明季大德, 與憨山大師同稱法門龍象者也.

使法必行之法

商君書畫策篇云, "國之亂也, 非其亂法也, 非法無用也. 國皆有法, 而無使法必行之法." 嗚呼, 何其一似爲今日言之也? 數年來新頒之法令, 亦既如牛毛矣. 其法之良否勿論, 要之諸法皆有, 惟使法必行之法則無之. 夫法而可以不必行, 是亦等於無法而已. 是法治之根本已撥, 而枝葉更安麗也. 中國而長此不變, 則法愈多愈速其亂而已. 然則使法必行之法維何? 則君民共守之憲法是已, 而舉其實必賴國會.

然則專制國遂絕無使法必行之法乎? 曰亦有之. 上戴英斷之君主, 而佐以公忠明察之宰相, 則法亦可以使必行. 君相苟非其人, 而復無國會, 則凡百之法, 皆益亂者也.

治治非治亂

荀子曰, "君子治治非治亂也. 然則國亂將不治歟? 曰國亂而治之者, 非案亂而治之之謂也, 去亂而被之以治. 人汙而修之者, 非案汙而修之之謂也, 去汙而易之以修. 故去亂而非治亂也. 去汙而非修汙也."(不苟篇) 嗚呼, 治道盡是矣. 今中國之言治者, 皆案亂而治之者也. 數百年來之積弊, 皆珍惜保襲之, 不肯損其毫末, 而曰日施行新政不暇給. 此猶治病者未能袪寒熱邪感, 而貿貿然進以參苓, 其死於參苓必矣. 董子曰, "琴瑟不調甚者, 必解而更張之, 乃可鼓也. 爲政而不行甚者, 必變而更化之, 乃可理也." 此去亂而被之以治之說也.

君主無責任之學說

君主無責任, 爲近世立憲政體之一大義, 而我國周秦諸子實已發明之. 愼子云, "君臣之道, 臣有事而君無事也, 君逸樂而臣任勞. 臣盡智力以善其事, 君無與焉, 仰成而已. 事無不治, 治之正道然也. 人君自任而務先下, 則是代下負任蒙勞也, 臣反逸矣. 故曰, 君人者好爲善以先下, 則下不敢與君爭善以先君矣, 皆稱所知以自掩覆, 有過則臣反責君, 逆亂之道也. 君之智未必最賢於衆也. 以未最賢而欲善盡被下, 則下不贍矣. 苟君之智最賢, 以一君而盡贍下則勞, 勞則有倦, 倦則衰, 衰則復於人, 不贍之道也. 是故人君自任而躬事, 則臣不事事也. 是君臣易位也, 謂之倒逆. 倒逆則亂矣"(民雜篇).

尸子曰, "夫使衆者, 詔作則遲, 分地則速, 是何也. 無所逃其罪也. 言亦有地, 不可不分也. 君臣同地, 則臣有所逃其罪矣"(發蒙篇). 管子亦云, "心不爲五竅, 五竅治, 君子不爲五官, 五官治"(九守篇). 又云, "以上及下事謂之矯." 又云, "爲人君者, 下及官中之事, 則有司不任"(俱君臣篇). 今日中國之患, 全在有司不任而有所逃其罪. 非直逃其罪, 乃反責過於君, 而其所以致此者, 則以君臣同地, 而君代下不負任蒙勞故也. 三子之言, 於君主所以必須無責任之故, 發揮無餘蘊矣.

所令與所好

大學曰, "堯舜率天下以仁, 而民從之, 桀紂率天下以暴, 而民從之, 其所令反其所好, 而民弗從." 可謂至言. 今之政府, 皆所令反其所好者也. 蓋今所謂立憲, 所謂行政改革, 乃至所謂一切新政, 類無一非政府官吏所深惡痛絕, 而顧乃以此令於僚屬, 以此令於人民, 受令者早有以窺其隱矣. 故從令者不得賞, 不從令者不得罰, 不寧惟是, 不從令者反得賞, 從令者反得罰, 往往而見也. 以此而欲天下之從之, 安可得耶. 夫堯舜率天下以仁, 固善矣. 卽桀紂率天下以暴, 然猶懸一宗旨以爲率, 而欲糾正之者猶有其的, 反動力之起, 猶有因緣也. 若所令反其所好, 則欲獻可而所可者不待人獻, 欲替否而所否者不勝其替, 則末如之何也已矣. 魯子家子曰, "嗚呼! 吾其爲無望也夫."

好修

楚辭曰, "何昔日之芳草兮, 今直爲此蕭艾也. 豈其有他故兮, 莫好修之害也." 吾比年來所見人士, 夙相期許者, 往往不及數稔, 便爾墮落. 其墮落之形態, 亦有兩途. 宦達於時, 沈溺於聲色貨利, 以此爲天下之至樂, 而棄所學所志若敝屣者, 一也. 潦倒不得志, 則嗒然自喪, 奄奄無復生人氣, 若已殭之蠶, 旦夕待死者, 二也. 推原其故, 豈由性惡? 亦曰所以自養者無其具耳. 凡人於肉體之外, 必更求精神上之愉快, 乃可以爲養. 此卽屈子好修之說也.

好修之道有二. 一曰修德, 二曰修學. 修德者, 從宗敎道德上, 確有所體驗, 而自得之於己, 則浩然之氣, 終身不衰, 自能不淫於富貴, 不移於貧賤, 此最上也. 但非大豪傑之士, 未易臻此造詣, 則亦當修學以求自養. 無論爲舊學爲新學, 苟吾能入其中而稍有所以自得, 則自然相引於彌長, 而吾身心別有一繫著之處, 立於擾擾塵勞之表, 則外境界不能以相奪, 卽稍奪矣, 亦不至如空壁逐利者, 盡爲敵據其本營而進退無據也. 其道何由? 亦曰好修而已矣.

今日中國人心風俗之敗壞, 實爲數千年來所無. 此惡濁社會, 正如一大洪鑪, 金銀銅鐵礦石, 入者無不融化. 又如急湍旋渦, 入者無不陷溺. 吾於芳草之變蕭艾者, 惟有憐之耳. 豈忍責之. 且卽吾身之能免融化能免陷溺否, 尙不敢自保, 又安能責人. 惟吾輩正以處此社會之故, 其危險之象, 不可思議, 愈不得不刻刻猛省, 而求所以自衛. 自衛之道, 舍好修無他術矣. 夫吾輩一二人之融化陷溺, 似不足深惜, 而不知國家之命, 實托於吾輩少數人之手. 弱一個則國家之元氣斲喪一分, 而此所斲喪者, 皆其不可復者也. 嗟嗟吾黨如之何勿懼. 屈子又曰, "固時俗之從流兮, 又孰能無變化." 又曰, "人生各有所樂兮, 吾獨好修以爲常."

怨天者無志

荀子榮辱篇云, "自知者不怨人, 知命者不怨天. 怨人者窮, 怨天者無志. 失之己, 反之人, 豈不迂乎哉?" 嗚呼! 君子讀此, 可以審所自處矣. 人之窮也, 國之悴也, 未有不由自己業力所得者也. 欲挽救之, 惟努力以造善業耳. 荀子於怨天者, 不責以他, 而直謂之無志, 可謂硬壁近裏矣. 或曰, "旣云知命者不怨天, 又云怨天者無志. 夫命固一定而不易者也. 雖有志其奈之何? 此二義得無矛盾." 應之曰, "不然. 天亦何能盡人而一一爲之定命? 命也者, 各人以前此業力所自造成者也. 旣已造成, 則應業受報, 絲毫無所逃避, 無所假借, 謂之有定. 斯誠然矣. 謂之不易, 則不可也. 何也? 造之惟我, 易之亦惟我也. 故孟子亦曰, '修身以俟之, 所以立命也.' 明乎立命之義, 則荀子之所謂志者可識矣."

欲惡取舍

荀子不苟篇云, "欲惡取舍之權. 見其可欲也, 則必前後慮其可惡也者, 見其可利也, 則必前後慮其可害也者, 而兼權之孰計之, 然後定其欲惡取舍. 如是則常不失陷矣." 今人之所以求富貴利達者, 惟見可欲可利, 而不知其後有可惡可害者存. 是得爲智者矣乎.

···량치차오 연보···

광둥 성 신후이 현에 있는
량치차오의 옛집

1873(1세)	양력 2월 23일(음력 1월 26일), 중국 광둥 성 廣東省 신후이 현新會縣에서 아버지 량바오잉梁寶瑛(1849~1916)과 어머니 조씨趙氏(1853~1887) 사이에서 장남으로 태어나다. 위로 세 살 된 누이가 있었다.
1877(5세)	조부와 어머니 슬하에서 사서四書와 《시경詩經》을 읽기 시작하다.
1878(6세)	아버지 밑에서 오경五經과 중국의 역사를 배우다.
1880(8세)	작문을 배우기 시작하다. 아버지 량바오잉, 과거科擧를 단념하고 동네에 사숙을 열다.
1884(12세)	박사제자원博士弟子員이 되다.
1885(13세)	단옥재段玉裁, 왕염손王念孫, 왕인지王引之의 훈고학을 배우고 여기에 빠져들면서 점점 과거 공부에 흥미를 잃다.
1887(15세)	어머니 조씨 부인이 넷째 동생을 낳다가 사망. 량치차오는 광저우廣州에 있는 학해당學海堂에서 훈고학, 사장학을 배우고 있었기 때문에 임종하지 못하다. 훈고학, 사장학 외에는 다른 학문이 있는 줄 모를 정도로 거기에 몰두했다고 뒤에 술회하다. 계모는 오씨吳氏다.
1888(16세)	학해당 정규반에 입학하다.
1889(17세)	광둥 성의 향시에서 8등으로 합격하여 거인擧人이 되다.
1890(18세)	봄에 상경하여 회시會試를 치르다. 낙방하고 돌아오는 길에 상하이上海에서 《영환지략瀛環志略》이라는 세계지리책을 읽고 오대주 각국의 존재를 알았다고 했다. 이 책 외에 상하이 제조국에서 발행한 한역 서양 서적들을 읽다.
	학해당의 동학인 천첸치우陳千秋의 손에 이끌려 처음 만난 캉유웨이康有爲에게서 무용한 훈고사장학을 해왔다는 질타를 듣다. 다음 날 다시 찾

무술변법 무렵의 량치차오와
그의 스승인 캉유웨이

아가 배움을 청하자 캉유웨이는 육왕심학陸王心學, 역사학, 서학西學 등을 제시. 학해당을 자퇴하고 캉유웨이 문하로 들어가다.

1891(19세)

광저우 창싱리長興里에 있는 만목초당에서 처음 행해진 캉유웨이 강학에 참가. 이후 3년간 만목초당에서 배우다. 중국 유학의 역사뿐 아니라 불교, 대동 등에 관한 강의를 듣다. 평생의 학문에 대한 근저를 만목초당 첫 1년 동안 얻었다고 뒤에 술회하다.

향시 수험 당시 주임 시험관이던 리돤펀李端棻의 사촌누이동생 훼이시엔惠仙과 베이징에서 결혼하다.

1895(23세)

3월, 세 번째 회시 수험을 위해 상경하다.

5월, 시모노세키 조약이 체결된 뒤, 캉유웨이가 각 성에서 회시를 위해 상경한 거인擧人 1000여 명을 규합하여 광서제에게 제도개혁(變法惟新)을 요구하는 이른바 공거상서公車上書를 올리다.

8월, 캉유웨이를 도와 베이징北京에서 《만국공보萬國公報》(뒤에 '중외기문中外紀聞'으로 개명)를 창간. 캉유웨이가 창립한 강학회强學會의 서기로 일하다.

1896(24세)

8월, 상해에서 《시무보時務報》의 주필을 담당하면서 《변법통의變法通議》 연재 시작. 《변법통의》에 의하면 "변법의 근본은 인재를 육성하는 데 있으며, 인재의 육성은 학교를 개설하는 데 있고, 학교의 개설은 과거를 개혁하는 데 있다. 그리고 전면적인 대성大成을 위해서는 관제를 개혁해야 한다".

무술변법 무렵의
량치차오(앞줄 왼쪽),
탄쓰퉁(오른쪽 끝),
왕캉녠汪康年(뒷줄 왼쪽 끝)과
친구들

1897(25세)	〈서학서목표西學書目表〉 발표. 탄쓰퉁, 황쭌셴, 슝시링熊希齡 등이 창사에 시무학당時務學堂 설립. 량치차오는 주임강사로서《맹자》, 공양학, 변법을 강의하다. 후난湖南에서 남학회南學會를 설립하다.
1898(26세)	4월, 캉유웨이를 도와 베이징에 보국회保國會를 설립하다. 5월, 팔고문八股文 폐지를 요구하는 상서를 올리다. 7월, 광서제를 만나 역서국 일을 담당할 것을 명령 받다. 캉유웨이, 탄쓰퉁譚嗣同 등은 중앙관료로서 신정에 참여하다. 9월, 무술정변. 서태후가 광서제를 유폐하고 훈정을 선언. 탄쓰퉁을 비롯한 육군자는 처형당하고, 량치차오는 일본 공사의 비호하에 일본 군함을 타고 일본으로 망명하다. 10월, 도쿄東京에 도착. 11월, 요코하마橫濱에서《청의보淸議報》를 발간하다.

《시무보》(좌)
《청의보》(우)

《신민총보》
발행 무렵(1902~1907)
아내, 자녀와 함께

―

《신민총보》
제16호

1899(27세)	《청의보》에《음빙실자유서飮冰室自由書》연재 시작.
	도쿄에 대동고등학교大同高等學校를 설립, 요코하마에서 보황회保皇會를
	결성하다.
1902(30세)	1월, 《신민총보新民叢報》를 창간하고, 〈신민설新民說〉 연재 시작.
	10월《신소설新小說》창간.
	〈중국학술사상의 대세를 논함論中國學術思想之大勢〉발표.
1903(31세)	1월, 미국 보황회의 초청으로 미국 방문, 연말에 일본으로 돌아오다.
1904(32세)	미국 여행기인《신대륙유기新大陸遊記》발표. 상하이에서《시보時報》창간.
1905(33세)	《월남망국사》, 《절본명유학안節本明儒學案》, 《덕육감德育鑒》간행.
1906(34세)	〈개명전제론開明專制論〉연재. 입헌과 공화 문제를 둘러싸고《민보民報》와
	논쟁하다.
1907(35세)	《신민총보》정간.
	슝시링, 슈친徐勤 등과 함께 도쿄에서 정론사政論社 조직, 《정론政論》창간.
1909(37세)	《관자전管子傳》간행(1903년《신민총보》에 실렸던 것의 개정판).
	《재정원론財政原論》간행.
1910(38세)	《국풍보國風報》창간, 《민립보民立報》와 논쟁하다.
1911(39세)	신해혁명 발발.
1912(40세)	1월, 난징南京에서 쑨원孫文이 임시 대총통에 취임, 중화민국中華民國 성립

을 선포하다.

10월, 귀국.

12월, 톈진天津에서 《용언庸言》 창간.

1913(41세)   2월, 공화당 입당.

5월, 공화·민주·통일당을 통합하여 진보당進步黨을 조직하다.

9월, 슝시링 내각이 성립되고, 량치차오가 사법총장司法總長에 취임하다.

10월, 위안스카이袁世凱, 정식 대총통으로 선출되다.

11월, 위안스카이, 국민당國民黨을 해산하고 국민당적 국회의원 자격을 박탈하다.

1914(42세)   위안스카이 정부, 양원의원 직무 정지.

2월, 량치차오, 사법총장 사직하고 폐제국총재幣制局總裁에 취임하다.

12월, 폐제국총재 사임.

1915(43세)   1월, 중화서국이 《대중화大中華》를 창간하면서 량치차오를 주필로 초빙.

2월, 위안스카이, 량치차오를 정치고문으로 초빙.

7월, 헌법기초의원으로 선출되다.

8월, 양두楊度, 옌푸嚴復, 류스페이劉師培 등이 북경에서 주안회籌安會를 조직, 위안스카이를 황제로 추대하는 제제운동帝制運動을 벌이자, 량치차오는 반대 선언.

1916(44세)   위안스카이를 비판하는 각종 문건을 모아 《순비집盾鼻集》을 간행하다.

1917(45세)   7월, 장쉰張勳(청淸의 선통제)을 추대하며 베이징에서 복벽

선언하자, 량치차오는 반대 선언.

돤치루이段祺瑞 내각 성립, 량치차오

재정총장財政總長에 취임하다.

9월, 광둥의 비상국회, 쑨원을

정부대원사政府大元帥로 선출.

11월, 단기서 내각 총사직, 량치차오도

재정총장 사직하다.

1918(46세)   정부 원조로 1년 계획의 유럽 여행.

12월, 딩원쟝丁文江, 장쥔마이張君勱 등과

동행하여 상하이 출발.

사법총장 시절

량치차오
만년의 사진
—
베이징 시산西山에 있는
량치차오의 묘

1920(48세)	3월, 유럽 여행을 끝내고 귀국하다.
	3~6월, 유럽 여행기인 〈구유심영록歐遊心影錄〉을 베이징의 《신보晨報》와
	상하이의 《시사신보時事新報》에 동시 연재하다.
	《개조改造》 창간. 《청대학술개론淸代學術槪論》 출간.
1921(49세)	〈묵자학안墨子學案〉 발표.
1922(50세)	3월, 베이징 대학에서 '후스胡適의 중국철학사대강을 비평함(評胡適之中國
	哲學史大綱)'이라는 주제로 강연.
	《중국역사연구법》, 《묵경교석墨經校釋》 출간.
	《선진정치사상사先秦政治思想史》 발표.
1924(52세)	부인 리훼이시엔 유방암으로 사망.
	《중국근삼백년학술사中國近三百年學術史》 발표.
1926(54세)	3월, 오른쪽 신장 적출 수술.
	베이징 도서관장에 취임.
	미국 예일 대학에서 명예박사학위를 받다.
1929(57세)	1월 19일, 베이징의 병원에서 신장병으로 사망하다.

근대 동서사상의 가교, 《음빙실자유서》

《음빙실자유서》의 일독법 – 한국 사상사에서 보는 량치차오

근대 동서사상의 가교, 《음빙실자유서》[1]

1. 량치차오와 《음빙실자유서》

1898년 9월 21일 스물여섯 살 청년 량치차오梁啓超(1873~1929)는 일본으로 가는 배에 몸을 실었다. 바로 그날 서태후 일파의 정변이 일어났고 소위 '백일유신'이라 불리는 변법운동이 실패로 돌아가자, 스승 캉유웨이康有爲와 더불어 '강양康梁'이라 불리며 운동을 주도했던 사람으로서 신변의 위험을 느꼈기 때문이다. 량치차오는 그날의 도피가 무려 15년에 걸친 망명생활로 이어지리라고는 꿈에도 생각지 못했으리라. 하지만 실의에 젖어 떠난 망명길은 그에게 새로운 기회를 가져다주었다. 메이지 유신을 통해 근대 국민국가 건설에 매진하고 있는 일본의 면모를 맨눈으로 직접 속속들이 관찰할 수 있었을 뿐 아니라, 근대 서양사상을 폭넓게 접할 수 있었기 때문이다. 당시 일본은 동아시아에서 근대 서양사상을 수입하는 창구 역할을 하고 있었다. 량치차오는 당시 일본에 물밀듯 밀려 들어와 있는 서양사상을 탐욕스럽게 학습하기 시작했다. 《음빙실자유서飮冰室自由書》(이하 《자유서》)는 바로 이 시기의 산물이다.

《자유서》를 제대로 보기 위해서는 량치차오가 일본 망명 기간에 수행한

---

1 이 글은 필자가 《개념과 소통》 제8호(2011년 겨울)에 게재한 문헌 해제 〈량치차오, 《음빙실자유서》〉를 수정 보완한 것이다.

역할을 알아야 한다. 그가 망명 기간에 수행한 역할은 그의 생애 전체에 걸친 활동의 흐름에 비추어 살펴볼 필요가 있다. 량치차오의 생애는 크게 보아 다섯 단계로 나눌 수 있다.

제1단계는 학습기(1873~1890)다. 전통적인 학습과정을 통해 수재秀才를 거쳐 거인舉人이 되었지만, 1890년 회시에 낙방한 뒤 새로운 인생길로 들어서기 전까지의 시기다. 량치차오의 천재성은 이미 이 시기에 널리 알려졌다. 다섯 살에 조부와 모친으로부터 사서오경을 학습하기 시작하여 여섯 살에 오경을 완독하고, 열두 살에 수재가 되고《사기史記》와《한서漢書》등을 완독했으며, 열일곱에 거인이 되었다. 거인을 선발하는 향시를 주관했던 시험관 리돤펀李端棻은 량치차오의 인물을 간파하고 "나라에 필적할 이만한 인물이 없다"고 상찬하면서 문벌 차이를 무시한 채 사촌누이와의 결혼을 주선했다. 이는 전통 중국 사회에서 재능 있는 젊은이에게 베푸는 최고의 예우였다. 이 시기에 학문적으로 주목할 만한 사건은 1883년 장즈둥張之洞의《헌어獻語》와《서목문답書目問答》을 읽고 학문의 세계에 눈뜬 것과 1885년 건가乾嘉 시기의 고증학을 학습하기 시작한 것, 그리고 1887년부터 광저우廣州 학해당學海堂에서 공부하기 시작한 일 등이다.

제2단계는 변법활동기(1890~1898)다. 학습과 저술을 계속하는 한편, 언론활동을 중심으로 변법운동을 활발하게 전개한 시기다. 1890년 봄 회시에서 낙방하고 귀향하는 길에 상하이에서《영환지략瀛環志略》을 구해서 읽고는 처음으로 세상에 오대륙이 있음을 알았으며, 상하이 제조국上海制造局에서 출간된 서양서 번역본을 구입했다. 여름에 캉유웨이를 만나 구학을 버리고 학해당에서 자퇴했으며, 이듬해 만목초당萬木草堂에 들어가 새로운 학습의 길로 들어섰다. 만목초당에서 량치차오는 캉유웨이가 지은《신학위경고新學偽經考》를 교감하고《공자개제고孔子改制考》를 분담하여 저술했으며,《대동서大同書》를 읽고, 1893년에는 만목초당의 학장이 되었다.

1895년 캉유웨이를 도와 《만국공보萬國公報》(후에 '중외기문中外紀聞'으로 개칭함)를 창간하고 강학회强學會를 건립하면서 량치차오는 본격적인 변법유신운동의 길로 들어선다. 1897년 창사長沙 시무학당의 총교습을 맡아 후난湖南에서 변법사상을 선전했고, 1898년에는 캉유웨이를 도와 보국회保國會를 창립하고 '백일유신'을 시작했으나 실패로 끝나 일본으로 망명하면서 새로운 인생길로 들어선다. 이 시기의 주요한 사항으로는 유신운동 기간에 《만국공보》와 상해 《시무보時務報》 주필筆政을 맡은 것, 황쭌셴黃遵憲과 교유하고 샤쩡요우夏曾佑·탄쓰퉁譚嗣同과 더불어 "신학의 시(新學之詩)"를 지은 것, 왕강녠汪康年과 함께 《시무보》를 창간하여 주필을 맡아 〈변법통의變法通議〉 등을 발표한 것, 《서학서목표西學書目表》를 지은 것, 탄쓰퉁의 《인학仁學》을 읽은 뒤 함께 불학을 공부한 것, 그리고 대동역서국을 설립하고 시무학당 중문총교습을 맡은 일 등이 있다.

제3단계는 망명기(1898~1912)다. 중국 근대 언론사에 거대한 족적을 남긴 잡지들을 창간하여 큰 반향을 불러일으키는 글들을 발표하는 한편, 정치단체를 조직하고 강연을 행하고 해외여행을 하고 여행기를 발표한 시기다. 1898년 12월 《청의보淸議報》를 창간하여 〈무술정변기戊戌政變記〉 등을 발표하고, 이듬해 블룬칠리의 《국가론》을 번역하며 《자유서》를 발표하기 시작한다. '시계혁명詩界革命'과 '문계혁명文界革命'을 주창하고 서양의 학설을 소개하는 한편, 《청의보》가 정간되자 1902년 《신민총보新民叢報》를 창간하고 〈신민설新民說〉, 〈신사학新史學〉, 〈보교비소이존공론保教非所以尊孔論〉 등을 발표했다. 1903년 2월 아메리카 대륙을 여행하고 〈신대륙여행기新大陸遊記〉를 지었으며, 1904년 홍콩에서 상하이로 잠행하여 《시보時報》를 창간하고, 〈자묵자학설子墨子學說〉 및 〈묵자지논리학墨子之論理學〉을 발표했다. 1905년에는 〈개명전제론開明專制論〉을 지어 군주입헌을 주장하며 혁명당과 대립하여 논쟁을 벌이기 시작했다. 이후 신해혁명이 성공하여 귀국하기 전까지 언론사업과 정치활동 및 저술에 종사했다.

　제4단계는 정치활동기(1912~1918)다. 신해혁명이 성공한 뒤 귀국하여 본격적인 정치활동을 벌이며 여러 관직에 임명되고, 위안스카이袁世凱와 장쉰張勳의 복벽에 반대하면서 활동한 시기다. 이 시기에는 학술적인 저술은 드물고 대부분 정치적 성격의 글들을 발표했다. 귀국한 이듬해인 1913년 2월 공화당에 입당하고 5월에는 진보당 이사에 당선되며 9월에 슝시링熊希齡 내각의 사법총장에 선임되면서 본격적인 정치활동을 시작했다. 1914년에는 화폐제조국 총재가 되었고, 위안스카이와 더불어 일할 수 없음을 간파하고 〈오금후소이보국자吾今後所以報國者〉를 발표하며 한때 정계를 떠나 학술에 전념하고자 하는 의사를 표시했다. 1915년에는 월간 《대중화大中華》를 창간하고 화폐제조국 총재를 사임했으며, 위안스카이를 축출하기 위해 조직된 군무원軍務院이 건립되자 정무위원장政務委員長 겸 무군撫軍이 되어 〈이재소위국체문제자異哉所謂國體問題者〉를 발표하고 위안스카이와 완전히 결별했다. 1917년에는 장쉰의 복벽에 반대하여 돤치루이段祺瑞가 조직한 '토역군討逆軍'에 참가하고 돤치루이 내각의 재정총장에 취임했다. 장쉰의 복벽에 캉유웨이의 공이 가장 컸으므로, 이로부터 캉유웨이와 철저하게 결별하게 된다. 이해 11월에는 정치적인 직위를 모두 사직하고 정계에서 은퇴했다.

　제5단계는 학술활동기(1919~1929)다. 정계에서 은퇴한 뒤 연구와 저술에 전념하여 주로 대학에서 강연을 행하고 학술적인 저술에 몰두한 시기다. 1918년 《중국통사》를 쓰고 후스胡適와 교유를 시작했으며, 1919년에는 유럽을 여행하고 돌아와 《구유심영록歐遊心影錄》을 지었다. 이듬해에는 《중국불교사》와 《청대학술개론》을 저술하고, 1921년에는 《묵경교석墨經校釋》과 《묵자학안墨子學案》을 지었으며, 이듬해에는 《대승기신론고증大乘起信論考證》과 《대승기신론고大乘起信論考》를 쓰고 난카이南開 대학에서 강연한 중국문화사를 《중국성사연구법中國成史研究法》으로 간행했다. 1923년 《청유학안請儒學案》을 편집하고 '과학과 인생관 논전'에 참여했으며, 난카이대학에서 '중국근삼백년학술사中國近三百年學術史'를 강연했다. 이듬해에는 《근대학풍지지리적분포近代學風之地理的分布》를 쓰고 《중국근삼백년학술사》중의 〈청대학자정리구학지총성적淸代學者整理舊學之總成績〉을 지었다. 1925년에는 칭화학교淸華學校(칭화 대학의 전신) 국학연구원 도사導師에 취임하고 경사도서관京師圖書館 관장을 겸임했으며, 이듬해에는 《선진학술연표先秦學術年表》를 저술하고 《왕양명지행합일지교王陽明知行合一之敎》를 지었다.

앞에서 언급했듯 《자유서》는 일본 망명기의 산물이다. 이 시기 량치차오의 중심적인 관심사는 국가개혁, 정확하게 말하면 근대 국민국가의 건설이었다. 《자유서》는 그와 같은 문제의식을 바탕으로 메이지 유신 이후의 일본과 근대 서양의 실상을 관찰하고, 그리고 근대 국민국가의 이론적 토대가 되는 근대 서양사상을 담은 서적들을 읽고 난 뒤 비교적 가벼운 필치로 단상을 적어놓은 글들이다. 대부분의 글이 일종의 독서 노트에 가깝다. 보다 구체적인 내용은 뒤에서 소개하기로 한다.

2. 판본 비교

1) 광지서국본

《자유서》는 1903년 상하이 광지서국廣智書局에서 단행본으로는 처음으로 발간되었다(그로부터 한참 뒤에 영인본(장쑤江蘇: 광릉고적각인사廣陵古籍刻印社, 1990, 143쪽)이 발간되었다). 다섯 쪽에 걸쳐 목차(음빙실자유서목록飮冰室自由書目錄)가 실려 있고, 〈서언叙言〉을 제목 없이 모두에 실었으며, 상권과 하권으로 나누어 총 52편의 글을 수록하고 있다. 《청의보》에 실린 글 47편을 근간으로, 《청의보》와 《신민총보》에 수록되지 않은 글 5편(〈문명지

정신文明之精神〉, 〈독립獨立〉, 〈이재소위지나교육권자異哉所謂支那敎育權者〉, 〈기년
공리 상紀年公理上〉, 〈기년공리 하紀年公理下〉)을 덧붙였다.

2) 중화서국본

1936년 중화서국에서 간행한 《음빙실합집飲冰室合集 6》 중 〈전집 2專集之
二〉(1~123쪽)에는 '자유서自由書'라는 이름하에 총 77편의 글을 수록하고 있
다. 이 중화서국본은 광지서국본을 근간으로 했지만, 광지서국본에 없는
글 32편을 추가하고 광지서국본에 있던 글 6편을 삭제했다. 삭제된 6편의
글은 위의 광지서국본에서 언급한 《청의보》와 《신민총보》에 게재되지 않
은 글 5편(〈문명지정신文明之精神〉, 〈독립獨立〉, 〈이재소위지나교육권자異哉所謂
支那敎育權者〉, 〈기년공리 상紀年公理上〉, 〈기년공리 하紀年公理下〉)과 〈몽적사구
지학설蒙的斯鳩之學說〉(《청의보》 제32책, 7~10쪽)이다. 새로 추가된 32편은
《신민총보》에 게재된 글 14편과 《청의보》와 《신민총보》에 수록되지 않은
글 4편(〈괴뢰설傀儡說〉, 〈동물담動物談〉, 〈장근과공일사張勤果公佚事〉, 〈손문정공
식종지전孫文正公飾終之典〉), 그리고 부록으로 실려 있는 '부 세만독서록附歲晚
讀書錄'의 글 14편이다. '부 세만독서록'의 글들은 모두 《국풍보國風報》 제1
기(1910. 2. 20.)에서 제10기(1910. 5. 19.)까지 실린 글들이다.

(1) 《신민총보》에 게재된 글(14편)

① 〈여론지모여여론지복輿論之母與輿論之僕〉

② 〈문명여영웅지비례文明與英雄之比例〉

③ 〈간섭여방임幹涉與放任〉

④ 〈불혼지위인不婚之偉人〉

⑤ 〈기보지국민嗜報之國民〉

⑥ 〈노예학奴隷學〉

⑦ 〈희망여실망希望與失望〉

⑧ 〈국민지자살國民之自殺〉

⑨ 〈성패成敗〉

⑩ 〈가등박사천칙백화加藤博士天則百話〉

⑪ 〈기사빈새론일본헌법어記斯賓塞論日本憲法語〉

⑫ 〈중국지사회주의中國之社會主義〉

⑬ 〈기일본일정당영수지언記日本一政黨領袖之言〉

⑭ 〈기월남망인지언記越南亡人之言〉

(2) '부 세만독서록附歲晚讀書錄'(14편)

① 〈소이사운하고도蘇彝士運河故道〉

② 〈민병여용병지득실民兵與傭兵之得失〉

③ 〈치구여치도治具與治道〉

④ 〈학문여녹리지로學問與祿利之路〉

⑤ 〈불열학지폐不悅學之弊〉

⑥ 〈경투警偸〉

⑦ 〈설랑화상어록이칙雪浪和尚語錄二則〉

⑧ 〈사법필행지법使法必行之法〉

⑨ 〈치치비치란治治非治亂〉

⑩ 〈군주무책임지학설君主無責任之學說〉

⑪ 〈소령여소호所令與所好〉

⑫ 〈호수好修〉

⑬ 〈원천자무지怨天者無志〉

⑭ 〈욕오취사欲惡取舍〉

3) 제국본

일본에서 《자유서》는 광지서국본이 간행된 이듬해(1904) 발간된 《음빙실문집유편飲冰室文集類編》(명치明治 37년 5월 2일, 편집 겸 발행인 시모코베 한고로下河邊半五郎, 인쇄인 나카오 에타로中野鍈太郎, 제국인쇄주식회사帝國印刷株式會社 간) 제2책(649~756쪽)에 실려 출간되었다. 〈서언敍言〉이 제목 없이 모두에 실려 있고, '담총談叢'이란 표제 아래 총 59편의 글을 수록하고 있다. 그 가운데 마지막 5편(〈숭배외국자유간자崇拜外國者流看者〉, 〈장비학당연기將裨學堂緣起〉, 〈미외기문眉外奇聞〉, 〈사차수족이파종계호似此逐足以破種界乎〉, 〈독독통감론讀讀通鑑論〉)은 《자유서》에 해당하지 않는 글이며, 따라서 실제 수록분은 54편이라고 할 수 있다. 수록된 순서로 보아 48번째 글까지는 대체로 광지서국본과 일치하는데, 중화서국본에는 없으나 광지서국본에는 실려 있는 글 4편(〈문명지정신文明之精神〉, 〈독립獨立〉, 〈기년공리 상紀年公理上〉, 〈기년공리 하紀年公理下〉)이 빠져 있고, 중화서국본에는 있으나 광지서국본에는 없는 〈호걸지공뇌豪傑之公腦〉가 실려 있다. 그리고 후반부에 중화서국본에는 있으나 광지서국본에는 누락된 글 6편(〈여론지모여여론지복輿論之母與輿論之僕〉, 〈문명여영웅지비례文明與英雄之比例〉, 〈간섭여방임幹涉與放任〉, 〈불혼지위인不婚之偉人〉, 〈기보국민嗜報國民〉, 〈노예학奴隷學〉)이 수록되어 있다. 한편 '담총談叢' 앞에 '잡문雜文'이란 중간 표제 아래 중화서국본에 실려 있는 〈괴뢰설傀儡說〉과 〈동물담動物談〉을 수록하고 있다.

4) 탑인사본

국내에서 간행된 《음빙실자유서》(융희隆熙 2년(1908), 경성京城: 탑인사塔印社 간, 발행인 현공렴玄工廉)는 총 66편의 글을 수록하고 있다. 5쪽에 걸쳐 목차('음빙실자유서목록飲冰室自由書目錄')가 실려 있고, 〈서언敍言〉이 제목 없이 모두에 실려 있다. 중화서국본을 기준으로 보면 총 20편의 글이 누락되어 있는데, '부 세만독서록附歲晚讀書錄'의 14편을 제외하면 6편(〈괴뢰설傀儡說〉, 〈동물담動物談〉, 〈중국지사회주의中國之社會主義〉, 〈기월남망인지언記越南亡人之 言〉, 〈장근과공일사張勤果公佚事〉, 〈손문정공식종지전孫文正公飾終之典〉)이다. 한편 중화서국본에는 없고 광지서국본에는 있는 글 1편(〈이재소위지나교육권자異 哉所謂支那敎育權者〉)과 중화서국본에는 있으나 광지서국본에는 없는 글 4편 (〈가등박사천직백화加藤博士天則百話〉, 〈기사빈새론일본헌법어記斯賓塞論日本憲法 語〉, 〈기월남망인지언記越南亡人之言〉, 〈기일본일정당영수지언記日本一政黨領袖之 言〉), 그리고 중화서국본과 광지서국본에 실려 있지 않은 글 3편(〈서촌박사 자지전西村博士自識傳〉, 〈답비생答飛生〉, 〈답화사인答和事人〉)을 수록하고 있다.

5) 언해본

국내에서는 또한 탑인사본과 같은 해에 언해본〔융희 2년(1908) 4월, 탑인 사 간, 번역인 전항기全恒基, 교열인 변영중邊榮中, 발행인 박기준朴基駿〕이 출간 되었는데, 총 65편을 수록하고 있다. 〈서언敍言〉이 빠져 있고, 중화서국본 에 실려 있는 글 20편이 누락되어 있다. 그리고 중화서국본 혹은 광지서국 본에 실려 있지 않은 글 20편을 수록하고 있다.

(1) 중화서국본 수록분 중 누락된 글(20편)
　　① 〈담류양유묵譚劉陽遺墨〉
　　② 〈괴뢰설傀儡說〉
　　③ 〈동물담動物談〉
　　④ 〈중국지사회주의中國之社會主義〉
　　⑤ 〈장근과공일사張勤果公佚事〉
　　⑥ 〈손문정공식종지전孫文正公飾終之典〉
　　⑦～⑳ '부 세만독서록附歲晚讀書錄' 14편

(2) 중화서국본에 없으나 광지서국본에 있는 글(4편)

   ① 〈문명지정신文明之精神〉

   ② 〈독립獨立〉

   ③ 〈몽적사구지학설蒙的斯鳩之學說〉

   ④ 〈이재소위지나교육권자異哉所謂支那敎育權者〉

(3) 중화서국본에 있으나 광지서국본에 없는 글(13편)

   ① 〈여론지모여여론지복輿論之母與輿論之僕〉

   ② 〈문명여영웅지비례文明與英雄之比例〉

   ③ 〈간섭여방임幹涉與放任〉

   ④ 〈불혼지위인不婚之偉人〉

   ⑤ 〈기보지국민嗜報之國民〉

   ⑥ 〈노예학奴隸學〉

   ⑦ 〈가등박사천칙백화加藤博士天則百話〉

   ⑧ 〈희망여실망希望與失望〉

   ⑨ 〈국민지자살國民之自殺〉

   ⑩ 〈성패成敗〉

   ⑪ 〈기사빈새론일본헌법어記斯賓塞論日本憲法語〉

   ⑫ 〈기월남망인지언記越南亡人之言〉

   ⑬ 〈기일본일정당영수지언記日本一政黨領袖之言〉

(4) 중화서국본과 광지서국본에 없는 글(3편)

   ① 〈서촌박사자지전西村博士自識傳〉

   ② 〈답비생答飛生〉

   ③ 〈답화사인答和事人〉

〈표 1〉《음빙실자유서》 판본 비교

	제목	전집	광지	제국	탑인	언해	비고
0	敍言	○	○	○	○		
1	成敗	○	○	○	○	○	
2	俾士麥與格蘭斯頓	○	○	○	○	○	
3	自由祖國之祖	○	○	○	○	○	
4	地球第一守舊黨	○	○	○	○	○	
5	文野三界之別	○	○	○	○	○	
6	英雄與時勢	○	○	○	○	○	
7	近因遠因之說	○	○	○	○	○	
8	草茅危言	○	○	○	○	○	
9	養心語錄	○	○	○	○	○	
10	言理想與氣力	○	○	○	○	○	
11	自助論	○	○	○	○	○	
12	偉人訥耳遜軼事	○	○	○	○	○	
13	放棄自由之罪	○	○	○	○	○	
14	國權與民權	○	○	○	○	○	
15	破壞主義	○	○	○	○	○	
16	自信力	○	○	○	○	○	
17	善變之豪傑	○	○	○	○	○	
18	加布兒與諸葛孔明	○	○	○	○	○	
19	論强權	○	○	○	○	○	
20	豪傑之公腦	○	○	○	○	○	
21	譚瀏陽遺墨	○	○	○	○		
22	精神敎育者自由敎育也	○	○	○	○	○	
23	祈戰死	○	○	○	○	○	
24	中國魂安在乎	○	○	○	○	○	
25	答客難	○	○	○	○	○	
26	憂國與愛國	○	○	○	○	○	

	제목	전집	광지	제국	탑인	언해	비고
27	保全支那	○	○	○	○	○	
28	傳播文明三利器	○	○	○	○	○	
29	傀儡說	○					
30	動物談	○					
31	惟心	○	○	○	○	○	
32	慧觀	○	○	○	○	○	
33	無名之英雄	○	○	○	○	○	
34	志士箴言	○	○	○	○	○	
35	天下無無價之物	○	○	○	○	○	
36	舌下無英雄筆底無奇士	○	○	○	○	○	
37	世界最小之民主國	○	○	○	○	○	
38	維新圖說	○	○	○	○	○	
39	十九世紀之歐洲與二十世紀之中國	○	○	○	○	○	
40	俄人之自由思想	○	○	○	○	○	
41	二十世紀之新鬼	○	○	○	○	○	
42	難乎爲民上者	○	○	○	○	○	
43	煙士披裏純INSPIRATION	○	○	○	○	○	
44	無欲與多欲	○	○	○	○	○	
45	說悔	○	○	○	○	○	
46	富國强兵	○	○	○	○	○	
47	世界外之世界	○	○	○	○	○	
48	輿論之母與輿論之僕	○		○	○	○	
49	文明與英雄之比例	○		○	○	○	
50	幹涉與放任	○		○	○	○	
51	不婚之偉人	○		○	○	○	
52	嗜報之國民			○	○	○	
53	奴隷學	○		○	○	○	
54	希望與失望	○			○	○	

	제목	전집	광지	제국	탑인	언해	비고
55	國民之自殺	○			○	○	
56	成敗	○			○	○	1의 후속작
57	加藤博士天則百話	○			○	○	
58	記斯賓塞論日本憲法語	○			○	○	
59	中國之社會主義	○					
60	記日本一政黨領袖之言	○			○	○	
61	記越南亡人之言	○			○	○	
62	張勤果公佚事	○					
63	孫文正公節終之典	○					
64	蘇彝士運河故道	○					'歲'
65	民兵與傭兵之得失	○					'歲'
66	治具與治道	○					'歲'
67	學問與祿利之路	○					'歲'
68	不悅學之弊	○					'歲'
69	警偸	○					'歲'
70	雪浪和尚語錄二則	○					'歲'
71	使法必行之法	○					'歲'
72	治治非治亂	○					'歲'
73	君主無責任之學說	○					'歲'
74	所令與所好	○					'歲'
75	好修	○					'歲'
76	怨天者無志	○					'歲'
77	欲惡取舍	○					'歲'
78	文明之精神		○			○	
79	獨立		○			○	
80	蒙的斯鳩之學說		○	○		○	
81	紀年公理 上		○				
82	紀年公理 下		○				

	제목	전집	광지	제국	탑인	언해	비고
83	異哉所謂支那教育權者		○	○	○	○	
84	機埃的格言		○	○			
85	答飛生				○	○	
86	答和事人				○	○	

* 약어 표시

전집 = 중화서국中華書局(1899, 《음빙실합집飮冰室合集 6·전집 2專集之二》, 1~123쪽)

광지 = 광지서국廣智書局(상하이上海: 1903)의 영인본(장쑤江蘇: 광릉고적각인사廣陵古籍刻印社, 1990, 1~143쪽)

제국 = 제국인쇄주식회사帝國印刷株式會社(도쿄東京: 1904, 편집 겸 발행인 시모코베 한고로下河邊半五郞, 인쇄인 나카노 에타로中野鍈太郞)

탑인 = 탑인사搭印社(경성京城: 1908, 발행인 현공렴玄工廉)

언해 = 탑인사(경성: 1908, 번역인 전항기全恒基, 교열인 변영중邊榮中, 발행인 박기준朴基駿)

'歲' =《음빙실자유서》의 부록인 '부 세만독서록附歲晩讀書錄'

3. 내용 분석

이 번역서의 저본으로 삼은 중화서국본에 실린 《자유서》(77편)를 중심으로 그 내용을 살펴본다. 우선 근대 문명에 관한 내용이 가장 많고, 개혁에의 의지 내지 개혁에 필요한 자세 및 개혁의 방법과 이론에 관한 내용이 있으며, 영웅호걸 내지 위인에 관한 내용, 부국강병을 열망하는 입장에서 군대와 무사도 내지 상무정신을 다루는 내용, 일반적인 주제에 관해 논한 내용, 그리고 다른 사람의 글을 인용하고 간단하게 자신의 견해를 덧붙인 내용 등으로 분류할 수 있다.

근대 문명에 관한 글들은 문명, 자유와 민주, 국권과 민권 및 국민 등 근대 국민국가에 관한 내용들, 법 내지 법제, 여론과 신문에 관한 내용으로 세분할 수 있다.

문명에 관한 글로는 문명과 야만을 단계별로 구분하는 것(〈문명과 야만의 세 등급[2]文野三界之別)), 문명을 전파하는 세 가지 주요한 수단으로 학교와 신문과 연설을 들고 특별히 소설의 기능을 중시하는 것((문명을 전파하는 세 가지 이기傳播文明三利器)), 문명의 발달에 따라 전통적인 영웅호걸이 사라지고 모든 사람이 일종의 영웅이 된다는 것((문명과 영웅의 비례文明與英雄之比例)) 등이 있다.

자유와 민주에 관한 글에는, 영국과의 전쟁을 거치면서까지 자주독립을 이루고 자유를 쟁취한 미국의 워싱턴을 자유조국의 선조라고 부르며 칭송하는 것((자유 조국의 선조自由祖國之祖)), 자신의 자유를 스스로 버리기 때문에 다른 사람이 그의 자유를 침해하게 된다고 하면서 자신의 자유를 지키려는 의지를 강조하는 것((자유를 방기하는 죄放棄自由之罪)), 진화론에 기초하여 권력을 논하면서 문명이 발달하면 치자治者와 피치자의 권력이 대등해져 모든 사람이 평등하게 자유권을 가지게 된다고 논하는 것((강권을 논함論强權)), 정부에 대한 복종을 주입하는 교육을 비판하면서 자유가 정신이 생겨나는 근본적인 힘이라고 강조하는 것((정신교육은 자유교육이다精神教育者自由教育也)), 영국 런던에 있는 러시아 자유동지회의 기관지 주필이 쓴 글을 인용하면서 오늘날 중국은 러시아를 귀감으로 삼아 앞일을 도모해야 한다고 주장하는 것((러시아인의 자유사상俄人之自由思想)), 《안씨가훈》의 고사를 인용하면서 외국어를 배우는 사람들이 자주성 내지 주체성을 가져야 한다고 주장하는 것((노예학奴隸學)), 세상에서 가장 수구적인 인물로 오스트리아의 메테르니히를 거론하면서 그가 민권과 자유의 학문을 금지한 것을 비판하고 아울러 장즈둥의 《권학편勸學篇》이 서양 학문을 알지도 못하면서 그릇된 학설을 전하고 있다고 비판하는 것((세계 제일의 보수주의자地球第一守舊黨)), 크기와 상관없이 대내적으로 행정기관을 완비하고

---

2 이 '내용 분석' 장에서는 독자의 이해를 돕기 위해, 각 글의 제목에 본문과 같은 번역문을 앞세웠다.

대외적으로 독립주권을 갖고 있으면 국가라고 할 수 있다고 하면서 세계에서 규모가 작은 민주국가 넷을 예로 들고 있는 것(《세계에서 가장 작은 민주국가世界最小之民主國》), 서양의 입헌주의 정치체제를 중국의 법가와 비교하면서 입헌정체는 고대 중국의 법가 사상가 신도愼到의 법치술과 부합하며 군주는 책임이 없다, 즉 군림하되 다스리지 않는다는 사상이 시교尸佼 및 관중管仲의 사상과 부합한다고 주장하는 것(《군주는 책임이 없다는 학설君主無責任之學說》), 정부가 명령하는 것과 인민이 좋아하는 것이 일치해야 한다고 하면서 민의民意를 반영하는 정치를 강조하는 것(《명령과 바람所令與所好》) 등이 있다.

국권과 민권, 국민 내지 인민의 각성, 중국의 자주독립 등 근대 국민국가와 관련된 글로는, 국권과 민권의 관계를 다루면서 국권을 지키려는 국민의 의지와 능력을 강조하는 것(《국권과 민권國權與民權》), 국가의 단점을 걱정하는 우국자와 국가의 장점을 자랑하는 애국자를 비교하면서 중국의 자주독립을 강조하는 것(《우국과 애국憂國與愛國》), 외국인이 중국의 보전을 언급한다는 것 자체가 중국인의 자주성을 침해하는 것이며 중국인이 자주적으로 중국을 보전해야 한다고 주장하는 것(《중국을 보전함保全支那》), 서태후는 광서제를 괴뢰로 만들고 영록은 서태후를 괴뢰로 만들고 러시아인은 중국 정부를 괴뢰로 만들었는데 스스로 자신을 괴뢰로 만든 연후에 타인이 괴뢰로 만든다고 하면서 주체성을 강조하는 것(《꼭두각시를 말함傀儡說》), 일본 홋카이도의 고래와 이탈리아에 있는 눈먼 물고기와 파리 도축장의 양들과 런던 박물관의 인조괴물 등이 현실을 자각하지 못하는 점을 예로 들어 중국 인민의 각성을 고대하는 마음을 피력하는 것(《동물 이야기動物談》), 동일한 대상에 대한 느낌이 사람(마음)마다 다름을 거론하며 호걸이 크게 놀라지 않고 크게 기뻐하지 않고 크게 괴로워하지 않고 크게 즐거워하지 않고 크게 걱정하지 않고 크게 두려워하지 않는 이유는 삼계유심三

界唯心의 진리를 알고 마음이 사물에 부림을 당하지 않기 때문이라고 분석하는 것(〈유심惟心〉), 이미 알고 있는 것으로부터 모르는 것으로 나아가는 지혜를 통해 뉴턴, 콜럼버스, 다윈 등이 평범한 사례에서 진리나 새로운 사실을 발견해낸 점을 들어 인민의 각성을 바라는 것(〈혜관慧觀〉), 천하에 대가 없는 사물은 없다고 하면서 국가혁신이라는 위대한 사업을 이루기 위해서는 그만한 대가를 치러야 한다고 주장하는 것(〈세상에 대가 없는 것은 없다天下無無價之物〉), 필설로 허명을 훔쳐서는 안 되며 실제로 세계에 공덕이 있어야 한다고 주장하는 것(〈혀 아래 영웅 없고 붓 끝에 기사 없다舌下無英雄筆底無奇士〉), 제왕(인민의 지배자) 되기 어려움을 민기民氣의 강약과 연관을 지어 논하고 무정부주의를 비판하는 것(〈백성의 윗사람 되기 어려움難呼爲民上者〉), 여러 국가를 빈국약병·빈국강병·부국약병·부국강병으로 분류하고 중국 땅은 가난하지 않지만 국가는 가난하고 중국 인민은 약하지 않으나 병력은 약하다고 진단하면서 그 원인을 제거하여 문제를 해결해야 한다고 주장하는 것(〈부국강병富國强兵〉) 등이 있다.

법 내지 법령과 법제 등을 다룬 글로는, 법령은 통치의 도구라는 사마천의 언급을 인용하며 중국인이 근대의 입헌국가(법치국가)를 선망하면서도 법령이 통치의 수단임을 모르고 있다고 지적하는 것(〈다스림의 도구와 다스림의 도리治具與治道〉), 《상군서商君書》를 인용하면서 법은 반드시 준수되어야 의미를 지니며 법이 준수되기 위해서는 군주와 국민이 함께 지키는 헌법과 그것을 제정하는 국회가 있어야 한다고 주장하는 것(〈법은 반드시 행해지는 법이 되어야 한다使法必行之法〉) 등이 있다.

여론과 신문에 관한 글에는, 호걸은 보통사람이 보지 못하는 것을 보고 감히 행하지 못하는 일을 행하므로 표면상 여론과 배치되며 진정한 호걸은 여론을 만드는 사람이라고 하면서 여론과 호걸의 관계를 다루는 것(〈여론의 어머니와 여론의 노예輿論之母與輿論之僕〉), 신문을 좋아하는 국민으로 미국인을 거론하며 미국은 언론이 가장 발달한 나라로 1850년 전국의 신문사는 254곳이고 독자는 75만 8000명이었지만 1902년 현재에는 신문사가 1만 1226곳이고 독자는 1510만 명이며 발행부수는 50년 전 4억 2640만 부였는데 지금은 81억 6850만 부에 이른다는 사실을 소개하는 것(〈신문을 좋아하는 국민嗜報之國民〉) 등이 있다.

개혁에의 의지 내지 개혁에 필요한 자세 및 개혁의 방법과 이론에 관한 글로는, 성공과 실패에 관해 논하면서 일시적으로는 실패한 것처럼 보이더라도 마침내는 성공으로 귀결되는 경우가 있다고 하면서 개혁을 향한 불굴의 의지를 강조하는 것(〈성공과 실패成敗〉)과 하늘을 원망하는 자는 의지가 없는 것이라고 하면서(〈하늘을 원망하는 자는 뜻이 없는 것이다怨天者無志〉) 개혁에의 의지를 강조하는 것들(〈자신력自信力〉, 〈희망과 실망希望與失望〉), 혼란은 다스리는 것이 아니라 제거하는 것이라고 하면서(〈다스림을 다스리지, 어지러움을 다스리지 않는다治治非治亂〉) 개혁을 위하여 구태를 타파해야 한다고 주장하고(〈파괴주의破壞主義〉) 죽음보다 쉬운 일도 없고 죽음보다 어려운 일도 없다고 하면서 죽음을 무릅쓰고(혹은 생명을 바쳐서) 구국사업에 전념하기를 바라는 것(〈지사 잠언志士箴言〉), 유신설의 종류·당파·목적·방법·주의·동력·변상變相 등을 소개하고 가장 중요한 것은 마음이며 국민을 위하는 마음이 공公이라고 주장하는 것(〈유신 도설維新圖說〉), 그리고 사태 내지 현상의 원인으로 가까운 것과 먼 것(혹은 근본적인 것)을 구분하면서 근본적인 개혁을 추구하는 것(〈근인과 원인에 관하여近因遠因之說〉) 등이 있다.

영웅호걸 내지 위인에 관한 글도 적지 않은데 아마도 중국의 자주독립과 근대 국가 건설에 필요한 영웅의 출현을 열망하는 맥락에서 쓴 것으로 추정된다. 영웅호걸과 위인에 관한 내용을 담을 글로는, 외국의 영웅을 소개하고(〈비스마르크와 글래드스턴俾士麥與格蘭斯頓〉, 〈위인 넬슨의 일화偉人訥耳

遜軼事〉), 외국의 영웅을 중국의 인물과 비교하여 논하고(〈카보우르와 제갈공명加布兒與諸葛孔明〉), 중국의 위인을 소개하고(〈손문정공 식종지전孫文正公飾終之典〉), 영웅과 시세時勢의 관계를 논하고(〈영웅과 시세英雄與時勢〉), 이상과 기력을 겸비해야 진정한 영웅이라고 주장하고(〈이상과 기력理想與氣力〉), 호걸은 공공정신을 통해 사회를 통합하여 공리公理와 시세에 적합한 목표를 추구한다고 논하고(〈호걸의 공공정신豪傑之公腦〉), 제갈공명과 비스마르크와 글래드스턴과 무함마드와 석가모니 등을 예로 들어 큰 공적을 이룬 위대한 인물은 정신을 청명하게 하여 지기志氣가 신묘한 경지, 즉 '세계 밖의 세계'에서 생각과 계획을 가다듬는 시간이 필요하다고 주장하고(〈세계 밖의 세계世界外之世界〉), 문명이 발달함에 따라 영웅의 위상이 변함을 논하고(〈문명과 영웅의 비례文明與英雄之比例〉), 같은 맥락에서 시세가 영웅을 만든다는 관점에 입각하여 현재 중국의 문제는 무명의 영웅이 없다는 것이며 먼저 무명의 영웅이 있은 연후에 유명의 영웅이 나온다고 주장하고(〈이름 없는 영웅無名之英雄〉), 20세기가 시작된 지 얼마 되지 않아 죽은 다섯 명의 거인으로 영국의 빅토리아 여왕과 일본 정우회 대표 호시 도루星亨와 이탈리아 전 수상 크리스피와 미국 대통령 윌리엄 매킨리와 중국 직예총독 리훙장李鴻章을 들어서 비교해 논하고(〈20세기의 새로운 귀신二十世紀之新鬼〉), 서양에서 결혼하지 않은 위인들을 열거하고 그들이 혼인(아내 있음)의 폐해를 강력하게 주장한 데 비해 현처의 내조를 강조하는 주장도 있음을 언급한 뒤 중국에서는 조혼과 다혼이 없어지지 않으면 안 된다고 역설하는 글(〈결혼하지 않은 위인不婚之偉人〉) 등이 있다. 영웅호걸을 소개하는 작업은 〈이태리건국삼걸전意大利建國三傑傳〉(《신민총보》 9~10, 14~17, 19, 22호)의 집필로 이어졌는데, 국내에서는 신채호(1907)와 주시경(1908)이 각기 번역하여 단행본으로 발간되었다.

부국강병 가운데 후반부인 강병을 추구하는 입장에서 군대와 무사도 내지 상무정신에 관해 논하는 글들도 있다. 일본의 무사도 내지 상무정신을 칭송하면서 중국의 경우와 비교하고(〈전사를 기원함祈戰死〉), 무사도가 일본 혼이고 중국혼은 병혼兵魂이라고 하면서 중국에서 무사도의 씨앗은 계투械 鬪에 있고 상무의 기풍은 애국심과 자애심이 결합하여 이루어지며 애국심 과 자애심이 군대의 혼이라고 논하며(〈중국혼은 어디에 있는가中國魂安在乎〉), "춘추시대에는 의로운 전쟁이 없었다(春秋無義戰)"는 주장과 묵자의 "비공설 非攻說"은 세계주의이고 상무정신과 적개심은 국가주의라 규정하며 세계 주의와 국가주의를 구분하고 민적民賊의 군대가 아닌 국민의 군대가 있어 야 한다고 주장하고(〈비난에 답함答客難〉), 민병과 용병의 장단점을 논하면 서 자국과 자국민을 위해 싸울 때 군인이 진정한 용기를 낼 수 있다고 주 장하고(〈민병과 용병의 득실民兵與傭兵之得失〉), 함풍咸豊 동치同治 연간의 명장 인 장근과張勤果를 거론하면서 무사도 내지 무인의 용맹을 칭송하는 글(〈장 근과공 일화張勤果公佚事〉) 등이 있다. 무사도 내지 상무정신을 중시하는 문 제의식은 나중에 《중국의 무사도中國之武士道》(광지서국, 1904)라는 단행본 간행으로 이어진다.

일반적인 주제를 다룬 글들로는, 《사기》〈유림열전〉을 인용하면서 학문 과 벼슬이 분리되어야 학문이 발달한다고 논하고(〈학문과 관료의 길學問與祿 利之路〉), 《좌전》을 인용하면서 배움을 강조하고 배우기를 즐겨 하지 않는 폐단을 지적하며 일본 메이지 유신의 성공에 학자의 공이 가장 컸음을 지 적하고(〈학문을 좋아하지 않음의 폐해不悅學之弊〉), 경박한 언어 사용을 경계하 고(〈구차함을 경계함警偸〉), 매사에 저항을 이겨내고 지극한 정성으로 만난 萬難을 극복해야 한다고 강조하고(〈양심 어록養心語錄〉), 부귀영화에 매몰되 고 낙담하여 생기가 없게 되는 원인은 자기수양의 부족이라고 지적하면서 수양을 강조하고(〈수양을 좋아함好修〉), 《사기》〈이광열전李廣列傳〉과 마르틴 루터와 현장 법사와 콜럼버스의 일화를 인용하며 영감의 핵심은 지극히 진실한 생각(至誠)이라 논하고(〈영감煙土披裏純(INSPIRATION)〉), 《맹자》와 《순자》와 《논어》를 인용하며 세상에 욕심 없는 사람은 없는데 욕망의 성질과 종류를 구분해야 하고 무욕無欲은 바랄 필요가 없고 또 불가능하다고 논하면서 물질적 욕구와 정신적 욕구를 구분하고(〈무욕과 다욕無欲與多欲〉), 《논어》의 무회無悔와 불교의 참회와 기독교의 회개를 인용하면서 깨달음(悟)을 통해 후회가 생겨나고 잘못을 고침으로써 후회가 완성된다고 주장하고(〈후회에 관하여說悔〉), 개인의 자살과 국민의 자살을 구분하며 의식 있는 국민은 자살하지 말 것을 주장하는 글(〈국민의 자살國民之自殺〉) 등이 있다.

한편 19세기의 유럽과 20세기의 중국을 프랑스 혁명과 무술변법을 중심으로 비교하면서 작용과 반작용의 관점에서 개혁이 작용(動力)의 위대한 근원이라 주장하고(〈19세기 서구와 20세기 중국十九世紀之歐洲與二十世紀之中國〉), 간섭주의와 방임주의의 구도 안에서 근대 서양의 정치사와 경제사를 개괄하고 난 뒤 중국의 상황을 진단하고(〈간섭과 방임幹涉與放任〉), 사회주의의 핵심은 공유제라고 파악한 뒤 왕망과 소순의 주장 및 고대의 정전제가 사회주의와 부합한다고 주장하고(〈중국의 사회주의中國之社會主義〉), 《순자》를 인용하면서 바라는 것(欲)과 이로움(利)만 생각하지 말고 싫어하는 것(惡)과 해로움(害)을 함께 고려해야 한다고 주장하는(〈좋아하고 싫어함과 버리고 취함欲惡取舍〉) 등 변증법적인 사유방식을 보여주는 글들이 있다. 그리고 서양을 알리는 맥락에서 수에즈 운하가 변천되어온 과정(〈수에즈 운하의 옛길蘇彝士運河故道〉)과 〈몽테스키외의 학설蒙的斯鳩之學說〉을 소개하기도 했다. 량치차오는 〈홉스 학안霍布士學案〉(《청의보》 96~97책, 1901), 〈스피노자 학안斯片挪莎學案〉(《청의보》 97책, 1901), 〈루소 학안盧梭學案〉(《청의보》 98~100책), 〈민약론 거두 루소의 학설民約論巨子盧梭之學說〉(《신민총보》 11~12호, 1901), 〈진화론의 비조 다윈의 학설 및 약전天演論初祖達爾文之學說及其略傳〉(《신민총보》 3호, 1902), 〈법리학 대가 몽테스키외의 학설法理學大家孟德斯鳩之

學說〉(《신민총보》 4, 5호, 1902), 〈그리스 고대 학술을 논함論希臘古代學術〉(《신민총보》 6호, 1902), 〈공리주의 태두 벤덤의 학설樂利主義泰斗邊沁之學說〉(신민총보, 15~16호, 1902), 〈진화론 혁명자 키드의 학설進化論革命者頡德之學說〉(《신민총보》 18호, 1902)을 소개하는 등 서양의 학설을 알리는 작업을 지속했다.

　마지막으로, 다른 사람의 글을 인용하고 자신의 견해를 덧붙인 글들도 적지 않다. 탄쓰퉁이 남긴 글을 싣고(〈탄쓰퉁이 남긴 글譚劉陽遺墨〉), 일본인 가토 박사의 글을 소개하고(〈가토 박사의 《천칙 백화》加藤博士天則百話〉), 일본 헌법에 대한 스펜서의 논의를 싣기도 하고(〈일본 헌법에 대한 스펜서의 비평記斯賓塞論日本憲法語〉), 일본 정당 영수의 말(〈일본의 한 정당 영수의 말을 기록함記日本一政黨領袖之言〉)과 나라를 잃은 월남인의 말(〈월남 망명가의 말을 기록함記越南亡人之言〉)을 인용하기도 하고, 설랑 화상의 어록을 소개하기도 했다(〈설랑 스님의 어록 두 단락雪浪和尙語錄二則〉). 일본인 후카야마 도라타로深山虎太郎가 지은 글을 발췌하여 소개하기도 했는데(〈초야에서 올린 직언草茅危言〉), 그것은 민권民權과 공치共治와 군권君權의 세 편으로 이루어져 있다. 또한 일본인 나카무라 마사나오中村正直가 쓴 《서국입지편西國立志編》의 서문을 소개한 글(〈자조론自助論〉)도 있다.

4. 의의

　《자유서》는 변법유신운동이 실패로 돌아가 일본으로 망명한 량치차오가 국가개혁, 더 정확하게 말하자면 근대 국민국가의 건설을 열망하는 문제의식을 바탕으로 메이지 유신 이후의 일본과 근대 서양의 실상을 관찰하고, 근대 국민국가의 이론적 토대가 되는 근대 서양사상을 담은 서적들을 읽고 난 뒤 감상과 견해를 적어놓은 글들로 이루어져 있다. 《자유서》를 집필하게 된 내력을 〈서언敍言〉에서 다음과 같이 밝혔다.

일본에 온 이래, 이곳 사람들과 서로 교유하면서 시를 읊고 책을 읽다가 때로 느낀 바를 한두 벗에게 토로하기도 했는데, 시간이 지나면 번번이 잊어버렸다. 무애생无涯生은 "왜 모아서 기록해두지 않는가"라고 했다. 내가 생각하기에는 자질구레하고 하찮은 것들이어서 기록해보았자 세상에 도움이 되지 않지만 내 학식의 진퇴와 기력의 성쇠를 징험할 수는 있겠다고 여겼다. 그래서 날마다 몇 조목을 기록해두기로 나 자신에게 과제를 부과했다. 느끼는 바가 있을 때마다 수시로 붓을 들었는데, 체제도 없고 순서도 없으며, 혹은 논의를 전개하고 혹은 강학하고 혹은 일을 기록하고 혹은 책을 베꼈으며, 문어체를 사용하기도 하고 구어체를 사용하기도 하면서 마음 가는 대로 기록했다.

여기서 《자유서》가 전문적인 학술서도 아니고 깊이 있게 논의를 전개한 글도 아니라는 사실을 확인할 수 있다. 대부분의 글이 일종의 독서 노트에 가깝다. 그야말로 그때그때의 생각을 자유롭게 풀어놓은 '자유서'인 것이다. 물론 량치차오가 이 때문에 이 책에 '자유서'라는 제목을 붙인 것은 아니다. 그는 〈서언〉 말미에서 존 스튜어트 밀의 "인간사회의 진화에서는 사상의 자유와 언론의 자유와 출판의 자유보다 더 중요한 것은 없다. 이 3대 자유가 모두 나에게 갖춰져 있다"라는 말을 인용하고, '자유서'라는 책 제목을 거기서 따왔음을 밝히고 있다.

《자유서》가 비록 체계를 갖춘 전문적인 학술서는 아니지만, 근대 동아시아 사상계에 미친 영향은 결코 작지 않다. 앞의 내용 분석에서 알 수 있듯 문명과 야만, 자유와 민주, 국권과 민권, 국가와 국민, 군대, 법, 신문, 여론 등 근대 문명에 관한 기본 개념과 주제들을 선구적으로 소개한 작업

자체만으로도 중요한 의의를 지닌다. 앞에서 판본을 비교할 때 소개했거니와, 국내에는 중국어본과 언해본이 단행본으로 간행되었을 뿐 아니라 일부 글들이 중국어 원문 혹은 번역문으로 잡지에 소개되어 한국 근대 지식인사회에 적지 않은 영향을 미쳤으리라고 추정된다. 〈동물담動物談〉과 〈유심론惟心論〉은 중국어 원문이 각기 《서우西友》 제3호(1907. 2.)와 제4호(1907. 3.)에 게재되었고, 〈세계최소지민주국世界最小之民主國〉과 〈중국혼中國魂〉은 번역되어 각기 《유년필독幼年必讀》 제2권(1907. 7.)과 《공화신보共和新報》(1907. 12.)에 실린 사실로부터 그러한 추정이 근거가 없지 않음을 알 수 있다.

량치차오는 망명 기간에 주로 메이지 시기 일본 사상계를 통해 서양 근대사상을 수용했는데, 서양 사상에 대한 메이지 사상계의 선택에 따른 제약을 받는 한편, 중국 문화와 량치차오 개인의 지적 배경에 기초한 선택과 재창조의 작업이 수반되었다. 《자유서》는 〈국민십대원기론國民十大元氣論〉(일명 '문명지정신文明之精神')과 더불어 후쿠자와 유키치福澤諭吉의 《문명론의 개략文明論之槪略》에서 직접적으로 영향을 받은 것으로 밝혀졌다.[3]

근대 중국 지식체계의 전환 과정에서 량치차오보다 영향력 있는 인물은 없다고 한다. 량치차오는 거의 모든 영역에서 새로운 풍조를 연 인물로서 많은 핵심 개념의 도입과 전환이 모두 량치차오의 공은 아니더라도 대부분이 량치차오 이후에 전형이 형성되었다. 후대의 안목으로 보면 당시 량치차오의 인식은 유치하지만, 역사의 전개 과정으로 보면 량치차오의 작업은 귀중할 뿐 아니라 결코 없어서는 안 되는 것이었다. 량치차오의 탁월한 점은 무술정변 이후 신학新學에 대한 중국인의 갈망과 메이지 유신 이

---

3 량치차오의 글이 일본 어느 학자의 어느 책에서 영향을 받았는가 하는 문제는 하자마 나오키 狹間直樹 주편, 《梁啓超西洋近代思想受容と明治日本》(東京みすず書房, 1999)에서 상세히 밝혔다. 이 책은 중국어로도 번역되었다(《梁啓超·明治日本·西方》, 社會科學文獻出版社, 2001).

후 일본인이 대량으로 번역한 서학 서적을 여과하고 소화시켜 중국인이 받아들이기 쉬운 '동학東學'으로 만들어야 한다는 요구를 소통시켜 적절히 선택하고 가공하여 일정한 성취를 이룬 데 있다고 평가받는다.[4]

하지만 량치차오가 아무리 총명하더라도 결국 서른 살 전후의 청년으로 중국의 전통적 학문과 서양 학문의 훈련이 충분하지 않았다. 또한 《자유서》에 실린 량치차오의 글들은 모두 잡지에 게재되어 대중적인 호소력을 염두에 두고 쓴 글이었다. 량치차오가 스승 캉유웨이를 도와 1895년 《만국공보》를 창간한 뒤 1929년 세상을 떠나기까지 35년 동안을 중국 100년 언론사에서 '량치차오 시대'라고 부를 정도로, 량치차오의 생애에서 신문과 잡지를 창간하고 그것을 통해 글을 발표한 작업이 막대한 비중을 차지한다. 량치차오가 15년에 걸친 망명생활을 청산하고 1912년 귀국하자 열렬한 환영을 받았는데, 당시 행한 강연 〈비인대어언론계지과거여장래鄙人對於言論界之過去與將來〉에서 이렇게 말했다. "나는 20년 동안 언론사 생활을 했는데, 종신토록 언론사에서 떠나지 않는 생활을 하고 싶다." 당시 량치차오는 국내외에서 '언론계의 총아'로 불렸다. 바로 그렇기 때문에 량치차오는 신문이나 잡지에 글 쓰는 것이 습관이 되어 그 결과 대중의 각성을 촉구하는 글쓰기에 편향되고 학문적인 깊이를 지닌 저술과는 거리가 있다는 비판에서 자유롭지 못하며, 특히 《자유서》는 그러한 비판에서 더욱 자유롭지 못하다. 하지만 이런 비판으로 인해 근대 동아시아 사상계에서 《자유서》가 지니는 의의가 축소되는 것은 아니다.

강중기

---

4 桑兵, 〈梁啓超的東學·西學與新學〉, 《國學論壇》, 2010. 3. 23.

《음빙실자유서》의 일독법
— 한국 사상사에서 보는 량치차오

1

《음빙실자유서飲冰室自由書》가 한국 사회에 대중적으로 알려진 것은 아마도 1906년 무렵이었을 것으로 보인다. 《황성신문》 1906년 11월 20일부터 동년 12월 3일까지 서적 광고 기사에 '음빙실자유서'라는 이름이 처음으로 나온다. 이 기사는 상하이 등지에서 신학문 서적들을 수입하게 되었음을 알리면서 그 첫 번째 서명으로 '음빙실문집飲冰室文集'을, 두 번째 서명으로 '음빙실자유서'를 명기했는데, 이로 보아 량치차오의 이 두 출판물이 당시 한국 사회에서 상당히 지명도가 높았을 것임을 추측할 수 있다. 아울러 한국 독자들에게 《음빙실자유서》가 《음빙실문집》과 더불어 량치차오의 대표작으로 각인되었을 것임을 추측할 수 있다.

《음빙실자유서》가 신문 광고 기사에 다시 나오는 것은 1908년이다. 역시 《황성신문》 서적 광고 기사에서 1908년 5월 1일부터 7월 7일까지, 다시 11월 6일부터 12월 6일까지, 다시 1909년 6월 29일부터 8월 6일까지 모두 3회에 걸쳐 《음빙실자유서》를 발견할 수 있다. 광고 기사에 나오는 《음빙실자유서》의 이름은 제1회의 경우 '한문음빙실자유서漢文飲冰室自由書'와 '국한문자유서國漢文自由書', 제2회의 경우 '한문자유서漢文自由書'와 '국한문자유서國漢文自由書', 제3회의 경우 '한문자유서漢文自由書'다. 여기서 1908

년에 《음빙실자유서》 광고 기사가 재개된 계기는 동년 《음빙실자유서》에 대한 한문본과 국한문본이 한국의 탑인사塔印社에서 출판되었기 때문이다. 국한문본의 경우 번역자는 전항기全恒基, 교열자는 변영중邊瑩中이다. 한국에서 출판된 한문본과 국한문본 두 가지 종류의 《음빙실자유서》는 한국 사회에서 상당한 인지도를 높인 듯 제2회 광고 시기부터는 '음빙실자유서'라는 본래 이름을 간편하게 '자유서'라고 줄이고 있음을 볼 수 있다. '자유서'라는 약칭만으로 '음빙실자유서'의 전칭이 전달되는 환경이 조성되었다는 의미로 해석된다.

흥미로운 점은 《음빙실자유서》 한국본에 관한 제1회 《황성신문》 광고 기간과 거의 비슷한 시기인 1908년 5월 31일부터 6월 28일까지 량치차오의 글을 모은 또 다른 편집물인 《중국혼中國魂》에 대한 광고 기사가 《황성신문》에 보인다는 사실이다. 이 서적은 장지연張志淵이 번역한 국한문본 《중국혼》을 가리키는데, 《중국혼》과 《음빙실자유서》의 서적 광고가 모두 1908년 5월이라는 동시성同時性을 안고 있다는 것은 량치차오의 저술에서 신지식을 얻고자 하는 한국 사회의 어떤 지성사적 적시성適時性을 암시하는 것으로 생각된다. 양자는 출판 시점도 1908년 4월로 서로 같다. 그것은 량치차오의 기본적 저술인 《음빙실문집》에 대한 광고가 앞서 살펴본바 《황성신문》에서는 《음빙실자유서》와 함께 1906년에 나타났고, 이어서 《대한매일신보》에도 1907년 10월 17일부터 11월 17일까지 신간 서적 광고에 나타났다가, 이후 더 이상 신문 광고에 나오지 않는다는 사실과도 연결시켜 생각할 필요가 있을지 모르겠다. 1907년까지 량치차오의 기본 저술인 《음빙실문집》에 대한 사회적인 수요가 어느 정도 충족되면서 이번에는 량치차오의 부가적 저술인 《음빙실자유서》와 《중국혼》에 대한 사회적 수요가 상승하여 1908년 양자의 한국본 내지 한국어 번역본이 등장했다고 볼 수 있지 않을까 조심스럽게 상상해본다. 그러나 한국 사회에서 량치차오가 수용되는 과정과 량치차오의 저술이 수용되는 과정의 상관성에 대한 검토, 그리고 량치차오의 저술이 실질적으로 한국 사회에 미친 사상적 영향력에 대한 검토, 그리고 한국 사회에서 량치차오의 각각 저술의 상호관계에 대한 검토에 대해서는 정밀한 분석이 요구된다.

2

《음빙실자유서》는 《음빙실문집》, 《중국혼》과 더불어 대한제국에 유입된 량치차오의 여러 저술 가운데 하나다. 대한제국 지식인이 《음빙실자유서》를 읽고 어떤 반응을 보였는지 직접 확인할 수 있는 자료는 발견하기 어렵지만, 《음빙실문집》에 대한 반응과 크게 다르지 않았을 것으로 생각된다. 《음빙실자유서》와 달리 《음빙실문집》의 경우는 한국인의 반응을 알려주는 관련 자료들이 산견散見되는데, 이를 통해 량치차오의 사상에 대한 한국인의 관점이 구학과 신학의 구도에서 양극단으로 양분되었음을 알 수 있다.

먼저 신학을 지지하는 부류의 관점이다. 널리 알려진 사례지만 안창호安昌浩는 평양에 설립한 대성학교大成學校에서 한문 교과서로 《음빙실문집》을 사용했으며, 삼남 지방의 유지가 찾아와 나라를 위하는 길을 묻자 삼남 지방의 학자들에게 《음빙실문집》을 읽히라고 권유했다는 일화가 전해지고 있다. 이 일화는 안창호와 《음빙실문집》의 관계에서도 의미가 있지만, 삼남 지방 유림과 《음빙실문집》의 관계에서도 의미가 있다. 실제로 《음빙실문집》이 구학을 고수하고 신학을 배척하던 삼남 지방 유림의 사상을 변통하는 데 상당히 기여했음을 알려주는 기사들이 《황성신문》에 나타난다. 지역의 선각자들이 《음빙실문집》을 다수 구매하여 배포함으로써 지역 유림들의 사상 계몽을 촉진하고 있다는 내용,[1] 특히 영남에서는 곽종석郭鍾錫 문하의 유림이 《음빙실문집》을 읽고 시국과 시무를 깨달아 해외 유학을

뜻하게 되었다는 내용이다.[2]

《몽견제갈량夢見諸葛亮》을 지은 유원표劉元杓는 《음빙실문집》을 바라보는 신학 측의 관점을 가장 선명히 알려준다. 1907년 9월 그가 《황성신문》과 《대한매일신보》에 보낸 기서寄書를 보면, '금일 우리나라 온갖 제도 개량하는 중에 최급선무로 개량할 것이 상류 사람들의 심성을 개량하는 것'인데, 이들의 심성을 개량할 적합한 교과서가 다름 아닌 《음빙실문집》이니, '속성과速成科로 저 청국 철학박사 량치차오가 저술한 《음빙실문집》 18책을 실심으로 숙독하여 그 의리를 통절히 알게 되면 천하天下 형세形勢와 국치國治 방향方向과 인도人道 취서就緒의 대방침이 자연 생겨나서' 위망에 빠진 한국의 국세를 회복할 것이라는 의론과 만날 수 있다.[3] 이것은 구국을 위한 새로운 주체 형성을 위한 사상적 토대로 《음빙실문집》의 중요성을 설파한 것이다. 대한제국의 독립을 상징하는 고종이 헤이그 밀사사건으로 강제 퇴위하고 대한제국의 군대가 해산되어 사실상의 망국을 체감하는 사회적 분위기에서 제기된 주장이라는 점에서도 의미가 있다. 같은 해 10월과 11월 《대한매일신보》 신간 서적 광고에 《음빙실문집》이 출현한 것은 유원표의 이와 같은 주장에 접맥된 미디어 현상으로 볼 수도 있다.

그러나 구학을 지지하는 부류의 관점은 이와 달랐다. 대한제국기의 유림종장儒林宗匠으로 손꼽히는 전우田愚, 곽종석, 유인석柳麟錫, 김복한金福漢 모두 량치차오에 비판적이었다. 전우는 캉유웨이, 량치차오 등이 학술은 석가釋迦와 야소耶蘇(예수)를 이성二聖으로 존숭하고 경제는 왕도王道와 패도覇道를 한길로 섞어 본말과 체용이 모두 어그러졌다고 비판했다.[4] 곽종

---

1 잡보 〈김씨유지金氏有志〉, 《황성신문》 1907년 11월 29일자; 잡보 〈남유향명南儒向明〉, 《황성신문》 1908년 1월 21일자.

2 잡보 〈남유동도南儒東渡〉, 《황성신문》 1908년 9월 22일자.

3 기서 〈밀아자경력蜜啞子經歷〉, 《황성신문》 1907년 9월 6일자.

석도 캉유웨이, 량치차오 등이 육상산陸象山에 입각하고 야소교耶蘇教에 중독되었다고 비판했다.[5] 유인석의 경우 량치차오의 《음빙실자유서》가 한 고조, 명 태조를 대도大盜라 비난하고, 예악禮樂을 강제强制라 비판하는 등 참으로 고금에 듣지 못할 괴패怪悖한 책자이기 때문에 이를 던져버리고 다시는 읽지 않았다고 고백했다.[6] 김복한의 경우 량치차오가 주자朱子를 훼척하는 것도 모자라 만고의 대성인인 공자를 기척하고 있다고 분노하면서 량치차오가 실로 천지에 용납되기 어려운 역적이라고 규탄했다.[7]

이 가운데 전우는 량치차오를 비판하는 데 그치지 않고 직접 량치차오의 《음빙실문집》을 읽고 이를 조목조목 학술적으로 비판한 보기 드문 성과를 남겼다. 《간재집艮齋集》에 수록된 〈양집제설변梁集諸說辨〉이 그것이다. 이 글은 〈논양씨공교론論梁氏孔教論〉, 〈제사파달소지題斯巴達小志〉, 〈논물주의위주의論勿主義爲主義〉, 〈제통론題通論〉, 〈강씨전康氏傳〉, 〈양씨고시부세梁氏高視富勢〉, 〈양씨전상명리梁氏專尙名利〉, 〈중인륜重人倫〉, 〈중왕도重王道〉, 〈여존남비女尊男卑〉, 〈천지부모天地父母〉, 〈시황연원始皇淵源〉, 〈대시파론待時派論〉, 〈권독서명勸讀西銘〉, 〈산록散錄〉, 〈부제이순보전附題李純甫傳〉, 〈부답김택술附答金澤述〉, 〈부양집제설변후제附梁集諸說辨後題〉 등으로 구성되어 있다.[8] 전우가 서해 바다 군산도群山島에서 《음빙실문집》을 비판하는 문자를 지은 지 한 달이 지난 1909년 5월 전우의 고족 유영선柳永善 역시 군산도에서 〈신서론新書論〉을 지어 전우의 《음빙실문집》 비판에 가세했다.[9] 전우와 유영선의 관점은 량치차오가 인륜이라는 보편적인 도덕을 저버리고 국가

---

4 전우田愚, 〈논배설서시제군論裵說書示諸君〉, 《간재집전편艮齋集前編》 권15.

5 곽종석郭鍾錫, 〈답하숙형答河叔亨〉 '제20서', 《면우집俛宇集》 권74.

6 유인석柳麟錫, 〈산언散言〉, 《의암집毅菴集》 권33.

7 김복한金福漢, 〈여임공우與林公羽〉 '제6서', 《지산집志山集》 권4.

8 전우, 〈양집제설변梁集諸說辨〉, 《간재집사차艮齋集私箚》 권1.

9 유영선柳永善, 〈신서론新書論〉, 《현곡집玄谷集》 권9.

442 | 음빙설자유서

주의적인 사고방식에 매몰되어 있으며 인간의 이욕利慾에 사상의 중심을 두고 있다는 것이었다.

량치차오와 그의 저술에 대한 한국의 신학 측과 구학 측의 상반된 평가는 대한제국 말기 한국 사상사의 문제적인 지점으로 주목할 필요가 있다. 그간 한국 근대 사상사에서 량치차오 사상의 수용과 영향의 문제는 주로 신학 측의 시야에서만 검토되었고 구학 측의 시야와 자료는 거의 논의에서 배제되어 있었기 때문에, 신학 측과 구학 측의 시야를 모두 통괄하는 전체적인 입론이 성공적으로 마련되지는 못했다. 언론 매체에 내재하는 신학 측의 자료와 언론 매체에 외재하는 구학 측의 자료는 공히 량치차오 사상에 대한 한국 사회의 중요한 반응으로 동등하게 검토될 필요가 있다. 이 점은 한국 사회에 유입된 량치차오 저술에 관한 역사적인 독법으로 제안하는 바다.

3

한국 근대 사상사에서 량치차오 사상에 대한 올바른 이해에 도달하기 위해서는 다른 한편으로 연구 범위를 대한제국 말기에 한정하지 말고 그 이상으로 시야를 확대할 필요가 있다. 즉, 량치차오의 저술과 사상이 대한제국 사회에 본격적인 영향을 미쳐 사회적인 파장이 일어난 대한제국 말기의 역사적 맥락에만 집착해서 량치차오를 독해하는 습관을 탈피해야 한다는 것이다.

한국 근대 사상사에서 량치차오는 언제나 대한제국 말기 자강운동의 전개와 신사상의 형성이라는 맥락에서 접근되는 경향이 있었다. 그러나 량치차오는 아직 자강운동이 일어나지 않았던 대한제국 초기부터 한국 사상계와 연결되어 있었고, 대한제국이 멸망한 뒤 일제강점기에도 그 사상적 영향력이 유지되고 있었으며, 심지어 2차 세계대전이 종결되고 찾아온 해방 공간에서도 그 사상적 영향력이 보존되어 있었다. 따라서 적어도 대한제국 초기부터 한국전쟁 이전까지 넓은 시야에서 한국 사회의 량치차오 현상을 관찰하는 것이 바람직해 보인다.

아울러 대한제국 말기 신학 측의 계몽주의 어법으로 전달되는 량치차오 사상의 다소 과장된 모습에 친숙한 결과, 량치차오가 마치 처음부터 한국 사상계의 절대적인 위치에 있었던 것처럼 오해되어서는 곤란하다는 점을 지적하고 싶다. 량치차오의 저술이 유입되기 이전에 중국발 한문 신서적들이 이미 한국 사회에 유입되어 신사상의 형성에 상당한 영향을 미치고 있었음을 충분히 유의할 필요가 있다. 량치차오의 저술이 한국 사회에 유입된 최초의 신서적은 아니었던 것이다.

량치차오의 저술이 유입되기 이전 청말 중국 문헌이 한국 근대 사상사에 미친 영향은 지대했다. 조선 후기에 중국 청학淸學 문헌의 조선 유입은 조선 사절단의 정기적인 연행燕行을 통해 지속적으로 이루어졌는데, 이를테면 비록《사고전서四庫全書》의 수입은 성사되지 못했지만《고금도서집성古今圖書集成》이나《황청경해皇淸經解》같은 거작들이 이미 조선에 들어와 있었다. 이러한 전통이 있었기에 1차 중영전쟁 이후 중국에서 해방론海防論이 강화되어 위원魏源의《해국도지海國圖志》와 서계여徐繼畬의《영환지략瀛環志略》등이 출현하자, 그것들이 곧 조선에 유입되어 서양 지식의 확대를 초래했고, 이에 힘입어 윤종의尹宗儀가《벽위신편闢衛新編》을 편찬하고 최한기崔漢綺가《지구전요地球全要》를 편찬했다.

개항 이후에도 조선의 개화정책에 참고가 되었던 것은《만국공보萬國公報》,《이언易言》,《조선책략朝鮮策略》등 주로 중국 문헌이었다. 2차 중영전쟁 결과 베이징 함락의 참상을 목격한 조선 역관 김경수金景遂는《만국공보》의 중요성을 깨닫고 1879년 조선의 실정에 맞게《공보초략公報抄略》을 완성했다.[10] 조선 최초의 근대적 신문으로 평가받는 《한성순보漢城旬報》의 경우 대외 정보의 주요 뉴스원은 《신보申報》를 포함하여 상하이와 홍콩의 중국발 매체인 것으로 알려져 있다.[11] 《내각장서휘편內閣藏書彙編》에 따르면 고종이 개화정책을 위해 중국에서 구입한 신서적은 《만국공보》, 《격치휘편格致彙編》 등 주로 재중 서양 선교사가 간행한 중국발 한문 서학 문헌들이었다.[12]

갑오개혁 이후에도 독립협회의 기관지 《대조선독립협회회보大朝鮮獨立協會會報》에서 적극적으로 주목한 신서적들은 《만국공보》, 《격치휘편》, 《태서신사泰西新史》, 《시사신론時事新論》 등 청말 중국에서 재중 서양 선교사가 간행한 한문 문헌들이었다. 이 가운데 《태서신사》는 대한제국 학부에서 국역본으로 발간되기까지 했다. 《만국공보》의 시사평론이나 《격치휘편》의 과학계몽, 《태서신사》의 역사계몽, 《시사신론》의 부강정책은 량치차오의 저술이 대한제국에 유입되기 이전 한국 지식인들에게 사상적 영향을 미치고 있었다. 이를테면 《만국공보》에서 일본, 이집트, 타이, 한국의 근대화 정책을 비교한 기사는 《독립신문》에 〈중흥론〉으로 소개되어 진보 담론에 기여했고,[13] 나폴레옹 전쟁 이후 19세기 서양이 흥성한 역사를 서술한 《태서신사》는 박은식, 안중근 등 상당수 한국인에게 감명을 주었다.[14] 따라서 한국에서 량치차오 사상 수용의 초기 국면의 역사적 이해를 위해서는 이

---

10 송만오, 〈김경수金景遂의 《공보초략公報抄略》에 대하여〉, 《역사학연구》 9, 1995.

11 한보람, 〈1880년대 조선정부의 개화정책을 위한 국제정보수집—《한성순보漢城旬報》의 관련 기사 분석〉, 《진단학보》 100, 2005.

12 《내각장서휘편》에 대해서는 연갑수, 〈《내각장서휘편內閣藏書彙編》 해제解題〉, 《규장각奎章閣》 16, 1994.

13 한림대학교 한림과학원 엮음, 《두 시점의 개념사》, 푸른역사, 2013, 142~146쪽.

14 노관범, 〈1875~1904년 박은식朴殷植의 주자학朱子學 이해와 교육자강론敎育自强論〉, 《한국사론》 43, 2000.

들 문헌의 본격적인 검토가 필수적으로 요청된다.

한편 량치차오의 저술은 1910년 대한제국이 멸망한 뒤에도 지속적으로 한국 지식인에게 영향을 미쳤다. 가장 잘 알려진 사례로 량치차오의《중국역사연구법中國歷史研究法》(1922)과 신채호의《조선사朝鮮史》〈총론總論〉을 거론할 수 있다.《중국역사연구법》은 서양 근대 역사이론을 도입하고 여기에 웰스Herbert George Wells의 문화사관을 소개하여 중국 역사학의 혁신을 추구한 책인데, 신채호는 거의 전적으로 이 책의 목차를 차용하여 〈총론〉을 구성할 정도로 량치차오의 신사학新史學에 경도되어 있었다.[15] 량치차오의 사학정신은 식민지 조선의 유학자도 공명하고 있었다. 영남 청도 유학자 박장현朴章鉉은 량치차오의 〈신사학〉을 차용하여 조선의 구사학을 비판한 〈구사학론舊史學論〉을 지었다. 양자는 구사학의 문제점으로 사실의 역사학, 조정의 역사학을 지적하고, 신사학의 지향점으로 이상의 역사학, 국가 또는 민간의 역사학을 제시했다.[16]

1940년대 이관구李觀求가 지은 《신대학新大學》은 량치차오의 저작물을 편집해 민족과 신민新民을 키워드로 하는 정치사상을 제시한 것으로, 한국에서 량치차오 사상의 하한선을 해방 이후까지 끌어내린 문제작으로 평가된다.《신대학》은 해방 후 미국과 소련의 제국주의를 극복하고 진정한 민

---

15 《중국역사연구법》의 목차는 '제1장 사적의의급기범위史的意義及其範圍', '제2장 과거지중국사학계過去之中國史學界', '제3장 사지개조史之改造', '제4장 설사료說史料', '제5장 사료지수집여감별史料之蒐集與鑑別', '제6장 사적지논차史蹟之論次'이다. 〈총론〉의 목차는 '1. 사史의 의의意義와 조선사朝鮮史의 범위範圍', '2. 사史의 삼대 요소三大要素와 조선구사朝鮮舊史의 결점缺點', '3. 구사舊史의 종류種類와 그 득실得失의 약평略評', '4. 사료수집史料蒐集과 선택選擇', '5. 사史의 개조改造에 대한 우견愚見'이다. 《중국역사연구법》의 1장부터 5장까지의 목차와 〈총론〉의 목차는 서로 대응 관계에 있다(신일철申一澈, 《신채호申采浩의 역사사상연구歷史思想研究》, 고려대학교 출판부, 1981, 104쪽).

16 박장현朴章鉉, 〈구사학론舊史學論〉, 《문경상초文卿常草》 권6; 량치차오梁啓超, 〈신사학新史學〉, 《음빙실문집飮冰室文集》 9.

족주의를 구현하기 위해서는 한반도의 전체 주민이 새로운 국민도덕, 국민정신, 국민지식을 갖추어 신민으로 거듭나야 한다고 보았고, 량치차오의 〈신민설新民說〉에서 제시된 공덕公德, 자유, 권리사상, 국가사상 등을 국민도덕과 국민정신으로 부각하고, 《음빙실문집》에서 소개된 서양의 과학, 철학, 경제학 등을 국민지식으로 강조했다.[17]

이상의 사례들은 량치차오의 사상이 1910년 이후에도 비록 중심적인 위치는 아니었다 할지라도 여전히 한국 사회에 영향력을 행사하고 있었음을 보여준다. 대한제국기와 해방정국기 사이는 불과 40~50년 안팎이기 때문에, 대한제국기에 청년기를 보내며 량치차오 사상의 세례를 받은 많은 인물이 해방정국기에 생존하고 활동하고 있었을 것으로 예상되므로 20세기 중반까지 한국 사회의 사상적 저류로서 량치차오 사상의 자취를 탐사하는 것은 여러모로 의미가 있다고 생각된다.

4

량치차오의 저술이 한국 사회에 본격적으로 유입된 시기는 대한제국기인데, 그 유입 양상에 따라 크게 두 가지 흐름이 관찰된다. 하나는 량치차오의 단행본 작품들이 국역되어 유입되는 양상이고, 다른 하나는 량치차오가 지은 소품들이 국역되어 유입되는 양상이다. 전자의 경우 《청국무술정변기淸國戊戌政變記》(현채玄采 역, 1900), 《월남망국사越南亡國史》(현채 역, 1906), 《라란부인전羅蘭婦人傳》(역자 미상, 1907), 《이태리건국삼걸전伊太利建國三傑傳》(신채호 역, 1907), 《흉아리애국자갈소사전凶牙利愛國者葛蘇士傳》(이보상李輔相 역, 1908), 《음빙실자유서》(전항기全恒基 역, 1908), 《중국혼中國魂》(장

---

17 노관범, 〈1940년대 후반 한국에서 양계초梁啓超 정치사상의 재현〉, 《한국사상사학》 41, 2012.

지연 역, 1908) 등의 작품들이 발견된다. 이들 작품은《라란부인전》을 제외하고 모두 국한문본이고,《월남망국사》와《이태리건국삼걸전》의 경우 별도로 국문본이 발간되었다. 흥미로운 사실은 량치차오의 단행본 작품의 수용 과정이 초기에 나온《청국무술정변기》같은 시사물을 제외하면 시종일관 역사·전기 분야의 단행본이었다는 점, 그리고《음빙실자유서》와《중국혼》같은 문집류는 전체적인 수용과정에서 볼 때 마지막에 위치하고 있다는 점이다. 수용 기간 역시 1900년에 출판된《청국무술정변기》를 제외하면 1906년에서 1908년 사이에 집중하고 있다는 점이 특징적이다.

후자의 경우 량치차오가 지은 소품이 최초로 국내에 알려진 것은《대조선독립협회회보》제6호(1897. 2.)에 실린 〈청국형세淸國形勢의 가련可憐〉이라는 기사인데, 량치차오가 자강을 도모하지 않고 외국 보호에 의지하면 멸망하고야 만다는 의론을 파란국멸망사波蘭國滅亡史에 탁의托意하여 펼쳤다는 내용이 담겨 있다. 또,《황성신문》(1899. 3. 17.~18.)과《독립신문》(1899. 7. 27.~28.)은《청의보淸議報》에 실린 량치차오의 〈애국론愛國論〉을 발췌하여 전재했다. 그러나 량치차오의 소품들이 한국 사회에 본격적으로 번역되어 소개된 것은 1906년 이후《대한자강회월보大韓自强會月報》,《태극학보太極學報》,《조양보朝陽報》,《서우西友》,《대한협회회보大韓協會會報》,《서북학회월보西北學會月報》,《호남학보湖南學報》,《기호흥학회월보畿湖興學會月報》,《교남교육회잡지嶠南教育會雜誌》등 여러 학회지가 등장한 이후이다. 각각의 학회지에 수록된 량치차오의 소품들은《시무보時務報》,《청의보》,《신민총보新民叢報》등에 출처를 두고 있다.

이상의 학회지 중에서 량치차오의 소품을 매우 적극적으로 등재한 것은 《서우》(1906. 12.~1907. 12.)였다.《서우》는 창간호에 게재한 〈대동지학회서大同志學會序〉를 필두로 〈학교총론學校總論〉, 〈애국론愛國論〉, 〈논보관유익어국사論報館有益於國事〉, 〈동물담動物談〉, 〈논학회論學會〉, 〈유심론唯心論〉,

〈사범양성師範養成의 급무急務〉, 〈논유학論幼學〉 등 지속적으로 량치차오의 작품들을 소개했는데, 이것은 다른 학회지와 비교하여 상당히 특별한 현상으로 《서우》의 주필인 박은식의 의중이 강하게 반영된 것으로 보인다. 박은식은 《서우》에 소개된 량치차오의 소품 중에서 〈대동지학회서〉를 매우 아낀 듯 후일 그가 편찬한 《고등한문독본高等漢文讀本》에 량치차오의 명문으로 삽입한다. 그는 또한 량치차오의 《덕육감德育鑑》을 중시하여 후일 〈왕양명실기王陽明實記〉를 지을 때 다카세 다케지로高瀨務次郎의 《양명상전陽明詳傳》과 더불어 중요한 참조문헌으로 삼는다. 그는 캉유웨이, 량치차오, 탄쓰퉁譚嗣同 등이 무술변법의 주역으로 양명학을 숭배했다고 보았고,[18] 역시 쩡궈판曾國藩, 캉유웨이, 량치차오, 장젠張謇 등이 도덕, 경세經世, 구시救時에 두루 통했음을 선망했는데,[19] 이로 보아 량치차오에 대한 평가가 남달랐을 것으로 보인다.

박은식과 더불어 장지연도 량치차오의 소품을 중시했다. 그는 《대한자강회월보》에 〈교육정책사의教育政策私議〉를 게재했고, 《조양보》에 〈멸국신법론滅國新法論〉을 게재했는데,[20] 박은식이 《서우》를 창간하여 량치차오의 소품을 집중적으로 소개하기 이전 단계에 한국의 잡지에 소개된 량치차오의 대표적인 소품이 바로 이 두 작품이다. 장지연은 특히 〈교육정책사의〉를 역술하면서 량치차오를 선생先生으로 호칭하고 량치차오의 학술언론이 정밀하고 해박하여 일세의 표준이 되는데, 특히 교육 분야에 일가견이 있

---

18 논설 〈구학개량舊學改良의 의견意見〉, 《황성신문》 1909년 1월 30일자.

19 논설 〈존호기인存乎其人〉, 《황성신문》 1909년 4월 24일자.

20 장지연은 《조양보》 제8호부터 주필이 되어 잡지의 논설을 담당했는데, 량치차오의 〈멸국신법론〉은 아리가 나가오有賀長雄의 〈보호국론保護國論〉과 함께 장지연의 주필 재임 기간 지속적으로 연재되었다. 장지연이 〈멸국신법론〉을 매우 중시했음을 알 수 있다(노관범, 〈대한제국기 장지연 저작목록의 재검토〉, 《역사문화논총》 5, 2008).

다고 소개했다.[21] 장지연은 1908년 량치차오의 문집 《중국혼》을 번역하여 량치차오 사상을 전파하는 데 기여했다. 그가 《중국혼》의 번역 출판을 시도한 것은 한국 사회에서 량치차오의 역사·전기 단행본이 이미 사회적으로 주목받고 있고, 량치차오의 소품들도 이미 《서우》 등을 중심으로 여러 차례 소개되고 있어서 한국 독자들에게 친숙한 상태이니 량치차오의 문집을 출판해도 좋겠다는 판단에서 나온 듯하다. 또한 《공립신보》에서 1907년 12월부터 량치차오의 《중국혼》을 역술하고 있었던 사정도 그가 《중국혼》을 번역 대상으로 선택하는 데 자극이 되었을 것이다. 전우는, 장지연이 매양 유학자는 조롱하면서도 성현을 모욕하는 량치차오는 찬양했다고 비판한 적이 있는데,[22] 역시 량치차오에 대한 장지연의 수용태도가 남달랐음을 가리키는 것으로 보인다.

이처럼 량치차오의 저술은 대한제국기에 단행본 형태와 소품 형태로 수용되었는데, 제국 초기에도 《청국무술정변기》 같은 시사물이 번역 출간되고 〈애국론〉 같은 소품이 《황성신문》과 《독립신문》에 발췌 번역으로 게재되기도 했으나, 대개의 경우 자강운동이 전개되기 시작한 1906년 이후 집중적으로 수용되었다. 이 기간 한국 사회에 출간된 량치차오의 저술은 역사·전기 분야의 단행본에 집중되어 있었으나 1908년에 이르러 《음빙실자유서》와 《중국혼》 같은 문집류가 번역 출간되었는데, 여기에는 량치차오의 소품들이 여러 학회지에 활발하게 소개되고 있었음이 주요한 배경이 되었다. 《음빙실자유서》의 번역과 출간이 이처럼 대한제국기 한국 사회의 량치차오 수용과정에서 마지막 국면에 위치하고 있음에 유의할 필요가 있다.

---

21 교육부敎育部, 〈교육정책사의敎育政策私議〉, 《대한자강회월보大韓自强會月報》 제3호, 1906. 9.
22 전우, 〈화도만록華島漫錄〉 '장지연신문張志淵新聞', 《간재집후편艮齋集後編》 권 17.

5

량치차오의 단행본 저술들이 한국 사회에 수용된 것은 대한제국을 둘러싼 역사적 현실에 대한 해법을 찾고자 하는 실천적 관심 때문이었다. 이것은 《청국무술정변기》, 《월남망국사》, 《라란부인전》, 《이태리건국삼걸전》, 《흉아리애국자갈소사전》 모두 그러하다. 한국 사회에서 량치차오를 수용하는 이러한 실천적 관심은 량치차오의 단행본 저술에 대한 한국의 번역서와 량치차오의 원작, 그리고 량치차오 원작의 기본 바탕이 되는 서양과 일본의 원작을 비교, 검토함으로써 분명히 드러난다.

먼저 현채가 번역한 《청국무술정변기》를 보자. 이 책은 민영환閔泳煥의 서문과 함께 대한제국 학부에서 공식 출판한 것인데, 량치차오의 《무술정변기》를 단순히 번역한 것이 아니라 1900년 현재 중국의 정세를 이해하기 위해 내용을 재구성한 것이 특징적이다. 전편은 《무술정변기》의 번역인데, 〈광서황제성덕기光緒皇帝聖德記〉, 〈변법실정變法實情〉, 〈폐위시말廢位始末〉, 〈정변전기政變前記〉, 〈정변정기政變正記〉, 〈정변후론政變後論〉, 〈순난육열사전殉難六烈士傳〉, 〈변법기원變法起源〉, 〈호남광동정형湖南廣東情形〉 등으로 구성되었고, 후편은 〈지나지리총론支那地理總論〉, 〈동양전쟁실기절역東洋戰爭實記節譯〉, 〈아국약사俄國略史〉 등으로 구성되었다. 후편은 량치차오 원본에 없던 것으로 독자의 이해를 돕기 위해 중국의 지리, 중국의 최근 역사(청일전쟁과 북청사변), 만주에 군대를 주둔하고 있는 러시아의 간략한 역사를 제시한 것이다. 한국도 변법하지 못하면 중국처럼 위망에 빠진다는 메시지를 극대화하기 위해 원본에 없던 후편을 추가했고, 전편의 경우도 원본의 순서를 바꾸어 〈광서황제성덕기〉를 맨 앞에 배치하여 황제의 변법 의지를 부각했다.[23]

다음으로 현채가 번역한 《월남망국사》를 보자. 이 책은 베트남의 민족

운동가 판보이쩌우潘佩珠의 구술을 바탕으로 량치차오가 편찬하여 1905년 출간한 《월남망국사》를 번역한 것인데, 단순히 번역한 것이 아니라 1906년 현재 한국의 '망국'을 이해하기 위해 내용을 재구성한 것이 특징이다. 본문은 량치차오의 원본과 같이 〈월남망국사전록越南亡國史前錄〉과 〈월남망국사越南亡國史〉로 구성되었지만, 부록의 경우 량치차오의 원본에 있던 〈월남소지越南小志〉를 대부분 삭제하여 〈월법양국교섭越法兩國交涉〉만 남기고 그 대신 〈월국신법론滅國新法論〉, 〈일본지조선日本之朝鮮〉 등을 추가했다. 이것은 1906년 현재 한국의 상황이 일본에 의한 망국임을 확인하고, 그것이 프랑스에 의한 베트남의 망국과 동일한 사태임을 알리고자 한 것이다. 부록에 편입된 〈멸국신법론〉과 〈일본지조선〉, 그리고 본문에 첨가된 〈조선망국사략朝鮮亡國史略〉은 모두 원본에 없던 량치차오의 다른 저술로 한국 독자를 위해 량치차오가 들려주는 멸국과 망국의 메시지였다.[24]

다음으로 《근세제일여중영웅 라란부인전近世第一女傑 羅蘭婦人傳》을 보자. 이것은 프랑스 혁명 당시 지롱드파의 핵심 인물 중의 하나인 롤랑 부인 Madame Roland의 전기로 *The Queens of Society*(와턴G. Wharton, 1860), 《숙녀 귀감 교제의 여왕淑女龜鑑交際之女王》(쓰보우치 쇼요坪內逍遙, 1886), 〈불국혁명의 꽃佛國革命の花〉(도쿠토미 로카德富蘆花, 1893), 《근세제일여걸 라란부인전》(량치차오, 1902) 등의 여러 선행 작품에 이어 한국 대한매일신보사에서 연재, 출간된 작품이다. 쓰보우치 쇼요가 민권운동의 퇴조기에 근대 신여성의 모델로서 롤랑 부인의 삶을 소개했다면, 도쿠토미 로카는 프랑스 혁명에 집중하여 상대적으로 그녀의 삶에서 혁명적 성격을 강화했다. 반면 량치차오는 도쿠토미의 작품을 저본으로 하면서도 서사 방식을 남성화시

---

23 정지호, 〈청국무술정변기淸國戊戌政變記〉, 한림대학교 한림과학원, 《동아시아 개념연구 기초문헌해제》3, 선인, 2015.

24 정환국, 〈근대계몽기 역사전기물 번역에 대하여〉, 《대동문화연구》48, 2004.

키고 프랑스 혁명의 부정성을 강조하는 어조를 취했다. 그런데 량치차오의 작품을 순국문으로 번역한 대한매일신보 번역본은 이 책의 본질을 애국사상의 배양으로 보면서 량치차오와 달리 도리어 낡은 전통사회의 혁명적인 변화를 기대했다.[25]

다음으로《이태리건국삼걸전》을 보자. 이것은 19세기 이탈리아 통일운동의 주역인 마치니Giuseppe Mazzini, 카보우르Camilo Benso Cavour, 가리발디Giuseppe Garibaldi의 전기로 The Makers of Modern Itlay(매리엇J. A. R. Marriot, 1889),《이태리건국삼걸伊太利建國三傑》(히라타 히사시平田久, 1892),《이태리건국삼걸전》(량치차오, 1902) 등의 여러 선행 작품에 이어 한국에서 신채호의 번역으로 출간된 작품이다. 히라타 히사시는 영어본의 보수적 시각을 계승하여 국왕 중심의 온건한 개혁가인 카보우르를 중심으로 이탈리아 근대사를 독해하고 메이지 유신 이후 일본의 현재성을 이탈리아 근대사의 성공담과 동일시하는 관점이었다. 량치차오 역시 배만혁명에 반대하는 보수개혁의 입장에서 카보우르 중심의 삼걸전을 유지했으며 카보우르와 대비되는 공화주의 혁명가 마치니는 단지 중국 인민의 자각을 위해 필요한 '무명의 영웅' 정도로 긍정했다. 반면 한국의 정치적 변혁을 위한 혁명가적 영웅을 염원한 신채호는 애국을 강조하면서, 량치차오까지 계속된 카보우르 중심의 삼걸전을 마치니 중심의 삼걸전으로 변형시켰다.[26]

다음으로《흉아리애국자갈소사전》을 보자. 이것은 헝가리 독립운동가 러요시 코슈트Lajos Kossuth의 전기로 The Life of Louis Kossuth(히들리P. C. Headley, 1852),《루이 코슈트ルイ コツス―ト》(이시카와 야스지로石川安次郎,

25 손성준, 〈번역과 원본성의 창출: 롤랑 부인 전기의 동아시아 수용 양상과 그 성격〉,《비교문학》53, 2011.

26 손성준, 〈국민국가와 영웅서사:《이태리건국삼걸전》의 서발동착西發東着과 그 의미〉,《사이間 SAI》3, 2007.

1899),《흉아리애국자갈소사전》(량치차오, 1902) 등의 여러 선행 작품에 이어 한국에서 이보상李輔相 번역으로 출간된 작품이다. 이시카와 야스지로의 일문본은 일본과 인종적 기원이 동일하다고 믿어지는 용맹한 흉노의 후예 헝가리의 독립 투쟁과 정치적 승리를 서술한 것이 특징이다. 반면 량치차오는 코슈트의 투쟁의 결과가 헝가리의 독립이 아닌 오스트리아-헝가리 이중국체의 형성임을 부각하고 코슈트를 급진적인 혁명가가 아니라 온건한 개혁가로 새롭게 해석했다. 이보상은 량치차오의 작품을 그대로 직역했는데,《대한매일신보》광고 기사에서 강조된 지점은 코슈트가 '오흉연방奧匈聯邦의 쌍립국체雙立國體'를 성립시킨 영웅이라는 것이었다.[27] 1908년의 시점에서 이 작품의 키워드로 읽힌 '쌍립국체'는 한일 관계의 시야에서 볼 때 '병합'을 막기 위한 대안적인 국체의 모색을 의미할 수 있었다.

한국 사회에 수용된 량치차오 단행본들은 이처럼 시기별로 서로 다른 키워드를 발산했다.《청국무술정변기》의 '변법',《월남망국사》의 '망국',《라란부인전》·《이태리건국삼걸전》·《흉아리애국자갈소사전》의 '애국'은 대한제국의 역사적 국면의 변화에 따라 발생한 핵심적인 키워드였다. '변법'에서 출발하여 '망국'을 거쳐 '애국'으로 도달하는 방식으로 키워드가 전개된 것은 한국 사회에서 국면별로 량치차오 수용의 실천적 관심의 변화를 적실하게 보여주는 것이라 하겠다. 한국 사회에서《음빙실자유서》가 출판되기까지 량치차오의 단행본들은 주로 이런 방식으로 읽히고 있었다.

6

《음빙실자유서》는 한국 사회에서 어떤 방식으로 읽혔을까? 한국 독자

---

27 손성준,〈영웅서사의 동아시아적 재맥락화—코슈트전傳의 지역 간 의미 편차〉,《대동문화연구》76, 2011.

들 중에는 한국에서 출판된 량치차오의 역사·전기류 저술들 또는 한국의 대중 매체에 소개된 량치차오의 소품들과 접하기 이전부터 일찍이 중국본 《음빙실자유서》를 읽은 사람도 있었을 것이고, 그러한 작품들을 접한 이후에야 비로소 한국본 《음빙실자유서》를 읽은 사람도 있었을 것이다. 《음빙실자유서》의 초기적인 영향은 중국본 《음빙실자유서》의 신문 광고가 처음 실리는 1906년 이전부터 있었겠지만, 《음빙실자유서》의 대중적인 영향은 한국본 《음빙실자유서》가 출간된 1908년 이후에야 출현했을 것이다. 한국본 《음빙실자유서》의 등장, 특히 국한문체 번역본의 등장은 《월남망국사》를 위시하여 량치차오의 역사·전기류 저술이 한국 사회에서 널리 읽힌 결과 량치차오에 대한 대중적인 열기가 《음빙실자유서》로까지 확장된 결과로 생각된다.

《음빙실자유서》는 량치차오가 고백했듯이 그가 일본 망명기에 책을 읽고 떠오른 단상들을 자유롭게 기록한 에세이와 같은 책이다. 전통적인 한문 형식으로 말한다면 만필漫筆, 만록漫錄과 같은 친근한 글쓰기 방식이다. 이 책에서 다루는 주제들이 비록 문명, 자유, 자조, 독립, 국권, 민권, 강권, 애국, 영웅, 유신 등 사상적으로 가볍지 않은 키워드로 구성되어 있는데도 이 책이 어렵지 않게 읽힐 수 있는 것은 이 때문이다. 또 책 자체가 량치차오의 소품 모음집이기 때문에 독자들은 책을 처음부터 끝까지 완독하는 수고를 기울이지 않고 그때그때 눈길을 끄는 제목의 소품을 골라서 읽어도 되는 편리함이 있다. 책의 목차는 '국한문자유서國漢文自由書'의 경우 1899년에 나온 〈성패成敗〉, 〈비사맥여격란사돈卑士麥與格蘭斯頓〉부터 시작해서 1904년에 나온 〈기월남망인지언記越南亡人之言〉, 〈기일본일정당영수지언記日本一政黨領袖之言〉에 이르기까지 량치차오의 소품 65수의 제목이 연대순으로 기록되어 있다.

《음빙실자유서》에 실린 소품들 중에서 사회적 영향이 컸던 글이 무엇이었는지를 찾아내기는 쉽지 않다. 다만 앞에서 언급했지만 유인석의 경우 《음빙실자유서》가 한 고조, 명 태조를 대도라 비난했다며 예민한 반응을 보였는데, 실제 관련 내용이 《음빙실자유서》의 〈독립獨立〉에서 확인된다. 이는 유인석이 《음빙실자유서》의 여러 소품 중에서 〈독립〉을 유심히 읽었음을 의미하는 것으로, 《음빙실자유서》에서 논한 여러 가지 키워드 중에서도 '독립'이 한국 의병운동 지도자의 관심을 끌었음을 알 수 있다. 다만 〈독립〉에서 해당 부분은 한 고조와 명 태조에 대한 인신공격의 차원에서 나온 것은 아니었고, 몽테스키외가 지적한바 군주국의 인민에게 보이는 정치적, 사회적 노예근성을 부연 설명하는 맥락에서 중국의 사대부들이 대도, 찬적簒賊, 천종賤種 출신 황제에게 아무 부끄러움 없이 보호받으며 노예처럼 살았다는 내용으로 서술된 것이었다. 이 과정에서 '대도 유방劉邦, 주원장朱元璋'이 거론된 것이다. 물론 '한 고조, 명 태조'로 표상되는 조선 유학자의 세계관과 '대도 유방, 주원장'으로 표상되는 량치차오의 세계관의 본질적 차이는 심대한 것이었고, 어쩌면 유인석은 이 차이를 상징적으로 표현하고자 하는 의도에서 〈독립〉의 여러 어구 중에서 이것을 선택했을지도 모른다.

〈독립〉에는 량치차오가 전달하고자 하는 독립 개념을 읽을 수 있는 상관 어휘들이 적지 않게 존재한다. 〈독립〉의 서두는 '국한문자유서國漢文自由書'에서 다음과 같이 시작한다. "獨立者는 何오 他力의 扶助는 不藉ᄒ고 屹然히 世界에 自立흔 者ㅣ라 人이 能히 獨立지 못ᄒ면 曰奴隷니 民法上에 公民으로 不認ᄒ고 國이 能히 獨立지 못ᄒ면 曰附庸이라 ᄒ야 公法上에 公國으로 不認ᄒ나니 嗟乎아 獨立을 可히써 已치 못흠이 如是ᄒ도다" 독립을 정의하는 이 구절에서 독립 개념과 직결되는 주요 어휘들이 유사어로 자립自立, 공민公民, 공국公國 등이 등장하고 대립어로 노예奴隷, 부용附庸 등이 등장함을 볼 수 있다. 독립에 관한 설명 중에서도 가장 중요한 독립에 관한 정의가 〈독립〉이라는 텍스트의 서두에 곧바로 시작하고 있다는 사실, 이 정의에 담겨 있는 앞의 어휘들은 이 사실로 보더라도 량치차오의 독립 개념 연구를 위해 주목된다.

이어서 량치차오는 자신의 독립 개념을 친근하게 전달하기 위해《역易》과《맹자孟子》의 관련 구절을 인용했다. 곧《역》에 기록된 "君子以, 獨立不懼"라는 구절,《맹자》에 기록된 "若夫豪傑之士, 雖無文王, 猶興"이라는 구절, 또는 "彼丈夫也, 我丈夫也, 吾何畏彼哉"라는 구절이 그것이다. 이를 통해 그는 독립의 주체, 독립성을 체현하는 존재로 군자, 호걸, 장부 등 주체적 인간을 가리키는 전통적인 어휘를 제시했다.

이어서 량치차오는 인간의 등급을 '구풍기舊風氣'에 속박된 자, '구풍기'에서 벗어난 자, '구풍기'에서 벗어나 '신풍기新風氣'를 만든 자로 삼분하고, 이 가운데 세계 진화의 원인을 신풍기의 조성에서 구하면서 신풍기를 만든 선구자를 독립의 주체로 제시했다. 이 맥락에서 독립은 시간적으로 여러 사람이 함께하는 '동同'의 단계와 구별되는 '선지선각先知先覺'에 의한 '독獨'의 단계로 이해된다. 곧 "同에 先ᄒᆞᆫ 者인즉 獨이라 謂ᄒ"는 것이다. 그러나 신풍기를 향한 '동'은 '독'과 대립하지 않으나 구풍기를 향한 '동'은 '독'과 대립한다. 이를테면 량치차오는 고인의 법언法言이 아니면 감히 말하지 못하고 고인의 법행法行이 아니면 감히 행하지 못한다는 속론을 노예적 근성에서 나왔다고 비판한다. "古人은 古人이오 我ᄂᆞᆫ 我ㅣ라"는 것이다.[28] 이

---

28 전우가 1908년 박승규朴升奎에게 보낸 편지로 보건대 전우 역시《음빙실자유서》〈독립〉의 이 대목을 읽었음이 분명해 보인다. 그는 량치차오가 고인의 법언법행이 아니면 감히 말하거나 행하지 못하는 것을 노예성이라고 비난한 것이 전혀 무지의 소치라고 보았다. 법언법행은 그 이치가 하늘에서 나와 사람에게 구비된 보편적인 것으로 시대적 차이도 없고 신분적 차이도 없다고 보았다. 전인이 잘 알아서 사용한 것을 후인이 몰라서 잃어버렸기 때문에 경전經傳에서 이를 찾아 마음으로 공부하고 몸으로 실천하는 것이니, 비록 왕철往哲의 노예가 되는 듯하지만 실제로 나의 법언을 말하고 나의 법행을 세우는 셈이라고 했다. 그는 육상산陸象山이 "육

맥락에서 독립은 '법고法古'의 대립적 개념이 된다. 독립의 주체는 고인과 결별한 '아我'가 된다.

이어서 량치차오는 양명학의 진수를 지행합일知行合一로 꼽으면서 "獨立者는 實行을 謂홈이라"고 했다. 그리고 행하고 싶어도 남의 도움을 받지 못해 행하지 못한다는 태도를 독립과 대립하는 노예근성으로 비판했다. 이 맥락에서 그는 독립을 자조自助로 호명했다. 그는 독립을, 포위망에 겹겹이 포위된 외로운 군대가 감행하는 필사적인 전투에 비유했고, 이와 같은 자조정신으로 무장해 '구풍기'와 맞싸워 승리했을 때 독립이 실현되는 것으로 보았다. 그러나 그는 자조정신이 없이 '남의 도움을 바라는 자'보다 더 심각한 부류로 '남의 비호를 바라는 자'를 거론하고 이를 '진노예眞奴隸'라고 극언했다. 그리고 중국의 노예근성을 바로 여기에서 구했다.

이어서 량치차오는 중국의 노예근성이 몽테스키외가 지적한 군주국의 인민의 태도보다 백배나 심각하다고 보면서, 중국의 이른바 사대부들이 부귀이달富貴利達을 위해 축견畜犬이나 유기遊妓와 다름없는 행동을 지속했다고 비판했다. 그는 사대부들의 이와 같은 행동의 근원으로 중국의 왕정 체제에서 수천 년 누적된 '앙비仰庇'의 멘털리티를 지적했다. 사람은 하루라도 남의 비호를 받지 않으면 안 된다는 생각, 오늘 갑의 비호를 받지 못하면 내일 을의 비호를 받는다는 생각, 그런 생각으로 유방·주원장 같은 '대도'에게, 조비曹丕·조광윤趙匡胤 같은 '찬적'에게, 유연劉淵·석륵石勒 같은 '천종'에게 아무 부끄럼 없이 꼬리를 치고 분을 발랐다는 것이다. 이 노예근성을 타파하지 못한다면 사람의 독립도 나라의 독립도 난망한 일이라고

경六經은 모두 나의 주각注脚이다"라고 말한 것을 '자존自尊'이라 평하고 왕양명王陽明이 "능히 보고 듣고 말하고 행동할 수 있는 것이 곧 성性이다"라고 말한 것을 '자용自用'이라 평하며, 량치차오가 이 둘을 계승하여 '법고法古'를 천하게 보았다고 통찰했다(전우, 〈여박승규與朴升奎〉, 《간재집전편艮齋集前篇》 권11).

보았다.

《음빙실자유서》〈독립〉에는 이처럼 독립의 중층적 개념들이 발견된다. 량치차오는 독립을 정의하면서 '자립'이라 했고, 독립의 주체를 '군자', '호걸', '장부' 같은 주체적 인간상과 유비했으며, 다시 '신풍기'를 만드는 선구자로 제시했다. 그는 독립의 주체를 '선지선각'에서 구하여 '동'에 선행하는 '독'이라는 독립의 시간적 영역을 창출했고, 독립의 주체를 '고인'과 결별한 '아'에서 구하여 '법고'의 대립적 가치로서 독립의 가치적 영역을 창출했다. 그는 양명학의 지행합일에 입각해 독립을 '실행'으로 정의하고 실행의 구체적인 정신으로 '자조'를 강조했는데, 그가 생각한 독립이란 자조정신으로 무장하여 '구풍기'와 맞싸워 승리하는 실행이었다. 그는 독립의 대립자를 '노예'로 규정했는데, 자조정신이 없이 남의 도움을 바라는 자도 문제지만 남의 비호를 바라는 자를 특히 문제시하고 이를 '진노예'라고 언명했다. 그는 중국의 오랜 왕정 체제에서 누적된 중국 사대부의 '앙비'의 멘털리티를 '축견'과 '유기'의 노예근성으로 규탄하고 이것의 타파를 주장했다. 이처럼 독립과 한편에 자립, 군자, 호걸, 장부, 신풍기, 선지선각, 아, 실행, 자조 등이 배열되고, 독립의 반대편에 노예, 법고, 진노예, 앙비, 축견, 유기 등이 배열되는 양상을 확인할 수 있다. 이들 독립 개념 관련 키워드들이 실제로 한국의 대중매체에 얼마나 유포되었는지, 또 어떻게 활용되었는지 조사함으로써 우리는 《음빙실자유서》〈독립〉이 한국 근대 독립 개념의 형성에 미친 영향력을 예증할 수 있을 것이다. 《음빙실자유서》에는 독립 이외에도 여러 개념어가 존재한다. 《음빙실자유서》에서 량치차오가 설파하는 여러 키워드를 이용하여 한국 근대 개념사 연구가 더욱 확장되기를 바란다.

노관범

찾아보기

음빙실자유서

◉ 2017년 4월 29일 초판 1쇄 발행
◉ 2020년 1월 23일 초판 2쇄 발행
◉ 지은이   량치차오梁啓超
◉ 옮긴이   강중기·양일모 외
◉ 펴낸이   박혜숙
◉ 디자인   이보용
◉ 펴낸곳   도서출판 푸른역사
  우) 03044 서울시 종로구 자하문로8길 13
  전화: 02) 720-8921(편집부) 02) 720-8920(영업부)
  팩스: 02) 720-9887
  전자우편: 2013history@naver.com
  등록: 1997년 2월 14일 제13-483호

ISBN   979-11-5612-092-6   93900

· 잘못 만들어진 책은 교환해드립니다.